SEGURIDAD POLIVAGAL

Apego, comunicación y autorregulación

Stephen W. Porges

MÁS ELOGIOS

«Nada es más práctico que una buena teoría, y la virtuosa teoría del sistema nervioso de Stephen Porges es uno de los pocos avances que definen lo que nuestra era ha aportado para conocer mejor la conexión mente-cerebro-cuerpo. Esta conexión, considerada tan a menudo y con razón el único enfoque sensato para comprender quiénes somos, se trata solo en términos muy imprecisos. El triunfo de Porges consiste en mostrar estas conexiones del sistema nervioso con gran detalle y en ayudarnos a comprender cómo su historia evolutiva determina cómo funciona actualmente, hasta el menor detalle, gesto, expresión facial o suspiro. Existe una razón por la cual profesionales de tantas disciplinas utilizan su trabajo: es uno de los retratos más detallados y auténticos del sistema nervioso del cuerpo humano; algo que solo lográbamos vislumbrar debido a enormes puntos ciegos a los que Porges ha arrojado luz. Este nuevo libro de artículos fundamentales amplía el alcance de una teoría tan importante que resulta difícil pensar en cómo era nuestro conocimiento sobre el sistema nervioso sin ella».

—**Norman Doidge**, MD, escritor, *El cerebro se cambia a sí mismo* y *The Brains's Way of Healing.*

«Este libro innovador, profundamente científico, está repleto de prácticas y potentes herramientas para ayudar a las personas a sentirse más tranquilas, más fuertes, más conectadas y con más confianza».

—**Dr. Rick Hanson**, autor de *Buddha's Brain: The Practical Neuroscience of Happiness, Love, and Wisdom.*

«Seguridad polivagal *actualiza la Teoría Polivagal del doctor Porges y elabora sus aportaciones para comprender el momento actual. La teoría polivagal no es una teoría estática, sino un marco para comprender la interfaz del ser humano con el mundo. La teoría destaca nuestra necesidad de seguridad y conexión. El doctor Porges expande nuestro concepto de la mente y nos recuerda que existe un solo sistema nervioso que integra la regulación del cerebro y del cuerpo. Su teoría transdisciplinaria proporciona una neurociencia cerebro-cuerpo que subraya la naturaleza corporeizada de la mente y enfatiza que el cuerpo desempeña un papel central en cómo se regulan las personas. Esta regulación reposa en intercambios socioemocionales incorporados en los intercambios bidireccionales entre los sistemas nerviosos autónomos.* Seguridad polivagal *explora la aplicación de la teoría y sus potenciales perspectivas en relación con una gran variedad de temas».*

—**Dr. Drew Pinsky**, especialista en medicina de adicciones.

«Este excepcional libro hace hincapié en el amplio alcance de la teoría polivagal de Porges, interpretada y aplicada a varias disciplinas y patologías. Seguridad polivagal, *que destaca que nuestra necesidad humana más básica –sentirnos seguros– depende de nuestro estado autónomo, es una lectura profundamente interesante, innovadora y grata. Repleto tanto de compasión como de ciencia, ofrece unas inesperadas perspectivas importantes tanto para la vida diaria como para diferentes contextos terapéuticos, haciendo sentir profundamente al lector la importancia dominante de una conexión humana segura».*

—**Pat Ogden**, PhD, fundadora del Instituto de Psicoterapia Sensoriomotriz y autora de *The Pocket Guide to Sensorimotor Psychotherapy, Trauma and the Body, and Sensorimotor Psychotherapy* (con Janina Fisher).

«Este libro imprescindible presenta los fundamentos de la brillante teoría polivagal de Stephen Porges aplicada a muchas patologías clínicas, así como a la vida y al desarrollo humano. Seguridad polivagal, *rico en matices y en detalles, escrito con claridad, es un regalo inmejorable para médicos y terapeutas, así como para quienes estudian la inextricable unidad del cuerpo con la psique».*

—**Dr. Gabor Maté**, autor de *When The Body Says No: Exploring the StressDisease Connection.*

SEGURIDAD POLIVAGAL

Apego, comunicación y autorregulación

Stephen W. Porges

Traducido del inglés por Montserrat Foz Casals

Gracias por comprar este libro.

Estás apoyando el trabajo de los autores y permitiendo a la editorial y a toda la cadena de suministro de libros continuar con su trabajo. Cuando compras un libro sostienes la cadena de valor del conocimiento y permites la publicación de libros minoritarios. Cuando pirateas un libro destruyes su valor y amenazas los puestos de trabajo de quienes han trabajado en él.

Nota a los lectores: Este libro no pretende ser sustituto de un consejo o tratamiento médico. Cualquier persona con una afección que requiera atención especializada debe consultar un médico o clínico cualificado. Las normas de la práctica clínica y los protocolos cambian con el tiempo, y ninguna técnica o recomendación está garantizada como segura o efectiva en todas las circunstancias. Este libro pretende ser un recurso de información general para los profesionales que ejercen en el campo de la psicoterapia y la salud mental y no sustituye a la formación adecuada, la revisión por pares o a la supervisión clínica. Ni la editorial ni los autores pueden garantizar la completa exactitud, eficacia o idoneidad de cualquier recomendación particular en todos los aspectos.

Validado por el Polivagal Institute por representar de manera precisa los principios descritos en la Teoría Polivagal.

LIBRERÍAS:
THEMA: MKM Psicología clínica
BISAC: SCI089000 Ciencia / Neurociencias
TEMAS: Tratamiento del trauma psíquico / Aspectos Fisiológicos de la Psicología / Neurociencia afectiva

Título original: *Polyvagal Safety: Attachment, Communication, Self-Regulation*

Publicado originalmente por W. W. Norton & Company, Inc.,
500 Fifth Avenue, New York, N.Y. 10110

Barcelona, España
www.editorialeleftheria.com
Primera edición: Junio de 2025
Traducción: Montse Foz Casals
Maquetación: Sensi Cuadrado
Diseño de cubierta: Juan Mauricio Restrepo
Ilustración de cubierta:
ISBN: 979-13-990287-3-7
DL: B 12971-2025

Para los heroicos supervivientes del trauma que me han enseñado a apreciar la sensación compartida de seguridad.

ÍNDICE

Agradecimientos

El pasado año fue difícil para toda la humanidad al haber tenido que hacer frente a la amenaza mundial de la pandemia. Durante este periodo, hemos visto y experimentado cómo responde nuestro sistema nervioso a las señales de amenaza. Estas experiencias nos recuerdan la profunda conexión que tenemos con los demás y nuestro dolor y pena compartidos al observar el impacto del virus.

En reconocimiento a todas las personas que han contribuido a *Seguridad polivagal*, quiero, en primer lugar, reconocer el papel que la pandemia ha tenido en nuestra vida y la ayuda que muchos de nosotros hemos recibido de los profesionales anónimos que nos han ayudado a seguir funcionando. Quiero expresar mi gratitud y aprecio a quienes han servido heroicamente a la comunidad. Quiero reconocer tanto a los heroicos profesionales de la salud como a las dedicadas personas individuales que se aseguraron de que no se rompiera la cadena de suministros alimentarios y otras que generosamente nos han apoyado, como los dependientes de tiendas y conductores de camiones, a los servicios de entrega que nos permitieron pedir y recibir sin contacto artículos de primera necesidad y los productos de los que disfrutamos.

Seguridad polivagal y la pandemia están interrelacionados a nivel de conceptos, experiencias personales y calendario. El 3 de marzo de 2020, justo antes de que la ciudad de Nueva York fuera considerada el epicentro de la epidemia en Estados Unidos, me embarqué en un vuelo hacia Nueva York. Ahora estamos a mediados de junio de 2021, y llevo sin estar en un avión o en un aeropuerto más de 15 meses. El viaje a Nueva York fue memorable y transformador. Fue la última vez que hablé frente a un público presencial. Recuerdo haber dicho a los participantes que daría abrazos y apretones de manos en el evento, pero que no podría hacerlo en un mes. Obviamente, todo, incluso mi capacidad de ser espontáneamente sociable, cambió en cuestión de una semana.

El 4 de marzo de 2020, teníamos una reunión de la organización para crear las líneas directrices del *Polyvagal Institute* (véase polyvagalinstitute.org). El *Polyvagal Institute* es ahora un instituto sin ánimo de lucro centrado en el desarrollo y la difusión de información sobre la teoría polivagal. El instituto también certificará programas, libros, organizaciones y productos que representen correctamente los principios de la teoría polivagal con la mención «de base polivagal».

El 5 de marzo, visité las oficinas de la editorial Norton y me reuní con mi editora, Deborah Malmud. En nuestra conversación, finalizamos Seguridad polivagal. Deborah sugirió el título y conceptualizó el volumen como una actualización del volumen de Norton de 2011. Estoy en deuda con Deborah por ayudarme a navegar desde el mundo de un científico académico hacia un público con una orientación clínica más amplia. Sus profundos conocimientos dieron forma al volumen actual, *Seguridad polivagal.*

Durante la pandemia, hemos visto un destacable cambio adaptativo en el funcionamiento de la sociedad. Muchos hemos tenido el privilegio de disponer de suficientes recursos y acceso a los servicios sanitarios que han permitido una rápida identificación del virus, un adecuado tratamiento y una mitigación efectiva con el seguimiento de las recomendaciones de salud pública. Estas estrategias de éxito daban por supuesto que teníamos el privilegio de disponer de suficientes recursos financieros y sociales, o acceso a internet para poder estudiar o trabajar desde casa y mantener las conexiones sociales. Con estos recursos, pudimos mantenernos sanos hasta que las vacunas estuvieron disponibles. Personalmente, mi familia y yo hemos tenido el privilegio de escapar de la infección y de no tener problemas financieros. Sin embargo, mi sistema nervioso se ha visto afectado por el aislamiento y las interacciones sociales mínimas, con el cambio resultante de mi neurocepción hacia la prudencia. Habiéndome vacunado con todas las dosis, no tengo miedo a la infección, pero soy prudente a la hora de interactuar con los demás. Obviamente, esto refleja las consecuencias en mi sistema nervioso, que ahora se ha resintonizado adaptativamente con un sesgo hacia la amenaza. En esta transición hacia, de nuevo, un mundo social más normal, me doy cuenta de que sigo aprendiendo sobre el poder de la socialidad como neuromoduladora del estado fisiológico y sobre cómo la amenaza crónica reduce la ventana de accesibilidad social. Esta experiencia de la vida real, compartida con muchos, refuerza la importancia de la conexión y de la corregulación en nuestra vida, y hace hincapié en las profundas consecuencias del aislamiento social en la salud mental y física.

Tras la pandemia, debemos ser conscientes de la existencia de una segunda pandemia. Esta segunda pandemia es la consecuencia de los millones de personas cuyo sistema nervioso se ha resintonizado por la amenaza crónica de la pandemia; amenaza tanto del virus como del impacto del virus en las estructuras sociales y económicas de nuestra sociedad. No todas las unidades familiares están seguras e, incluso más que en momentos óptimos, el abuso y la negligencia prevalecen. Debemos ser más conscientes de las personas vulnerables y de cómo la sociedad —marginando a grupos— resintoniza los sistemas nerviosos, creando mayores riesgos de tener problemas de salud mental y física. *Seguridad polivagal* es un volumen oportuno porque nos ayuda a comprender cómo el contexto (a través de la neurocepción) influye en nuestro estado fisiológico, el cual, a su vez, influye en nuestro comportamiento y en el comportamiento de los demás.

Durante los quince meses que hemos estado trabajando en *Seguridad polivagal*, las lecciones de la pandemia se pueden resumir como el tema y el título del libro. La teoría polivagal nos ofrece la perspectiva de considerar la seguridad como una sensación sentida que promueve la socialidad necesaria que da como resultado una salud mental y física óptimas. Al leer los capítulos, apreciarás la influencia de mis coautores en nuestra colaboración, ampliando la aplicación de la teoría polivagal, pero permaneciendo fieles a la importancia de sentirnos seguros.

Quiero agradecer el apoyo que he recibido de mi familia. Mi esposa, Sue, que ha escuchado pacientemente mis ideas en su transformación de vagos pensamientos a expresiones concretas en mis charlas y artículos. A nuestros hijos, Eric y Seth, que me han dado el mayor de los placeres: la oportunidad de verlos expresar su creatividad y su humanidad. Y a nuestra nieta Minna, cuya sonrisa y curiosidad dan sentido a nuestra vida.

Por encima de todo, quiero dar las gracias a los heroicos supervivientes de traumas, que han compartido sus viajes personales. Escuchando sus relatos, he sentido una verdadera sensación de humildad y he experimentado una profunda sensación de gratitud al saber que mis perspectivas han sido útiles.

INTRODUCCIÓN
HISTORIA INTEGRADA DE UNA NUEVA CIENCIA

Cuando se conceptualizó por primera vez la teoría polivagal, no la consideré como un modelo expansivo que fuera a cambiar el paradigma. Al desarrollarla, pensé que era congruente con la investigación y la teoría precedentes. En cierto modo, pensé que era el siguiente paso evidente. Durante los veinticinco años posteriores a la presentación inicial de la teoría polivagal, a través de mis experiencias con la comunidad científica de varias disciplinas, me di cuenta de que la teoría proporciona el marco para una nueva ciencia cerebro-cuerpo o mente-cuerpo.

Además, descubrí que, a medida que las disciplinas del campo de la salud adoptaban la teoría, se podía integrar una nueva estrategia de orientación polivagal en los modelos de tratamiento en la salud mental y física. Dicha estrategia se centraría en emplear el sistema nervioso del cliente o paciente como colaborador en un viaje compartido hacia el bienestar. La adopción de esta estrategia pondría de relieve que la búsqueda de seguridad por parte del cuerpo está integrada en las acciones del sistema nervioso para promover la salud. Por consiguiente, la seguridad y la amenaza no son solo constructos psicológicos, sino que tienen paralelismos en el sistema nervioso autónomo.

Cuando el sistema nervioso autónomo se encuentra en un estado de calma y de accesibilidad, los tratamientos para los trastornos tanto mentales como físicos se pueden implementar de manera eficiente. En cambio, cuando el sistema nervioso autónomo está en un estado de defensa y de vulnerabilidad, entonces se encuentra en un estado antagonista que atenúa la efectividad del tratamiento. En términos más simples: la teoría desveló las estructuras y los portales a través de los cuales puede implantarse nuestra búsqueda neurobiológica de seguridad a través de la conexión con los demás.

Cuando se presenta una nueva teoría, su accesibilidad intelectual depende de varias características históricas complejas y, a menudo, no reconocidas. Sobre todo, es necesario comprender (1) las teorías precedentes, (2) el lenguaje utilizado para describir los constructos hipotéticos que ilustran las funciones descritas en la teoría y (3) las preguntas que la teoría se propone responder. Como la evolución es un principio organizativo en la teoría polivagal, en la cual se proponen estructuras neuroanatómicas para facilitar funciones adaptativas específicas, es necesario conocer la evolución de los vertebrados y la neuroanatomía de la regulación neuronal del sistema nervioso autónomo para un diálogo crítico. Además, como la teoría lleva a hipótesis comprobables basadas en ajustes dinámicos de la función autónoma, es necesario un conocimiento sofisticado de las métricas de medición (por ejemplo, análisis de series temporales).

Los científicos se centran y se asocian intelectualmente con grupos afines, definidos por un compromiso compartido de estudiar problemas comunes. Ven el mundo a través de sus preguntas de investigación, de las teorías implícitas y explícitas, y de sus metodologías. Mis orígenes científicos están arraigados en el mundo de la psicofisiología, una ciencia que surgió en los años sesenta para estudiar cómo las respuestas fisiológicas se producen en paralelo con fenómenos psicológicos como el esfuerzo mental, la atención, la expectativa, la detección de estímulos, la toma de decisiones, la veracidad y la preferencia.

Cuando presenté por primera vez la teoría polivagal, la teoría de la activación era la prevalente en la psicofisiología. Aunque gozaba de una larga e influyente historia en la ciencia, tenía un modelo subyacente relativamente simplista. Básicamente, subrayaba que la activación era un constructo lineal que indexaba una dimensión de bajos a altos niveles de activación que se podían medir o inferir a partir de la observación del comportamiento o de la fisiología. La relación entre la activación y el desempeño a menudo se representaba como una función en forma de U invertida, en la que el rendimiento óptimo se producía en un rango medio, mientras que un mal rendimiento se observaba en niveles de activación bajos y altos. Esta relación se conocía como la ley Yerkes-Dodson (Yerkes y Dodson, 1908). Metafóricamente, la activación representaba la energía del sistema nervioso humano. Se comprendía fácilmente, ya que, cuando se reflejaba comportamentalmente, se podía cuantificar como una mayor actividad, y cuando se reflejaba autónomamente, se podía observar como aumentos en la transpiración y en la frecuencia cardiaca.

Las primeras investigaciones psicofisiológicas daban por sentado que las mediciones autónomas periféricas proporcionaban indicadores de activación sensibles. Esta visión se basaba en un conocimiento rudimentario del sistema nervioso autónomo, en el que cambios en la actividad electrodérmica (por ejemplo, la transpiración) y en el latido cardiaco se consideraban indicadores precisos de actividad simpática. A medida que la teoría de la activación se fue desarrollando, se daba por sentada la continuidad entre las respuestas autónomas periféricas y los mecanismos centrales (véase Darrow et al., 1942), y se asumía que la actividad simpática se daba en paralelo a la activación del cerebro. Según esta suposición, los órganos influenciados por las fibras eferentes simpáticas —como las glándulas sudoríparas, los vasos sanguíneos o el corazón— eran potenciales indicadores de actividad límbica o cortical (Duffy, 1957; Lindsley, 1951; Malmo, 1959).

Aunque las vías específicas relativas a estos diferentes niveles nunca se describieron y siguen siendo vagas, la actividad electrodérmica (por ejemplo, la respuesta electrogalvánica de la piel o GSR) y la frecuencia cardiaca se convirtieron en el principal foco de investigación durante la primera época de la Sociedad para la Investigación Psicofisiológica. Ello se debía a su supuesta inervación simpática y, en parte, al hecho de poder medirlas. Por defecto, este énfasis creó un marco investigador que dejaba de lado varios factores importantes:

(a) las influencias parasimpáticas (por ejemplo, vagales),
(b) las interacciones entre los procesos simpáticos y parasimpáticos,
(c) los aferentes autónomos periféricos,
(d) las estructuras reguladoras centrales,
(e) la naturaleza adaptativa y dinámica del sistema nervioso autónomo,
(f) las diferencias filogenéticas y ontogenéticas de la organización y la función estructural.

La teoría polivagal proponía un modelo no lineal más complejo de regulación autónoma, centrado en vías neuronales identificables y potencialmente medibles que contribuyen a la regulación autónoma mediante un sistema de retroalimentación definible que podría promover la función homeostática. La teoría requería una conceptualización de la regulación autónoma que resultaba complicada para los psicofisiólogos. En aquella época, la psicofisiología insistía en una representación descendente de la función del sistema nervioso central en una fisiología periférica medible (por ejemplo, patrones de respuesta autónoma). Por consiguiente, muchos psicofisiólogos proponían que la cuantificación sistemática de las respuestas autónomas periféricas proporcionaría información fiable relacionada con la función cerebral y los procesos mentales. Antes de la teoría polivagal, mi investigación coincidía con esta perspectiva descendente. Por ejemplo, escribí un artículo titulado *Heart Rate Patterns in Neonates: A Potential Diagnostic Window to the Brain* (*Patrones de frecuencias cardiacas en neonatos: una potencial ventana diagnóstica del cerebro*) (Porges, 1983).

En 1994, cuando se presentó la teoría polivagal, mi visión sobre la regulación neuronal del sistema nervioso autónomo había cambiado. En aquella época, estaba trabajando en lo que llamé «la paradoja vagal». Las vías neuronales subyacentes a la solución plausible de la paradoja se convirtieron en la teoría polivagal. A diferencia de los modelos de trabajo prevalentes de mis colegas, la teoría polivagal hacía hincapié en la comunicación bidireccional entre el cerebro y los órganos viscerales representados en el sistema nervioso autónomo. La aceptación de la teoría confrontaba a los científicos con la posibilidad plausible de que los órganos viscerales periféricos pudieran influir en los procesos cerebrales, incluidos los procesos cognitivos y emocionales que se suponía que se originaban en el cerebro.

La teoría polivagal no encajaba dentro de los límites de la teoría de la activación, aunque pudiera proporcionar una explicación neuronal de la teoría de la activación. La teoría de la activación encajaba en un modelo anticuado, pero todavía enseñado, de un sistema nervioso autónomo que interpretaba la activación como una competición entre los sistemas nerviosos simpático y parasimpático. No obstante, no ofrecía ninguna explicación sobre cómo se podía producir una baja activación con un aumento de actividad del sistema nervioso parasimpático.

La teoría polivagal requería una estrategia de cuantificación diferente, y se tenía que desarrollar una nueva familia de métricas (por ejemplo, la arritmia sinusal respiratoria como índice de la regulación vagal del corazón) para controlar con precisión la regulación dinámica del sistema nervioso autónomo. La teoría alentaba a los científicos a mirar más allá de los niveles medios de las variables y a estudiar las periodicidades en la señal fisiológica que representaban las características del sistema de retroalimentación que evolucionó para promover la homeostasis. Las metodologías de las series temporales complementaban las estadísticas descriptivas, y las nuevas mediciones podían describir las alteraciones sistemáticas en torno al valor de ajuste. En mi mundo, esto se observaba como variaciones periódicas en la frecuencia cardiaca en torno a la media o valor de ajuste del corazón. Por ejemplo, las variaciones periódicas del ritmo cardiaco con una frecuencia de respiración espontánea definen la arritmia sinusal respiratoria y, neurofisiológicamente, reflejan la retroalimentación entre el corazón y el tronco encefálico a través del vago ventral. La amplitud de esta oscilación es un índice válido de un componente de tono vagal cardiaco que está siendo mediado a través de la vía vagal ventral mielinizada hacia el nodo sinoauricular, el marcapasos del corazón. En la preparación para el movimiento, o durante este, la amplitud de esta oscilación se mitiga para optimizar la influencia del sistema nervioso simpático sobre el corazón, aumentar el gasto cardiaco y promover la movilización. La mitigación de este bucle de retroalimentación también representa la mitigación del papel que el sistema nervioso autónomo juega para mantener la homeostasis.

Conceptualmente, podemos considerar la amplitud de la arritmia sinusal respiratoria como un índice del grado en que el sistema nervioso autónomo sostiene o bien la homeostasis o bien el movimiento corporal, a menudo como apoyo a las reacciones comportamentales de lucha y huida ante la amenaza. Además, como la amplitud de la arritmia sinusal respiratoria representa la fuerza del freno vagal, controlando esta arritmia estamos controlando funcionalmente la reserva homeostática del sistema nervioso autónomo ante los retos que solemos etiquetar como «estrés». Por consiguiente, la alteración de la homeostasis sería un indicador preciso y medible del impacto de las dificultades, y podría ser una definición más funcional del estrés que los niveles de hormonas suprarrenales (por ejemplo, de cortisol). A través de la lente de la teoría polivagal, la homeostasis tiene un significado más matizado, que implica el estado de los circuitos de retroalimentación que suponen la comunicación bidireccional entre los órganos y el tronco encefálico. El modelo autónomo tradicional daba por supuesto que la homeostasis era relativamente estable y que se mantenía mediante las aportaciones contrapuestas de las divisiones simpática y parasimpática del sistema nervioso autónomo, aunque no elaboraba las vías implicadas en los circuitos de retroalimentación que determinan la homeostasis. La teoría polivagal, con su énfasis en la comunicación bidireccional entre las estructuras cerebrales y los órganos viscerales, presupone que la homeostasis se describe mejor no solo mediante un valor de ajuste estático, sino que requiere una evaluación adicional de las alteraciones sistemáticas en torno a dicho valor.

Sorprendentemente, se reconoce poco el importante papel de los aferentes viscerales que discurren principalmente a través del vago desde cada órgano visceral hasta un centro en el tronco cerebral, aportando la información relevante para garantizar que el rendimiento de los órganos promueva la homeostasis. Sin una métrica sensible para evaluar la regulación neuronal que mantiene los órganos viscerales, la medicina es incapaz de detectar la alteración precedente en la regulación neuronal que precede al daño orgánico.

Aunque las vías sensoriales del vago funcionan como sistema de vigilancia que continuamente actualiza los centros regulatorios del tronco encefálico con información sobre el estado de los órganos, en la formación de los médicos no se hace hincapié en esta conceptualización de la retroalimentación dinámica en la regulación de los órganos viscerales. A pesar de que en los modelos de evaluación de los órganos viscerales predomine la evaluación del órgano afectado mediante biopsia y pruebas de sangre, los médicos no suelen sacar provecho de la vigilancia constante de dichos órganos a través de las vías vagales u otras vías neuronales.

Si tienes curiosidad por esta afirmación, pregunta a su internista qué ha aprendido sobre las fibras sensoriales que conectan el cerebro con los órganos que tratan (por ejemplo, el corazón, el riñón, el hígado o el pulmón).

En el telón de fondo de la teoría de la activación, el sesgo hacia métricas estáticas de la función autónoma (por ejemplo, frecuencia cardiaca en reposo, tensión arterial) y el conocimiento limitado sobre cómo la regulación dinámica del sistema nervioso autónomo puede mantener o alterar la homeostasis, la teoría polivagal surgió en una mañana de octubre de 1994. Presenté el marco inicial de la teoría durante mi discurso presidencial en la reunión anual de la Sociedad para la Investigación Psicofisiológica en Atlanta (Estados Unidos). Esa presentación se formalizó en forma de manuscrito y se publicó en la revista de la sociedad *Psychophysiology* (Porges, 1995). En ese momento, mi objetivo era recopilar los principios extraídos de mis últimos veinticinco años de investigación y retar a mi disciplina a explorar la reactividad autónoma desde una nueva perspectiva. Aunque varios de los principios eran novedosos, las cuestiones generales eran conocidas por los psicofisiólogos, interesados en explorar la utilidad de controlar los patrones de frecuencia cardiaca para obtener más información sobre los procesos mentales y relativos a la salud. Mi discurso fue bien recibido por mis colegas, y yo preveía que la formulación de la teoría impulsaría la investigación dentro de la psicofisiología, proporcionando una perspectiva alternativa sobre el papel que el sistema nervioso autónomo juega en la regulación de los procesos mentales, el estado fisiológico y el comportamiento.

En ese momento, no esperaba para nada que la teoría polivagal diera lugar a perspectivas clínicas, intervenciones y nuevos enfoques sobre la salud mental y física.

Durante los siguientes veinticinco años, a medida que se fue desarrollando la ciencia de la regulación neuronal del sistema nervioso autónomo, nuestro conocimiento sobre cómo la teoría nos informa sobre el comportamiento humano y la salud fue creciendo. Paralelamente al desarrollo del conocimiento científico, la teoría evolucionó para incluir nuevos constructos propuestos para integrar y traducir este nuevo conocimiento en una mejor comprensión de la salud mental.

Cuatro nuevos constructos, brevemente descritos en los siguientes párrafos, nos proporcionaron un lenguaje para comunicar las importantes características de la teoría a los terapeutas. Las publicaciones que documentan la introducción de estos constructos están enumeradas en la tabla 1 y se han reimpreso en *The Polyvagal Theory: Neurophysiological Foundations of Emotions, Attachment, Communication, Self-regulation* (Porges, 2011).

FRENO VAGAL

El freno vagal refleja la influencia inhibitoria de las vías vagales sobre el corazón, la cual reduce la frecuencia intrínseca del marcapasos del corazón (Porges et al., 1996). Si el vago no tuviera influencia sobre el corazón, la frecuencia cardiaca aumentaría espontáneamente, sin ningún cambio en la excitación simpática. La frecuencia cardiaca intrínseca en adultos jóvenes y saludables es de aproximadamente noventa latidos por minuto. Sin embargo, la frecuencia cardiaca basal es notablemente más lenta debido a la influencia del vago, que funciona como un freno vagal.

El freno vagal representa las acciones de activar y desactivar la influencia vagal sobre el marcapasos del corazón. Las tareas que requieren esa activación y desactivación sistemática pueden conceptualizarse como ejercicios neuronales que mejoran su funcionamiento, incluyendo la autorrelajación y la autorregulación. Se supone que el freno vagal media a través del vago ventral mielinizado. Aunque las fibras vagales no mielinizadas parecen intervenir en la bradicardia clínica en neonatos pretérmino, este proceso no ha sido conceptualizado dentro del constructo del freno vagal. El funcionamiento del freno vagal es un constructo fundacional en la teoría polivagal y está implicado en la disminución de las defensas y en la promoción de la accesibilidad social que puede evolucionar hacia la corregulación.

SISTEMA DE CONEXIÓN SOCIAL

El sistema de conexión social tiene un componente somatomotor (es decir, control neuronal de los músculos estriados) y un componente visceromotor (es decir, control neuronal de los músculos de los órganos viscerales) (Porges, 1998). El componente somatomotor implica vías eferentes viscerales especiales que regulan los músculos de la cara y la cabeza. El componente visceromotor incluye el vago supradiafragmático mielinizado ventral, que regula el corazón y los bronquios.

Funcionalmente, el sistema de conexión social emerge desde una conexión corazón-cara que coordina el corazón con los músculos faciales y cefálicos. Su función inicial es coordinar la succión, la deglución, la respiración y la vocalización. Una coordinación atípica de este sistema al inicio de la vida es un indicador de dificultades posteriores en el comportamiento social y la regulación emocional. A través del sistema de conexión social, las personas transmiten su estado fisiológico en la voz y la expresión facial. Los terapeutas astutos detectan intuitivamente estas señales y corregulan a sus clientes hacia estados más calmados y accesibles.

NEUROCEPCIÓN

La neurocepción es el proceso mediante el cual el sistema nervioso evalúa el riesgo de forma inconsciente (Porges, 2003). Este proceso automático implica áreas del cerebro que detectan señales de seguridad, peligro y amenaza vital. Cuando se detectan esas señales, el estado fisiológico cambia automáticamente para optimizar la supervivencia. Aunque normalmente no somos conscientes de los estímulos que desencadenan la neurocepción, sí percibimos el cambio fisiológico (es decir, la interocepción). A veces lo notamos como sensaciones en la barriga o el corazón, o como una intuición de que el contexto es peligroso. Alternativamente, este sistema también puede activar estados fisiológicos que favorecen la confianza, los comportamientos de conexión social y el establecimiento de relaciones robustas. La neurocepción no siempre es precisa. Una neurocepción defectuosa puede ser una reacción adaptativa que sesga la evaluación hacia el riesgo aunque no lo haya, o hacia la seguridad cuando sí hay amenaza. Las personas con historial de trauma experimentan con frecuencia una neurocepción sesgada.

BANDA DE FRECUENCIA DE VENTAJA PERCEPTUAL

La banda de frecuencia de ventaja perceptual representa el rango de frecuencia acústica en el que los miembros de una especie vocalizan para comunicar señales de seguridad e interacciones sociales positivas (Porges y Lewis, 2010). Esta banda, basada en la física de las estructuras del oído medio, determina los rangos específicos en los que se emiten dichas señales. Las vocalizaciones dentro de esta banda indican seguridad y calman el estado interno de quien las escucha. Por el contrario, las vocalizaciones fuera de esta banda pueden señalar peligro o amenaza, alterando el estado interno del oyente. Estas interpretaciones se basan en la historia filogenética de los vertebrados.

A frecuencias elevadas, las vocalizaciones pueden representar llamadas de auxilio que alertan a otros miembros de la especie. Un ejemplo es el llanto de un bebé, que se produce en un rango alto del espectro auditivo humano y provoca respuestas de consuelo por parte del cuidador. Los sonidos graves por debajo del umbral inferior de esta banda se asocian de forma instintiva a señales de amenaza vital. Evolutivamente, las vocalizaciones graves solían provenir de grandes depredadores.

Por tanto, los sonidos con mucha energía por encima o por debajo de esta banda pueden activar respuestas de lucha-huida o comportamientos de paralización, propios de la simulación de la muerte. El protocolo *Safe and Sound* es una intervención acústica que actúa como ejercicio neuronal del sistema de conexión social, centrándose en esta frecuencia de ventaja perceptual. Para más información sobre esta intervención, puede consultarse *Integrated Listening Systems* (https://integratedlistening.com/porges/).

Con estos constructos, la teoría puede informar a los terapeutas y transformar sus estrategias de tratamiento. Conociéndolos, pueden emplear más eficazmente el sistema nervioso de sus clientes como colaborador en un viaje compartido hacia el bienestar. Además, utilizando su propio sistema de conexión social para proyectar señales de seguridad, los terapeutas pueden guiar a sus clientes desde estados de corregulación hacia la autorregulación y la resiliencia.

A medida que la teoría fue evolucionando desde la investigación básica en laboratorio hacia aplicaciones clínicas y otros contextos, también surgió un nuevo lenguaje para comunicar sus constructos a un público más amplio, incluyendo profesionales clínicos y sus pacientes.

En los veinticinco años posteriores a la formulación inicial, la teoría polivagal ha evolucionado y se ha transformado. Buena parte de esa transformación ha sido motivada por mis experiencias y colaboraciones en diversos ámbitos clínicos. Desde su concepción, miles de investigadores han citado la teoría para explicar sus hallazgos, y decenas de miles de terapeutas y clientes la han aplicado para comprender el impacto del estrés crónico y el trauma en la salud mental y física. Su influencia ha traspasado los límites disciplinares.

Tabla I.1.

Constructo	**Cita**
Freno vagal	Porges, S. W., Doussard-Roosevelt, J. A., Portales, A. L., y Greenspan, S. I. (1996). Infant regulation of the vagal «brake» predicts child behavior problems: A psychobiological model of social behavior. Developmental Psychobiology, 29(8), 697–712.
Sistema de conexión social	Porges, S. W. (1998). Love: An emergent property of the mammalian autonomic nervous system. Psychoneuroendocrinology, 23(8), 837–861.
Neurocepción	Porges, S. W. (2003). Social engagement and attachment: A phylogenetic perspective. Annals of the New York Academy of Sciences, 1008(1), 31–47.
Banda de frecuencia de ventaja perceptual	Porges, S. W., y Lewis, G. F. (2010). The polyvagal hypothesis: Common mechanisms mediating autonomic regulation, vocalizations and listening. En S. M. Brudzynski (ed.), Handbook of behavioral neuroscience: Handbook of mammalian vocalization (vol. 19, pp. 255–264). Nueva York: Elsevier.

La accesibilidad es crítica a la hora de traducir el conocimiento científico en un lenguaje comprensible para terapeutas y para el público general. La mayoría de las revistas revisadas por pares tienen suscripciones caras que limitan su lectura a quienes tienen afiliaciones académicas. Aunque algunos artículos se publiquen en revistas de acceso abierto, no están escritos para el público general.

A medida que ciertos aspectos de la teoría se han vuelto más accesibles gracias a internet y a los libros, científicos y profesionales creativos e intuitivos han incorporado sus ideas en la investigación básica y en los tratamientos terapéuticos. Una búsqueda rápida en *Google Scholar* identifica más de 10 000 citas en artículos revisados por pares, mientras que una búsqueda en Google encuentra más de 500 000 páginas web, y YouTube ofrece una amplia selección de vídeos con visualizaciones acumuladas que superan el millón.

Con el tiempo, la teoría se ha integrado en enfoques clínicos y han surgido terapias basadas en la teoría polivagal. En 2018, Deb Dana y yo editamos un libro titulado *Clinical Applications of the Polyvagal Theory: The Emergence of Polyvagal-Informed Therapies* (Porges y Dana, 2018), en el que terapeutas independientes y creativos de diversas disciplinas escribieron capítulos mostrando cómo integraron la teoría en su práctica. Editar ese libro fue una experiencia transformadora, que me dejó con una profunda gratitud al ver cómo la teoría se ha incorporado en el trabajo creativo de otras personas.

Tras conversaciones más recientes con Deborah Malmud, directora de Norton Professional Books, decidimos crear un libro que recogiera artículos relevantes publicados básicamente después de *The Polyvagal Theory* (Porges, 2011). *Seguridad polivagal* es fruto de esas conversaciones. Este libro nos ofrece la oportunidad de compartir nuestro conocimiento ampliado de la teoría desde la publicación del volumen original.

Al leer este libro, recuerda que el conocimiento científico en el que se basa la teoría se ha ampliado desde 1994. Lo que se conoce ahora no equivale a la información disponible en el momento en que se formuló la teoría. Asimismo, ten en cuenta el valor de una teoría para aportar explicaciones plausibles a observaciones clínicas y cómo se pone a prueba. En general, las teorías explican fenómenos y rara vez se demuestra si son verdaderas o falsas. Más bien, se actualizan con datos de la investigación o se sustituyen por otras teorías más eficaces para explicar los fenómenos. A lo largo de las publicaciones posteriores a la formulación inicial, el lector puede observar cómo la teoría se ha ido perfeccionando, sin perder el foco en sus implicaciones clínicas. El trabajo colectivo sigue subrayando que nuestra salud mental y física solo puede prosperar cuando el sistema nervioso autónomo se encuentra en un estado de seguridad.

La teoría polivagal no es una teoría estática, sino un marco para organizar información y estructurar hipótesis. Es una teoría sobre nuestra interfaz humana con el mundo y nuestra necesidad de seguridad y conexión a través de relaciones de confianza. Desde la perspectiva polivagal, solo hay un sistema nervioso que integra la regulación del cerebro y del cuerpo. Funcionalmente, proporciona una neurociencia del cerebro-cuerpo que relaciona la comunicación social con la regulación del sistema nervioso autónomo.

Es una teoría indiferente a la dirección causal de las comorbilidades mentales y físicas. Se centra en los sistemas de retroalimentación que promueven la homeostasis, propone definiciones operativas del estrés (por ejemplo, alteración de la homeostasis) y destaca el papel del estado autónomo tanto en la creación de vulnerabilidades como en las oportunidades de rehabilitación y sanación.

Al leer este libro, te animo a compartir mi entusiasmo por el descubrimiento, aprendiendo a apreciar los maravillosos atributos de ser mamíferos humanos. El libro contiene catorce capítulos que presentan ejemplos de elaboraciones teóricas, empíricas y aplicadas recientes de la teoría. El apéndice constituye un capítulo adicional: un manual básico que resume sus fundamentos.

REFERENCIAS

Darrow, C. W., Jost, H., Solomon, A. P., y Mergener, J. C. (1942). Autonomic indicators of excitatory and homeostatic effects on the electroencephalogram. *Journal of Psychology, 14,* 115–130.

Duffy, E. (1957). The psychological significance of the concept of «arousal» or «activation». *Psychological Review, 64,* 265–275.

Lindsley, D. (1951). Emotion. En S. S. Stevens (ed.), *Handbook of experimental psychology* (pp. 473–516). Nueva York: Wiley.

Malmo, R. B. (1959). Activation: A neurophysiological dimension. *Psychological Review, 66,* 367–386.

Porges, S. W. (1983). Heart rate patterns in neonates: A potential diagnostic window to the brain. En T. M. Field y A. M. Sostek (eds.), *Infants born at risk: Physiological and perceptual responses* (pp. 3–22). Nueva York: Grune and Stratton.

Porges, S. W. (1995). Orienting in a defensive world: Mammalian modifications of our evolutionary heritage. A Polyvagal Theory. *Psychophysiology, 32*(4), 301–318.

Porges, S. W. (1998). Love: An emergent property of the mammalian autonomic nervous system. *Psychoneuroendocrinology, 23*(8), 837–861.

Porges, S. W. (2003). Social engagement and attachment: A phylogenetic perspective. *Annals of the New York Academy of Sciences, 1008*(1), 31–47.

Porges, S. W. (2011). *The Polyvagal Theory: Neurophysiological foundation of emotions, attachment, communication, self-regulation.* Nueva York: Norton.

Porges, S. W. y Dana, D. A. (2018). *Clinical applications of the Polyvagal Theory: The emergence of polyvagal-informed therapies.* Nueva York: Norton.

Porges, S. W., Doussard-Roosevelt, J. A., Portales, A. L., y Greenspan, S. I. (1996). Infant regulation of the vagal «brake» predicts child behavior problems: A psychobiological model of social behavior. *Developmental Psychobiology, 29*(8), 697–712.

Porges, S. W. y Lewis, G. F. (2010). The polyvagal hypothesis: Common mechanisms mediating autonomic regulation, vocalizations and listening. En S. M. Brudzynski (ed.), *Handbook of behavioral neuroscience: Handbook of mammalian vocalization* (Vol. 19, pp. 255–264). Nueva York: Elsevier.

Yerkes, R. M. y Dodson, J. D. (1908). The relation of strength of stimulus to rapidity of habit-formation. *Journal of Comparative Neurology and Psychology, 18*(5), 459–482.

SEGURIDAD POLIVAGAL

1

LA NEUROCARDIOLOGÍA A TRAVÉS DE LA LENTE DE LA TEORÍA POLIVAGAL

Stephen W. Porges y Jacek Kolacz

LA CONEXIÓN CEREBRO-CUERPO EN MEDICINA

El conocimiento y la experiencia enmarcan nuestra comprensión sobre cómo interactúan el cerebro y el sistema nervioso autónomo. Lo que aprendemos influye en cómo formulamos las preguntas de investigación y probamos las hipótesis. A medida que se amplía nuestro conocimiento sobre la neurofisiología del sistema nervioso autónomo, cambia el alcance de la investigación. Este nuevo conocimiento impregna poco a poco la formación médica y repercute, de forma aún más lenta, en la comprensión y el tratamiento de las patologías por parte del personal médico.

La conceptualización del sistema nervioso autónomo en la formación médica no ha seguido el ritmo de desarrollo de las conexiones bidireccionales entre el cerebro y los órganos viscerales que ha descrito la investigación neurofisiológica. Dicha formación ofrece pocas oportunidades para aprender cómo los circuitos neuronales del cerebro regulan los órganos periféricos y aún menos para conocer cómo estos órganos influyen en el funcionamiento cerebral. Este conocimiento limitado lleva a que muchos médicos desconozcan las vías que podrían promover la salud o causar disfunciones. Cuando los diagnósticos son negativos y no se observa ninguna alteración funcional o estructural medible en el órgano, este desconocimiento puede llevar a asumir que los síntomas de la persona no son creíbles. Las especialidades médicas suelen centrarse en órganos concretos, lo que genera disciplinas que estudian los órganos sin tener en cuenta su regulación neuronal. Esta estrategia puede ser insuficiente cuando hay una disfunción sistémica más general, ya que puede provocar la aparición de disfunciones en más de un órgano (es decir, comorbilidades). Con frecuencia, si no se detecta una alteración funcional concreta, se presupone que el trastorno no tiene base fisiológica y es meramente psicológico. Esta conclusión limita las posibilidades de apoyo y tratamiento médico, y pone en riesgo a la persona. A menudo se atribuyen causas psicológicas a varios trastornos porque se desconocen las vías neuronales implicadas y porque la intensidad de los síntomas suele estar relacionada con situaciones estresantes.

Uno de los objetivos de disciplinas integradoras como la neurocardiología es describir objetivamente la relación entre el sistema nervioso y los órganos viscerales. Entre quienes estudian la regulación neuronal del corazón y otros órganos viscerales, existe el conocimiento compartido de que las estructuras cerebrales y los órganos periféricos están interconectados mediante vías neuronales que envían señales en ambas direcciones: del órgano al tronco encefálico y viceversa. Estos circuitos de comunicación bidireccional ofrecen mecanismos regulatorios dinámicos que permiten que el cerebro influya en los órganos viscerales y que estos órganos informen e influyan en el funcionamiento cerebral. Esta premisa es la base de la teoría polivagal y un supuesto fundamental de la neurocardiología.

PERSPECTIVAS HISTÓRICAS SOBRE LA CONEXIÓN CEREBRO-CUERPO

La conceptualización contemporánea de la comunicación bidireccional entre los órganos viscerales y el cerebro se basa en el trabajo de Walter Hess. En 1949, Hess recibió el Premio Nobel de Medicina por su trabajo sobre el control central de los órganos internos, que cambió el paradigma. Su discurso de aceptación del Nobel, titulado «El control central de la actividad de los órganos internos», fue tanto profético como histórico. Proporciona el contexto dentro del cual emergieron el desarrollo, la aplicación y la aceptación de disciplinas neuroautónomas como la neurocardiología. Este contexto aporta los valores contradictorios de promover un mejor conocimiento de las dinámicas de la regulación neuronal de un sistema nervioso integrado y de estar al mismo tiempo restringido por métodos experimentales reduccionistas y paradigmas limitados.

> Un hecho reconocido desde la antigüedad es que todo organismo vivo no es la suma de múltiples procesos unitarios, sino que, debido a las interrelaciones y a niveles jerárquicos de control, constituye una unidad

> inquebrantable. Cuando la investigación examina procesos aislados, estos deben ser extraídos de su contexto. Esta separación experimental implica inevitablemente un sacrificio biológico. Los hallazgos cuantitativos de cualquier cambio material y energético solo conservan su significado completo si se comprenden como partes de un orden natural. Así, las leyes que rigen la cohesión orgánica y la organización del todo a partir de las partes suponen una incertidumbre biológica, especialmente cuando el avance de la especialización amenaza con dificultar su comprensión. Este es precisamente el contenido del discurso de Hess, centrado en los mecanismos neuronales mediante los cuales la actividad de los órganos internos se adapta a condiciones cambiantes y se ajusta como parte de un sistema interrelacionado de funciones. Ampliar el conocimiento en este sentido no solo satisface la necesidad humana de comprender, sino que también contribuye al arte práctico de la sanación, pues el ser humano, en la salud y en la enfermedad, no es solo la suma de sus órganos, sino un organismo integral. (Hess, 1949)

La visión de Hess de un sistema nervioso integrado, que implica interacciones bidireccionales mutuas y dinámicas entre el cerebro y los órganos viscerales, no ganó terreno dentro de la formación médica tradicional. En cambio, dicha formación confirmó la advertencia de Hess: los avances en la especialización, con la aparición de subdisciplinas médicas, amenazan nuestra capacidad de comprender la organización que va del órgano al organismo como un todo.

Pocos médicos conocen la decisiva investigación de Hess y su advertencia contra la división del cuerpo en sistema nervioso central y sistemas nerviosos periféricos. Desde el punto de vista de Hess, solo existe un sistema nervioso integrado. En lugar de adoptar su visión clarividente, la formación médica siguió dependiendo de un modelo anterior y más limitado del sistema nervioso autónomo, propuesto por Langley en 1921. Este modelo sigue siendo el predominante en la enseñanza médica actual.

Si no me crees, pregúntale a un cardiólogo, un nefrólogo, un hepatólogo, un gastroenterólogo o incluso a un internista más ecléctico si algunas vías neuronales específicas podrían generar síntomas disfuncionales. Si responde afirmativamente, pregúntale qué prueba neuronal confirmaría esa hipótesis. También puedes preguntarle si la ansiedad, la depresión o el estrés crónico podrían estar relacionados o ser causa de la disfunción de un órgano. Y, finalmente, si los tratamientos médicos en órganos periféricos podrían contribuir, mediante retroalimentación aferente, a ciertos síntomas específicos al influir sobre el cerebro. Estas preguntas revelan las enormes carencias de conocimiento sobre el papel del sistema nervioso en la salud y la enfermedad.

Langley, distinguido profesor de fisiología en la Universidad de Cambridge, propuso en 1898 el término *sistema nervioso autónomo* para describir «el sistema simpático y el sistema nervioso aliado formado por los nervios craneales y sacros, y el sistema nervioso local intestinal» (Langley, 1898, p. 270). Colectivamente, el funcionamiento autónomo de los nervios craneales y sacros definía el sistema nervioso parasimpático, y el sistema intestinal se denominó «sistema nervioso entérico». En el primer párrafo de su obra clásica *The Autonomic Nervous System, Part I* (1921), ofrecía su definición: «el sistema nervioso autónomo está formado por células nerviosas y fibras nerviosas mediante las cuales los impulsos eferentes se dirigen a tejidos distintos del músculo estriado multinuclear».

La visión de Langley describe un sistema compuesto por vías eferentes y órganos diana viscerales: un modelo descendente que excluye las estructuras cerebrales implicadas en la regulación y las vías aferentes que informan al cerebro del estado de los órganos periféricos.

De hecho, su modelo no incluye los elementos necesarios para una regulación basada en retroalimentación. Un sistema así requeriría un regulador central conectado con la periferia mediante vías motrices y sensoriales. Así, Langley desplazó la visión expandida de un sistema nervioso corporal integrado propuesta por Bernard (1865) y descrita por Darwin (1872), basada en una comunicación bidireccional entre el cerebro y los órganos viscerales.

Considerar las respuestas autónomas sin su retroalimentación aferente corresponde a la definición limitada de Langley (1921), que excluía la influencia de las fibras sensoriales presentes en la mayoría de las vías motrices viscerales. Aunque en ocasiones su definición se amplía para incluir vías aferentes y estructuras centrales (como la médula o el hipotálamo), los manuales actuales siguen centrándose en los componentes motores. Esta visión minimiza el papel de las aferencias y de las áreas cerebrales implicadas en la regulación, y restringe el estudio dinámico de la función reguladora del sistema nervioso autónomo.

La regulación visceral y el mantenimiento de la homeostasis presuponen un sistema de retroalimentación con tres componentes imprescindibles: estructuras motrices, sensoriales y regulatorias. Desde una perspectiva sistémica, el sistema nervioso autónomo incluye vías aferentes que transmiten información sobre los órganos viscerales, áreas cerebrales que interpretan esa información y centros reguladores que modulan la actividad motora dirigida a los órganos.

Darwin (1872) ya aportó una visión histórica sobre la importancia del vago en la comunicación bidireccional entre cerebro y corazón. Aunque se centró en las expresiones faciales como base de las emociones, reconoció la relación dinámica entre el vago y la actividad del sistema nervioso central en la expresión emocional. Especuló que existían vías neuronales capaces de enlazar estructuras cerebrales con órganos periféricos, generando patrones específicos de actividad autónoma asociados a las emociones. Por ejemplo:

> Cuando la mente está muy estimulada, podemos esperar que ello afecte instantáneamente de forma directa al corazón, y esto se reconoce universalmente. Cuando el corazón se ve afectado, reacciona sobre el cerebro, y el estado del cerebro de nuevo reacciona mediante el nervio neumogástrico [vago] en el corazón de manera que, bajo cualquier estimulación, habrá mucha acción y reacción mutuas entre ellos, los dos órganos más importantes del cuerpo. (Darwin, 1872, p. 69)

Para Darwin, cuando se produce un estado emocional, el latido del corazón cambia instantáneamente (es decir, mediante los eferentes vagales) y el cambio en la actividad cardiaca influye en la actividad cerebral (es decir, mediante los aferentes vagales). No dilucidó los mecanismos neurofisiológicos que traducen la expresión emocional inicial al corazón. Darwin no disponía de nuestro conocimiento actual de la anatomía del tronco encefálico y de la neurofisiología del vago. En esa época, no se sabía que las fibras vagales se originaban en varios núcleos medulares y que las ramas del vago ejercían un control sobre la periferia mediante diferentes sistemas de retroalimentación. Sin embargo, la afirmación de Darwin es importante porque pone el acento en la retroalimentación aferente desde el corazón hacia el cerebro, independiente de la médula espinal y del sistema nervioso simpático, así como en el papel regulador del nervio neumogástrico (renombrado como «vago» a finales del siglo XIX) en la expresión de las emociones.

Darwin atribuyó estas ideas a Claude Bernard como ejemplo de regulación del sistema nervioso del *milieu intérieur* (el medio interior). De conformidad con la psicofisiología y la neurocardiología más contemporáneas, Claude Bernard consideraba el corazón como un sistema de respuesta primario capaz de reaccionar a todas las formas de estimulación sensorial. Destacaba explícitamente la potencia de las vías del sistema nervioso central hacia el corazón (Cournand, 1979). Se puede presuponer que estas vías transcurrían por el vago. Estas ideas fueron expresadas por Claude Bernard en la siguiente observación:

> En el hombre, el corazón no es solamente el órgano central de circulación de la sangre, es un centro influido por todas las influencias sensoriales. Pueden transmitirse desde la periferia a través de la médula espinal, desde los órganos a través del sistema nervioso simpático o desde el propio sistema nervioso central. De hecho, los estímulos sensoriales procedentes del cerebro muestran sus efectos más fuertes en el corazón. (Cournand, 1979, p. 118)

Bernard y Darwin, al valorar la importancia de la retroalimentación aferente en la regulación neuronal del corazón, pueden ser considerados como los fundadores históricos de la neurocardiología. Langley no fue el único que minimizó la posible comunicación bidireccional entre los órganos viscerales y el cerebro. Walter Cannon (1927), otro fisiólogo emblemático, propuso que las respuestas autónomas asociadas con las emociones son impulsadas principalmente por las estructuras cerebrales y transmitidas mediante las vías simpáticas-suprarrenales para sostener los comportamientos de lucha-huida. La visión de Cannon contradecía la de William James (1884), quien proponía que la retroalimentación aferente desde el cuerpo es lo que enmarca la experiencia emocional. La visión de Cannon fue aceptada de buena gana y se fusionó con los puntos de vista de Hans Selye (1936, 1956) para dominar las opiniones contemporáneas de la fisiología del estrés. Quizás la falta de sofisticación fisiológica de James y la incapacidad de describir las vías neuronales mediante las cuales la retroalimentación aferente viajaba de la periferia al cerebro contribuyeron a este sesgo. Las respuestas de estrés generalizadas descritas por Cannon y Selye enfatizaban el sistema nervioso simpático y las suprarrenales. Estas visiones minimizaban el papel del vago y no reconocían el papel primario de las vías vagales aferentes como un sistema de vigilancia en la regulación fisiológica y emocional, comunicando el estado de los órganos a las estructuras cerebrales.

A medida que los investigadores intentan comunicar y traducir sus hallazgos y conceptualizaciones en la práctica clínica, siguen enfrentándose con los productos de una formación médica que conceptualizó el sistema nervioso autónomo dentro de los límites de la definición de Langley. Este modelo restringido ha influido en el conocimiento general y en la conceptualización médica de la comunicación entre el cerebro y los órganos viscerales. En el mejor de los casos, los médicos reconocen la comunicación descendente del cerebro a los órganos, aunque prácticamente todos tienen un conocimiento limitado sobre las vías aferentes que controlan los órganos viscerales y que informan a los centros cerebrales encargados de regularlos.

En parte, el modelo de Langley fue malinterpretado, ya que su contribución representaba un progreso importante al proporcionar un principio organizador de la regulación eferente de los órganos viscerales. No fue propuesto como alternativa a las características más integradoras de la regulación visceral planteada cincuenta años antes por Bernard. Desde un punto de vista histórico, es importante reconciliar estas discontinuidades a medida que la ciencia y la práctica clínica se reintegran en disciplinas neuroautónomas como la neurocardiología. Fue justamente en la búsqueda de un modelo más integrativo de la regulación neuronal del sistema nervioso autónomo cuando surgió la teoría polivagal (Porges, 1995, 1998, 2001b, 2007, 2009, 2011).

LA PARADOJA VAGAL: ORIGEN DE LA TEORÍA POLIVAGAL

La teoría polivagal surgió de una paradoja observada al estudiar los patrones de frecuencia cardiaca en fetos humanos y recién nacidos. En obstetricia y neonatología, la bradicardia es un índice clínico de riesgo que se supone que está mediado por el vago. En la misma población clínica, la variabilidad de la frecuencia cardiaca latido a latido es un índice clínico de resiliencia y también se considera mediado por el vago. Si el tono vagal cardiaco es un indicador positivo de salud en un feto o neonato al monitorearlo mediante la variabilidad de la frecuencia cardiaca, ¿cómo puede ese mismo tono vagal ser un indicativo negativo cuando se manifiesta como bradicardia? La investigación en animales ha demostrado que ambas señales pueden alterarse seccionando las vías vagales hacia el corazón o mediante un bloqueo farmacológico (es decir, atropina), interfiriendo así con la acción inhibitoria del vago sobre el nodo sinoauricular (Porges, 1995).

La resolución de la paradoja fue resultado de observar que, a través de la evolución del sistema nervioso autónomo de los vertebrados, los mamíferos desarrollaron dos vías vagales eferentes. Una de ellas tiene un ritmo respiratorio, es exclusiva de los mamíferos, está mielinizada, se origina en un área del cerebro conocida como núcleo ambiguo, transcurre principalmente hasta los órganos por encima del diafragma e interactúa dentro del tronco encefálico con estructuras (es decir, el complejo vagal ventral) que regulan los músculos estriados de la cara y la cabeza. La otra no tiene un ritmo respiratorio, se observa en prácticamente todos los vertebrados, no está mielinizada, transcurre principalmente hasta los órganos por debajo del diafragma y se origina en una región del tronco encefálico conocida como «núcleo dorsal del vago».

ARRITMIA DEL SENO RESPIRATORIO: UN ÍNDICE DEL TONO VAGAL CARDIACO

Para explorar la diferencia entre la bradicardia mediada por el vago y la variabilidad de la frecuencia cardiaca también mediada por el vago, debemos comprender los mecanismos neuronales que intervienen en ambas respuestas. El mecanismo que produce una bradicardia masiva es bien conocido: consiste en un aumento de la inhibición vagal sobre el nodo sinoauricular, y puede reproducirse mediante estimulación eléctrica directa del vago o indirectamente a través de áreas del tronco encefálico. Sin embargo, estos experimentos no permiten distinguir entre la actividad vagal tónica de fondo y la actividad provocada por una estimulación aguda. Tampoco diferencian de forma selectiva entre las vías vagales mielinizadas y no mielinizadas. Además, la manipulación de cambios agudos en la actividad vagal aferente no ofrece información sobre los mecanismos que producen variaciones tónicas en la variabilidad de la frecuencia cardiaca.

En los mamíferos sanos, el corazón no late a una frecuencia constante. Aunque la frecuencia de activación intrínseca del nodo sinoauricular —el marcapasos del corazón— puede ser relativamente estable, esta frecuencia está modulada por la inhibición transitoria del marcapasos a través de las vías vagales. Cuando la frecuencia respiratoria espontánea se refleja en el patrón de frecuencia cardiaca, se denomina *arritmia sinusal respiratoria* (ASR).

Existen referencias a la ASR desde principios del siglo XX. Wundt afirmaba que «los movimientos respiratorios [...] a menudo van acompañados de fluctuaciones del pulso, cuya rapidez aumenta en la inspiración y disminuye en la espiración» (Wundt, 1902). Hering (1910) destacó la relación funcional entre la amplitud de la ASR y el tono vagal cardiaco. Según Hering, la respiración constituye una prueba funcional del control vagal del corazón. Afirmaba: «Es sabido con la respiración que una disminución demostrable de la frecuencia cardiaca es indicativa del funcionamiento de los nervios vagos». La neurofisiología contemporánea respalda estas primeras observaciones (Dergacheva et al., 2010). Dado que los mecanismos neuronales que median la ASR se consideran, con razón, un resultado funcional de las vías vagales eferentes mielinizadas, nuestra investigación se ha centrado en la ASR y no en otras métricas de la variabilidad de la frecuencia cardiaca cuyos orígenes aún no se han definido con claridad.

TEORÍA POLIVAGAL

Cambios filogenéticos en los sistemas nerviosos autónomos de los vertebrados

Rastreando los cambios evolutivos en los vertebrados, emerge un patrón filogenético según el cual en los mamíferos evolucionaron las dos vías vagales que van hasta el corazón. Este patrón se podría describir como tres fases evolutivas durante las cuales los circuitos neuronales evolucionaron para regular el corazón. Durante la primera fase, los vertebrados contaban con un vago no mielinizado, con vías eferentes originadas en un área del tronco encefálico parecida al complejo vagal dorsal, que contenía el origen de las vías eferentes y la terminación de las vías aferentes. Con la evolución de los vertebrados, se desarrolló un sistema nervioso simpático vertebral. Finalmente, con la aparición de los mamíferos, hubo una transición en la forma en que se regulaba el sistema nervioso autónomo. Durante dicha transición, algunas de las células del origen del vago migraron ventralmente desde el núcleo dorsal del vago hacia el núcleo ambiguo. Durante este proceso evolutivo, muchas de las fibras vagales eferentes originadas en el núcleo ambiguo se mielinizaron y se integraron en la función de la regulación de las vías eferentes viscerales especiales del tronco encefálico, las cuales regulaban los músculos estriados de la cara y de la cabeza. Langley (1921) propuso la interesante hipótesis de un cambio filogenético en las fibras vagales, coincidente con esta descripción de la teoría polivagal (Porges, 1995):

> La hipótesis que sugeriría como causa aproximada de la existencia de los dos tipos de fibras nerviosas es que las células con fibras no meduladas [no mielinizadas] fueron las primeras en la filogenia en migrar desde el sistema nervioso, produciéndose una migración posterior cuando tuvo lugar una nueva especialización de las células nerviosas centrales, y que las células de esta migración dieron lugar a las fibras meduladas [mielinizadas].

> Según esta hipótesis, las dos formas de células embrionarias han persistido en varios grados en diferentes vertebrados, dando lugar cada forma a su propio tipo de axón. (Langley, 1921, p. 25)

En los mamíferos, las vías vagales no mielinizadas originadas en el núcleo dorsal del vago regulan básicamente los órganos por debajo del diafragma, aunque algunas de estas fibras vagales no mielinizadas terminan en el nodo sinoauricular. La teoría polivagal plantea la hipótesis de que estas fibras vagales no mielinizadas permanecen dormidas hasta que hay una amenaza vital y, probablemente, se potencian durante la hipoxia y en los estados en los que la influencia del *input* vagal mielinizado hasta el corazón está deprimido. Esta secuencia es observable en la frecuencia cardiaca en fetos humanos, cuando es más probable que se produzca la bradicardia cuando la influencia tónica de las vías vagales mielinizadas, manifestada en la ASR, es baja (Reed et al., 1999).

En los vertebrados ancestrales, la vía vagal no mielinizada que emergía del tronco encefálico era un componente crítico de la regulación neuronal de todas las vísceras. Este sistema bidireccional reducía la producción metabólica cuando los recursos eran bajos, como en momentos de carencia de oxígeno. El sistema nervioso de los vertebrados primitivos no necesitaba mucho oxígeno para sobrevivir y podía reducir la frecuencia cardiaca y las demandas metabólicas cuando caían los niveles de oxígeno. Por lo tanto, este sistema constituía un sistema de conservación que, en los mamíferos, se adaptó como sistema de defensa primitivo manifestado como una muerte fingida y respuestas de síncope y disociación promovidas por el trauma. Como este sistema de defensa podía ser letal en los mamíferos con mayor consumo de oxígeno, funcionaba como última opción para sobrevivir. La mayoría de los vertebrados comparten las vías motrices vagales no mielinizadas filogenéticamente más antiguas y, en los mamíferos, cuando no se emplean como sistema de defensa, sirven para sostener la salud, el crecimiento y la restauración a través de la regulación neuronal de los órganos subdiafragmáticos (es decir, los órganos internos por debajo del diafragma).

El circuito vagal mielinizado con eferentes que se origina en la zona del tronco encefálico llamada núcleo ambiguo es exclusivo en los mamíferos. Las vías motrices vagales mielinizadas más recientes regulan los órganos supradiafragmáticos (por ejemplo, el corazón y los pulmones) y se integran en el tronco encefálico con estructuras que regulan los músculos estriados de la cara y de la cabeza mediante unas vías eferentes viscerales especiales, dando como resultado un sistema de conexión social funcional. Este circuito vagal más nuevo reduce la frecuencia cardiaca y promueve los estados de calma.

La aparición del sistema de conexión social

La integración de las vías vagales cardiacas mielinizadas con la regulación neuronal de la cara y de la cabeza dio lugar al sistema de conexión social de los mamíferos. Como se ilustra en la figura 1.1, los productos del sistema de conexión social consisten en un componente somatomotor y un componente visceromotor. El componente somatomotor incluye unas vías eferentes viscerales especiales que regulan los músculos estriados de la cara y de la cabeza. El componente visceromotor incluye el vago supradiafragmático mielinizado que regula el corazón y los bronquios.

Funcionalmente, el sistema de conexión social surge de una conexión corazón-cara que coordina el corazón con los músculos de la cara y de la cabeza. La función inicial del sistema es coordinar la succión, la deglución, la respiración y la vocalización. Una coordinación atípica de este sistema en una etapa temprana de la vida es un indicador de posteriores dificultades en el comportamiento social y en la regulación emocional.

Cuando está completamente activado, se expresan dos características bioconductuales importantes de este sistema. En primer lugar, el estado corporal se regula de forma eficiente para promover el crecimiento y la restauración (por ejemplo, la homeostasis visceral). Funcionalmente, esto se logra mediante un aumento de la influencia de las vías motrices vagales mielinizadas sobre el marcapasos cardiaco para reducir la frecuencia cardiaca, inhibir los mecanismos de lucha o huida del sistema nervioso simpático, amortiguar el sistema de respuesta al estrés del eje hipotalámico-hipofisario-suprarrenal (HHS) (responsable de la liberación de cortisol) y reducir la inflamación modulando las reacciones inmunitarias (por ejemplo, las citoquinas; Porges, 2007). En segundo lugar, la conexión cara-corazón, filogenéticamente perteneciente a los mamíferos, sirve para transmitir el estado fisiológico a través de la expresión facial y la prosodia (entonación de la voz), así como para regular los músculos del oído medio para controlar la respuesta de frecuencia de escucha (Porges, 2007, 2009, 2011; Porges y Lewis, 2010; Kolacz et al., 2018).

Los núcleos de origen del tronco encefálico del sistema de conexión social se ven influidos por las estructuras cerebrales superiores (es decir, influencias descendentes) y por los aferentes viscerales (es decir, influencias ascendentes). Las vías corticobulbares directas reflejan la influencia de las áreas frontales de la corteza (es decir, de las neuronas motrices superiores) en los núcleos de origen medulares de este sistema. Las influencias ascendentes ocurren mediante la retroalimentación a través del vago aferente (por ejemplo, tracto solitario), transmitiendo información desde los órganos viscerales hasta las zonas medulares (por ejemplo, el núcleo del tracto solitario), influyendo tanto en los núcleos originales de este sistema como en las áreas del cerebro anterior que se supone que están implicadas en varios trastornos psiquiátricos (Craig, 2005; Thayer y Lane, 2000, 2007). Además, las estructuras anatómicas implicadas en el sistema de conexión social mantienen interacciones neurofisiológicas con el eje HHS, los neuropéptidos sociales (por ejemplo, la oxitocina y la vasopresina) y el sistema inmunitario (Carter, 1998; Porges, 2001a).

Los aferentes desde los órganos diana del sistema de conexión social, incluyendo los músculos de la cara y de la cabeza, también proporcionan un *input* aferente potente hacia los núcleos de origen que regulan los componentes tanto viscerales como somáticos del sistema de conexión social. El núcleo de origen del nervio facial forma el borde del núcleo ambiguo, y los aferentes desde el nervio trigémino proporcionan un *input* sensorial primario al núcleo ambiguo. Por lo tanto, el complejo vagal ventral, formado por el núcleo ambiguo y los núcleos de los nervios trigémino y faciales, está funcionalmente relacionado con la expresión y la experiencia de la emoción. La activación del componente somatomotor (por ejemplo, escuchar, ingerir, levantar los párpados) podría desencadenar cambios viscerales que sostendrían la conexión social, mientras que la modulación del estado visceral —dependiendo de si existe un aumento o una disminución de la influencia de los eferentes vagales mielinizados en el nodo sinoauricular (es decir, un aumento o una disminución de la influencia del freno vagal)— promovería o impediría los comportamientos de conexión social (Porges, 1995, 2007). Por ejemplo, una estimulación de estados viscerales que promoviera la movilización (es decir, comportamientos de lucha o huida) impediría la capacidad de expresar comportamientos de conexión social.

La conexión cara-corazón permitió a los mamíferos detectar si un conespecífico estaba en un estado fisiológico calmado y seguro para acercarse a él, o en un estado fisiológico altamente movilizado y reactivo, durante el cual la interacción sería peligrosa. La conexión cara-corazón permite simultáneamente a un individuo indicar seguridad mediante patrones de expresión facial y entonación vocal, y potencialmente calmar a un conespecífico alterado para formar una relación social. Cuando el nuevo vago de los mamíferos funciona óptimamente en las interacciones sociales (es decir, inhibiendo la excitación simpática que promueve los comportamientos de lucha-huida), las emociones están bien reguladas, la prosodia vocal es rica y el estado autónomo promueve comportamientos de conexión social tranquilos y espontáneos. El sistema cara-corazón es bidireccional y, en él, el circuito vagal mielinizado más nuevo que influye en las interacciones sociales —y las interacciones sociales que influyen en el funcionamiento vagal para optimizar la salud— atenúan los estados fisiológicos relacionados con el estrés, promoviendo el crecimiento y la restauración. La comunicación social y la capacidad de corregular las interacciones, mediante sistemas de conexión social recíprocos, producen una sensación de conexión, que es una importante característica que define la experiencia humana.

Figura 1.1. El sistema de conexión social está compuesto por un componente somatomotor (bloques lisos) y un componente visceromotor (bloques rayados). El componente somatomotor incluye vías eferentes viscerales especiales que regulan los músculos estriados de la cara y de la cabeza, mientras que el componente visceromotor incluye el vago mielinizado que regula el corazón y los bronquios.

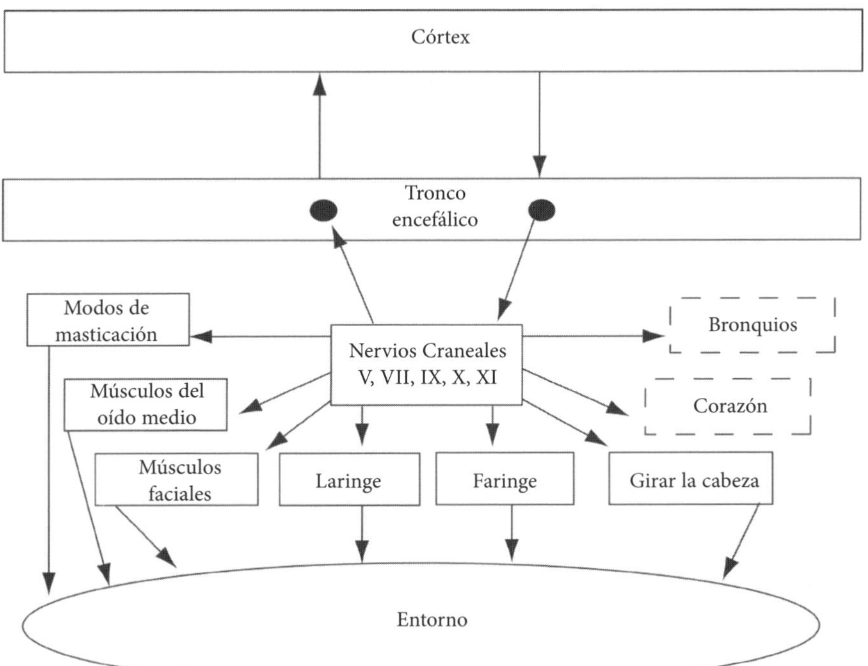

Disolución

El sistema nervioso humano, similar al de otros mamíferos, evolucionó no solo para sobrevivir en entornos seguros, sino también para promover la supervivencia en contextos peligrosos y de amenaza vital. Para lograr esta flexibilidad adaptativa, el sistema nervioso autónomo de los mamíferos, además de la vía vagal mielinizada que está integrada en el sistema de conexión social, retuvo dos circuitos neuronales primitivos más para regular las estrategias defensivas (es decir, los comportamientos de lucha y huida y de muerte simulada). Es importante notar que el comportamiento social, la comunicación social y la homeostasis visceral son incompatibles con los estados fisiológicos que promueven la defensa. Las estrategias de respuesta polivagal ante los desafíos están ordenadas filogenéticamente, siendo los componentes más recientes del sistema nervioso autónomo los que responden primero. Este modelo de reacción autónoma concuerda con el constructo de disolución de John Hughlings Jackson (1884), en el que propone que «las disposiciones nerviosas superiores inhiben (o controlan) las inferiores y, por consiguiente, cuando las superiores de repente quedan inservibles, las inferiores aumentan su actividad». En esta jerarquía de respuestas adaptativas, el circuito de conexión social más reciente se usa primero; si este circuito no puede proporcionar seguridad, se van empleando los circuitos más antiguos secuencialmente.

Neurocepción

La teoría polivagal propone que la evaluación neuronal del riesgo no requiere percepción consciente y que funciona a través de circuitos neuronales compartidos con nuestros ancestros vertebrados filogenéticos. Así, se introdujo el término *neurocepción* para enfatizar un proceso neuronal, distinto de la percepción, capaz de distinguir las características ambientales (y viscerales) que son seguras, peligrosas o potencialmente letales (Porges, 2003, 2004). En entornos seguros, el estado autónomo se regula adaptativamente para atenuar la activación simpática y proteger el sistema nervioso central dependiente de oxígeno, especialmente la corteza, de las reacciones metabólicamente conservadoras del complejo vagal dorsal (por ejemplo, del síncope vasovagal). La neurocepción se propone como un mecanismo reflexivo capaz de cambiar instantáneamente el estado fisiológico. La neurocepción es un mecanismo plausible de mediación tanto de la expresión como de la alteración del comportamiento social positivo, la regulación de las emociones y la homeostasis visceral.

La neurocepción puede ser activada por detectores de características que incluyen áreas de la corteza temporal que se comunican con el núcleo central de la amígdala y con la sustancia gris periacueductal, ya que las reacciones límbicas están moduladas por las respuestas de la corteza temporal ante movimientos biológicos que incluyen las voces, las caras y los movimientos con las manos. Integrada en el constructo de la neurocepción se encuentra la capacidad del sistema nervioso de reaccionar ante la intención de esos movimientos. La neurocepción descodifica funcionalmente e interpreta el propósito supuesto de los movimientos y los sonidos de objetos inanimados y vivos. Este proceso ocurre inconscientemente. Aunque no solemos ser conscientes de los estímulos que desencadenan diferentes respuestas neuroceptivas, somos conscientes de las reacciones de nuestro cuerpo. Por consiguiente, la neurocepción de individuos familiares e individuos con voces adecuadamente prosódicas y caras cálidas y expresivas se traduce en una interacción social positiva, lo cual promueve una sensación de seguridad.

El estado autónomo es una variable interviniente

La teoría polivagal propone que el estado fisiológico es una parte fundamental —y no una secuela— de la emoción y del estado de ánimo. Según esta teoría, el estado autónomo funciona como una variable interviniente que sesga nuestra detección y evaluación de las señales ambientales. Dependiendo del estado fisiológico, las mismas señales serán reflexivamente evaluadas como neutras, positivas o amenazantes. Funcionalmente, un cambio de estado modificará el acceso a diferentes estructuras cerebrales y promoverá, bien la comunicación social, bien los comportamientos defensivos de lucha-huida o de desconexión. La investigación contemporánea sobre el impacto de la estimulación del nervio vagal en la función cognitiva y la regulación emocional respalda este modelo (Groves y Brown, 2005). La teoría destaca el vínculo bidireccional entre el cerebro y las vísceras, que podría explicar cómo los pensamientos cambian la fisiología, y cómo el estado fisiológico influye en los pensamientos. Cuando las personas cambian sus expresiones faciales, la entonación de la voz, el patrón de respiración y su postura, también están modificando su fisiología, básicamente a través de circuitos que incluyen las vías vagales mielinizadas hacia el corazón.

El papel de los aferentes viscerales en la regulación del corazón

El foco prevalente de los estudios que investigan la regulación neuronal del corazón ha sido el de las vías eferentes que emergen de los núcleos del tronco encefálico y de los ganglios simpáticos. Se ha investigado poco la influencia de los aferentes viscerales en esta regulación y cómo estas influencias se manifiestan en el control del corazón y de otros órganos viscerales. Esto se debe, en parte, al sesgo hacia los eferentes en la formación médica, que ha derivado en una conceptualización limitada de la regulación neuronal del corazón. Sin embargo, este sesgo está cambiando gracias a los estudios que exploran los efectos de la estimulación del nervio vagal, un modelo ascendente que se centra en el vago como nervio aferente (aproximadamente el 80 % de las fibras vagales son sensoriales).

Resulta interesante que los efectos secundarios de dicha estimulación suelan deberse a la influencia sobre las vías eferentes. Estos efectos se observan principalmente en características del sistema de conexión social, como cambios en la voz o dificultades de deglución (Ben-Menachem, 2001). En algunos casos, la estimulación afecta a órganos subdiafragmáticos mediante las vías eferentes, provocando diarrea (Sanossian y Haut, 2002). A medida que la estimulación del nervio vagal se aplica con mayor frecuencia a distintos trastornos médicos, se va comprendiendo mejor el papel del *input* de los aferentes vagales en el funcionamiento neurofisiológico (por ejemplo, la epilepsia), el estado emocional (por ejemplo, la depresión) y la cognición (por ejemplo, el aprendizaje y la atención) (Howland, 2014; Sanossian y Haut, 2002).

Según la teoría polivagal, los núcleos de origen del vago mielinizado están regulados por complejos circuitos neuronales que incluyen tanto los aferentes viscerales (es decir, ascendentes) como las estructuras cerebrales superiores (es decir, descendentes), que influyen en los núcleos del tronco encefálico que controlan tanto el vago mielinizado como los músculos estriados de la cara y de la cabeza (es decir, el sistema de conexión social). A medida que se incorpora el conocimiento sobre los aferentes viscerales al estudio del sistema nervioso autónomo, clínicos e investigadores empiezan a reconocer las manifestaciones del control vagal del corazón en pacientes con diversos trastornos de los órganos periféricos.

Más que interpretar la regulación neuronal atípica del corazón como reflejo de una enfermedad cardiaca específica, las comorbilidades se entienden como manifestaciones de una disfunción sistémica, en línea con las visiones premonitorias de Walter Hess. Varias enfermedades crónicas que afectan a órganos subdiafragmáticos específicos (por ejemplo, riñón, páncreas, hígado, intestinos, genitales, etc.) presentan características identificables que han llevado a tratamientos focalizados en los órganos (por ejemplo, medicación, cirugía). Sin embargo, otros trastornos que afectan a la calidad de vida, como el síndrome del intestino irritable y la fibromialgia, se definen por síntomas no específicos.

La literatura relaciona estos trastornos crónicos inespecíficos con una regulación vagal atípica del corazón, reflejada en una menor variabilidad de la frecuencia cardiaca (Mazurak et al., 2012; Staud, 2008). Según estos hallazgos, se ha sugerido usar la variabilidad de la frecuencia cardiaca como biomarcador para estos trastornos. No obstante, la teoría polivagal propone una interpretación alternativa: en lugar de interpretarla como biomarcador de una enfermedad concreta, la variabilidad deprimida de la frecuencia cardiaca se considera un marcador neurofisiológico de una resintonización difusa del sistema nervioso autónomo tras una reacción compleja adaptativa ante una amenaza.

Esta hipótesis es coherente con los vínculos entre el historial de abuso —especialmente abuso sexual en mujeres— y la aparición de trastornos clínicos inespecíficos como el síndrome del intestino irritable y la fibromialgia. Además, el estrés emocional puede intensificar los síntomas y dificultar una recuperación positiva, mientras que el trauma puede activarlos o agravarlos (Clauw, 2014; Whitehead et al., 2007). Proponemos que una respuesta neuronal inicialmente adaptativa a una amenaza, a través de la retroalimentación aferente visceral desde los órganos hasta el tronco encefálico, puede desencadenar una reorganización crónica de la regulación autónoma, observada tanto en la menor variabilidad de la frecuencia cardiaca como en el funcionamiento alterado de los órganos subdiafragmáticos y en la expresión del dolor aferente.

CONCLUSIÓN

La neurocardiología es una disciplina emergente que permite estudiar la comunicación bidireccional entre el cerebro y el corazón. Considerando a los organismos vivos como sistemas fisiológicos dinámicos, adaptativos, interactivos e interdependientes, se vuelve evidente que el sistema nervioso autónomo no puede tratarse como funcionalmente independiente del sistema nervioso central. Según la teoría polivagal, el corazón no flota en un mar visceral: está anclado, metafóricamente, a estructuras centrales mediante vías eferentes, y manda señales constantes a estas estructuras mediante abundantes vías aferentes. Por tanto, la evaluación y el tratamiento del funcionamiento cardiaco, así como la identificación de disfunciones autónomas, deben basarse en las conexiones bidireccionales entre las estructuras cerebrales centrales y autónomas. Este conocimiento informa sobre la vulnerabilidad ante enfermedades y disfunciones cardiacas asociadas con la activación crónica del sistema nervioso autónomo en estados defensivos, y también sobre la resiliencia promovida por un funcionamiento saludable del sistema de conexión social.

REFERENCIAS

Ben-Menachem, E. (2001). Vagus nerve stimulation, side effects, and long-term safety. *Journal of Clinical Neurophysiology, 18*(5), 415-418.

Bernard, C. (1865). *Introduction à l'étude de la médecine expérimentale.* Nueva York: J.B. Ballierre.

Cannon, W. B. (1927). The James-Lange theory of emotions: A critical examination and an alternative theory. *American Journal of Psychology, 39*(1/4), 106-124.

Carter, C. S. (1998). Neuroendocrine perspectives on social attachment and love. *Psychoneuroendocrinology, 23*(8), 779-818.

Clauw, D. J. (2014). Fibromyalgia: A clinical review. *JAMA, 311*(15), 1547-1555.

Cournand, A. (1979). Claude Bernard's contributions to cardiac physiology. En E. D. Robin (ed.), *Claude Bernard and the internal environment.* Nueva York: Marcel Dekker.

Craig, A. D. (2005). Forebrain emotional asymmetry: A neuroanatomical basis? *Trends in Cognitive Sciences, 9*(12), 566-571.

Darwin, C. (1872). *The expression of emotions in man and animals.* Nueva York: D. Appleton.

Dergacheva, O., Griffioen, K. J., Neff, R. A. y Mendelowitz, D. (2010). Respiratory modulation of premotor cardiac vagal neurons in the brainstem. *Respiratory Physiology and Neurobiology, 174*(1), 102-110.

Groves, D. A. y Brown, V. J. (2005). Vagal nerve stimulation: A review of its applications and potential mechanisms that mediate its clinical effects. *Neuroscience and Biobehavioral Reviews, 29*(3), 493-500.

Hering, H. (1910). A functional test of the heart vagi in man. *Menschen Munchen Medizinische Wochenschrift, 57,* 1931-1933.

Hess, W. (1949). The central control of the activity of internal organs. Conferencia de entrega del Premio Nobel, 12 de diciembre. https://www.nobelprize.org/nobel_prizes/medicine/laureates/1949/hess-lecture.html

Howland, R. H. (2014). Vagus nerve stimulation. *Current Behavioral Neuroscience Reports, 1*(2), 64-73.

Jackson, J. H. (1884). The Croonian lectures on evolution and dissolution of the nervous system. *British Medical Journal, 1*(1215), 703-707.

James, W. (1884). What is an emotion? *Mind, 34*, 188-205.

Kolacz, J. K., Lewis, G. F. y Porges, S. W. (2018). The integration of vocal communication and biobehavioral state regulation in mammals: A polyvagal hypothesis. En S. M. Brudzynski (ed.), *Handbook of ultrasonic vocalization: A window into the emotional brain*. Londres: Elsevier.

Langley, J. N. (1898). On the union of cranial autonomic (visceral) fibres with the nerve cells of the superior cervical ganglion. *Journal of Physiology, 23*(3), 240-270.

Langley, J. N. (1921). *The autonomic nervous system (Part I)*. Oxford, RU: Heffer.

Mazurak, N., Seredyuk, N., Sauer, H., Teufel, M. y Enck, P. (2012). Heart rate variability in the irritable bowel syndrome: A review of the literature. *Neurogastroenterology and Motility, 24*(3), 206-216.

Porges, S. W. (1995). Orienting in a defensive world: Mammalian modifications of our evolutionary heritage. A Polyvagal Theory. *Psychophysiology, 32*(4), 301-318.

Porges, S. W. (1998). Love: An emergent property of the mammalian autonomic nervous system. *Psychoneuroendocrinology, 23*(8), 837-861.

Porges, S. W. (2001a). Is there a major stress system at the periphery other than the adrenals? En D. M. Broom (ed.), *Report of the 87th Dahlem Workshop on Coping with Challenge: Welfare in animals including humans* (pp. 135-149). Berlín: Dahlem University Press.

Porges, S. W. (2001b). The Polyvagal Theory: Phylogenetic substrates of a social nervous system. *International Journal of Psychophysiology, 42*(2), 123-146.

Porges, S. W. (2003). The Polyvagal Theory: Phylogenetic contributions to social behavior. *Physiology and Behavior, 79*(3), 503-513.

Porges, S. W. (2004). Neuroception: A subconscious system for detecting threats and safety. *Zero to Three, 24*(5), 19-24.

Porges, S. W. (2007). The polyvagal perspective. *Biological Psychology, 74*(2), 116-143.

Porges, S. W. (2009). The Polyvagal Theory: New insights into adaptive reactions of the autonomic nervous system. *Cleveland Clinic Journal of Medicine, 76*(supl. 2), S86.

Porges, S. W. (2011). *The Polyvagal Theory: Neurophysiological foundations of emotions, attachment, communication, and self-regulation*. Nueva York: Norton.

Porges, S. W. y Lewis, G. F. (2010). The polyvagal hypothesis: Common mechanisms mediating autonomic regulation, vocalizations and listening. En S. M. Brudzynski (ed.), *Handbook of mammalian vocalization: An integrative neuroscience approach* (pp. 255-264). Londres: Elsevier.

Reed, S. F., Ohel, G., David, R. y Porges, S. W. (1999). A neural explanation of fetal heart rate patterns: A test of the Polyvagal Theory. *Developmental Psychobiology, 35*(2), 108-118.

Sanossian, N. y Haut, S. (2002). Chronic diarrhea associated with vagal nerve stimulation. *Neurology, 58*(2), 330.

Selye, H. (1936). A syndrome produced by diverse nocuous agents. *Nature, 138*(3479), 32.

Selye, H. (1956). *The stress of life*. Nueva York: McGraw-Hill.

Staud, R. (2008). Heart rate variability as a biomarker of fibromyalgia syndrome. *Future Rheumatology, 3*(5), 475-483.

Thayer, J. F. y Lane, R. D. (2000). A model of neurovisceral integration in emotion regulation and dysregulation. *Journal of Affective Disorders, 61*(3), 201-216.

Thayer, J. F. y Lane, R. D. (2007). The role of vagal function in the risk for cardiovascular disease and mortality. *Biological Psychology, 74*(2), 224-242.

Whitehead, W. E., Palsson, O. S., Levy, R. R., Feld, A. D., Turner, M. y Von Korff, M. (2007). Comorbidity in irritable bowel syndrome. *American Journal of Gastroenterology, 102*(12), 2767-2776.

Wundt, W. (1902). *Outlines of psychology* (2.ª ed.). Oxford, RU: Engelmann.

2

TEORÍA POLIVAGAL

UN VIAJE BIOCONDUCTUAL HACIA LA SOCIALIDAD

Stephen W. Porges

ORÍGENES Y BASE TRANSDISCIPLINARIA DE LA TEORÍA POLIVAGAL

El propósito de este capítulo es aclarar qué es y qué no es la teoría polivagal. A través de la transición evolutiva desde los reptiles hasta los mamíferos, el sistema nervioso autónomo se readaptó para suprimir las estrategias defensivas y promover la expresión de la socialidad. El producto de esta transición fue un sistema nervioso autónomo con capacidades para autocalmarse, interactuar socialmente de manera espontánea y mitigar las reacciones ante la amenaza, tanto en nosotros como en los demás, mediante señales sociales. Así, el comportamiento social se convirtió en un proceso neurobiológico con capacidad para promover procesos homeostáticos que optimizan la salud, el crecimiento y la restauración. En pocas palabras, la teoría polivagal destaca la socialidad como el proceso nuclear que forma la base de la salud mental y física. Para comprender los orígenes de la teoría polivagal, visualiza un cubo de Rubik cuyas superficies representan diferentes disciplinas científicas que se mueven a la vez, a medida que la ciencia se actualiza selectivamente con nueva información. Metafóricamente, la teoría polivagal es la solución de un rompecabezas de Rubik, una solución que explica cómo la evolución readaptó el sistema nervioso autónomo de los mamíferos para contener reacciones defensivas y permitir que la socialidad prosperara. Es una metáfora útil, ya que la teoría polivagal es el producto de la extracción de principios derivados de la integración de varias disciplinas, cada una con su propia historia, paradigmas de investigación, literatura, metodología y contexto teórico.

A lo largo de mi recorrido intelectual, personal y apasionado, elementos de varias disciplinas fueron convergiendo en los principios de la teoría. Esta evolucionó para abordar nuevas preguntas y no se concibió para reemplazar las teorías predominantes asociadas con esas disciplinas fundacionales. Así pues, la solución del rompecabezas dio lugar a una teoría transdisciplinaria con una base fundacional, pero no limitada ni sesgada por ninguna disciplina concreta. El lado positivo de esta estrategia es que la teoría ofrece la oportunidad de explicar y llevar a cabo estudios que investiguen nuevas preguntas sobre la relación entre la regulación neuronal del estado autónomo y la salud y el comportamiento. Sin embargo, el lado negativo es que, como el conocimiento de la teoría requiere cierto grado de sofisticación en varias disciplinas, puede provocar que los investigadores de sus disciplinas fundacionales se pongan a la defensiva. Esto puede ocurrir cuando estos científicos se centran en las preguntas de investigación que definen sus disciplinas, sin tener suficiente conocimiento de otras áreas ni comprender o valorar la investigación que explora el papel de la regulación del estado autónomo en el comportamiento y la salud.

Este capítulo pretende proporcionar tanto a la comunidad científica como a la clínica un mejor conocimiento de lo que es y lo que no es la teoría polivagal y, por consiguiente, disipar los malentendidos en torno a ella. Al clarificar la teoría, el capítulo contribuirá a dos objetivos principales: (1) proporcionar a las personas investigadoras un mejor conocimiento de los principios de la teoría, lo cual les permitirá poner a prueba hipótesis relevantes derivadas de ella; y (2) ofrecer a profesionales clínicos e investigadores clínicos posibles explicaciones polivagales de los trastornos de salud mental y física, que podrían fomentar nuevas investigaciones orientadas a mejorar las evaluaciones y los modelos de tratamiento.

El capítulo está estructurado para presentar al lector dos áreas diferentes de la ciencia relacionadas con la teoría polivagal. La primera parte explica cómo la evolución y el desarrollo de las estructuras neuroanatómicas y los procesos neurofisiológicos contribuyen a la teoría. La segunda parte presenta una metodología para extraer el tono vagal cardiaco, que puede ser útil para poner a prueba las hipótesis polivagales.

Las premisas iniciales de la teoría polivagal ofrecían información sobre la deconstrucción de las reacciones autónomas y conductuales ante la amenaza, en coherencia con el principio jacksoniano de la disolución, o evolución a la inversa (Jackson, 1884). Por lo tanto, la evolución se convirtió en el principio organizador inicial. A medida que la teoría se fue desarrollando, otras disciplinas reforzaron la jerarquía de estados autónomos presentada en la publicación inicial de la teoría polivagal (Porges, 1995). El estudio del desarrollo y de la maduración coincidía con las perspectivas extraídas de la biología evolutiva (véase Porges y Furman, 2011). Además, la idea de disolución del estado autónomo coincidía con los relatos personales de personas supervivientes de traumas. La teoría dio voz y credibilidad a las respuestas de paralización inmovilizante documentadas por quienes sobrevivieron a experiencias traumáticas.

Las tres vías —es decir, la evolución, el desarrollo y la observación clínica— ayudan a comprender la dependencia de la socialidad respecto de la regulación neuronal del sistema nervioso autónomo. Desde la biología evolutiva, se observan cambios en la estructura y el funcionamiento del sistema nervioso autónomo con la evolución de los vertebrados hasta llegar a los mamíferos sociales, con un imperativo biológico de conectar, cuidar, cooperar y confiar en los demás. Desde la biología del desarrollo, se observan cambios en la regulación neuronal del sistema nervioso autónomo durante el último trimestre del embarazo, que preparan al recién nacido para succionar, respirar y corregularse. Desde el estudio del trauma, se observa la disolución de muchos de estos sistemas sociales, con profundas consecuencias para la salud mental y física. De forma similar, durante los partos difíciles, el neonato sigue un patrón previsible de disolución caracterizado por una secuencia de pérdida de variabilidad de la frecuencia cardiaca, taquicardia metabólicamente costosa y, finalmente, la desconexión de sistemas vitales, como la bradicardia potencialmente letal (Reed et al., 1999).

CONTEXTO HISTÓRICO

La primera conceptualización del nervio vago en mamíferos se centraba en una vía eferente (motora) indiferenciada que se suponía que modulaba el tono junto con varios órganos diana. Se prestaba poca atención a la rama aferente (sensorial) del vago, que proporciona retroalimentación dinámica a las estructuras del tronco encefálico responsables de regular el flujo de salida eferente. Por consiguiente, los circuitos neuronales que regulan las vías supradiafragmáticas (por ejemplo, las vías vagales mielinizadas que se originan en el núcleo ambiguo y que terminan por encima del diafragma) no se distinguían funcionalmente de las subdiafragmáticas (por ejemplo, las vías vagales no mielinizadas que se originan en el núcleo motor dorsal del vago y que terminan por debajo del diafragma).

Sin esta distinción, la investigación y la teoría se centraban en el antagonismo emparejado entre la inervación parasimpática y simpática hacia los órganos diana. La consecuencia de hacer hincapié en el antagonismo emparejado en la fisiología fue la aceptación y el uso de constructos globales como el equilibrio autónomo, el tono simpático y el tono vagal en la psicofisiología y en la medicina psicosomática.

Hace unos setenta años, W. Hess (1954) propuso que el sistema nervioso «autónomo» no era meramente «vegetativo» y automático, sino un sistema integrado con neuronas tanto periféricas como centrales. Hess demostró la influencia del hipotálamo sobre el sistema nervioso autónomo. Al destacar los mecanismos centrales que median la regulación dinámica de los órganos periféricos, anticipó la necesidad de metodologías y tecnologías que permitieran monitorizar continuamente los circuitos neuronales que incluyen tanto estructuras cerebrales definidas como nervios periféricos, con el fin de regular el funcionamiento y el estado visceral. A partir de esta información, se propuso la teoría polivagal y se sugirieron métodos para extraer el curso temporal de la influencia de los dos circuitos vagales en el patrón de frecuencia cardiaca latido a latido (Porges, 1995, 2007b).

En 1949, Hess recibió el Premio Nobel de Fisiología o Medicina. El título de su conferencia de aceptación fue «El control central de la actividad de los órganos internos». El párrafo introductorio de dicha conferencia proporciona un marco para evaluar el progreso posterior en el desarrollo de la teoría, describiendo los circuitos neuronales, aportando tecnologías de medición y comprendiendo las patologías clínicas. Esta conferencia sirvió, en resumen: (1) para destacar la importancia de los circuitos de retroalimentación que conectan los órganos periféricos con las estructuras cerebrales y la bidireccionalidad de dichos circuitos; y (2) para reconocer que, aunque podamos aprender mucho sobre las estructuras y funciones neuronales mediante paradigmas experimentales tradicionales (por ejemplo, bloqueo neuronal, cirugía, estimulación eléctrica), los circuitos de retroalimentación dinámicos no pueden estudiarse adecuadamente mediante esos métodos. Esta limitación restringe nuestro conocimiento sobre cómo funcionan esos circuitos en tiempo real para responder a los desafíos de la supervivencia, una limitación que todavía caracteriza gran parte de la investigación neurofisiológica contemporánea.

En su conferencia de aceptación del Nobel, Hess rindió homenaje a Gaskell (1916), Langley (1921) y Meyer y Gottlieb (1926), científicos que contribuyeron al conocimiento de las inervaciones antagonistas emparejadas de los órganos internos y a la definición de las funciones simpáticas y parasimpáticas. Anteriormente a Hess, la conceptualización predominante de la regulación neuronal de los órganos viscerales se centraba en sus características vegetativas y autónomas. Hess (1949) señaló, sin embargo, que «a diferencia de la exploración del sistema nervioso vegetativo, que es de largo alcance (aunque sigue teniendo algunas contradicciones internas), existe un conocimiento relativamente limitado de la organización central de todo el mecanismo de control». Hess era consciente de que, aunque los componentes de un circuito de retroalimentación pueden identificarse y estudiarse de forma independiente, el funcionamiento de estos pares por separado no explicaba cómo opera dinámicamente el sistema en su conjunto ante los retos de la vida. Esta limitación dependía, en parte, de las metodologías disponibles en la época, que requerían manipulaciones farmacológicas, quirúrgicas o eléctricas para bloquear o estimular ramas globales del sistema nervioso autónomo que compartían un neurotransmisor específico (por ejemplo, la acetilcolina) o un nervio fácilmente identificable (por ejemplo, el vago), que podía ser cortado o estimulado.

Era necesaria una tecnología que permitiera el monitoreo dinámico en tiempo real de varias ramas del sistema nervioso autónomo.

INTRODUCCIÓN E IMPACTO DE LA TEORÍA POLIVAGAL

Hace más de veinticinco años, la teoría polivagal fue presentada durante mi discurso presidencial ante la Sociedad para la Investigación Psicofisiológica. La teoría era un intento de que la psicofisiología dejara de ser una ciencia meramente descriptiva, centrada en estudios empíricos que correlacionaban procesos psicológicos y fisiológicos, para convertirse en una ciencia inferencial que generara y pusiera a prueba hipótesis relacionadas con vías neuronales comunes que incluyeran tanto procesos mentales como fisiológicos. Básicamente, fue la primera propuesta dentro de un diálogo conceptual que cuestionaba las preguntas y los métodos empleados en la investigación psicofisiológica, especialmente en el subámbito de la psicofisiología cardiovascular.

Esta disciplina surgió en los años sesenta, un periodo empírico y relativamente ateórico en la ciencia. En la presentación inicial de la teoría (Porges, 1995), se ofreció el contexto histórico. La teoría polivagal fue un intento de proporcionar un marco integrado basado en las literaturas de diversas disciplinas, que sirviera de base para probar hipótesis que relacionan la función autónoma con la socialidad y la salud en mamíferos humanos y no humanos.

El grado en que la teoría ha sido adoptada y evaluada en las ciencias experimentales contemporáneas puede documentarse mediante una búsqueda en *Google Scholar*, que identifica miles de artículos revisados por pares que citan trabajos que describen la teoría (véase la tabla 2.1, que incluye el número de citaciones). Es importante señalar que los Institutos Nacionales de Salud de EE. UU. financiaron de forma continuada la investigación que desarrolló y puso a prueba la teoría desde 1975 hasta 2013. Una de las subvenciones fue una asignación de diez años del Instituto Nacional de Salud Mental de EE. UU. para el desarrollo de mi carrera. Esta subvención cubrió mi salario universitario para permitirme liberarme de responsabilidades docentes y administrativas, y así dedicarme a la investigación que dio lugar a la teoría polivagal.

Recientemente, la teoría ha ganado terreno en el ámbito de la cardiología y la gastroenterología. Una editorial del *American Journal of Gastroenterology* se centró en nuestro artículo que utilizaba la teoría polivagal para comprender y tratar trastornos funcionales del dolor abdominal (FAPD; Kovacic et al., 2020). La editorial afirmaba que «la premisa subyacente del artículo [...] la hipótesis polivagal aporta un fascinante modelo descriptivo de los trastornos funcionales del dolor abdominal» (Leontiadis y Longstreth, 2020). En el área de la cardiología, nuestro capítulo sobre neurocardiología (Porges y Kolacz, 2018; véase el capítulo 1 de este libro) fue destacado en una reseña del libro como «un corolario digno del trabajo [el libro entero], puesto que expone el futuro de la neurocardiología a través de la lente de la teoría polivagal» (Piñeiro, 2019).

El impacto de la teoría polivagal entre profesionales de la salud mental ha sido transformador en el tratamiento del trauma. Al proporcionar una explicación neurofisiológica de la inmovilización como reacción defensiva adaptativa, muchas personas supervivientes de trauma han sido dotadas de una base racional para explicar su incapacidad de luchar o huir de sus abusadores. Para quienes trabajan con estas personas, la teoría ofrece un relato plausible que puede compartirse con la clientela. Este relato permite a las personas comprender mejor las reacciones adaptativas de su cuerpo, que a menudo les han permitido sobrevivir a adversidades extremas, como el abuso, las lesiones o la negligencia. Funcionalmente, la teoría permite pasar de un relato de culpa y vergüenza a uno que honra la sabiduría de las respuestas fisiológicas adaptativas —y a menudo reflejas— que han optimizado la supervivencia. Este conocimiento de las respuestas corporales frente a la adversidad puede hacer que las personas pasen de sentirse traicionadas por su sistema nervioso a honrar las reacciones de su cuerpo.

Varios terapeutas especializados en trauma me han comentado que el primer paso en su estrategia de tratamiento es compartir los principios básicos de la teoría con sus pacientes. Concretamente, explican que, bajo amenazas graves, se produce una «disolución» en la que el estado autónomo regresa progresivamente a circuitos más primitivos (Jackson, 1884).

Tabla 2.1. Citas de las principales publicaciones fundacionales de la teoría polivagal

Cita	**A 1 de mayo de 2021, se ha citado:**
Porges, S. W. (1995). Orienting in a defensive world: Mammalian modifications of our evolutionary heritage. A polyvagal theory. Psychophysiology, 32(4), 301–318.	1 850 veces
Porges, S. W., Doussard-Roosevelt, J. A., Portales, A. L. y Greenspan, S. I. (1996). Infant regulation of the vagal «brake» predicts child behavior problems: A psychobiological model of social behavior. Developmental Psychobiology, 29(8), 697–712.	686 veces
Porges, S. W. (1998). Love: An emergent property of the mammalian autonomic nervous system. Psychoneuroendocrinology, 23(8), 837–861.	505 veces
Porges, S. W. (2001). The polyvagal theory: Phylogenetic substrates of a social nervous system. International Journal of Psychophysiology, 42(2), 123–146.	1 887 veces
Porges, S. W. (2003). The polyvagal theory: Phylogenetic contributions to social behavior. Physiology and Behavior, 79(3), 503–513.	882 veces
Porges, S. W. (2007b). The polyvagal perspective. Biological Psychology, 74(2), 116–143.	3 029 veces

Cita	A 1 de mayo de 2021, se ha citado:
Porges, S. W. (2009). The polyvagal theory: New insights into adaptive reactions of the autonomic nervous system. Cleveland Clinic Journal of Medicine, 76(Supl. 2), S86.	699 veces
Porges, S. W. y Furman, S. A. (2011). The early development of the autonomic nervous system provides a neural platform for social behaviour: A polyvagal perspective. Infant and Child Development, 20(1), 106–118.	446 veces
Porges, S. W. (2011). The polyvagal theory: Neurophysiological foundations of emotions, attachment, communication, and self-regulation. Nueva York: Norton.	2 291 veces
Porges, S. W. (2017). The pocket guide to the polyvagal theory: The transformative power of feeling safe. Nueva York: Norton.	180 veces
Porges, S. W. y Dana, D. A. (2018). Clinical applications of the polyvagal theory: The emergence of polyvagal-informed therapies. Nueva York: Norton.	67 veces
Citas totales de artículos y libros principales	12 522 veces

Esto se manifiesta como una transición desde un estado tranquilo que promueve las interacciones sociales (es decir, el circuito vagal ventral y el sistema de conexión social), hacia un estado defensivo movilizado de lucha o huida (es decir, promovido por una desactivación del circuito vagal ventral y una activación del sistema nervioso simpático), y finalmente hacia un estado de inmovilización motriz y desconexión conductual que puede ir acompañado de desmayo o disociación (es decir, promovido por una desconexión de las vías vagal ventral y simpática, y una activación de la vía vagal dorsal).

Con respecto al impacto de la teoría en el relato personal de las personas, he recibido numerosos correos electrónicos de personas supervivientes de traumas que expresan su gratitud por la teoría y explican cómo les ha ayudado a entender sus experiencias.

La búsqueda de «teoría polivagal» en YouTube ofrece vídeos dirigidos a la comunidad clínica que han acumulado más de un millón de visualizaciones. La búsqueda en Google identifica aproximadamente 500 000 sitios web, muchos de los cuales describen aplicaciones clínicas en el ámbito de la salud mental. De hecho, mi investigación en el Consorcio de Investigación del Estrés Traumático (Kinsey Institute, Universidad de Indiana Bloomington) ha encuestado a terapeutas especializados en trauma, y una de las estrategias terapéuticas más frecuentemente respaldadas para el tratamiento del trauma se basa en la teoría polivagal, aunque no existe una «terapia polivagal» como tal.

QUÉ ES LA TEORÍA POLIVAGAL Y QUÉ NO ES

A medida que la teoría polivagal se va difundiendo, es importante reconocer qué es y qué no es esta teoría, qué afirma realmente y qué suponen otras personas que afirma. Como parte de este ejercicio, es necesario distinguir, dentro de su presentación, qué aspectos son teóricos y cuáles se basan en extracciones de la literatura científica. En otras palabras, qué elementos son hipotéticos y potencialmente comprobables, y cuáles constituyen un modelo descriptivo derivado y basado en evidencia científica. Estos principios basados en la evidencia, integrados en la teoría polivagal, dan lugar a hipótesis comprobables.

Esto no significa que todas las hipótesis derivadas de la teoría hayan sido, o vayan a ser, confirmadas. Los pasos necesarios para extraer estos principios de la literatura se detallan en los principales artículos fundacionales que respaldan y describen la teoría (Porges, 1995, 1998, 2001, 2007b).

La teoría polivagal no fue concebida como una propuesta estática o dogmática. Se desarrolló para estimular nuevas preguntas de investigación. En su formulación original (Porges, 1995) y en sus elaboraciones posteriores (Porges, 1998, 2001, 2007b), cada premisa e hipótesis se respaldó con una revisión detallada de la literatura. A menudo se presentaron datos preliminares con el objetivo de fomentar la investigación futura. Esta revisión generó la base para la interpretación y la extracción de principios.

Para contradecir estas conclusiones, una crítica rigurosa requeriría una explicación detallada de por qué una persona investigadora llegaría a conclusiones distintas a partir de la misma literatura revisada por pares y citada en los artículos fundacionales de la teoría. Hasta la fecha, los estudios académicos no han arrojado contradicciones de peso con respecto a la teoría. Esto no quiere decir que no haya habido críticas, pero estas se han centrado más en malinterpretaciones del contenido y del alcance de la teoría.

En general, las críticas se han dirigido a atribuciones erróneas sobre lo que la teoría afirma. En algunos casos, las objeciones se han basado en hallazgos recientes de la neurofisiología comparativa que muestran la existencia de vías vagales mielinizadas y de interacciones entre la frecuencia cardiaca y respiratoria en vertebrados primitivos que evolucionaron mucho antes que los mamíferos. Aunque estas observaciones son interesantes, no contradicen la teoría polivagal.

Se presentan como críticas porque se parte del supuesto erróneo de que la teoría atribuye exclusivamente a los mamíferos la existencia de vías vagales mielinizadas y de las interacciones mencionadas. Este es un malentendido: la teoría utiliza la evolución como marco para resaltar la readaptación y modificación de la regulación neuronal del sistema nervioso autónomo en mamíferos, con el fin de sostener la socialidad limitando los estados defensivos. La teoría especifica que esta función está respaldada por fibras vagales mielinizadas que se originan en el núcleo ambiguo, donde interactúan con nervios que regulan los músculos de la cara y la cabeza.

Relacionado con este malentendido, se ha señalado que no existen pruebas de que el núcleo vagal dorsal sea una fuente parasimpática del tronco encefálico evolutivamente más antigua que el núcleo ambiguo. Esta crítica se basa en la suposición de que la existencia de neuronas preganglionares vagales ventrolaterales al núcleo vagal dorsal equivale a confirmar la existencia del núcleo ambiguo. Sin embargo, la investigación neuroanatómica y neurofisiológica documenta una tendencia filogenética hacia una diferenciación en la zona del tronco encefálico desde la cual se originan las neuronas preganglionares vagales, dando lugar a un núcleo vagal dorsal y a un núcleo ambiguo discreto.

No cabe duda de que pueden encontrarse neuronas vagales —cardiacas y no cardíacas— fuera del núcleo vagal dorsal en vertebrados más primitivos. La filogenia del nervio vago muestra, a nivel anatómico, una diferenciación de la columna eferente visceral hacia un núcleo motor dorsal y un núcleo motor ventrolateral (es decir, el núcleo ambiguo), que aparece por primera vez en algunos reptiles. Por tanto, se puede suponer que la identificación neuroanatómica de un núcleo ambiguo discreto se limita a los mamíferos y a algunos reptiles. No obstante, esto no contradice la tendencia evolutiva a la presencia de neuronas preganglionares vagales ventrolaterales al núcleo vagal dorsal.

Lo que suele pasarse por alto en este debate es la progresión evolutiva mediante la cual los núcleos de origen de las vías eferentes viscerales especiales del nervio glosofaríngeo, del vago y de otros nervios migran para formar el núcleo ambiguo. Una parte de las neuronas preganglionares vagales que forman el núcleo ambiguo en los mamíferos regulan los músculos estriados, incluidos los de la laringe y la faringe. Esta progresión, junto con la migración de las neuronas cardioinhibitorias vagales hacia el núcleo antiguo, proporciona las vías neuroanatómicas que respaldan la socialidad y la corregulación en mamíferos.

Aunque no forman parte de la teoría en sí, las metodologías para medir las vías vagales son fundamentales para comprobar las hipótesis que derivan de ella. Los métodos que generan métricas del tono cardiaco o del impacto de la vía vagal mielinizada que se origina en el núcleo ambiguo son especialmente relevantes.

La teoría no afirma ni sugiere nada sobre las fibras vagales mielinizadas que se originan en el núcleo motor dorsal en mamíferos o en otros vertebrados. Del mismo modo, no formula afirmaciones sobre la utilidad o interpretación de las formas de actividad respiratoria-cardiaca en especies no mamíferas.

LA EVOLUCIÓN ES LA BASE PARA FOCALIZARNOS EN LAS ADAPTACIONES BIOCOMPORTAMENTALES PARA PROMOVER LA SOCIALIDAD

La evolución es la base en el desarrollo de la teoría polivagal para centrarnos en cómo los mamíferos adaptaron muchas de sus estructuras ancestrales filogenéticas, que evolucionaron para mejorar su supervivencia en un mundo hostil. Observa que el título de la primera publicación de presentación de la teoría (Porges, 1995) es, en realidad, una sinopsis de la teoría: «La orientación en un mundo defensivo: modificaciones en mamíferos de nuestro patrimonio evolutivo. Una teoría polivagal». El título resume un relato filogenético en el que la supervivencia de los mamíferos dependía de su capacidad para regular y modificar los sistemas defensivos innatos heredados de sus ancestros reptilianos. Estos circuitos vestigiales, integrados con sus emergentes estrategias adaptativas, están incrustados en los genes de los mamíferos. Para los mamíferos, cuya supervivencia depende de su socialidad para cooperar, conectar y corregularse, los antiguos programas de defensa tenían que ser utilizados y readaptados para permitir la expresión de varias características definitorias, incluidas la capacidad de calmarse e indicar seguridad y calma al estar cerca de otro mamífero de confianza.

Resulta sorprendente que las principales críticas a la teoría se hayan centrado en la investigación neuroanatómica en vertebrados que evolucionaron antes que los mamíferos. Evidentemente, quienes las formulan no han sido capaces de extraer del título que la teoría polivagal tiene que ver con una transición en los mamíferos, y han supuesto que la teoría incluye los cambios evolutivos en la neuroanatomía de las vías vagales de todos los vertebrados.

Los malentendidos son respuestas previsibles a toda teoría transdisciplinaria. Sin embargo, en un gran espectro de disciplinas científicas y clínicas, la teoría ha estimulado la investigación y ha aportado nuevos conocimientos. La lectura minuciosa de los artículos fundacionales de la teoría aporta suficiente evidencia para documentar que las críticas son o bien erróneas, o bien irrelevantes para la teoría. En general, las pocas críticas en la literatura se han centrado en cuestiones e hipótesis que no guardan relación con la teoría. En resumen, nada sustituye unos buenos estudios académicos. En los siguientes apartados, se aportan elementos concretos para facilitar una mejor comprensión de los principios integrados en la teoría, que sirvan como base para explorar la validez de las especulaciones que pueden haber sido asumidas erróneamente como parte de la teoría.

La evolución readapta el complejo vagal ventral para promover la socialidad

El interés de la teoría polivagal por investigar la regulación autónoma de los mamíferos desde una perspectiva filogenética no se centra en las similitudes evidentes con vertebrados más antiguos, sino en las modificaciones únicas que permitieron a los mamíferos optimizar su supervivencia. Desde este punto de vista, la teoría se enfoca en los circuitos neuronales evolucionados que permitieron regular a la baja las defensas, reducir la distancia psicológica y física con los conespecíficos, y corregular funcionalmente los estados fisiológicos y comportamentales. La teoría se centra en la transición desde los reptiles hasta los mamíferos y hace hincapié en las adaptaciones neuronales que permiten que las señales de seguridad regulen a la baja los estados de defensa. En la teoría polivagal, esta tendencia evolutiva ha llevado a la conceptualización de un sistema de conexión social únicamente mamífero, en el que la rama modificada del vago es fundamental.

Para sobrevivir, las crías mamíferas deben inicialmente mamar como modo principal de ingestión de alimento. Para mamar, el bebé debe succionar, un proceso que depende de un circuito del tronco encefálico que incluye el complejo vagal ventral. La supervivencia depende de que el sistema nervioso de la cría coordine de forma eficiente y eficaz los comportamientos de succionar, tragar, respirar y vocalizar con la regulación vagal del corazón, a través de las vías vagales ventrales que se originan en el núcleo ambiguo. Con la maduración y la socialización, este circuito de ingestión proporciona la plataforma neuronal estructural para la socialidad y la corregulación como principales mediadoras para optimizar la función homeostática, que se traduce en salud, crecimiento y restauración. Para los mamíferos, el funcionamiento de este circuito depende de las reacciones ante las señales contextuales: las amenazas pueden alterar su funcionamiento, mientras que las señales de seguridad pueden facilitarlo. Las ramas sensoriales de los nervios facial y trigémino realizan una gran contribución al complejo vagal ventral. Funcionalmente, los cambios en el estado de este circuito, a través del proceso de disolución, o bien desinhiben los circuitos autónomos filogenéticamente más antiguos para sostener la defensa (por ejemplo, depredador, enfermedad, daño físico), o bien informan a todos los aspectos del sistema nervioso autónomo, incluido el sistema entérico (véase Kolacz y Porges, 2018; Kolacz et al., 2019), para optimizar la función homeostática.

Los mamíferos son los únicos que tienen los huesos del oído medio separados, lo cual aumenta su sensibilidad a las señales acústicas de seguridad. Estos huesos se separan de la mandíbula durante el desarrollo gestacional y forman una cadena de osículos que conecta el tímpano con el oído interno. Los pequeños músculos, regulados por ramas de los nervios trigémino y facial, determinan la función de transferencia del oído medio y las frecuencias de los sonidos transmitidos, al controlar la rigidez de la cadena de osículos. Cuando la cadena está rígida, el tímpano se tensa y los sonidos de baja frecuencia se atenúan; cuando los músculos se relajan, dichos sonidos acceden con más facilidad al oído interno. En todas las especies de mamíferos, según la física de las estructuras de su oído medio, cuando los músculos del oído medio se contraen, se expresa una banda de frecuencia de ventaja perceptual. Dentro de esta banda ocurre la comunicación social. Las frecuencias bajas, que a lo largo de la evolución se han asociado con depredadores, se atenúan (Porges y Lewis, 2010).

Resulta interesante que la coordinación de la contracción y relajación de estos pequeños músculos suele estar correlacionada con el estado autónomo y, por tanto, se contraen cuando hay un tono vagal ventral fuerte, lo que promueve la comunicación social y la corregulación. En cambio, cuando el sistema nervioso autónomo cambia a un estado defensivo, estos músculos se relajan para detectar sonidos de depredadores a baja frecuencia, que sostienen las estrategias defensivas mediante señales auditivas. La relación entre el estado comportamental y autónomo y la escucha es evidente en el estudio del retraso del lenguaje y los problemas de procesamiento auditivo en la infancia. Muchos niños con dificultades auditivas también presentan limitaciones en la regulación de su estado comportamental. Este vínculo neurofisiológico proporciona una vía para regular el estado autónomo mediante la estimulación acústica, lo cual es fácilmente observable cuando una madre calma a su bebé usando su vocalización prosódica. De forma similar, podemos observar las potentes influencias tranquilizadoras cuando una mascota se calma con la voz de un ser humano. Además, las personas profesionales del ámbito clínico suelen señalar que las personas supervivientes de traumas presentan hipersensibilidad auditiva ante sonidos de fondo e hiposensibilidad ante voces humanas.

En la evolución de los vertebrados se observan tendencias claras en las estructuras implicadas en la función autónoma. Estas tendencias pueden resumirse como el paso de estructuras químicas a estructuras neuronales, y posteriormente a una evolución de estas hacia una mayor especificidad, eficiencia y velocidad, mediante circuitos de retroalimentación que incluyen vías mielinizadas. La evolución es un proceso de modificación, en el que las estructuras y los circuitos existentes se adaptan para cumplir funciones nuevas. En los mamíferos, se observan tres estados autónomos primarios, cada uno con circuitos neuronales específicos que surgieron en diferentes momentos de la historia evolutiva de los vertebrados. En términos polivagales, el más reciente se denomina *complejo vagal ventral*; el más antiguo, *complejo vagal dorsal*; y entre ambos se desarrolló el sistema nervioso simpático vertebral. Por tanto, la evolución proporciona la secuencia mediante la cual estos tres circuitos regulan la función autónoma. La disolución predice síntomas asociados con la amenaza, el estrés crónico y la enfermedad

La teoría polivagal, siguiendo el trabajo de John Hughlings Jackson (1884), presupone una jerarquía filogenética en la que los circuitos más recientes inhiben a los más antiguos. Por lo tanto, cuando el vago central y el sistema de conexión social están mermados o se desconectan, el sistema nervioso autónomo pasa a un estado simpático que promueve la movilización. Si este cambio funcional no produce un resultado positivo de supervivencia, el sistema nervioso autónomo puede desconectarse de manera abrupta mediante el circuito vagal dorsal. Jackson describió este proceso de desinhibición secuencial de las estructuras más antiguas como *disolución* o *evolución a la inversa*. Utilizó este concepto para explicar las consecuencias del daño cerebral y de la enfermedad, mientras que la teoría polivagal aplica este principio a las reacciones autónomas adaptativas ante la amenaza, que idealmente pueden revertirse mediante señales de seguridad.

Los paralelismos convergentes con la evidencia filogenética surgen de estudios anatómicos que investigan los orígenes embriológicos humanos y el desarrollo del sistema nervioso autónomo, principalmente a través de estudios de autopsias. Esto permite relacionar señales de maduración neuroanatómica con investigaciones que analizan los patrones de frecuencia cardiaca en fetos y recién nacidos prematuros. La literatura documenta una tendencia de mielinización del vago ventral durante el último trimestre del embarazo, con cambios notables a partir de las treinta semanas de edad gestacional (véase Porges y Furman, 2011). Nuestra investigación ha inferido esta maduración mediante el estudio de la arritmia sinusal respiratoria en recién nacidos prematuros de alto riesgo (Doussard-Roosevelt et al., 1997; Portales et al., 1997; Porges, 1992; Porges et al., 2019).

En los bebés nacidos a término, puede observarse una secuencia previsible de disolución durante los partos complicados. Esta comienza con una pérdida del tono vagal ventral (es decir, una arritmia sinusal respiratoria disminuida), que da lugar a taquicardia y, finalmente, a una bradicardia potencialmente letal (véase Reed et al., 1999). Esta secuencia confirma que los recién nacidos prematuros de alto riesgo llegan al mundo sin estar fisiológicamente preparados para enfrentar los retos del entorno posnatal. Con un circuito vagal ventral inmaduro, estos bebés tienden a responder con reacciones del sistema nervioso simpático (taquicardia metabólicamente costosa) o del circuito vagal dorsal (bradicardia severa). Ambas respuestas comprometen la función homeostática y la viabilidad del recién nacido.

Las dificultades de supervivencia de los bebés prematuros de alto riesgo validan varias características de la teoría polivagal. En primer lugar, muestran la organización jerárquica del sistema nervioso autónomo mamífero orientado a la salud, el crecimiento y la restauración. Frente al modelo tradicional de antagonismo simpático-parasimpático y equilibrio autónomo, la teoría informa de que la homeostasis requiere que el vago ventral module y calme el sistema autónomo, desviando recursos desde la defensa hacia funciones restaurativas. En segundo lugar, se observa el proceso de disolución ante presión fisiológica. En tercer lugar, se aprecia el desarrollo del sistema de conexión social: el bebé adquiere la capacidad de coordinar la succión, la deglución, la respiración, la vocalización y la expresión facial, lo que le permite emitir señales de calma o angustia. Así, el estrés o la amenaza pueden definirse operacionalmente como un cambio en la regulación neuronal del sistema autónomo, con pérdida del tono vagal ventral y supresión de los procesos homeostáticos.

Metafóricamente, el recién nacido prematuro llega al mundo con un sistema nervioso autónomo más «reptiliano» que «mamífero». Otra consecuencia de la inmadurez del sistema de conexión social es su impacto en los cuidadores, que no reciben señales expresivas (faciales o vocales) de conexión. Esto puede generar en el progenitor la sensación de que su bebé no le ama, aunque verbalice que sí lo ama. Desconexiones similares han sido percibidas —aunque no siempre verbalizadas— por madres y padres de niños con sistemas de conexión social atenuados, como ocurre con parte del espectro autista.

TEORÍA POLIVAGAL: UN MODELO COMPROBABLE QUE RESUELVE LA PARADOJA VAGAL

La teoría polivagal surgió de mi investigación sobre los patrones de frecuencia cardiaca en fetos humanos y recién nacidos. En obstetricia y neonatología, la desaceleración masiva de la frecuencia cardiaca, conocida como bradicardia, es un índice clínico de riesgo, que se supone está mediado por el vago. Durante la bradicardia, la frecuencia cardiaca es tan lenta que deja de proporcionar suficiente sangre oxigenada al cerebro. Este tipo de influencia vagal en el corazón del feto y del neonato podría ser potencialmente letal. Sin embargo, en la misma población clínica, se consideró un índice diferente de la función vagal como medición de la resiliencia (Porges, 1992). Esta medición era la oscilación respiratoria en la variabilidad de la frecuencia cardiaca latido a latido (es decir, la arritmia sinusal respiratoria), que fue el centro de mi investigación durante varias décadas.

La investigación en animales demostró que ambas señales podían verse alteradas al cortar las vías vagales hacia el corazón o mediante un bloqueo farmacológico (por ejemplo, atropina), interfiriendo así con la acción inhibitoria del vago en el nodo sinoauricular (para su revisión, véase Porges, 1995). Estas observaciones planteaban una paradoja: ¿cómo puede ser el tono vagal cardiaco, a la vez, un indicador positivo de salud cuando se monitorea mediante la variabilidad de la frecuencia cardiaca y un indicador negativo cuando se manifiesta como bradicardia?

La resolución de esta paradoja permitió descubrir cómo la regulación neuronal del sistema nervioso autónomo cambió durante la evolución, y cómo la secuencia de estos cambios filogenéticos en la regulación autónoma global se reproduce en el desarrollo prenatal. El estudio de la neuroanatomía comparativa identificó un cambio estructural en la regulación vagal que se produjo durante la transición de los reptiles extinguidos primitivos a los mamíferos. Durante esta transición, los mamíferos desarrollaron un diafragma funcional (observado también en algunos reptiles) y una segunda vía motriz vagal cardioinhibitoria con origen en el núcleo vagal ventral (es decir, el núcleo ambiguo). Esta vía vagal proporciona las influencias cardioinhibitorias primarias en el corazón. El circuito que se origina en el complejo vagal ventral incluye selectivamente los órganos situados por encima del diafragma (por ejemplo, corazón, bronquios) e interactúa con la regulación de los músculos estriados de la cara y de la cabeza a través de unas vías eferentes viscerales especiales. Esta vía vagal ventral, únicamente mamífera, está mielinizada y transmite un ritmo respiratorio al marcapasos del corazón, dando lugar a una oscilación rítmica del ritmo cardiaco en la frecuencia de la respiración espontánea, conocida como arritmia sinusal respiratoria.

La teoría polivagal recurre a la evolución para destacar los cambios neuroanatómicos y funcionales en la regulación del estado fisiológico de los mamíferos en el tronco encefálico. Estos cambios dieron lugar a dos vías vagales, una de las cuales es protectora y sustentadora de la homeostasis, mientras que la otra, evolutivamente más antigua, solo la promueve si el nuevo vago protector está operativo (Kolacz y Porges, 2018). Además de este papel de coordinación, esta vía vagal más moderna tiene otros atributos que constriñen, inhiben y mitigan funcionalmente otros componentes del sistema nervioso autónomo que pueden activarse en situaciones defensivas: el sistema simpático, que promueve los comportamientos de lucha y huida, y el circuito vagal más antiguo, que desencadena la inmovilización, la desconexión conductual, la defecación y, potencialmente, la bradicardia mortal.

Por lo tanto, cuando el circuito más reciente se retrae (es decir, disolución), se produce un cambio en el estado fisiológico (es decir, pérdida del tono vagal ventral), con importantes consecuencias relacionadas con la supervivencia, ya que se modifica la regulación neuronal del sistema nervioso autónomo hacia estrategias defensivas, en lugar de aquellas que optimizan la salud, el crecimiento, la restauración y el comportamiento social.

La teoría polivagal extrae de la neuroanatomía, la neurofisiología y la biología evolutiva contemporánea varias conclusiones básicas indiscutibles: (1) los mamíferos tienen dos vías vagales (es decir, supradiafragmática y subdiafragmática); y (2) la evolución y el desarrollo permiten comprender los cambios en las estructuras del tronco cerebral que posibilitan que los mamíferos estén fisiológicamente tranquilos e interactúen socialmente. Funcionalmente, los mamíferos disponen de atributos neuronales que actúan con eficiencia mediante fibras cardioinhibitorias de respuesta rápida (por ejemplo, las vías vagales ventrales), capaces de inducir calma para promover la comunicación social. Estas vías vagales ventrales también coordinan y readaptan los circuitos que evolucionaron para sustentar la defensa en procesos socialmente relevantes, como el juego (es decir, el vago ventral influye en la reactividad simpática) y en la intimidad (es decir, el vago ventral influye en la reactividad vagal dorsal).

UNA LITERATURA CAMBIANTE CON NUEVOS DESCUBRIMIENTOS

Durante el desarrollo de la teoría polivagal, anticipé que esta debería modificarse en función de la evolución de la ciencia que la sustentaba. Por ejemplo, la teoría citaba literatura sobre la diferenciación entre los receptores preganglionares de las dos vías vagales: el muscarínico y el nicotínico. Si se validaba, sería posible utilizar bloqueadores selectivos para desarrollar una métrica que midiera la firma autónoma de cada vía. Desgraciadamente, la investigación previamente citada no se reprodujo en otros laboratorios. Por lo tanto, no fue posible desarrollar una tecnología para diferenciar selectivamente la marca de la frecuencia cardiaca del tono vagal de cada núcleo de origen (es decir, el núcleo dorsal del vago y el núcleo ambiguo).

Además, estudios más recientes han identificado fibras vagales mielinizadas que se originan en el núcleo vagal dorsal en vertebrados más allá de los mamíferos (Sanches et al., 2019). En la época en que se publicaron los principales artículos fundacionales que respaldaban la teoría, la literatura sostenía que solo los mamíferos tenían fibras vagales mielinizadas procedentes del núcleo ambiguo hacia el corazón. Esta conclusión sigue siendo válida. Sin embargo, aunque no contradiga la hipótesis inicial, recientemente se ha publicado que se ha identificado una vía vagal mielinizada con origen en el núcleo motor dorsal en un vertebrado muy antiguo (Monteiro et al., 2018). Esta vía regula una interacción entre la frecuencia cardiaca y la respiración extraordinariamente lenta.

Como se supone que las vías mielinizadas han evolucionado para aumentar la velocidad de la transmisión neuronal, esta vía recientemente descubierta no parece proporcionar una función adaptativa. Los autores de esta investigación proclamaron sus conclusiones como pruebas empíricas para rebatir la teoría polivagal. Esta es una conclusión sorprendente, ya que la teoría polivagal se centra en las fibras mielinizadas que se originan en el núcleo ambiguo de los mamíferos, y no en las fibras vagales con origen en el núcleo motor dorsal de un vertebrado antiguo.

Según el estado actual del conocimiento en neuroanatomía de vertebrados, está generalmente aceptado que, en los mamíferos, todas las fibras vagales mielinizadas se originan en el núcleo vagal ventral, el núcleo ambiguo. Por consiguiente, la supuesta tendencia evolutiva observada en la transición filogenética de los reptiles a los mamíferos —en la que el control primario de las fibras vagales cardioinhibitorias pasa del núcleo vagal dorsal al ventral— queda sobradamente respaldada.

EL MODELO POLIVAGAL DEL SISTEMA NERVIOSO AUTÓNOMO DE LOS MAMÍFEROS LLEVA A LA SOCIALIDAD

El modelo polivagal hace hincapié en la transición evolutiva desde los reptiles extinguidos a los mamíferos primitivos, a los mamíferos modernos y a los humanos. Esta transición dio como resultado la capacidad de resintonizar funcionalmente el sistema nervioso autónomo, reforzando así los comportamientos de conexión social y permitiendo la corregulación del estado fisiológico mediante las interacciones sociales. La teoría también permite comprender las mayores demandas metabólicas de los mamíferos en comparación con los reptiles. La teoría destaca la necesidad de mantener interacciones sociales para regular el sistema nervioso autónomo humano y promover las funciones homeostáticas. También señala que el sistema nervioso autónomo mamífero tiene unos atributos únicos que difieren de los de los reptiles y otros vertebrados más antiguos, incluyendo la integración de las estructuras del tronco encefálico (es decir, el complejo vagal ventral) para coordinar la regulación del núcleo vagal ventral (es decir, el núcleo ambiguo) con vías eferentes viscerales especiales que salen de los nervios craneales V, VII, IX, X y XI para formar un primer circuito relacionado con la supervivencia de succionar-tragar-respirar-vocalizar. Cuando estas vías maduran, según propone la teoría polivagal, forman un sistema de conexión social espontáneo que sostiene la homeostasis y la corregulación.

Este vínculo entre la actividad polivagal y los comportamientos de conexión social puede monitorearse potencialmente a través del flujo de salida neuronal de las vías vagales ventrales en el corazón, lo cual proporciona un índice diagnóstico y pronóstico del tono vagal cardiaco (es decir, la arritmia sinusal respiratoria). Es importante destacar que la arritmia sinusal respiratoria, al servir como portal cuantificable de la contribución vagal al sistema de conexión social, permite la estructuración de hipótesis comprobables relacionadas con la teoría polivagal. Sin embargo, la teoría no depende de los atributos, ni siquiera de la historia evolutiva, de la arritmia sinusal respiratoria. Por lo tanto, la teoría relaciona la salud mental y física y el bienestar mediante la corregulación del estado autónomo a través del comportamiento social. Como el modelo se basa en una detallada revisión de la literatura, animamos al lector a leer la presentación inicial de la teoría (véase Porges, 1995) y las fechas subsiguientes (Porges, 1998, 2001, 2007b).

EL ESTADO AUTÓNOMO COMO VARIABLE INTERVINIENTE

El papel que desempeña el sistema nervioso autónomo como variable interviniente que influye en el comportamiento y las reacciones fisiológicas de los mamíferos ante los desafíos tanto corporales (por ejemplo, la enfermedad y la aflicción) como ambientales (por ejemplo, señales de amenaza y de seguridad) es crucial en la teoría polivagal. La teoría nos anima a pensar en el estado autónomo como una plataforma neuronal funcional desde la que diferentes comportamientos y reacciones adaptativas pueden surgir espontáneamente. Integra un modelo de estímulo-organismo-respuesta (E-O-R), donde el estado autónomo es una variable interviniente medible, en lugar de un modelo determinista de estímulo-respuesta (E-R) que ha prevalecido tanto en la psicología de base conductual como en los modelos mecanicistas de la fisiología. La teoría propone que existen tres estados autónomos globales que funcionan, en general, como una jerarquía ordenada filogenéticamente. En este modelo, la modificación autónoma evolutivamente más reciente en vertebrados es un circuito vagal ventral mamífero con características que promueven la dependencia de los mamíferos del transporte de sangre oxigenada al cerebro y a los órganos viscerales, así como la necesidad de regular el estado fisiológico a través de la socialidad y la ingestión.

LA TEORÍA POLIVAGAL LLEVA A HIPÓTESIS COMPROBABLES Y A INTERVENCIONES POTENCIALES

Con la introducción de la conceptualización del freno vagal dentro de la teoría polivagal (Porges, 1996), los cambios habitualmente observados en las mediciones de la variabilidad de la frecuencia cardiaca y el componente vagal más específico de la arritmia sinusal respiratoria durante los desafíos psicológicos y físicos pudieron comprenderse desde el punto de vista neurobiológico. Esta perspectiva ha incluido la tecnología para cuantificar las señales neuronales específicas, como la arritmia sinusal respiratoria, como un índice preciso del tono vagal ventral. De modo similar, una vez introducido el sistema de conexión social integrado (Porges, 1998) en la teoría, las señales de seguridad y la confianza, características del apoyo social, pudieron considerarse mecanísticamente como un apoyo para una mayor regulación vagal y unas funciones homeostáticas sanas.

Actualmente, vivimos en una cultura que encuentra en la tecnología intervenciones potenciales para optimizar la salud mental y física. Varios estimuladores del nervio trigémino y vagal no invasivos pueden funcionar con los mecanismos de retroalimentación descritos en la teoría polivagal. Según los principios polivagales, estos dispositivos estimulan las vías aferentes que van a la zona del tronco encefálico que comunica con el vago ventral, a través del complejo vagal ventral, aumentando el flujo vagal, con el resultado de calmar y optimizar la función homeostática. Basándome en estos principios, desarrollé una intervención llamada Safe and Sound Protocol que recurre a la estimulación acústica para activar el complejo vagal ventral y los comportamientos de conexión social emergentes.

EL *SAFE AND SOUND PROTOCOL*: UNA INTERVENCIÓN BASADA EN LA TEORÍA POLIVAGAL

El *Safe and Sound Protocol* utiliza música vocal modulada modificada por ordenador para ampliar las señales prosódicas de la comunicación social (véase Porges et al., 2013, 2014). La estimulación es similar a las señales acústicas que los humanos y otros mamíferos, con sus sistemas nerviosos, interpretan como señales de seguridad y de confianza. Por ejemplo, las señales vocales de una madre tienen la capacidad de transmitir seguridad y de calmar a su bebé (por ejemplo, con el habla dirigida al bebé), y las señales vocales de los adultos pueden calmar a sus hijos y mascotas. Estas señales acústicas aumentan el tono neuronal de los músculos del oído medio, regulados por las estructuras del tronco encefálico (véanse los capítulos 12 y 13) implicadas en la respuesta ante la amenaza y la seguridad, de modo similar al freno vagal. Bajo amenaza, los músculos del oído medio se relajan y los tímpanos se vuelven sensibles a los sonidos de baja frecuencia para detectar movimientos potencialmente peligrosos. En este estado, la capacidad de detectar el habla humana puede verse comprometida. Cuando hay señales de seguridad, el cuerpo se calma y el sistema nervioso autónomo está en un estado predominantemente regulado por el vago ventral. Este estado vagal ventral también se refleja en una voz humana más prosódica o melódica, a través de una rama no cardiaca del vago: el nervio laríngeo recurrente. Por consiguiente, el sistema auditivo es un importante portal hacia nuestro sistema nervioso autónomo. Cuando se concedió la patente inicial (Porges, 2018) a las tecnologías integradas en el *Safe and Sound Protocol*, se aceptó la reivindicación de que la estimulación acústica descrita en el protocolo funcionaba como estimulador del nervio vagal acústico. El *Safe and Sound Protocol* está disponible solo para profesionales a través de *Integrated Listening Systems* (https://integratedlistening.com/porges/).

LAS CRÍTICAS TERGIVERSAN LA TEORIA POLIVAGAL

Las críticas a la teoría polivagal tergiversan la teoría y no reconocen el enfoque de esta en el vínculo evolutivo entre la regulación neuronal del sistema nervioso autónomo y la socialidad única de los mamíferos. La tabla 2.2 incluye un breve resumen de las diferencias entre lo que afirma la teoría y lo que las críticas relacionadas con la neuroanatomía y la evolución han dado por supuesto. Primero, parece que los autores de estas críticas no han leído atentamente la teoría ni son conscientes del título de su presentación inicial. En general, no conocen el enfoque de la teoría sobre las transiciones evolutivas desde los reptiles asociales hasta los mamíferos sociales. Desde la primera presentación de la teoría, he hecho hincapié en que el sistema nervioso autónomo de los mamíferos tiene la capacidad de amansar y de calmar los circuitos autónomos que promueven la defensa, incluyendo el apoyo del sistema nervioso simpático a los comportamientos de lucha-huida defensivos y el apoyo vagal dorsal a la inmovilización reflejada en la muerte fingida. Usando la evolución y la maduración del desarrollo para mapear la jerarquía de los circuitos autónomos, podemos detectar un patrón y crear un mapa gráfico de la secuencia de respuesta por la que progresan los mamíferos cuando están bajo amenaza, incluyendo la enfermedad y las lesiones. Esta secuencia que sigue la evolución a la inversa —o disolución, como describe brevemente John Hughlings Jackson (1884)— es un reflejo de los relatos contados con frecuencia por los supervivientes de traumas. Básicamente, las críticas no son críticas a la teoría polivagal. No tienen que ver con comprobar los constructos documentados integrados en la teoría —disolución, freno vagal, neurocepción o sistema de conexión social— ni con ampliar nuestro conocimiento de los mecanismos utilizados para emplear o monitorear el circuito vagal dorsal en los mamíferos. En lugar de eso, las críticas, en el mejor de los casos, son tangenciales a la teoría y, en el peor, representaciones desacertadas que dan lugar a malinterpretaciones.

Los nuevos hallazgos en la literatura sobre la filogenia del sistema nervioso autónomo no deben ser primordiales para la teoría polivagal. Por ejemplo, la identificación de fibras vagales mielinizadas que se originan desde el núcleo vagal dorsal en otros vertebrados sugiere una serie de cuestiones relacionadas con la función adaptativa y con la posibilidad de que haya fibras vagales mielinizadas originadas en el núcleo vagal dorsal en humanos que todavía no se han identificado. Si estas fibras se identificaran, podrían proporcionar un mecanismo básico para la bradicardia masiva y potencialmente mortal, e incluso para la muerte neurogénica (vagal). Animaría a investigar sobre cuestiones similares clínicamente relevantes, que serían de mayor beneficio que asumir que su investigación debe demostrar la validez de la teoría polivagal. La tabla 2.2 resume las críticas a la teoría polivagal relacionadas con suposiciones inexactas. Conviene observar que estas críticas parecen reflejar un malentendido con respecto al alcance de la teoría. Proceden de un laboratorio de neurofisiología comparativa, basado en la investigación de Taylor, un científico consumado cuyo trabajo ha brindado apoyo fundacional para la teoría polivagal. Taylor y sus colaboradores parecían enfocados en dar por sentado que la teoría polivagal puede ser falseada por observaciones de las interacciones entre la frecuencia respiratoria y cardiaca y las fibras vagales mielinizadas en vertebrados que evolucionaron antes de los mamíferos. Cuando Grossman y Taylor (2007) publicaron su artículo en un número especial de *Biological Psychology*, me invitaron a escribir un comentario sobre la cuestión. En mi comentario (Porges, 2007a, p. 304), me referí al malentendido de Taylor con respecto a la teoría polivagal:

> En un artículo recientemente publicado por el grupo de Taylor (Campbell, Taylor y Egginton, 2005), se intenta identificar la RSA [arritmia sinusal respiratoria] en peces y, con ello, demostrar que el control central de la frecuencia cardiaca era observable y «refutar la hipótesis de que la asociación cardiorrespiratoria controlada centralmente se limita a los mamíferos, como propone la teoría polivagal de Porges (1995)». Esta afirmación resulta desconcertante, ya que la teoría polivagal no afirma la restricción específica de la asociación cardiorrespiratoria a los mamíferos. Además, como se menciona en el comentario, desde la perspectiva polivagal, la RSA es una interacción cardiorrespiratoria únicamente mamífera porque depende de la salida del vago mielinizado que se origina en el núcleo ambiguo. Esto no excluye las interacciones cardiorrespiratorias que incluyen el vago no mielinizado originado en el núcleo motor dorsal del vago en otros vertebrados.

Estas aclaraciones no han detenido los continuos comentarios inexactos de Taylor sobre la teoría polivagal. Tampoco han servido para que él y sus colaboradores incorporen los conocimientos sobre las consecuencias adaptativas de la readaptación del sistema nervioso autónomo en los mamíferos para promover el comportamiento social. Para los mamíferos, el comportamiento social se convierte en un portal eficiente para regular la función autónoma. Como la teoría polivagal se centra en la readaptación y la modificación del sistema nervioso autónomo —heredado de un ancestro común con los reptiles— para permitir la socialidad, resulta difícil aceptar las continuas proclamaciones inexactas del grupo de Taylor afirmando que una investigación irrelevante para la teoría polivagal sirve como evidencia para tergiversarla. Su investigación aborda cuestiones diferentes, no relacionadas con las importantes conceptualizaciones integradas en la teoría polivagal, centradas en los vínculos evolutivos entre la función autónoma y la socialidad observados en los mamíferos.

Tabla 2.2. Afirmaciones de la teoría polivagal (Porges, 1995, 1998, 2007b)

	Afirmaciones de la teoría polivagal	Atribuciones inexactas a la teoría polivagal (p. ej., Grossman y Taylor, 2007; Monteiro et al., 2018; Campbell et al., 2005)
1	Enfoque evolutivo solo en la transición de reptiles a mamíferos, momento en que el sistema nervioso autónomo se readapta para permitir la socialidad. Esta socialidad, a través de la retroalimentación aferente, puede promover la regulación autónoma, dando como resultado una salud, un crecimiento y una restauración optimizados.	El enfoque evolutivo en el sistema nervioso autónomo incluye a todos los vertebrados.
2	Los mamíferos tienen una vía vagal mielinizada única que se origina solo en el núcleo vagal ventral (es decir, el núcleo ambiguo), con capacidad para regular a la baja los estados defensivos autónomos y promover tanto la socialidad como la salud, el crecimiento y la restauración (es decir, la homeostasis).	Las vías vagales mielinizadas son únicamente mamíferas. Por lo tanto, las observaciones de fibras vagales mielinizadas del núcleo vagal dorsal en vertebrados distintos de los mamíferos refutan la teoría polivagal.
3	La arritmia sinusal respiratoria es un término usado para definir la interacción entre la frecuencia respiratoria y la cardiaca, únicamente mamífera, que implica la modulación rítmica de la frecuencia cardiaca mediante unas vías vagales que se originan solo en el núcleo vagal ventral (es decir, el núcleo ambiguo).	La expresión *arritmia sinusal respiratoria* es equivalente a cualquier interacción entre la frecuencia respiratoria y la cardiaca observada en vertebrados distintos de los mamíferos. Por consiguiente, las observaciones de tales interacciones que incluyan influencias vagales originadas en el núcleo vagal dorsal refutan la teoría.

PERPETUAR EL ARGUMENTO DEL HOMBRE DE PAJA

Estas tergiversaciones han continuado. Por ejemplo, Sanches et al. (2019) afirmaron: «Estos hallazgos no respaldan la llamada "teoría polivagal" de Porges, en la que el autor afirma que la arritmia sinusal respiratoria y su base en el control parasimpático del corazón son únicamente mamíferas (Porges, 2013)». Más adelante, en el mismo artículo, afirman: «Sin embargo, el promotor de la teoría polivagal ha afirmado recientemente que "solo los mamíferos tienen un vago mielinizado" (Porges, 2013)».

¿Por qué siguen pronunciándose estas críticas a la teoría? Como en mis aclaraciones en 2007a, estos comentarios siguen dejándome perplejo. Mi primera respuesta fue que los autores hacían una mala interpretación que podía deberse a mi falta de claridad a la hora de presentar la teoría en los artículos fundacionales. Eso me llevó a releer detenidamente mis artículos fundacionales (es decir, Porges, 1995, 2007b) en busca de fragmentos que pudieran haber provocado potencialmente estos malentendidos. Mi relectura de los trabajos originales confirmó que no hice ninguna afirmación que pudiera ser interpretada de modo coherente con las críticas. Confirma que tuve la precaución de no sobrevalorar las observaciones realizadas y de respaldar cada principio extraído con literatura bien documentada.

Mi relectura me permitió concluir que Taylor y su grupo no solo pasaron por alto las innovadoras contribuciones de la teoría, sino que la interpretaron desde un punto de vista miope, centrado en la filogenia de las vías inhibitorias cardíacas, independientes de otros cambios en la regulación neuronal y la adaptación conductual. Se centraron en sus preguntas de investigación y literalmente superpusieron su programa de investigación en lo que dieron por supuesto que eran atributos de la teoría polivagal.

Pasaron por alto la literatura embriológica y de desarrollo que identifica una secuencia convergente con los principios filogenéticos extraídos de la teoría polivagal. Por ejemplo, como se cita en Porges (1995):

> Estudios neuroanatómicos realizados en embriones y fetos humanos sugieren que estas neuronas motrices viscerales podrían haber migrado del núcleo vagal dorsal» (Brown, 1990). Además, en el feto humano, el significado funcional de las fibras vagales del núcleo ambiguo depende en gran medida de la mielinización, que no empieza hasta las 23 semanas de gestación, cuando se alcanza el diámetro del axón casi maduro (Wozniak y O'Rahilly, 1981). La mielinización de las fibras vagales del NA [núcleo ambiguo]

aumenta linealmente desde la semana 24 a la 40 de gestación y, de nuevo, sigue activamente durante el primer año tras el parto (Pereyra et al., 1992; Sachis et al., 1982).

En resumen, es una secuencia en la que la regulación vagal del corazón evoluciona para sostener la socialidad de los mamíferos regulando a la baja los estados defensivos y respaldando los comportamientos de conexión social. Además, pasaron por alto que las importantes innovaciones evolutivas de un sistema de conexión social en los mamíferos —un sistema que inicialmente se originó como un circuito de succión-deglución-respiración únicamente mamífero— incluían el complejo vagal ventral mamífero que incorporaba el modificado núcleo ambiguo mamífero evolucionado. Se les pasó también la esencia de la teoría al omitir los potentes cambios filogenéticos en la forma en que las vías cardioinhibitorias se readaptaron en un núcleo ambiguo únicamente mamífero para respaldar la calma conductual y las interacciones sociales regulando a la baja los estados defensivos autónomos.

Dejaron a un lado las diferencias entre las estructuras del tronco encefálico mamífero, colectivamente organizadas dentro del complejo vagal ventral, y las de otros vertebrados. Se les pasó por alto la importancia de la arritmia sinusal respiratoria de los mamíferos como portal para controlar dinámicamente este sistema inhibitorio de los mamíferos y su apoyo a las funciones homeostáticas, que dan como resultado una salud mental y física óptimas. Pero, teniendo en cuenta que se les pasó por alto la esencia de la teoría —una teoría que respalda el viaje de los mamíferos hacia la socialidad—, ¿por qué hicieron afirmaciones imprecisas sobre ella?

Quizás sus malentendidos se deban a su programa de investigación. Taylor y sus colaboradores se centran en la filogenia de las neuronas preganglionares vagales cardíacas. En sus publicaciones, parecen no estar al corriente ni interesados en la transición de los mamíferos desde reptiles asociales a una especie mamífera social. También parecen no ser conscientes de las tecnologías que podrían controlar las reacciones transitorias en las reacciones vagales ante los desafíos. Por ejemplo, aunque se centran en identificar y documentar las interacciones en la frecuencia respiratoria y cardíaca de los vertebrados no mamíferos, parecen no tener ningún interés en comprobar las hipótesis relacionadas con la función adaptativa de los cambios en la amplitud de esas señales. Por ejemplo: ¿pueden sus observaciones conducir a una cuantificación del tono vagal dorsal que promovería nuestro conocimiento sobre cómo reacciona este sistema ante los desafíos en los vertebrados no mamíferos?

Como se describe en el siguiente apartado metodológico, los métodos para extraer con precisión los procesos oscilatorios en las series temporales de la frecuencia cardíaca latido a latido son complejos, y los malentendidos con respecto a la metodología pueden provocar atribuciones inexactas. Los métodos utilizados por el grupo de Taylor carecen de sofisticación, especialmente en la comprensión de la influencia de las no estacionalidades en las metodologías que han utilizado.

Estas críticas no explican cómo se les ha pasado por alto la esencia de la teoría para hacer estas afirmaciones tan descaradamente incorrectas. Especialmente, después de que sus suposiciones quedaran contradichas en mis comentarios de 2007 (Porges, 2007a), ¿por qué persistieron en publicar agresivamente suposiciones falsas?

Obviamente, los pocos conocimientos podrían contribuir, pero supongamos que ellos creen sinceramente que sus hallazgos refutan la teoría. ¿Qué podría haberlos llevado a realizar esas afirmaciones incorrectas?

La metáfora del cubo de Rubik es útil para intentar comprender su punto de vista. Empecemos con su afirmación sobre la arritmia sinusal respiratoria, que da por supuestos dos puntos: uno, que la teoría afirma y se basa en que la arritmia sinusal respiratoria se observa en los mamíferos; y dos, que las interacciones en la frecuencia respiratoria y cardíaca observadas en los vertebrados evolutivamente más antiguos refutan la teoría.

Desde mi punto de vista, ambos puntos son atribuciones inexactas a mis afirmaciones publicadas. La arritmia sinusal respiratoria se ha usado históricamente para describir un ritmo en la frecuencia cardíaca de los mamíferos. En su uso histórico, no se ha pronunciado sobre los patrones respiratorios y de frecuencia cardíaca de otros vertebrados. De hecho, los primeros artículos de Taylor (es decir, anteriores al año 2000) reconocían que, en la literatura, la expresión *arritmia sinusal respiratoria* se limitaba a describir las interacciones en la frecuencia cardíaca y respiratoria en los mamíferos.

Quizás la agenda ateórica de Taylor ha contribuido a generalizar en exceso, a partir de la evidencia neuroanatómica comparativa, que los orígenes evolutivos en los vertebrados de varias estructuras que regulan las funciones cardíacas son sumamente preservados durante la evolución e incluso evidenciadas en los mamíferos. Evidentemente, esta generalización tiene sus limitaciones, ya que la evolución sigue readaptando y modificando tanto la estructura como el funcionamiento del sistema nervioso autónomo de los mamíferos. Si no reconocemos la readaptación evolutiva de las estructuras, seríamos vulnerables a la crítica por aceptar la recapitulación, una teoría refutada que da por supuesto que la evolución ha preservado no solo la estructura, sino también la función.

La teoría polivagal hace hincapié en la modificación evolutiva de los circuitos vagales, mientras que el grupo de Taylor hace hincapié en las características evolutivamente preservadas. Parece que el sesgo de Taylor se exprese en una visión miope de la evolución, que ha promovido que su grupo se centre en dos puntos que incorrectamente cree que son cruciales para la teoría polivagal: (1) solo los mamíferos tienen interacciones en la frecuencia respiratoria y cardíaca, y (2) solo los mamíferos tienen fibras vagales mielinizadas. Permíteme señalar que estas rotundas afirmaciones no se deducen ni forman parte de la teoría polivagal; son confabulaciones de lo que este grupo de investigadores cree que es la base de la teoría polivagal, usando estas afirmaciones como argumentos de hombre de paja para promover el apoyo y el interés hacia sus conclusiones. Para construir este argumento de hombre de paja, Taylor sostiene que las características y las estructuras implicadas en la regulación vagal del corazón en los primeros vertebrados se preservan en gran manera durante la evolución.

La teoría polivagal reconoce la continuidad evolutiva. Sin embargo, a diferencia del énfasis de Taylor sobre las similitudes, la teoría polivagal se centra en las diferencias en la readaptación de estructuras que emergieron en los antiguos vertebrados para diferentes funciones en los mamíferos.

A diferencia de los vertebrados ancestrales a partir de los que evolucionaron los mamíferos, los mamíferos son sociales y dependientes de sus conespecíficos para sobrevivir. A menudo, esta dependencia se observa como comportamiento maternal, parejas unidas socialmente o grupos cooperativos u organizados jerárquicamente.

En el caso de los mamíferos, como sostiene la teoría polivagal, el estado fisiológico es un mediador profundo del comportamiento social, y el comportamiento social es un comportamiento emergente que depende de que el estado autónomo no esté activamente funcionando promoviendo comportamientos defensivos o una defensa interna ante la enfermedad o el daño.

LA FALACIA DE LA EQUIVALENCIA

Si nos centramos en las diferencias, en lugar de en las similitudes, vemos profundas distinciones entre la arritmia sinusal respiratoria de los mamíferos y las interacciones entre la frecuencia cardiaca y la respiración en otros vertebrados. Para empezar, en los mamíferos existe un oscilador respiratorio central común y bien definido que envía un ritmo respiratorio desde el tronco encefálico hacia el corazón y los bronquios. Esta información fluye a través de las neuronas vagales originadas en el núcleo ambiguo. De hecho, el oscilador se puede conceptualizar como una propiedad emergente de las interacciones entre las estructuras reguladas por el núcleo ambiguo, incluyendo la laringe y la faringe (véase Porges, 1995). Por supuesto, esto no encaja con las características de un núcleo ambiguo primitivo que podría haberse observado en vertebrados que precedieron a los mamíferos. La observación de un oscilador central común es funcionalmente única en los mamíferos y es la base neurofisiológica que permite que la cuantificación de la arritmia sinusal respiratoria funcione como un portal para medir el tono vagal ventral. No está claro qué utilidad tiene la amplitud de las oscilaciones de la frecuencia cardiaca en los vertebrados no mamíferos. Son puntos no tratados por Taylor y su grupo. Centrándose en el fenómeno de las interacciones en la respiración y la frecuencia cardiaca y no en el carácter único de las estructuras y las funciones adaptativas, Taylor y su grupo dan por supuesto que todos los fenómenos son equivalentes. Esto no excluye que algunas características de este sistema puedan ser comunes a otros vertebrados, pero reconoce el papel de la evolución en la modificación (es decir, readaptación) de estructuras para respaldar otras funciones. Pero la característica definitoria de su supuesta equivalencia conduce al argumento circular de que, si se observan interacciones entre la respiración y la frecuencia cardiaca fenomenológicamente en varios vertebrados, incluso si los mecanismos neurofisiológicos varían, el fenómeno refleja el mismo proceso. Esta afirmación queda contradicha por el estudio resumido en la siguiente cita (Porges, 1995), que propone que la arritmia sinusal respiratoria en los mamíferos es producto de una modulación debida a un oscilador cardiorrespiratorio común que es únicamente mamífero.

> Tras investigar los centros neuroanatómicos asociados con la función laríngea, pulmonar y cardiaca, Richter y Spyer (1990) llegaron a la conclusión convergente de que el NA [núcleo ambiguo] contribuía al ritmo respiratorio común. También especularon que los mamíferos, con su mayor necesidad de oxígeno, tienen un centro medular para regular los procesos cardiopulmonares. Propusieron que un oscilador respiratorio común evolucionó para promover la coordinación entre los procesos cardiaco y respiratorio. En su modelo, el ritmo respiratorio depende de la interacción entre dos grupos

> de neuronas: uno en el NTS [núcleo del tracto solitario], el núcleo de origen en el tronco encefálico del vago aferente, y el otro en el NA. Por consiguiente, el oscilador «común» que produce frecuencias respiratorias es una manifestación de una red neuronal compuesta por interneuronas entre áreas que contienen las motoneuronas que regulan las funciones respiratoria, laríngea y cardiaca. El oscilador cardiorrespiratorio no incluye el DMNX [núcleo dorsal del vago]. Para sostener sus hipótesis, Richter y Spyer (1990) citaron estudios transcorrelacionales de unidades individuales. Por lo tanto, el NA forma parte de la red del oscilador cardiorrespiratorio, y el periodo de las oscilaciones en la frecuencia cardiaca (el periodo de ASR [arritmia sinusal respiratoria]) representa un índice válido de la frecuencia de salida del oscilador cardiopulmonar.

En cambio, parece que, en general, la modulación respiratoria de la frecuencia cardiaca en otros vertebrados ancestrales implica las vías eferentes vagales originadas en el núcleo dorsal del vago. Esta diferenciación permanece incluso con el descubrimiento del grupo de Taylor de vías mielinizadas originadas en el núcleo vagal dorsal en los peces dipneos antiguos. Esta afirmación supondría que existen grandes diferencias entre los mamíferos y los vertebrados no mamíferos en los mecanismos subyacentes implicados en la generación de relaciones entre la respiración y la frecuencia cardiaca.

Reflexionando en las continuadas afirmaciones descalificativas de que la teoría polivagal depende de la suposición de que solo los mamíferos tienen un vago mielinizado, intenté inferir cómo llegó este grupo a tal conclusión. Revisando mis escritos, en un intento de crear un lenguaje comprensible para transmitir el carácter único del «vago mielinizado mamífero», parece que el grupo de Taylor malinterpretó la repetida y cuidadosamente cualificada naturaleza del «vago mielinizado mamífero» como la salida eferente de un circuito que se origina en el núcleo ambiguo y proporciona las vías vagales visceromotrices a través de una rama vagal que va a los órganos por encima del diafragma. Esta cualificación aporta otra distinción filogenética, ya que solo los mamíferos y algunos reptiles tienen un diafragma funcional. Para respaldar su argumento de hombre de paja, han reformulado la afirmación para que encajara con sus objetivos, pasando de «vago mielinizado mamífero» a «solo los mamíferos tienen un vago mielinizado», obviamente ajenos a las afirmaciones de la teoría calificando repetidamente que las fibras mielinizadas se originan en el núcleo ambiguo. Si las publicaciones relativas a la teoría no hubieran hecho repetidamente esas calificaciones, podrían haber «informado» la teoría con sus hallazgos y sugerido que la teoría se adaptara para hacer hincapié en esa distinción. Sin embargo, la afirmación original de la teoría ya hacía esa distinción, destacando la localización de las fibras vagales mielinizadas desde el principio (véase Porges, 1995).

En los últimos años, un grupo de debate de *ResearchGate* moderado por Grossman se ha propuesto tergiversar la teoría polivagal. Grossman utiliza la cartera de investigación de Taylor como la prueba que refuta la teoría. Además de los puntos descritos anteriormente sobre la arritmia sinusal respiratoria y las fibras vagales mielinizadas, Grossman añade otro. Sostiene que la teoría afirma de forma incorrecta que el núcleo ambiguo es evolutivamente más reciente que el núcleo vagal dorsal. Este es otro argumento de hombre de paja que se basa en las publicaciones de Taylor, en las que desdibuja la distinción del núcleo ambiguo con la identificación de las neuronas preganglionares vagales cardiacas que son ventrales con respecto al núcleo dorsal del vago. Desde el punto de vista evolutivo, las neuronas migran para formar el componente cardioinhibitorio del núcleo ambiguo. Sin embargo, el núcleo ambiguo no es solo un núcleo visceromotor, sino que evolucionó para regular los músculos estriados de las estructuras que emergieron de los arcos branquiales antiguos. De hecho, en el propio artículo de Taylor, describe una trayectoria evolutiva en la que solo algunos reptiles y todos los mamíferos tienen un núcleo ambiguo diferenciado. Refuerza esta trayectoria evolutiva etiquetando las neuronas preganglionares cardiacas observadas ventrolateralmente al núcleo dorsal del vago como un núcleo ambiguo primordial. En estas dos afirmaciones documentadas, hace hincapié en que el núcleo vagal dorsal es una estructura neuroanatómica observada en vertebrados de la que se puede suponer que ha evolucionado varios cientos de millones de años antes de los mamíferos.

Desmontemos este argumento de hombre de paja con el propio trabajo de Taylor. Este argumento se basa en cómo se define el núcleo ambiguo. De nuevo, lo vemos a través del punto de vista miope de Taylor: sobre la base de sus propios artículos, parece que está caracterizando todas las neuronas preganglionares cardiacas ventrales al núcleo dorsal como núcleo ambiguo «primordial» (Monteiro et al., 2018). También se refiere a que la formación de un núcleo ambiguo diferenciado se ve en algunos reptiles, pero no en todos. Incluso desde su perspectiva cardiocentrada no mamífera, sus propias afirmaciones respaldan una tendencia evolutiva hacia unos vertebrados más modernos (es decir, los mamíferos y algunos reptiles) que tienen núcleo ambiguo. Sin embargo, el elemento que falta en este debate filogenético es cómo las neuronas preganglionares cardioinhibitorias se integraron en el núcleo ambiguo, una estructura anatómica que también contiene los núcleos de origen que regulan los músculos estriados de la cara y de la cabeza a través de vías eferentes viscerales. Esta integración es la que proporciona las estructuras y las funciones del sistema de conexión social y las capacidades funcionales recíprocas que usan el comportamiento social para calmar el estado fisiológico y promover el comportamiento social emergente. Es importante notar que el núcleo ambiguo es más que un centro regulatorio visceromotor: es también un centro que regula y coordina la ingestión, la respiración y la vocalización. Es un centro que tiene la capacidad de regular a la baja las defensas y de promover la accesibilidad interpersonal, respaldando al mismo tiempo las funciones homeostáticas que promueven la resiliencia y optimizan la salud, el crecimiento y la restauración.

ARRITMIA SINUSAL RESPIRATORIA: UNA MÉTRICA CUANTIFICABLE PARA COMPROBAR LAS HIPÓTESIS DE BASE POLIVAGAL

Contexto histórico

La influencia en los mamíferos de las fibras vagales cardioinhibitorias mielinizadas originadas en el núcleo ambiguo suele ser objeto de debate en el contexto de la teoría polivagal por dos razones relacionadas: (1) el rendimiento funcional de este circuito neuronal puede medirse de forma precisa y fiable cuantificando la amplitud de la arritmia sinusal respiratoria para obtener una métrica del tono vagal cardiaco, y (2) la métrica permite evaluar hipótesis comprobables e informar la teoría polivagal. Si no hubiera indicadores vagales precisos directos en el patrón de frecuencia cardiaca basados en el rendimiento de las fibras vagales originadas en el núcleo ambiguo, la teoría no quedaría desmentida. Sin embargo, con la arritmia sinusal respiratoria como índice fácilmente disponible del tono vagal ventral, ahora es posible comprobar las hipótesis de base polivagal monitoreando los patrones de frecuencia cardiaca. No obstante, la teoría seguiría pudiéndose comprobar potencialmente usando indicadores vagales no cardiacos (por ejemplo, respuestas intestinales, escalas subjetivas).

Afortunadamente, no hay controversia sobre la prominencia de las fibras cardioinhibitorias mielinizadas originadas en el núcleo ambiguo y la influencia causal de estas fibras en la arritmia sinusal respiratoria observada en mamíferos. Cabe notar que si la métrica elegida de la arritmia sinusal respiratoria proporciona una estimación distorsionada del tono vagal ventral (es decir, una desconexión entre la arritmia sinusal respiratoria y el tono vagal ventral), entonces esta métrica puede dar lugar a inferencias incorrectas al utilizarla para comprobar las hipótesis de base polivagal. A continuación se presenta un debate detallado sobre la sensibilidad de métricas específicas de la arritmia sinusal respiratoria para el control ventral vagal.

¿Se puede monitorear el tono vagal ventral cuantificando la arritmia sinusal respiratoria?

Los criterios publicados para cuantificar la variabilidad de la frecuencia cardiaca en cardiología (Camm et al., 1996) y psicofisiología (Berntson et al., 1997) no han proporcionado evaluaciones o recomendaciones de los métodos usados para cuantificar la arritmia sinusal respiratoria sobre una base estadística ni neurofisiológica. Mi interés por la variabilidad de la frecuencia cardiaca se basa en la arritmia sinusal respiratoria porque, a diferencia de otros componentes de la variabilidad de la frecuencia cardiaca que son caracterizados por frecuencias más lentas que la respiración, los mecanismos neuronales subyacentes a la arritmia sinusal respiratoria son conocidos, y sus características periódicas reflejan vías de retroalimentación identificables que fomentan la cuantificación. En ausencia de criterios críticos para evaluar la métrica de la arritmia sinusal respiratoria, los investigadores han dado por supuesto que, como las métricas de la arritmia sinusal respiratoria habitualmente usadas están altamente correlacionadas, son equivalentes (por ejemplo, Grossman et al., 1990; Goedhart et al., 2007). Como Lewis et al. (2012) han demostrado, esto no es así, ya que la correlación es una metodología deficiente para establecer una equivalencia estadística entre mediciones.

Los fisiólogos han formulado la hipótesis de que la cuantificación de los cambios relacionados con la respiración en la variabilidad de la frecuencia cardiaca puede proporcionar una métrica sensible del tono vagal cardiaco. Esta suposición implícita estuvo precedida por la investigación pionera de Hering (1910), quien relacionó la arritmia sinusal respiratoria con la función vagal. Tras Hering, otros fisiólogos realizaron estudios sistemáticos conectando la función vagal con la amplitud de la arritmia sinusal respiratoria. Estos científicos eligieron una simple medición intuitiva de la arritmia sinusal respiratoria que cuantificaba la diferencia en la frecuencia cardiaca entre el pico y el valle de la señal periódica que caracteriza la arritmia sinusal respiratoria (por ejemplo, Eckberg, 1983; Fouad et al., 1984; Hirsch y Bishop, 1981; Katona y Jih, 1975; Grossman y Kollai, 1993). Siguiendo la estela de los fisiólogos, los psicofisiólogos (por ejemplo, Grossman et al., 1990) aplicaron la metodología pico-valle, a menudo con una restricción añadida que limitaba la cuantificación de la arritmia sinusal respiratoria a características específicas del patrón respiratorio (por ejemplo, extremos de frecuencia cardiaca asociados con la inspiración y la espiración). Aun sin estar seguros de la variable criterio más adecuada, la mayoría de los fisiólogos autónomos comparten la suposición de que la arritmia sinusal respiratoria es una ventana hacia la regulación vagal del corazón.

Las tecnologías contemporáneas plantean la posibilidad de que la cuantificación de la arritmia sinusal respiratoria proporcione una métrica que permita rastrear la influencia vagal dinámica sobre el corazón. Paradójicamente, estas tecnologías relativamente nuevas suelen validarse con variables criterio definidas operativamente por metodologías limitadas desarrolladas hace cincuenta o cien años durante los primeros años de la fisiología como ciencia experimental. Además, los paradigmas de validación suelen depender de conceptos históricos de disrupción de la función vagal a través del bloqueo farmacéutico o de la cirugía (véase Porges, 2007b). Estas estrategias dan por supuesto que los cambios en la frecuencia cardiaca proporcionarán una métrica precisa de la influencia vagal sobre el corazón.

La teoría polivagal cuestiona la asunción de que el cambio en la frecuencia cardiaca sea el criterio de referencia para comprobar la validez de las métricas que se supone que miden el tono vagal ventral. La teoría polivagal cuestiona este supuesto afirmando que, aunque los cambios en la frecuencia cardiaca estén influidos por el vago, hay otras influencias no vagales sobre la frecuencia cardiaca, como las influencias simpáticas, que podrían alterar las acciones cardioinhibitorias del vago mediante una retroalimentación dinámica hasta el tronco encefálico desde los sistemas cardiaco, pulmonar y vascular. Además, la teoría polivagal hace hincapié en las diferentes vías neuronales integradas en el vago. La teoría describe las diferencias en esas vías con respecto a sus orígenes neuroanatómicos en el tronco encefálico, la historia evolutiva y las funciones adaptativas. Este enfoque requiere una reconceptualización del constructo de tono vagal cardiaco como potencialmente influido por vías vagales originadas tanto en el núcleo vagal dorsal (es decir, el núcleo motor dorsal del vago) como en el núcleo vagal ventral (es decir, el núcleo ambiguo).

El producto resultante de este enfoque es el reconocimiento de que prácticamente todas las fibras vagales cardioinhibitorias en los mamíferos que tienen un ritmo respiratorio se originan en el núcleo ambiguo, el núcleo del vago ventral. Así, las vías neuroanatómicas que sustentan la arritmia sinusal respiratoria constituyen una justificación bien documentada de que una métrica de la arritmia sinusal respiratoria bien diseñada puede monitorear potencialmente los cambios dinámicos en estas vías vagales ventrales en los mamíferos. Para simplificar, me referiré al control vagal ventral del corazón como tono vagal cardiaco en lo que queda de este capítulo.

A diferencia del conocimiento actual sobre el vago ventral, el impacto sistemático de las vías vagales dorsales en el corazón se conoce menos, parece tener poca influencia tónica en el corazón y ha sido sugerido por fisiólogos y afirmado en la teoría polivagal (Porges, 1995, 2007b; Reed y et al., 1999) que se activa ante desafíos extremos como durante una amenaza vital o hipoxia. Esta conceptualización nos lleva a replantear las características concretas de la regulación vagal que se pueden monitorear con la arritmia sinusal respiratoria. Concretamente, la teoría polivagal nos lleva a proponer que una métrica fiable del circuito vagal ventral se puede monitorear con la amplitud de la arritmia sinusal respiratoria.

De gran relevancia para la supervivencia de los humanos y otros mamíferos es la documentación de que el área del tronco encefálico que regula el vago ventral está influida y corregulada por los circuitos que regulan los músculos estriados de la cara y de la cabeza (es decir, a través de unos nervios eferentes viscerales especiales que discurren a través de los nervios craneales V, VII, IX, X y XI), dando como resultado un sistema de conexión social integrado que ha permitido a los mamíferos usar el comportamiento social para corregular el estado fisiológico (descrito en otros capítulos). Según la teoría polivagal, es esta relación con los músculos de la cara y de la cabeza la que vincula el estado visceral, que se podría monitorear cuantificando la arritmia sinusal respiratoria, con muchas reacciones emocionales y conductuales humanas, incluyendo las reacciones ante la amenaza y el estrés crónico inespecífico. Es este sistema de conexión social el que permite que el estado autónomo respalde la socialidad y las funciones homeostáticas del sistema nervioso autónomo. Funcionalmente, el sistema de conexión social integrado forma el sustrato neurofisiológico para los atributos de conexión y cooperación, a los que Dobzhansky (1962) atribuyó el éxito en la supervivencia de los mamíferos. Según Dobzhansky, este trayecto evolutivo hacia la socialidad define funcionalmente un imperativo biológico únicamente mamífero en el que la supervivencia y la salud dependen de la conexión social y la habilidad de confiar y de sentirse seguro con otro conespecífico. Como señala Dobzhansky, fue la capacidad de formar vínculos sociales más que la fuerza física lo que permitió el éxito evolutivo de los mamíferos. Por consiguiente, la afirmación de Dobzhansky (1962) de que «los más aptos también pueden ser los más amables, porque la supervivencia a menudo requiere ayuda mutua y cooperación» traslada un conocimiento más preciso sobre el significado de la supervivencia del más apto en el caso de los mamíferos.

¿Cómo se debería medir la arritmia sinusal respiratoria?

Dada la importancia de la arritmia sinusal respiratoria, ¿cómo debería medirse? ¿Son equivalentes los métodos utilizados en las publicaciones? Durante mi carrera de más de cincuenta años como investigador, he dedicado décadas a desarrollar, perfeccionar y evaluar métodos para cuantificar y evaluar la validez de varias métricas de la arritmia sinusal respiratoria como índice del tono vagal respiratorio. En mi investigación, he dado máxima prioridad al desarrollo de una métrica válida del tono vagal que se pueda estandarizar en laboratorios, aplicar a las preguntas de investigación clínica y utilizar para relacionar ámbitos que estudian la salud mental y física con un conocimiento más matizado de la regulación autónoma. Los intentos de alcanzar este objetivo dependen de la selección del método utilizado para cuantificar la arritmia sinusal respiratoria, ya que la validez de la métrica utilizada en la investigación podría influir en la interpretación y en la conclusión.

El método de pico a valle proporciona una métrica imprecisa del tono vagal cardiaco

Iniciamos nuestro debate sobre la arritmia sinusal respiratoria con la métrica de pico a valle (PT_{RSA} en este capítulo). Este método identifica la mayor y la menor frecuencia cardiaca asociada con la oscilación periódica en el corazón que se produce a la frecuencia de la respiración. En general, la frecuencia cardiaca aumenta durante la inspiración y disminuye durante la espiración. Este patrón es similar a una onda sinusoidal con características que se pueden cuantificar. Ha habido intentos de convertir en precepto esta histórica estrategia clara e intuitiva.

Desgraciadamente, aplicar la métrica de pico a valle para cuantificar la arritmia sinusal respiratoria está plagado de problemas estadísticos (Byrne y Porges, 1993; Lewis et al., 2012). Concretamente, aunque se ha pregonado que el método proporciona un rastreo preciso del tono vagal cardiaco (Grossman et al., 1990), el método distorsiona la señal real de la arritmia sinusal respiratoria, especialmente cuando la amplitud de la arritmia sinusal respiratoria es baja con respecto a la variabilidad de la tendencia de la frecuencia cardiaca y la respiración es lenta. Estas vulnerabilidades se documentaron hace unos treinta años (véase Byrne y Porges, 1993), aun así, los proponentes de esta métrica (por ejemplo, Grossman y Taylor, 2007) no han reconocido que su investigación basada en su métrica, PT_{RSA}, haya dado lugar a inferencias incorrectas y a malentendidos relacionando la arritmia sinusal respiratoria con las vías neuronales subyacentes. Por ejemplo, su trabajo ha conducido a la suposición inadecuada de que existe una desconexión entre la arritmia sinusal respiratoria y el tono vagal cardiaco (véase Grossman y Taylor, 2007). En realidad, la desconexión no es entre la arritmia sinusal respiratoria y el tono vagal cardiaco, sino que es debida a la distorsión en la relación causada por características de su arritmia sinusal respiratoria, PT_{RSA}.

El método de pico a valle tiene aplicaciones limitadas. No es adecuado para las series temporales de frecuencia cardiaca, porque estas series son elementos compuestos que contienen una tendencia dinámicamente cambiante, un componente respiratorio (es decir, la arritmia sinusal respiratoria) y oscilaciones periódicas y aperiódicas más lentas potencialmente influidas por la regulación vasomotriz y de la presión arterial. Si la arritmia sinusal respiratoria fuera el único componente de las series temporales de frecuencia cardiaca latido a latido, cosa que no es, entonces la metodología funcionaría bien.

En la aplicación del método de pico a valle al cuantificar la arritmia sinusal respiratoria existe un sesgo inherente debido a las características respiratorias. Este punto resulta evidente cuando se usan los datos obtenidos con la PT_{RSA} para afirmar que la arritmia sinusal respiratoria, como métrica del tono vagal cardiaco, se distorsiona con la respiración. Nuestro trabajo (véase Byrne y Porges, 1993; Lewis et al., 2012) documenta cómo la PT_{RSA} puede distorsionar la inferencia e inducir a los consumidores de la investigación a pensar que la relación entre la arritmia sinusal respiratoria y el tono vagal cardiaco no es lineal o incluso monótona y que este sesgo se puede atenuar con ajustes basados en el ritmo de la respiración y el volumen tidal (véase Grossman y Taylor, 2007). Desgraciadamente, Grossman y Taylor (2007) no aportan datos documentando que su arreglo funciona a la hora de mejorar la relación entre el tono vagal cardiaco y su métrica modificada. Sin pruebas que respalden sus afirmaciones, ya sea como datos o simulaciones, Grossman y Taylor recomiendan que los investigadores realicen esas correcciones.

El método Porges-Bohrer para cuantificar la arritmia sinusal respiratoria proporciona un índice preciso del tono vagal cardiaco

Afortunadamente, existen unas etapas claramente definidas para desarrollar un índice sensible del tono vagal cardiaco a partir de las oscilaciones relacionadas con la respiración que Hering observó hace más de cien años. Dos etapas evidentes son básicas para una buena metodología científica, las cuales se deben reconocer y respetar al desarrollar una métrica de la arritmia sinusal respiratoria que monitoree con precisión la regulación vagal del corazón. En primer lugar, el método debe basarse en la neurofisiología subyacente a la arritmia sinusal respiratoria (es decir, la señal) y, en segundo lugar, el método debe aplicar las herramientas estadísticas adecuadas para cuantificar correctamente la señal. La neurofisiología y la neuroanatomía nos informan, igual que informaron a Hering hace un siglo, de que la amplitud de la arritmia sinusal respiratoria es un índice observable del rendimiento funcional del flujo de salida vagal hacia el marcapasos del corazón. Este conocimiento del origen y del impacto del flujo de salida vagal sobre la frecuencia cardiaca constituye la motivación para desarrollar una tecnología que pueda cuantificar con precisión la arritmia sinusal respiratoria.

En 1985, después de pasar años (es decir, de 1967 a 1985) investigando la cuantificación de la variabilidad de la frecuencia cardiaca, me concedieron una patente que proporcionaba la tecnología para extraer con precisión la amplitud de la arritmia sinusal respiratoria, incluso cuando la señal oscilatoria que representaba la arritmia sinusal respiratoria tenía una baja amplitud en relación con la varianza asociada con oscilaciones de frecuencia más lentas y tendencias basales (Porges, 1985). Esta tecnología sacaba complejas tendencias y procesos más lentos del patrón de frecuencia cardiaca con un filtro polinómico móvil adaptativo. La técnica suele describirse como método Porges-Bohrer (Porges y Bohrer, 1990), y se ha utilizado y citado en aproximadamente 500 artículos revisados por pares.

En este capítulo, nos referimos al método Porges-Bohrer con la abreviatura PB_{RSA}. Posteriores elaboraciones de esta metodología permiten la extracción de múltiples métricas rítmicas a partir de una única señal fisiológica. La estrategia asume que las características oscilatorias de la arritmia sinusal respiratoria reflejan un bucle de retroalimentación neuronal dinámicamente adaptativo caracterizado por la amplitud (es decir, la arritmia sinusal respiratoria), la frecuencia (la frecuencia de la arritmia sinusal respiratoria proporciona una estimación de la respiración espontánea) y la inclinación. Esta metodología se ha expandido y generalizado para incluir componentes neuronales a diferentes frecuencias que pueden estar integrados en otras señales fisiológicas. La metodología ha sido merecedora de una patente que describe la extracción de componentes neuronales de señales fisiológicas y el uso de componentes neuronales en aplicaciones de retroalimentación (véase Porges, 2020).

Hace más de treinta años (véase Porges, 1986), publiqué un capítulo que cuestionaba la supuesta superioridad de los cambios en la frecuencia cardiaca tras un bloqueo colinérgico (por ejemplo, atropina) como criterio de referencia para el tono vagal cardiaco. El capítulo documentaba que el PB_{RSA} era más sensible que la frecuencia cardiaca al bloqueo usando varias dosis de atropina. Paradójicamente, el capítulo fue publicado en un volumen editado por Grossman et al. (1986). En un estudio más reciente (véase Lewis et al., 2012), con estadísticas más sofisticadas, documentamos la superioridad del PB_{RSA} como índice de tono vagal cardiaco en respuesta a un bloqueo vagal parcial midiendo el tamaño del efecto.

Diferencias entre las métricas de la arritmia sinusal respiratoria

El tamaño del efecto es una estadística que cuantifica la fuerza de la relación, a diferencia de la prueba de significación, que informa al investigador de si el efecto observado es fiable. El tamaño del efecto del cambio del PB_{RSA} en respuesta a un bloqueo vagal parcial fue aproximadamente el 180 % del tamaño del efecto de los cambios en la frecuencia cardiaca y un 250 % mayor que el tamaño del efecto de los cambios en la PT_{RSA}. Estos hallazgos constituyen la documentación para inferir que el PB_{RSA} es un índice sumamente fuerte del tono vagal cardiaco al ser más sensible al bloqueo vagal que la frecuencia cardiaca y que la PT_{RSA} es un índice débil.

Como tanto la respiración como la arritmia sinusal respiratoria implican circuitos del tronco encefálico comunes, ninguna medición de la arritmia sinusal respiratoria está libre de una covariación con la actividad respiratoria. La covariación no implica la distorsión de una relación inferida entre la arritmia sinusal respiratoria y el tono vagal cardiaco, aunque esto ha sido propuesto por Grossman y Taylor (2007). La neurofisiología aporta una base coherente con la intuición subyacente a varias estrategias terapéuticas que intentan manipular los patrones de respiración para calmar las alteraciones en el sistema nervioso autónomo causadas por el estrés crónico. Manipular los parámetros respiratorios es un método eficiente para calmar o activar el sistema nervioso autónomo cambiando el impacto del freno vagal. Estas estrategias respiratorias tienen una base científica. Desde las observaciones de Hering, se ha aceptado que existe una inhibición general de la influencia cardioinhibitoria en el corazón durante la inspiración y un aumento general durante la espiración (Eckberg, 2003). Por consiguiente, se anticiparía que los cambios en la profundidad y el ritmo de la respiración influirían en los mecanismos de sincronización de la respiración sobre la actividad vagal y, por lo tanto, el tono vagal cardiaco.

Mi investigación da por supuesto que si la arritmia sinusal respiratoria se cuantifica correctamente, reflejará los cambios dinámicos en el tono vagal cardiaco independientemente de los parámetros de respiración. Por lo tanto, mi investigación no considera la respiración como una variable de confusión que se deba eliminar, ya que la medida de criterio del tono vagal cardiaco es la amplitud de la arritmia sinusal respiratoria. Sin embargo, si los parámetros de respiración influyen diferencialmente en la covariación de la métrica de la arritmia sinusal respiratoria con una variable criterio del tono vagal cardiaco, entonces los patrones de respiración específicos (por ejemplo, respirar rápida o lentamente, respirar profunda o superficialmente) pueden potencialmente mejorar o empeorar la sensibilidad a las influencias vagales. Abordaremos esta cuestión con el análisis de moderación.

Con el análisis de moderación, podemos evaluar si los parámetros de respiración distorsionan la covariación entre la métrica de la arritmia sinusal respiratoria y la medida de criterio del tono vagal cardiaco. El análisis de moderación estadísticamente define en qué condiciones dos variables se asocian entre sí en función de una tercera variable (Kraemer et al., 2002). Por lo tanto, el análisis de moderación se puede utilizar para definir la naturaleza de un efecto de interacción significativo bajo la influencia de cambios en los parámetros respiratorios o no estacionariedad (es decir, tendencia) en la asociación entre los cambios entre las dos métricas de la arritmia sinusal respiratoria o entre cambios en cada métrica y frecuencia cardiaca.

Usando el análisis de moderación, Lewis et al. (2012) documentaron que la relación entre los cambios en la frecuencia cardiaca y los cambios en el PB_{RSA} no eran cualificados por cambios ni en el ritmo de respiración ni el volumen tidal. En cambio, para la PT_{RSA}, las relaciones con la frecuencia cardiaca eran moderadas tanto por la frecuencia respiratoria como por el volumen tidal. Dado que el PB_{RSA} era notablemente más sensible al bloqueo vagal parcial que la frecuencia cardiaca, usamos el PB_{RSA} como la medida de criterio del tono vagal cardiaco y evaluamos si la relación entre la PT_{RSA} y el PB_{RSA} estaba moderada por el ritmo de respiración o el volumen tidal. En caso afirmativo, podría explicar el supuesto aparentemente incorrecto de que existe una desconexión entre la arritmia sinusal respiratoria y el tono vagal cardiaco (véase Grossman y Taylor, 2007).

El análisis de moderación confirmó que la relación entre las dos métricas de arritmia sinusal respiratoria estaba moderada tanto por el ritmo de la respiración como el volumen tidal. En los sujetos de respiración rápida, la PT_{RSA} estaba significativamente relacionada con el PB_{RSA}, mientras que en los sujetos de respiración lenta estaba poco relacionada. Dada la relación entre el ritmo de respiración espontánea y el volumen tidal, donde la respiración rápida suele ser más superficial y la respiración lenta suele ser más profunda, los análisis de moderación del volumen tidal arrojaron resultados similares. En el caso de los individuos con una respiración más profunda, la PT_{RSA} era un mal indicador del PB_{RSA}. Lewis et al. (2012) documentaron posteriormente esta tendencia y el grado de violación de la estacionariedad también moderaba la relación entre la PT_{RSA} y el PB_{RSA}. Con una mayor tendencia de fondo y vulneraciones más severas de la estacionariedad, la PT_{RSA} se fue convirtiendo progresivamente en una peor estimación del PB_{RSA}. Estos análisis confirman que, a diferencia del PB_{RSA}, la métrica PT_{RSA} está en gran medida influida por la frecuencia respiratoria, el volumen tidal y la tendencia.

Estos análisis nos informan de que el argumento de Grossman y Taylor (2007) de ajustar estadísticamente la métrica de la arritmia sinusal respiratoria mediante parámetros respiratorios depende de la incapacidad de su metodología de proporcionar un indicador robusto del tono vagal cardiaco. Además, la inferencia que han extraído de sus hallazgos sesgados dependientes de una métrica, que han generalizado a todas las métricas de la arritmia sinusal respiratoria, ha influido en sus argumentos teóricos que se centran en la conclusión errónea de que existe una desconexión entre la arritmia sinusal respiratoria y el tono vagal cardiaco. Dicho simplemente, su métrica PT_{RSA} capta de manera deficiente la influencia vagal sobre el corazón, y han construido un argumento teórico basado en una métrica que es inadecuada para comprobar su hipótesis.

A diferencia de los argumentos estadísticos documentados sobre los problemas inherentes en la métrica PT_{RSA}, Grossman (1992) afirmaba que la PT_{RSA} es «robusta y está relativamente poco afectada por los diferentes tipos de no estacionariedad» y ha seguido animando a aplicar esta metodología porque es fácil de calcular y ofrece una estimación de la arritmia sinusal respiratoria en una base de respiración a respiración independientemente de la frecuencia respiratoria (Grossman et al., 2004). Los datos en Lewis et al. (2012) contradicen estas suposiciones. Este patrón de representación sin documentación de apoyo concuerda con una publicación anterior en la que Grossman afirmaba que añadir ceros, cuando un pico a valle no puede identificarse, es útil a la hora de extraer la arritmia sinusal respiratoria en datos no estacionarios (Grossman y Svebak, 1987). Análisis rigurosos confirmaron que añadir ceros no aportaba ningún beneficio (véase Lewis et al., 2012). Independientemente de esas vulnerabilidades, la PT_{RSA} se sigue usando, y se siguen usando argumentos basados en esta métrica errónea para criticar la teoría polivagal. Aunque las hipótesis basadas en la teoría polivagal pueden comprobarse usando la métrica Porges-Bohrer de la $_{RSA}$, el PB_{RSA}, como índice válido del tono vagal cardiaco, la teoría no se basa en la suposición de que esa métrica sea válida. Sin embargo, con una métrica validada del tono vagal ventral se pueden probar las hipótesis de orientación polivagal.

Diseño de una métrica que extraiga las influencias neuronales

Las etapas cuantitativas integradas en la métrica del PB_{RSA} son un ejemplo de cómo el conocimiento de la neurofisiología puede informar en los procedimientos cuantitativos para extraer una señal del patrón de frecuencia cardiaca que se comporte constante y robustamente como índice dinámico de regulación del corazón a través de vías vagales originadas en el núcleo ambiguo. La neurofisiología nos informa de que el rendimiento funcional del vago mielinizado desde el núcleo ambiguo tiene un ritmo respiratorio. Por lo tanto, habría una relación temporal entre el ritmo respiratorio expresado en la activación de esas vías eferentes y el efecto funcional sobre el ritmo de la frecuencia cardiaca manifestado como arritmia sinusal respiratoria. Desde el punto de vista del procesamiento de señales, hay dos tareas: (1) definir la banda de frecuencia para extraer la señal periódica, y (2) eliminar todas las fuentes de varianza que puedan influir en la capacidad de describir correctamente la varianza extraída en la banda de frecuencia designada asociada con la respiración espontánea. En el caso de las series temporales del periodo cardiaco, la varianza no asignada con la señal periódica definida por las frecuencias respiratorias se manifestaría como una tendencia compleja con componentes periódicos o casi periódicos más lentos. El método PB_{RSA} se diseñó para realizar ambas tareas.

Cuando las etapas anteriores no se ejecutan de manera efectiva, aunque las distribuciones sigan siendo conformes con los supuestos paramétricos (por ejemplo, mediante transformaciones logarítmicas), las métricas de la arritmia sinusal respiratoria como la PT_{RSA} pueden aportar malas estimaciones del tono vagal cardiaco que pueden estar distorsionadas por la tendencia y los parámetros respiratorios.

Resumen de la metodología

Los análisis demuestran que, aunque las métricas de la arritmia sinusal respiratoria puedan estar altamente correlacionadas, también pueden diferir con respecto a las características estadísticas, la moderación por parte de la respiración, la distorsión debida a las no estacionariedades y la sensibilidad a las manipulaciones vagales (Lewis et al., 2012). Por lo tanto, los análisis confirman que las métricas no son equivalentes y que el PB_{RSA} es actualmente la única métrica de la arritmia sinusal respiratoria que cumple los pasos descritos anteriormente. Esto garantiza que el PB_{RSA} es sensible a las influencias vagales, incluso más sensible que el criterio de referencia asumido (es decir, los cambios en la frecuencia cardiaca en respuesta al bloqueo vagal). El resultado neto de estos hallazgos es que se debería revisar la literatura publicada en los últimos treinta años si se utilizara la PT_{RSA}, puesto que no incorpora las transformaciones adecuadas y los procedimientos de deducción de tendencia efectivos. Lewis et al. (2012) afirman que los métodos espectrales y de dominio temporal que definen la arritmia sinusal respiratoria tienen vulnerabilidades similares si no se aplica un filtro en las series temporales de frecuencia cardiaca para deducir las tendencias, como el filtro polinómico móvil incluido en PB_{RSA} que ajusta dinámicamente las características aperiódicas de la tendencia de frecuencia cardiaca sobre la que se superpone la señal que representa la arritmia sinusal respiratoria.

Incluso con las pruebas revisadas por pares publicadas de que la métrica de pico a valle está sesgada y de que da como resultado una desconexión entre la arritmia sinusal respiratoria y el tono vagal cardiaco, se sigue utilizando. Por ejemplo, recientemente revisé un artículo para una revista científica revisada por pares que usaba una métrica de la arritmia sinusal respiratoria basada en la metodología de Grossman para comprobar hipótesis basadas en la teoría polivagal. El software que generaba la métrica era comercializado por James Long Company (Caroga Lake, Nueva York, EE. UU.). Esto ilustra que un método del que se conoce que distorsiona la relación entre la arritmia sinusal respiratoria y el tono vagal cardiaco se sigue usando (y comercializando para investigadores), y en este caso se está utilizando para comprobar hipótesis que dependen de un monitoreo preciso del tono vagal cardiaco.

En la tabla 2.3 se resumen los principales puntos sobre la cuantificación de la arritmia sinusal respiratoria. Específicamente, el argumento de una desconexión entre la arritmia sinusal respiratoria y el tono vagal cardiaco es erróneo y es debido a una mala metodología. La información sobre la precisión y la exactitud del método Porges-Bohrer y la inadecuación de los métodos propuestos por Grossman lleva siendo conocida y estando documentada casi treinta años. Los párrafos anteriores reiteran las características de este argumento para asegurar que los usuarios de métricas de variabilidad de la frecuencia cardiaca no sean inducidos a error o influidos por la errónea asunción sobre la desconexión entre el seno respiratorio y el tono vagal que se sigue expresando en los medios sociales como un defecto fatídico de la teoría polivagal (por ejemplo, *Research Gate*) por parte de Grossman.

COMENTARIOS FINALES: ¿QUÉ ES LA TEORÍA POLIVAGAL?

Desde mi punto de vista, la teoría polivagal tiene dos componentes: (1) un modelo descriptivo y (2) una serie de hipótesis relacionadas con explicaciones y aplicaciones. El primer componente es un modelo del sistema nervioso autónomo. El segundo componente está basado en hipótesis y orientado hacia el futuro, lo cual podría potencialmente dar lugar a mejoras en la salud mental y física. Este capítulo se ha escrito para ayudar a los investigadores a distinguir entre la literatura interdisciplinaria que respalda los principios de la teoría y la comprobación de hipótesis derivadas de la teoría.

La literatura interdisciplinaria respalda una convergencia entre las fuentes de pruebas, incluyendo las literaturas que describen: (1) el desarrollo de las estructuras neuronales que regulan el sistema nervioso autónomo; (2) las perspectivas derivadas del estudio de la filogenia y el desarrollo del sistema nervioso autónomo; (3) la investigación que evalúa las reacciones autónomas a la amenaza; y (4) las observaciones clínicas que ilustran el principio de disolución en la enfermedad física y mental, especialmente al estudiar tanto a bebés prematuros de alto riesgo como las historias personales de individuos que han sobrevivido al trauma.

Tabla 2.3.

	Afirmaciones de la teoría polivagal (Byrne y Porges, 1993; Lewis et al., 2012; Porges, 1995, 1998, 2007b)	**Atribuciones inexactas a la teoría polivagal (por ejemplo, Grossman y Taylor, 2007)**
1	La arritmia sinusal respiratoria refleja con precisión el tono vagal cardiaco mediante fibras vagales cardioinhibitorias mielinizadas originadas en el núcleo ambiguo.	Desconexión entre la arritmia sinusal respiratoria y el tono vagal cardiaco.
2	La teoría polivagal no se basa en que las interacciones respiratorias y de la frecuencia cardiaca sean únicamente mamíferas. La teoría polivagal no se basa en que la arritmia sinusal respiratoria sea un índice preciso del tono vagal cardiaco.	La teoría polivagal se basa en que las interacciones respiratorias y de la frecuencia cardiaca son únicamente mamíferas. La teoría polivagal se puede refutar observando las interacciones de la respiración y la frecuencia cardiaca en otros vertebrados.
3	La arritmia sinusal respiratoria es un índice preciso de tono vagal cardiaco e indica que la desconexión entre la arritmia sinusal respiratoria y el tono vagal cardiaco depende de la metodología utilizada.	La teoría polivagal se puede refutar documentando una desconexión entre la arritmia sinusal respiratoria y el tono vagal cardiaco.
4	La arritmia sinusal respiratoria indexa con precisión el tono vagal cardiaco solo si se aplican técnicas de procesamiento de la señal y transformaciones similares a las incorporadas en la métrica del PB_{RSA}.	Varios métodos de arritmia sinusal respiratoria están altamente correlacionados y son funcionalmente equivalentes, incluyendo los que aplican metodologías de pico a valle.

	Afirmaciones de la teoría polivagal (Byrne y Porges, 1993; Lewis et al., 2012; Porges, 1995, 1998, 2007b)	Atribuciones inexactas a la teoría polivagal (por ejemplo, Grossman y Taylor, 2007)
5	La métrica PT_{RSA} (Grossman y Taylor, 2007) distorsiona la relación entre la arritmia sinusal respiratoria y el tono vagal cardiaco y no se puede mejorar estadísticamente con ajustes lineales basados en parámetros respiratorios	La relación entre la arritmia sinusal respiratoria medida con la métrica PT_{RSA} y el tono vagal cardiaco mejora con correcciones lineales de parámetros respiratorios.
6	Las hipótesis relacionadas con la teoría polivagal se pueden comprobar con la arritmia sinusal respiratoria solo si la métrica proporciona un índice preciso del tono vagal cardiaco originado en el núcleo ambiguo.	

A medida que la ciencia evolucione, esperemos que se desarrollen nuevas tecnologías para medir la regulación dinámica del vago dorsal. Cuando esto se logre, el mapeado autónomo polivagal de un individuo podría evaluar potencialmente la función de cada vía. Actualmente, aunque dependemos de una métrica precisa del tono vagal ventral, hemos descubierto una nueva dimensión de este sistema que refleja la «eficiencia vagal», una métrica que evalúa la efectividad del cambio dinámico en el freno vagal (es decir, cambios en la amplitud de la arritmia sinusal respiratoria) sobre la frecuencia cardiaca dinámica. En nuestra investigación inicial publicada, identificamos diferencias en el estado de sueño en la eficiencia vagal en recién nacidos (Porges et al., 1999), una influencia madurativa en la eficiencia vagal en bebés prematuros de alto riesgo (Porges et al., 2019), y la utilidad de la eficiencia vagal al predecir la disminución del dolor durante la estimulación vagal no invasiva en adolescentes con trastorno de dolor abdominal funcional (Kovacic et al., 2020). En nuestra investigación en curso, estamos observando que los individuos con características de disautonomía tienen una notable baja eficiencia vagal. Además, en otro estudio, observamos una baja eficiencia vagal en supervivientes de trauma y de maltrato. Dentro del concepto de *disolución*, una reducción en la eficiencia vagal puede reflejar una atenuación de la retroalimentación implicada en la regulación de la función autónoma que puede preceder una disfunción de un órgano principal.

¿Qué es la teoría en términos generales? La teoría polivagal hace hincapié en el papel del estado autónomo como variable interviniente en cómo respondemos a señales internas y externas. La teoría cambia el relato personal de un documental de acontecimientos a un relato personalizado de sentimientos (es decir, el estado autónomo). Las aplicaciones de la teoría polivagal en el mundo clínico se centran en el estado autónomo como mediador de los problemas de salud mental y física. Por ejemplo, el trauma resintoniza el sistema nervioso autónomo de la calma y la conexión social espontánea a la defensa, interfiriendo así en la capacidad de interactuar socialmente, comunicar y conectar. Colocando el estado autónomo en el modelo como variable interviniente, se convierte tanto en una evaluación del estado neuronal que puede promover la seguridad o la defensa como en un portal para la intervención. Funcionalmente, si calmamos el estado fisiológico, los comportamientos anómalos se hacen menos prevalentes.

La teoría no se propuso para ser probada o refutada, sino para estar basada en la investigación y ser modificada. Las afirmaciones que la refutan sostienen que los cambios evolutivos en el sistema nervioso autónomo no soportarían un sistema de conexión social y que las señales de seguridad enviadas socialmente no calmarían el sistema nervioso autónomo ni mejorarían el comportamiento social. La teoría depende de la evolución y el desarrollo para estructurar un modelo jerárquico de función autónoma que incluye el principio jacksoniano de disolución. Este modelo podría explicar cómo las interacciones sociales correguladoras no son meramente comportamientos sociales, sino reguladores neurobiológicos del estado autónomo a través de un sistema de conexión social integrado que es capaz de respaldar o de alterar las funciones homeostáticas. Por lo tanto, los aspectos del comportamiento social pueden reforzar o alterar funcionalmente la salud.

La teoría usa la evolución para extraer una secuencia filogenética de regulación autónoma. Esta secuencia identifica las etapas durante la evolución de los vertebrados en que el sistema nervioso simpático vertebral y las dos vías vagales emergieron y se volvieron funcionales mediante la maduración en los mamíferos. Sería difícil afirmar que la secuencia no ocurre, aunque sería posible identificar similitudes previas en la mayoría de los vertebrados independientemente de su clase o grupo. La cuestión no es si hay similitudes en vertebrados ancestrales, sino cómo esos circuitos se han adaptado para proporcionar un sistema nervioso autónomo mamífero único que está íntimamente entrelazado con el comportamiento social corregulador.

Existen muchos ejemplos del tipo de socialidad único expresado en los mamíferos que diferencia a los mamíferos de sus ancestros reptilianos. La teoría polivagal depende de los procesos que los teóricos de la evolución describen como exadaptación y cooptación. Estos procesos incluyen modificaciones que cambian el funcionamiento de una estructura durante la evolución. Por ejemplo, una estructura puede evolucionar porque cumplió una función concreta, pero posteriormente puede servir para otra. La exadaptación y la cooptación son estrategias comunes de readaptación de estructuras vestigiales tanto en la anatomía como en el comportamiento. La teoría polivagal no se pronuncia sobre las presiones evolutivas que dan como resultado la selección de cambios específicos. En cambio, la teoría es más filogenéticamente descriptiva y está más centrada en el resultado funcional de la readaptación. Más concretamente, la teoría se interesa por cómo las estructuras reguladas por el complejo vagal ventral se readaptaron para regular un sistema de conexión social integrado que constituía el principal portal para interactuar socialmente y comunicar, ingerir y calmar.

El conocimiento neuroanatómico actual documenta el refinamiento del complejo vagal ventral en mamíferos. Por lo tanto, aunque el vago ventral (es decir, el núcleo ambiguo) pueda tener un origen en los reptiles (Taylor et al., 2014), parece que solo en los mamíferos esta vía se ha readaptado para transmitir y responder a las señales sociales, modulando el estado autónomo.

La evolución transformó los atributos del sistema nervioso autónomo en un sistema de conexión social integrado que incorporaba un área de comunicación en el tronco encefálico (es decir, el complejo vagal ventral) que regulaba, a través de vías eferentes viscerales especiales, los músculos estriados de la cara y de la cabeza y coordinaba estos procesos con la regulación vagal del corazón y los bronquios. En mamíferos, el complejo vagal ventral permite la coordinación de un sistema de succión-deglución-respiración-vocalización con la regulación vagal del corazón. Al madurar la neuroanatomía de este circuito de ingestión, el circuito se convierte en un sistema de conexión social funcional que permite que el estado fisiológico se comunique a los conespecíficos a través de la expresión facial y las vocalizaciones. Esto no excluye la validez de las observaciones que documentan en vertebrados anteriores vínculos entre la regulación en el tronco encefálico del eferente visceral especial y el núcleo de origen del vago. Por ejemplo, en vertebrados más primitivos, las vías eferentes viscerales especiales regulan estructuras que evolucionaron desde los antiguos arcos branquiales. Por lo tanto, en los peces, suele haber una sincronía entre los movimientos de las branquias y la frecuencia cardiaca, aunque la regulación de la frecuencia cardiaca se medie a través del núcleo vagal dorsal. Sin embargo, en los mamíferos, estas estructuras y su regulación neuronal se han modificado a través de la evolución para promover funciones únicas para la supervivencia de los mamíferos, como la lactancia y la comunicación social, a través de un sistema de conexión social integrado que depende del complejo vagal ventral.

Retrospectivamente, cuestionar una teoría es como una partida de naipes. Hay un momento en el que los jugadores tienen que mostrar sus cartas. Las críticas a la teoría polivagal han sido relativamente simples y no van dirigidas a características de la teoría. Cuando estas críticas se pronunciaron por primera vez, respondí a través de las correspondientes revistas científicas principales revisadas por pares. Mi respuesta se centraba en corregir malentendidos de la teoría y la metodología utilizada para garantizar que se pudiera monitorear una estimación precisa del tono vagal ventral en humanos. Esta información ha estado disponible a través de varias respuestas en las principales revistas revisadas por pares, y he hecho claramente hincapié en el enfoque de la teoría sobre la función autónoma en los mamíferos (véase Porges, 2007b), también en repetidas documentaciones, mediante simulaciones y datos empíricos, confirmando la vulnerabilidad de la metodología de la PT_{RSA} (Byrne y Porges, 1993; Lewis et al., 2012) y la superioridad del método PB_{RSA} al extraer una estimación sensible del tono vagal ventral (Porges, 1986, 2007b; Lewis et al., 2012).

No obstante, los científicos que han generado las críticas han optado por ignorar mis respuestas, y sus argumentos han migrado a las redes sociales, donde esas suposiciones no válidas sobre la teoría prosperan sin supervisión. Como ya he respondido de manera sucinta con respecto al alcance de la teoría (por ejemplo, Porges, 2007b) y durante 35 años he respondido con respecto a las deficiencias de la PT_{RSA} en relación con el PB_{RSA} (Porges, 1986, 2007; Byrne y Porges, 1993; Lewis et al., 2012), no creo que seguir respondiendo a estas personas a través de revistas científicas revisadas por pares haga cambiar su agenda.

Desmontar las críticas concretas ha tenido beneficios. Las críticas han motivado que escribiera este capítulo, con dos importantes consecuencias.

En primer lugar, la respuesta a las críticas ha dado lugar a explicaciones sobrias que han aclarado la teoría. Ahora se han formulado explicaciones sucintas de lo que la teoría es y no es. En segundo lugar, ha hecho hincapié en la importancia de disponer de una métrica neuronal del tono vagal ventral a la hora de probar las hipótesis relacionadas con la teoría polivagal.

Resulta interesante que ambas fuentes de críticas hayan lanzado suposiciones erróneas sobre la equivalencia: en un caso centrándose en la equivalencia de las relaciones entre la frecuencia respiratoria y cardiaca en los vertebrados, y en el otro centrándose en la equivalencia de los métodos. Ambos investigadores, al promover unos argumentos asimétricos que hacían hincapié en las similitudes y no en las diferencias, han ofuscado unos hallazgos únicos que tienen el potencial de hacer avanzar nuestro conocimiento de los seres humanos como mamíferos sociales.

El método científico siempre busca distinguir los puntos válidos de las conjeturas. Las teorías útiles para explicar los fenómenos son la base de futuras investigaciones. Por supuesto, las teorías deben modificarse y basarse en la investigación empírica y, cuando sea necesario, ser reemplazadas por teorías alternativas que sean más efectivas para explicar fenómenos que ocurren naturalmente. Si usamos esto como una métrica aceptable, la teoría polivagal ha proporcionado un modelo comprobable de cómo reacciona el sistema nervioso autónomo ante la amenaza y la seguridad. También aporta información sobre las consecuencias del estado autónomo para la salud mental y física. Quizás lo que es más importante, la teoría da voz a las experiencias de personas que han experimentado una amenaza crónica (es decir, trauma y abuso) y estructura un viaje optimista hacia una salud mental y física óptimas. La teoría permite comprender las características principales de los sistemas nerviosos de los mamíferos, necesarios para corregular y confiar en los demás. Es esta base, descrita por la teoría polivagal, la que une nuestro imperativo biológico de conectar con los demás con las vías neuronales que calman nuestro sistema nervioso autónomo. Estos sistemas, en el contexto de la fisiología mamífera, son procesos fundacionales a través de los cuales las experiencias conductuales pueden llevar a la socialidad y a la salud, el crecimiento y la restauración óptimas.

REFERENCIAS

Berntson, G. G., Bigger Jr, J. T., Eckberg, D. L., Grossman, P., Kaufmann, P. G., Malik, M., Nagaraja, H. N., Porges, S. W., Saul, J. P., Stone, P. H., y Van der Molen, M. W. (1997). Heart rate variability: Origins, methods, and interpretive caveats. *Psychophysiology, 34*(6), 623–648.

Brown, J. W. (1990). Prenatal development of the human nucleus ambiguus during the embryonic and early fetal periods. *American Journal of Anatomy, 189*, 267–283.

Byrne, E. A., y Porges, S. W. (1993). Data-dependent filter characteristics of peak-valley respiratory sinus arrhythmia estimation: A cautionary note. *Psychophysiology, 30*, 397–404.

Camm, A. J., et al. (1996). Heart rate variability: Standards of measurement, physiological interpretation and clinical use. Task Force of the European Society of Cardiology and the North American Society of Pacing and Electrophysiology. *Circulation, 93*(5).

Campbell, H. A., Taylor, E. W., y Egginton, S. (2005). Does respiratory sinus arrhythmia occur in fishes? *Biology Letters, 1*, 484–487.

Diamond, L. M. (2001). Contributions of psychophysiology to research on adult attachment: Review and recommendations. *Personality and Social Psychology Review, 5*(4), 276–295.

Dobzhansky, T. G. (1962). Mankind evolving: The evolution of the human species. *Eugenics Review, 54*(3), 168–169.

Doussard-Roosevelt, J. A., Porges, S. W., Scanlon, J. W., Alemi, B., y Scanlon, K. B. (1997). Vagal regulation of heart rate in the prediction of developmental outcome for very low birth weight preterm infants. *Child Development, 68*(2), 173–186.

Eckberg, D. L. (1983). Human sinus arrhythmia as an index of vagal cardiac outflow. *Journal of Applied Physiology, 54*, 961–966.

Eckberg, D. L. (2003). The human respiratory gate. *Journal of Physiology, 548*, 339–352.

Fouad, F. M., Tarazi, R. C., Ferrario, C. M., Fighaly, S., y Alicandri, C. (1984). Assessment of parasympathetic control of heart rate by a noninvasive method. *American Journal of Physiology, 246*, H838–H842.

Gaskell, W. H. (1916). *The involuntary nervous system*. Longmans Green.

Goedhart, A. D., Van der Sluis, S., Houtveen, J. H., Willemsen, G., y De Geus, E. J. (2007). Comparison of time and frequency domain measures of RSA in ambulatory recordings. *Psychophysiology, 44*(2), 203–215.

Grossman, P. (1992). Breathing rhythms of the heart in a world of no steady state: A comment on Weber, Molenaar, and van der Molen. *Psychophysiology, 29*(1), 66–72.

Grossman, P., Janssen, K. H. L., y Vaitl, D. (1986). Cardiorespiratory and cardiosomatic psychophysiology. In *NATO ASI Series (Series A: Life Sciences), Vol. 114*. Springer. https://doi.org/10.1007/978-1-4757-0360-3_7

Grossman, P., y Kollai, M. (1993). Respiratory sinus arrhythmia, cardiac vagal tone, and respiration: Within- and between-individual relations. *Psychophysiology, 30*(5), 486–495.

Grossman, P., y Svebak, S. (1987). Respiratory sinus arrhythmia as an index of parasympathetic cardiac control during active coping. *Psychophysiology, 24*(2), 228–235.

Grossman, P., y Taylor, E. W. (2007). Toward understanding respiratory sinus arrhythmia: Relations to cardiac vagal tone, evolution and biobehavioral functions. *Biological Psychology, 74*(2), 263–285.

Grossman, P., Van Beek, J., y Wientjes, C. (1990). A comparison of three quantification methods for estimation of respiratory sinus arrhythmia. *Psychophysiology, 27*(6), 702–714.

Grossman, P., Wilhelm, F. H., y Spoerle, M. (2004). Respiratory sinus arrhythmia, cardiac vagal control, and daily activity. *American Journal of Physiology: Heart and Circulatory Physiology, 287*, H728–H734.

Hering, H. (1910). A functional test of the heart vagi in man. *Münchener Medizinische Wochenschrift, 57*, 1931–1933.

Hess, W. R. (1949). The central control of the activity of internal organs. Nobel Lectures, Physiology or Medicine (1942–1962). https://www.nobelprize.org/nobel_prizes/medicine/laureates/1949/hess-lecture.html

Hess, W. R. (1954). *Diencephalon, autonomic and extrapyramidal functions*. Grune and Stratton.

Hirsch, J. A., y Bishop, B. (1981). Respiratory sinus arrhythmia in humans: How breathing pattern modulates heart rate. *American Journal of Physiology: Heart and Circulatory Physiology, 241*, H620–H629.

Jackson, J. H. (1884). The Croonian lectures on evolution and dissolution of the nervous system. *British Medical Journal, 1*(1215), 703–707.

Katona, P. G., y Jih, F. (1975). Respiratory sinus arrhythmia: Noninvasive measure of parasympathetic cardiac control. *Journal of Applied Physiology, 39*(5), 801–805.

Kolacz, J., Kovacic, K. K., y Porges, S. W. (2019). Traumatic stress and the autonomic brain-gut connection in development: Polyvagal theory as an integrative framework for psychosocial and gastrointestinal pathology. *Developmental Psychobiology, 61*(5), 796–809.

Kolacz, J., y Porges, S. W. (2018). Chronic diffuse pain and functional gastrointestinal disorders after traumatic stress: Pathophysiology through a polyvagal perspective. *Frontiers in Medicine, 5*, 145.

Kovacic, K., Kolacz, J., Lewis, G. F., y Porges, S. W. (2020). Impaired vagal efficiency predicts auricular neurostimulation response in adolescent functional abdominal pain disorders. *American Journal of Gastroenterology, 115*(9), 1534–1538.

Kraemer, H. C., Wilson, G. T., Fairburn, C. G., y Agras, W. S. (2002). Mediators and moderators of treatment effects in randomized clinical trials. *Archives of General Psychiatry, 59*(10), 877–883.

Langley, J. N. (1921). The autonomic nervous system. Heffer and Sons.

Leontiadis, G. I., y Longstreth, G. F. (2020). An evolutionary medicine perspective on treatment of pediatric functional abdominal pain. *American Journal of Gastroenterology, 115*(12), 1979–1980.

Lewis, G. F., Furman, S. A., McCool, M. F., y Porges, S. W. (2012). Statistical strategies to quantify respiratory sinus arrhythmia: Are commonly used metrics equivalent? *Biological Psychology, 89*(2), 349–364.

Meyer, H. H., y Gottlieb, R. (1926). *Experimental pharmacology as a basis for therapeutics*. Lippincott.

Monteiro, D. A., Taylor, E. W., Sartori, M. R., Cruz, A. L., Rantin, F. T., y Leite, C. A. (2018). Cardiorespiratory interactions previously identified as mammalian are present in the primitive lungfish. *Science Advances, 4*(2), eaaq0800.

Piñeiro, D. (2019). Neurocardiology: Physiopathological aspects and clinical implications. *Argentine Journal of Cardiology, 87*(1).

Porges, S. W. (1985). *Method and apparatus for evaluating rhythmic oscillations in a periodic physiological response systems* (U.S. Patent No. 4,510,944). U.S. Patent and Trademark Office.

Porges, S. W. (1986). Respiratory sinus arrhythmia: Physiological basis, quantitative methods, and clinical implications. En P. Grossman, K. Janssen y D. Vaitl (Eds.), *Cardiorespiratory and cardiosomatic psychophysiology* (pp. 101–115). Plenum.

Porges, S. W. (1992). Vagal tone: A physiologic marker of stress vulnerability. *Pediatrics, 90*(3, Pt. 2), 498–504.

Porges, S. W. (1995). Orienting in a defensive world: Mammalian modifications of our evolutionary heritage. A polyvagal theory. *Psychophysiology, 32*(4), 301–318.

Porges, S. W. (1998). Love: An emergent property of the mammalian autonomic nervous system. *Psychoneuroendocrinology, 23*(8), 837–861.

Porges, S. W. (2001). The polyvagal theory: Phylogenetic substrates of a social nervous system. *International Journal of Psychophysiology, 42*(2), 123–146.

Porges, S. W. (2007a). A phylogenetic journey through the vague and ambiguous Xth cranial nerve: A commentary on contemporary heart rate variability research. *Biological Psychology, 74*(2), 301–307.

Porges, S. W. (2007b). The polyvagal perspective. *Biological Psychology, 74*(2), 116–143.

Porges, S. W. (2018). *Methods and systems for reducing sound sensitivities and improving auditory processing, behavioral state regulation and social engagement behaviors* (U.S. Patent No. 10,029,068). U.S. Patent and Trademark Office.

Porges, S. W. (2020). *Systems and methods for modulating physiological state* (U.S. Patent No. 10,702,154 B2). U.S. Patent and Trademark Office.

Porges, S. W., Bazhenova, O. V., Bal, E., Carlson, N., Sorokin, Y., Heilman, K. J., Cook, E. H. y Lewis, G. F. (2014). Reducing auditory hypersensitivities in autistic spectrum disorder: Preliminary findings evaluating the listening project protocol. *Frontiers in Pediatrics, 2*, 80.

Porges, S. W., y Bohrer, R. E. (1990). Analyses of periodic processes in psychophysiological research. En J. T. Cacioppo y L. G. Tassinary (Eds.), *Principles of psychophysiology: Physical, social, and inferential elements* (pp. 708–753). Cambridge University Press.

Porges, S. W., Davila, M. I., Lewis, G. F., Kolacz, J., Okonmah-Obazee, S., Hane, A. A., Kwon, K. Y., Ludwig, R. J., Myers, M. M. y Welch, M. G. (2019). Autonomic regulation of preterm infants is enhanced by family nurture intervention. *Developmental Psychobiology, 61*(6), 942–952.

Porges, S. W., Doussard-Roosevelt, J. A., Portales, A. L. y Greenspan, S. I. (1996). Infant regulation of the vagal «brake» predicts child behavior problems: A psychobiological model of social behavior. *Developmental Psychobiology, 29*(8), 697–712.

Porges, S. W., Doussard-Roosevelt, J. A., Stifter, C. A., McClenny, B. D. y Riniolo, T. C. (1999). Sleep state and vagal regulation of heart period patterns in the human newborn: An extension of the polyvagal theory. *Psychophysiology, 36*(1), 14–21.

Porges, S. W., y Furman, S. A. (2011). The early development of the autonomic nervous system provides a neural platform for social behaviour: A polyvagal perspective. *Infant and Child Development, 20*(1), 106–118.

Porges, S. W., y Kolacz, J. (2018). Neurocardiology through the lens of the polyvagal theory. En R. J. Gelpi y B. Buchholz (Eds.), *Neurocardiology: Pathophysiological aspects and clinical implications*. Elsevier.

Porges, S. W., y Lewis, G. F. (2010). The polyvagal hypothesis: Common mechanisms mediating autonomic regulation, vocalizations and listening. En *Handbook of Behavioral Neuroscience* (Vol. 19, pp. 255–264).

Porges, S. W., Macellaio, M., Stanfill, S. D., McCue, K., Lewis, G. F., Harden, E. R., Handelman, M., Denver, J., Bazhenova, O. V. y Heilman, K. J. (2013). Respiratory sinus arrhythmia and auditory processing in autism: Modifiable deficits of an integrated social engagement system? *International Journal of Psychophysiology, 88*(3), 261–270.

Portales, A. L., Porges, S. W., Doussard-Roosevelt, J. A., Abedin, M., Lopez, R., Young, M. A., Beeram, M. R. y Baker, M. (1997). Vagal regulation during bottle feeding in low-birthweight neonates: Support for the gustatory-vagal hypothesis. *Developmental Psychobiology, 30*(3), 225–233.

Reed, S. F., Ohel, G., David, R., y Porges, S. W. (1999). A neural explanation of fetal heart rate patterns: A test of the polyvagal theory. *Developmental Psychobiology, 35*(2), 108–118.

Sanches, P. V., Taylor, E. W., Duran, L. M., Cruz, A. L., Dias, D. P., y Leite, C. A. (2019). Respiratory sinus arrhythmia is a major component of heart rate variability in undisturbed, remotely monitored rattlesnakes, Crotalus durissus. *Journal of Experimental Biology, 222*(9). https://doi.org/10.1242/jeb.197921

Taylor, E. W., Leite, C. A., Sartori, M. R., Wang, T., Abe, A. S., y Crossley, D. A. (2014). The phylogeny and ontogeny of autonomic control of the heart and cardiorespiratory interactions in vertebrates. *Journal of Experimental Biology, 217*(5), 690–703. https://doi.org/10.1242/jeb.086199

Wozniak, W., y O'Rahilly, R. (1981). Fine structure and myelination of the human vagus nerve. *Acta Anatomica, 109*, 118–130.

3

EL JUEGO COMO EJERCICIO NEURONAL

PERSPECTIVAS DESDE LA TEORÍA POLIVAGAL

Stephen W. Porges

A menudo pensamos en el juego como una diversión o una distracción del mundo real en nuestra vida. Cuando observamos a niñas y niños jugar, podemos considerar que el tiempo dedicado al juego es un tiempo que quitamos a las oportunidades de aprender. Esta visión, que menosprecia el juego y venera las oportunidades de aprendizaje en el aula, concuerda con nuestra visión cultural de la educación. Los sistemas educativos intentan maximizar las oportunidades de instruir en el aula y minimizar las oportunidades de tener interacciones sociales durante el recreo y otros foros interactivos, como los deportes de equipo, la música y el teatro. Desde el punto de vista de un docente, el juego es la antítesis del aprendizaje; el juego roba un tiempo precioso que se podría dedicar a aprender. Esta perspectiva se basa en suposiciones derivadas de teorías del aprendizaje descritas por conductistas hace unos cien años. ¿Qué pasaría si esta perspectiva, prevalente en nuestra sociedad, estuviera obsoleta? ¿Qué pasaría si el juego, en lugar de desplazar las experiencias de aprendizaje, proporcionara en realidad un ejercicio neuronal que facilita el aprendizaje?

¿Es inadecuada nuestra conceptualización del juego? ¿Es nuestra visión del juego una interpretación restringida que depende de un conocimiento limitado del aprendizaje, incrustado en nuestras instituciones educativas, estilos de crianza y expectativas de socialización? ¿Podemos adoptar un punto de vista diferente y hacer hincapié en que el juego da oportunidades de ejercitar características de nuestro sistema nervioso que promueven el aprendizaje y el comportamiento social? Si el juego se percibiera desde este punto de vista, entonces el juego, como ejercicio neuronal, podría promover la regulación del estado, permitiendo a las personas pasar eficientemente de los estados activos a los estados en calma. Según esta perspectiva, la capacidad de pasar rápidamente a un estado de calma facilitaría el aprendizaje eficiente y optimizaría el comportamiento social espontáneo y recíproco.

La importancia del juego se desestima en el mundo de la educación centrado en lo cognitivo. Dentro de los modelos teóricos del aprendizaje, se da poca importancia a cómo influyen las sensaciones corporales, como variable interviniente, en la capacidad de aprender. Aunque puede que queramos sentarnos y prestar atención, en ocasiones nuestro cuerpo puede querer correr, luchar o esconderse. Sentarnos en calma nos permite atender y aprender eficientemente. Sin embargo, cuando nuestro cuerpo quiere correr, luchar y esconderse, estamos en un estado fisiológico que promueve la defensa. Durante estos estados fisiológicos, la retroalimentación neuronal desde nuestro cuerpo hasta las estructuras cerebrales superiores interferirá con la cognición y el aprendizaje. Lo que la perspectiva centrada en lo cognitivo no tiene en cuenta es el papel que el juego puede desempeñar en reforzar los circuitos neuronales que rápidamente pueden regular a la baja los sistemas de defensa para promover el aprendizaje, permitiéndonos sentarnos en calma y atender.

Las raíces del juego están relacionadas con la evolución de un mecanismo neuronal que permite a los mamíferos alternar entre la lucha-huida movilizada y los estados en calma y socialmente conectados. Desde un punto de vista evolutivo, los mamíferos tenían que detectar rápidamente si un conespecífico era seguro o peligroso. Si la interacción era peligrosa, tenían que estar en un estado fisiológico que produjera suficiente energía para defenderse (luchar) o facilitar una escapada instantánea (huida). Si la interacción contenía señales de seguridad, entonces se podía reducir la distancia física, pudiendo haber contacto físico, que daba como resultado comportamientos de apareamiento.

Para aparearse o estar en contacto estrecho con un conespecífico, las reacciones de defensa tienen que inhibirse antes de que se expresen señales de agresividad o de miedo. Se debe tomar una decisión inmediata para distinguir a la posible pareja de una potencial amenaza. Este proceso era tan importante para la supervivencia tanto del individuo como de la especie que los mecanismos neuronales fueron sometidos a procesos cerebrales fuera del ámbito de la conciencia.

Dentro del contexto de la teoría polivagal, el proceso instantáneo de evaluar el riesgo fuera del ámbito de la conciencia se llama «neurocepción».

La neurocepción es el proceso neuronal a través del cual nuestro cuerpo reacciona ante características del entorno y cambia de estado fisiológico para hacer frente al riesgo potencial. La neurocepción no es percepción, porque el proceso no requiere la conciencia. Si las señales activan una neurocepción de seguridad, nuestro estado fisiológico se calma inmediatamente, y entonces podemos interactuar socialmente o atender fácilmente. Si las señales activan una neurocepción de peligro, nuestro cuerpo se prepara para el movimiento. Si las señales activan la amenaza vital, entonces perdemos el contacto social y nos inmovilizamos. Aunque no seamos conscientes de los estímulos que desencadenan nuestra sensación de peligro o de seguridad, podemos ser conscientes de nuestras respuestas corporales activadas por la neurocepción. Por lo tanto, las señales de nuestro cuerpo influyen en nuestro confort personal, que variará a medida que cambien los contextos y las interacciones con las personas.

Funcionalmente, el juego es un ejercicio neuronal en el que las señales que activan la neurocepción se alternan entre el peligro y la seguridad. Por ejemplo, podemos pensar en el simple juego de «cucú» entre una madre y su bebé. Escondiendo su cara y eliminando las señales de seguridad normalmente generadas por el sistema de conexión social (voz prosódica, expresiones faciales), la madre está creando un estado de incertidumbre en el bebé. Este estado de incertidumbre va seguido por el sobresalto del bebé cuando la madre le muestra su cara diciendo «¡cucú!». La secuencia del juego del cucú termina cuando la madre usa una voz prosódica con expresiones faciales cálidas para calmar al bebé sobresaltado.

Si desmontamos la secuencia conductual que se produce en el juego del cucú, vemos el ejercicio neuronal integrado en este comportamiento de juego. Primero, cuando la madre al inicio esconde su cara, suscita un estado de incertidumbre y de vigilancia. Este estado está asociado con una depresión del sistema de conexión social del bebé, incluyendo un retraimiento de las vías vagales mielinizadas hasta el corazón. Esto pone al bebé en un estado vulnerable, en el que un estímulo de sobresalto podría fácilmente recurrir a la actividad simpática para promover la movilización (es decir, comportamientos de lucha-huida). La madre aporta el estímulo del sobresalto mostrando su cara y diciendo «¡buuu!» con una voz relativamente alta y monótona. Las características acústicas de las vocalizaciones de la madre respaldan la presentación imprevisible de su cara, puesto que la vocalización de «buuu» tiene características acústicas asociadas con el peligro y carece de las características prosódicas que serían calmantes. Las señales de esta secuencia activan una neurocepción de peligro, que recurre a más activación simpática. El siguiente paso en la secuencia de este juego nos da la oportunidad de hacer un ejercicio neuronal que promueve la resiliencia y mejora la capacidad del bebé de calmarse.

Una vez que el bebé está motriz y autónomamente activado por el sonido de «buuu», la madre debe calmarle con su sistema de conexión social, usando una voz prosódica y expresiones faciales cálidas. La voz prosódica y las expresiones faciales cálidas activan una neurocepción de seguridad, y el bebé se calma cuando el sistema de conexión social vuelve a conectarse y las vías vagales mielinizadas regulan a la baja la actividad simpática. Cuando se realiza efectivamente, el juego del cucú permite al bebé navegar neuronalmente por una secuencia de estados (es decir, de en calma, a atento, a sobresaltado y de nuevo en calma). Repetir este juego permite que el sistema de conexión social se regule a la baja eficientemente, mediante interacciones sociales y activación simpática. El bebé necesitará esta habilidad neuronal para adaptarse en el aula. De hecho, la habilidad de utilizar recursos neuronales para regular el estado bioconductual es igual de importante que el CI y la motivación a la hora de predecir el rendimiento en el aula. Unos gatitos jugando son un ejemplo significativo. Recuerdo cuando aprendí sobre el juego de los gatos y otros mamíferos en la universidad. En las clases de psicología comparativa y comportamiento animal, nos enseñaron que los gatitos practicaban sus habilidades de caza y agresivas. Sin embargo, cuando volví a ver esas imágenes desde la perspectiva polivagal, vi que los comportamientos podrían haber tenido otro propósito. Visualicé unos gatitos jugando a un juego de lucha. Utilizan sus garras y sus dientes, pero rara vez se hieren. De hecho, si tienes un gatito, te sorprenderá que sepa cuándo retraer las garras y relajar las mandíbulas cuando ha mordido suavemente. Sin embargo, hay una característica sumamente importante que a menudo pasa desapercibida: los gatitos mantienen interacciones cara a cara durante la mayoría del juego. Si una mordedura duele, se produce una interacción cara a cara inmediata mediante sus sistemas de conexión social, y se señalan mutuamente que no había ninguna intención de hacer daño. Pero los gatitos, como las niñas y los niños, tienen una capacidad diferente de ser conscientes del otro en un escenario de juego. Si la conciencia del otro es baja, entonces se pueden producir daños. En los grupos sociales de primates, los jóvenes que interactúan con entusiasmo pero, por ser poco conscientes de los demás, pueden herir a sus semejantes, son excluidos y marginados de los grupos sociales.

Los perros tienen secuencias de juego similares. Los perros juegan a un juego estructurado de persecución. Uno corre y es perseguido por el otro. Cuando el perro que está persiguiendo alcanza al otro, puede morderle la pata trasera para informarle de que ha sido pillado. El perro pillado se gira hacia el otro para iniciar una interacción cara a cara y determinar si la mordedura era agresiva o era un juego. Si es un juego, ambos perros interactúan a través de sus sistemas de conexión social (es decir, cara a cara) y luego el juego sigue con los roles invertidos. Si la mordedura es agresiva, el cara a cara se sustituye por un ataque cara-cuello.

Podemos observar situaciones similares en el recreo. Por ejemplo, jugando a baloncesto, las personas jugadoras a menudo son empujadas y caen. Si se emplea el sistema de conexión social tras este acontecimiento, los comportamientos agresivos se mitigarán. Por ejemplo, la agresividad se disipa si la persona que ha dado el empujón establece contacto visual con la persona que está en el suelo, la ayuda a levantarse y le pregunta si está bien. Sin embargo, se puede desencadenar una pelea si la persona que ha dado el empujón simplemente se va. En mis conferencias, utilizo el ejemplo de un partido de baloncesto profesional en el que esta secuencia terminó en una pelea entre Larry Bird y Julius Erving (Dr. J.). Deconstruyendo el juego de los mamíferos, ya sea observando gatitos, perros o niñas y niños en el recreo, vemos una característica común en los comportamientos que simulan características de lucha-huida: son activamente inhibidos por comportamientos de conexión social (por ejemplo, expresiones faciales, gestos con la cabeza, vocalizaciones prosódicas). En los ejemplos anteriores, podemos ver que el juego pasa a comportamientos agresivos si no se usan los sistemas de conexión social para reducir toda posible neurocepción de peligro. El proceso de juego consiste en la inhibición activa del circuito neuronal que promueve los comportamientos de lucha y huida. El juego funciona como ejercicio neuronal que mejora la eficiencia del circuito que puede reducir instantáneamente los comportamientos de lucha-huida. Si traducimos esto al aula, podemos identificar a niñas y niños con dificultades para regular a la baja los circuitos neuronales que promueven estos comportamientos. A estas niñas y niños les cuesta sentarse, atender, escuchar y socializar. Si los observamos en el recreo, podemos detectar déficits en su capacidad de jugar con los demás. Puede que no anticipen adecuadamente los comportamientos del resto y, en lugar de una interacción recíproca que inhiba los comportamientos de lucha-huida, funcionalmente puede que estén pegando físicamente a sus compañeras y compañeros.

Cuando estamos en estados neurofisiológicos que promueven la movilización y la desconexión, nuestros procesos cognitivos están sumamente afectados. Sin embargo, tenemos un circuito neuronal que puede regular a la baja rápidamente los comportamientos de movilización para promover estados de calma que optimicen el aprendizaje y el comportamiento social. Aunque el juego a menudo se caracteriza por el movimiento y suele implicar muchos de los circuitos neuronales relacionados con los comportamientos de lucha-huida, se puede distinguir operativamente de la defensa, porque es fácilmente regulado a la baja por el sistema de conexión social. No obstante, la efectividad del sistema de conexión social para regular a la baja los comportamientos de lucha-huida requiere práctica. Esta práctica puede empezar pronto en el desarrollo del niño mediante el juego.

En este capítulo, la definición de juego —como ocurre con otras formas de corregulación— requiere interacciones recíprocas y sincrónicas entre mamíferos, mientras utilizan el sistema de conexión social como regulador del comportamiento de movilización (por ejemplo, lucha-huida). Esta definición de «juego» puede diferir del uso del término para describir las interacciones entre una persona y un juguete o un ordenador. El juego con un juguete o un ordenador carece de la interacción cara a cara y no ejercita el sistema de conexión social como regulador de los circuitos neuronales que promueven los comportamientos de lucha-huida. Por lo tanto, como mamíferos, debemos respetar nuestra herencia filogenética y valorar la importancia de las interacciones cara a cara sincronizadas como una oportunidad de ejercitar nuestro sistema de conexión social.

A medida que mejora la regulación neuronal de nuestro sistema de conexión social, tenemos más resiliencia para hacer frente a las alteraciones de nuestra vida. Muchas de las características del juego se comparten con la psicoterapia. Si deconstruyéramos una sesión terapéutica, veríamos al cliente (y a menudo también al terapeuta) pasar de un estado de calma a uno de defensa, y de nuevo a la calma. Afortunadamente, como mamíferos, tenemos un sistema de conexión social que evolucionó para utilizar las señales de las interacciones cara a cara y calmar nuestro estado fisiológico, permitiéndonos pasar de comportamientos de lucha-huida a relaciones de confianza.

4

VÍAS VAGALES
PORTALES HACIA LA COMPASIÓN

Stephen W. Porges

A medida que la neurociencia contemplativa emerge como disciplina, se investiga para identificar las vías neuronales que contribuyen a la compasión. En paralelo a estas exploraciones científicas, los profesionales clínicos de las disciplinas de salud mental están desarrollando intervenciones diseñadas para reforzar la compasión hacia los demás y hacia una misma (Gilbert, 2009). La ausencia de una definición consensuada de compasión está limitando estas investigaciones y aplicaciones. Esta ambigüedad dificulta tanto los estudios científicos de las vías neuronales implicadas en la compasión como la evaluación de las terapias basadas en ella.

Las definiciones de compasión y las herramientas utilizadas para evaluarla varían en la literatura (véase Strauss et al., 2016). La compasión se ha considerado como una acción, una sensación, una emoción, una motivación y un temperamento. Aunque pueden extraerse temas comunes de la literatura, ninguna herramienta de evaluación cumple los estándares comúnmente empleados en la investigación científica (Strauss et al., 2016). Sin una definición consensuada, quienes estudian la compasión carecen de un conjunto de herramientas que fomente la investigación científica, y los profesionales clínicos no disponen de una métrica fiable para evaluar los resultados de las terapias basadas en la compasión.

A diferencia de las definiciones frecuentes de la compasión como constructo psicológico, este capítulo propone que la compasión es un proceso emergente que depende del estado neurofisiológico. Según esta perspectiva, la compasión no puede investigarse como un comportamiento voluntario ni como un proceso psicológico independiente del estado fisiológico. Por consiguiente, no puede enseñarse mediante las reglas clásicas del aprendizaje, ni puede indexarse a través de procesos neurofisiológicos específicos, acciones conductuales o experiencias subjetivas independientes de la comunicación bidireccional entre el estado fisiológico periférico y la función cerebral. En el modelo de compasión propuesto, el estado fisiológico funciona como variable interviniente entre la persona que sufre y las respuestas hacia ella, que se manifiestan como experiencias subjetivas y acciones conductuales que forman las definiciones operativas de la compasión.

Este capítulo propone que un estado fisiológico mediado por vías vagales es una condición necesaria, aunque no suficiente, para que un individuo experimente compasión. El vago es un nervio craneal que proporciona la mayor comunicación bidireccional (motora y sensorial) entre el cerebro y el cuerpo. Es el principal componente de la rama parasimpática del sistema nervioso autónomo. Funcionalmente, las vías motoras vagales específicas pueden inhibir la reactividad de la rama simpática del sistema nervioso autónomo, mientras que las vías sensoriales vagales constituyen el principal canal de vigilancia entre el cuerpo y el cerebro. Propongo un modelo que destaca la dependencia de la compasión de un estado mediado por el vago que promueve sensaciones de seguridad, permitiendo sentir las propias respuestas corporales en un momento dado y, al mismo tiempo, reconocer las experiencias corporales de otra persona. Este énfasis en la modificación del estado fisiológico mediante mecanismos vagales para experimentar compasión concuerda con el uso histórico de rituales en la formación contemplativa.

Dado que la compasión depende de un estado fisiológico mediado por el vago, puede distinguirse de otras experiencias subjetivas que se basan en sustratos fisiológicos distintos. Por ejemplo, aunque la empatía se considera a menudo como intercambiable con la compasión, los estados fisiológicos asociados pueden diferir. La empatía suele definirse operativamente como la capacidad de sentir el dolor o una emoción negativa de otra persona (por ejemplo, Decety y Ickes, 2009). Si deconstruimos la empatía desde un punto de vista neurobiológico, esta debería estar asociada con la activación del sistema nervioso simpático. Esto se debe a que la respuesta autónoma al dolor se caracteriza por una retirada de las influencias vagales y una activación del sistema simpático. Así, desde esta perspectiva, la compasión no es equivalente a la empatía, ya que implica la activación de vías vagales.

Si la compasión está vinculada a un estado vagal en calma, promovería un estado fisiológico asociado con la seguridad del yo, que proyecta calma y aceptación del otro. Funcionalmente, las vías vagales forman parte de una rama del sistema nervioso autónomo tradicionalmente denominada sistema nervioso parasimpático. El prefijo «para» de su nombre nos ofrece una pista lingüística sobre su función. «Para» proviene del griego antiguo παρά, que significa «contrario» o «en contra». Así, el sistema nervioso parasimpático, como sugiere su denominación, implica implícitamente la contención de la reactividad defensiva propia del sistema nervioso simpático. Según esta visión de contención de las reacciones defensivas, el canal crucial para expresar la compasión dependería de la capacidad de activar vías vagales que inhiban activamente la reactividad simpática y promuevan un estado fisiológico de calma que proyecte seguridad y aceptación hacia los demás.

El estado fisiológico mediado por las vías vagales no equivale a la compasión; más bien, constituye un estado que promueve o facilita las sensaciones de seguridad, los sentimientos positivos hacia las demás personas (por ejemplo, Stellar et al., 2015), la conexión y el potencial de respetar tanto el sufrimiento como la alegría de las otras personas (véase Kok y Fredrickson, 2010).

A través de la inhibición vagal de las defensas neurofisiológicas (respuestas hipotalámicas-hipofisarias-suprarrenales), el estado vagal contiene funcionalmente la reactividad conductual y fisiológica ante el sufrimiento. Esta contención permite presenciar sin juzgar y, en consecuencia, ser útiles para aliviar el sufrimiento propio o ajeno. Los estudios de neuroimagen que intentan distinguir entre la empatía y la compasión coinciden con las diferencias de estado propuestas para cada una. Klimecki et al. (2014) sugieren que compartir en exceso las emociones negativas de los demás (es decir, la empatía) puede resultar desadaptativo, y que el entrenamiento en compasión mitiga la aflicción empática y refuerza la resiliencia. Del mismo modo, se ha señalado que la empatía implica reflejar o hacerse eco de la emoción de la otra persona en los planos neurofisiológico, fisiológico periférico y conductual (para una descripción general, véase Decety y Ickes, 2009).

Una piedra angular de la compasión es respetar la capacidad del individuo para experimentar su propio dolor. Al respetar esta capacidad, la compasión permite funcionalmente que la experiencia sea reconocida por otra persona sin causarle daño, evitando compartir empáticamente ese dolor de forma que active su sistema nervioso simpático defensivo. De este modo, el dolor puede expresarse sin temor a una evaluación negativa ni a la vergüenza que esta podría provocar. La compasión permite y respeta el derecho de la otra persona a sus propias experiencias. Este respeto, en sí mismo, contribuye al proceso de sanación al empoderar a la persona sin someterla ni disminuir el valor de sus vivencias de dolor o pérdida. Funcionalmente, la compasión permite que quien ha sufrido o perdido algo no adopte una actitud defensiva ante esa pérdida ni experimente vergüenza por ella.

Si se intenta resolver el problema sin haber expresado de forma adecuada compasión, la intervención puede alterar el proceso de expresión de la persona, activando estrategias defensivas conductuales y fisiológicas asociadas con un cambio de estado caracterizado por el retraimiento de las influencias vagales y la activación del sistema nervioso simpático. Por consiguiente, la compasión reposa sobre una plataforma neuronal que permite mantener y expresar un estado fisiológico de seguridad incluso ante el dolor y el sufrimiento ajenos.

LOS ESTADOS VAGALES ESTÁN ENTRELAZADOS CON LA HISTORIA DE LAS PRÁCTICAS CONTEMPLATIVAS

A lo largo de la historia de la humanidad, rituales como los cánticos, las plegarias, la meditación, la danza y las posturas han proporcionado una plataforma conductual para las prácticas contemplativas. Una investigación minuciosa de muchos de estos rituales ha dado lugar al descubrimiento de que constituyen ejercicios funcionales de las vías vagales (véase la tabla 4.1). Aunque cánticos, plegarias y meditación se hayan incorporado a religiones formales, la función de estos rituales puede diferir de la de los relatos en los que se fundamentan dichas religiones. Estos relatos intentan satisfacer la necesidad humana de dar sentido a la incertidumbre y de comprender los misterios de la experiencia humana en un mundo cambiante y desafiante. Aunque esta hipótesis puede concordar con la historia de los relatos religiosos, la función de los rituales parece estar más estrechamente vinculada a la salud y a las sensaciones subjetivas de conexión con otras personas y, en algunos casos, con una deidad.

Los efectos positivos documentados de la meditación sobre la salud mental y física (Bohlmeijer et al., 2010; Chiesa y Serretti, 2009; Davidson et al., 2003) han estimulado un interés creciente en las prácticas contemplativas como intervenciones de salud, como la reducción del estrés basada en la atención plena (por ejemplo, Kabat-Zinn, 2003). Actualmente, la ciencia interactúa con perspectivas derivadas de prácticas contemplativas históricas, a menudo milenarias. El conocimiento acumulado sugiere que las prácticas meditativas no solo conducen a una perspectiva diferente de la realidad —que promueve una conexión con otras personas expresada mediante sentimientos de compasión—, sino que también pueden tener efectos beneficiosos sobre la salud. Estas observaciones han dado lugar al surgimiento de una nueva disciplina: la neurociencia contemplativa, que intenta documentar los cambios en la regulación neuronal que ocurren durante prácticas como la meditación.

La neurociencia contemplativa se ha centrado en documentar los mecanismos a través de los cuales la meditación produce efectos terapéuticos. Parte de la premisa de una causalidad direccional en la que los procesos mentales pueden influir y, potencialmente, optimizar la función corporal. Este modelo descendente realza el papel de la mente en la relación cuerpo-mente y asume que el pensamiento es la fuerza motriz que explica la eficacia de la meditación. Funcionalmente, la investigación se ha centrado en estudiar las relaciones mente-cerebro mediante técnicas de imagen y estudios electrofisiológicos de los circuitos cerebrales en meditadores experimentados (por ejemplo, Lutz et al., 2013).

Tabla 4.1. Fisiología de los rituales

Ritual	Mecanismo vagal
Cántico (vocalización)	Nervios laríngeos Nervios faríngeos Respiración (la espiración larga y la inspiración abdominal profunda mejoran el freno vagal)
Meditación (respiración)	Respiración (la espiración larga y la inspiración abdominal profunda mejoran el freno vagal)
Plegaria (postura)	Barorreceptores carotideos (contribución vagal a la regulación de la presión sanguínea)

En la neurociencia contemplativa no se ha hecho hincapié en la investigación sobre las influencias de la meditación en la regulación neuronal de los órganos viscerales. El modelo predominante, que incluye el estudio de las vías neuronales asociadas con la compasión, parte de la misma causalidad direccional: la actividad mental impulsa la función cerebral. Aunque esta causalidad se ha documentado de forma fiable (es decir, los procesos mentales influyen de manera consistente en la actividad neuronal), el modelo es limitado, ya que no incorpora dos variables intervinientes que pueden mediar en la eficacia de las prácticas contemplativas. En primer lugar, no reconoce la influencia del contexto sobre el sistema nervioso. En segundo lugar, no contempla la influencia del estado fisiológico periférico en la función cerebral. Sin tener en cuenta estas dos variables, el impacto de las prácticas contemplativas sobre la salud mental y física será impredecible. Además, su eficacia para fomentar la sensación de conexión y la capacidad de expresar compasión puede verse comprometida.

Este capítulo presenta un modelo en el que las prácticas contemplativas se conceptualizan como métodos que requieren, como condición previa, una regulación vagal reforzada de los estados bioconductuales. Al mejorar esta regulación, los métodos contemplativos promueven la salud y facilitan experiencias subjetivas expansivas relacionadas con la compasión y la conexión universal. El modelo propone que ciertos comportamientos voluntarios específicos —como la respiración, la vocalización y la postura—, característicos de los rituales antiguos y núcleo de las prácticas contemplativas, tienen el potencial de activar un estado fisiológico que promueva la salud y facilite las experiencias subjetivas a las que estas prácticas históricamente han aspirado.

Según este modelo, son necesarias dos condiciones previas, bien definidas y secuenciales, para experimentar los beneficios de las prácticas contemplativas. En primer lugar, el entorno en que se realizan debe poseer características físicas tranquilizantes y reconfortantes. A lo largo del tiempo y en distintas culturas, estas prácticas se han llevado a cabo en lugares silenciosos y seguros. Esta regularidad responde a razones neurofisiológicas concretas: para sobrevivir, las personas han necesitado detectar señales de peligro y distinguir entre entornos o seres seguros y amenazantes. En consecuencia, el sistema nervioso humano es sensible a las características del espacio físico, que pueden activar o mitigar la reactividad defensiva. En segundo lugar, rituales como los cánticos, las plegarias, la meditación, la danza y las posturas proporcionan potentes estímulos al sistema nervioso para ejercitar las vías vagales, las cuales regulan a la baja la defensa y promueven estados de calma y quietud.

En un entorno seguro, cuando la persona ya no necesita mantenerse alerta anticipando el peligro, el sistema nervioso puede pasar a un estado de seguridad fisiológico, cualitativamente distinto y medible. Este estado puede actuar como catalizador neuronal de sensaciones subjetivas de conexión y compasión. Sin señales contextuales adecuadas de seguridad, y sin una transición del cuerpo a un estado fisiológico de seguridad, la práctica contemplativa puede resultar ineficaz, e incluso desencadenar estados defensivos centrados en la supervivencia, como la hipervigilancia y la hiperreactividad. En consonancia con esta premisa, a través de comunicaciones personales, varios profesionales clínicos que trabajan con veteranos con trastorno por estrés postraumático (TEPT) han descrito situaciones en las que las técnicas de atención plena han activado respuestas defensivas.

TEORÍA POLIVAGAL: DECONSTRUYENDO RITUALES ANTIGUOS DESDE UN PUNTO DE VISTA POLIVAGAL

La teoría polivagal (Porges, 1995, 2011) explica cómo los rituales asociados a las prácticas contemplativas contribuyen a sensaciones corporales de seguridad, confianza y conexión. Esta teoría sostiene que las señales de riesgo y seguridad, continuamente supervisadas por el sistema nervioso, promueven estados de calma o, por el contrario, de vigilancia ante posibles amenazas y defensa. Presupone que los mamíferos buscan seguridad, y que esta, una vez obtenida, facilita tanto la salud como la conexión social. La teoría también describe cómo los rituales contemplativos desencadenan estados fisiológicos que calman los sistemas neuronales de defensa y promueven sensaciones de seguridad que permiten sentir y expresar compasión.

El sistema nervioso humano proporciona dos vías para activar mecanismos neuronales capaces de regular a la baja la defensividad y permitir estados de calma que favorezcan la salud y la conexión. Una de estas vías es pasiva y no requiere conciencia (véase el apartado sobre neurocepción en este capítulo); la otra implica comportamientos voluntarios conscientes que activan mecanismos neuronales específicos capaces de modificar el estado fisiológico. El comportamiento social positivo espontáneo, expresado mediante gestos faciales y entonación vocal, depende de la vía pasiva. Por su parte, los efectos óptimos de prácticas contemplativas como la meditación y los cánticos dependen de la vía voluntaria.

Las características de la voz (por ejemplo, la prosodia, la entonación) y la expresión facial, propias de las interacciones sociales positivas, actúan como potentes señales para regular a la baja los circuitos de defensa del sistema nervioso. A diferencia de la vía pasiva, que calma mediante la conexión social afiliativa, el entrenamiento contemplativo suele tener lugar en espacios espirituales (por ejemplo, ambientes silenciosos con música relajante) que activan dicha vía pasiva, generando un estado fisiológico de seguridad. Una vez alcanzado este estado, se invita a la persona a realizar comportamientos voluntarios como respirar, modificar la postura o vocalizar, que ejercitan funcionalmente el circuito vagal y refuerzan los estados de calma. Estos comportamientos voluntarios, observados como rituales, activan directamente los circuitos vagales que permiten manipular de forma eficiente el estado fisiológico. Así, los rituales funcionan como ejercicios neuronales para las vías vagales.

EL PAPEL DEL VAGO EN LA COMUNICACIÓN BIDIRECCIONAL

Durante la transición filogenética de los antiguos reptiles a los mamíferos, el sistema nervioso autónomo experimentó cambios significativos. En los reptiles primitivos, este sistema regulaba los órganos corporales mediante dos subsistemas: el sistema nervioso simpático y el sistema nervioso parasimpático. Los reptiles modernos conservan estas características generales. El sistema simpático proporciona las vías neuronales para los cambios viscerales asociados a los comportamientos defensivos de lucha o huida. Este ajuste fisiológico, necesario para la movilización y la autopreservación, implica un aumento de la frecuencia cardíaca y una inhibición de los procesos digestivos, que requieren suprimir las influencias parasimpáticas (es decir, vagales) sobre el corazón y los intestinos.

En estos reptiles, el sistema nervioso parasimpático complementa al simpático mediante influencias recíprocas sobre los órganos viscerales. Este sistema parasimpático cumple dos funciones adaptativas principales: (1) cuando no actúa como sistema defensivo, favorece los procesos de salud, crecimiento y restauración; y (2) cuando actúa como defensa, reduce la actividad metabólica al disminuir la frecuencia cardíaca y la respiración, permitiendo que el animal inmovilizado parezca inanimado ante posibles depredadores (es decir, una respuesta de muerte fingida).

Cuando no hay amenaza, las ramas simpática y parasimpática del sistema nervioso autónomo reptiliano funcionan de manera recíproca —y a menudo antagónica— para inervar simultáneamente los órganos viscerales que sostienen las funciones corporales. Esta sinergia se conserva en los mamíferos, aunque solo se activa plenamente cuando estos se sienten seguros. En un estado de seguridad, el potencial de que el sistema nervioso autónomo se utilice en modo defensivo se reduce considerablemente.

La mayoría de las vías neuronales del sistema parasimpático discurren a través del nervio vago. El vago es un nervio craneal de gran tamaño que se origina en el tronco encefálico y conecta directamente el cerebro con los órganos viscerales. A diferencia de los nervios que emergen de la médula espinal, el vago conecta de forma directa el cerebro con el cuerpo. Contiene fibras motoras que influyen en el funcionamiento de los órganos viscerales, así como fibras sensoriales que transmiten al cerebro información continua sobre el estado de dichos órganos.

Este flujo de información entre cuerpo y cerebro alimenta circuitos cerebrales específicos que regulan los órganos diana. La comunicación bidireccional entre cerebro y cuerpo ofrece una base neuronal para una ciencia mente-cuerpo, o medicina cerebro-cuerpo, y proporciona portales de intervención plausibles para tratar disfunciones cerebrales mediante estimulación vagal periférica (por ejemplo, en el tratamiento de epilepsia, depresión o TEPT). Asimismo, esta comunicación explica la intensificación de síntomas clínicos a causa de estresores psicológicos, como los episodios de síndrome del intestino irritable inducidos por el estrés.

Además, la conexión bidireccional entre el cerebro y los órganos viscerales proporciona una base anatómica para conceptos históricos sobre el equilibrio fisiológico óptimo, como la *homeostasis* de Walter Cannon (Cannon, 1932) y el *medio interno* de Claude Bernard (Bernard, 1872).

TEORÍA POLIVAGAL: VISIÓN GENERAL

La teoría polivagal aporta una reconceptualización de la interacción entre el estado autónomo y el comportamiento. Destaca la relación jerárquica entre los componentes del sistema nervioso autónomo, que evolucionaron para promover comportamientos adaptativos en respuesta a las características ambientales específicas de seguridad, peligro y amenaza vital (Porges, 2011). El nombre «polivagal» subraya la existencia de dos circuitos vagales: un circuito más antiguo, asociado con estrategias defensivas de inmovilización (por ejemplo, paralización o muerte fingida), y un circuito más reciente, propio de los mamíferos, relacionado con la sensación de seguridad y los comportamientos sociales afiliativos espontáneos.

La teoría articula dos sistemas de defensa:

- El sistema de lucha-huida, ampliamente conocido, asociado a la activación del sistema simpático.
- Un sistema menos conocido de inmovilización y disociación, vinculado a una vía vagal filogenéticamente más antigua.

Describe además los mecanismos neuronales mediante los cuales los estados fisiológicos comunican la experiencia de seguridad y contribuyen a que la persona: (a) se sienta segura y busque espontáneamente la interacción cooperativa; (b) se sienta amenazada y recurra a estrategias defensivas; o (c) se vuelva socialmente invisible mediante fingimiento de muerte. Cada una de estas tres etapas filogenéticas del sistema nervioso autónomo de los vertebrados se asocia con un subsistema autónomo distinto y medible. En los seres humanos, estos tres subsistemas se activan y manifiestan fisiológicamente en función del contexto (Porges, 2009).

Estos tres subsistemas autónomos están organizados jerárquicamente desde el punto de vista evolutivo, y cada uno se relaciona con ámbitos conductuales adaptativos: (a) comunicación social (por ejemplo, expresión facial, vocalización, escucha); (b) movilización defensiva (por ejemplo, lucha o huida); y (c) inmovilización defensiva (por ejemplo, fingimiento de muerte, síncope vasovagal o disociación).

La teoría pone énfasis en el papel de dos vías vagales distintas dentro del sistema autónomo de los mamíferos. El vago transmite la principal influencia parasimpática hacia las vísceras. La mayoría de sus fibras son sensoriales (alrededor del 80 %), aunque suele prestarse mayor atención a las fibras motoras, que regulan órganos como el corazón y los intestinos. De estas fibras motoras, solo cerca del 15 % están mielinizadas, lo que representa aproximadamente el 3 % del total de fibras vagales. La mielina —una capa grasa que recubre la fibra neuronal— permite una transmisión más rápida y precisa. La vía vagal mielinizada hacia el corazón forma parte de un sistema de retroalimentación neuronal que regula de manera rápida la frecuencia cardíaca ante desafíos.

Los seres humanos, al igual que otros mamíferos, poseen dos circuitos vagales funcionalmente diferenciados. Uno es más antiguo, no mielinizado, y se origina en el núcleo motor dorsal del vago. El otro es exclusivo de los mamíferos, está mielinizado y se origina en el núcleo ambiguo. Las vías no mielinizadas, comunes a la mayoría de los vertebrados, regulan los órganos subdiafragmáticos (es decir, aquellos por debajo del diafragma) y, en ausencia de amenaza, apoyan procesos de salud y restauración. En cambio, el circuito mielinizado regula los órganos supradiafragmáticos (como el corazón y los pulmones), reduce la frecuencia cardíaca y favorece estados de calma. Este último es el que media el estado fisiológico necesario para la compasión y se activa durante los rituales contemplativos.

FRENO VAGAL: UN MECANISMO PARA CONTENER LA REACTIVIDAD EMOCIONAL

Con la evolución de los mamíferos, la regulación vagal del corazón pasó de depender únicamente de las vías no mielinizadas a incluir vías mielinizadas originadas en el núcleo ambiguo. Esta vía mielinizada introdujo un mecanismo para regular eficazmente los órganos viscerales y facilitar los comportamientos prosociales y la salud física y psicológica. El vago mielinizado actúa como un freno activo y eficiente (véase Porges et al., 1996): permite inhibir o desinhibir rápidamente el tono vagal sobre el corazón para calmar o activar al individuo según sea necesario.

Además, contrarresta la acción del sistema simpático sobre el corazón y mitiga la actividad del eje hipotalámico-hipofisario-suprarrenal (HHS) (véase Porges, 2001). El freno vagal modula el estado visceral, especialmente en relación con las respuestas simpáticas que suelen acompañar a la empatía. Funcionalmente, evita que la reactividad autonómica alcance niveles que desencadenen comportamientos defensivos. Así, permite la interacción y la separación con otras personas mientras mantiene un recurso fisiológico que facilita la autoinducción de calma. Los rituales antiguos —basados en la respiración, la postura y la vocalización— ejercitan este freno vagal, reduciendo los sesgos defensivos y reforzando la interacción compasiva.

Cuando una persona se siente segura, se manifiestan dos características esenciales. En primer lugar, el estado corporal se regula de manera eficiente para favorecer el crecimiento y la restauración (por ejemplo, la homeostasis visceral). Esto se logra mediante un aumento de la influencia de las vías motrices vagales mielinizadas sobre el marcapasos cardíaco (nodo sinoauricular), lo que reduce la frecuencia cardíaca e inhibe los mecanismos de lucha o huida del sistema nervioso simpático. Además, estas vías vagales mitigan el sistema de respuesta al estrés del eje hipotalámico-hipofisario-suprarrenal (HHS) —por ejemplo, al reducir el cortisol— y disminuyen la inflamación mediante la modulación de las respuestas inmunitarias —por ejemplo, las citoquinas—. En segundo lugar, a lo largo del proceso evolutivo, los núcleos del tronco encefálico que regulan el vago mielinizado se integraron con los núcleos que controlan los músculos de la cara y la cabeza, a través de vías eferentes (motrices) viscerales especiales. Esta integración dio lugar a una conexión entre la cara y el corazón, en la que se producen interacciones mutuas entre las influencias vagales sobre el corazón y la regulación neuronal de los músculos estriados de la cara y la cabeza.

Esta conexión cara-corazón, filogenéticamente nueva, otorgó a los mamíferos la capacidad de comunicar su estado fisiológico mediante la expresión facial y la prosodia (entonación vocal), lo que permite que el rostro y la voz contribuyan a calmar el estado fisiológico (Porges, 2011; Porges y Lewis, 2010; Stewart et al., 2013).

La conexión cara-corazón permite a los mamíferos detectar si un congénere se encuentra en un estado fisiológico calmado —y, por tanto, es seguro acercarse— o si está altamente movilizado y reactivo, lo que haría peligrosa la interacción. A su vez, esta conexión permite a una persona transmitir señales de seguridad a través de expresiones faciales y entonación vocal, e incluso calmar a un congénere agitado, favoreciendo así la formación de vínculos sociales. Cuando el vago mamífero más reciente funciona de forma óptima en interacciones sociales —es decir, inhibiendo la excitación simpática que impulsa comportamientos de lucha o huida—, las emociones están reguladas, la prosodia vocal es rica y el estado autónomo promueve comportamientos sociales calmados y espontáneos.

Este sistema cara-corazón es bidireccional: el circuito vagal mielinizado influye en las interacciones sociales, y estas, a su vez, impactan en la función vagal, optimizando la salud, mitigando los efectos del estrés y promoviendo el crecimiento y la restauración. La comunicación social y la capacidad de corregular el estado de otra persona a través del sistema de conexión social generan una sensación de vínculo, que constituye una característica definitoria de la experiencia humana.

La teoría polivagal plantea que el estado fisiológico no es un mero correlato, sino un componente central de la emoción y el estado de ánimo. Propone un vínculo bidireccional entre el cerebro y las vísceras, lo que puede explicar tanto cómo los pensamientos influyen en la fisiología como cómo el estado fisiológico afecta a los pensamientos. Así, el inicio de una práctica contemplativa depende del estado fisiológico y, a su vez, esta práctica lo transforma mediante el procesamiento mental.

Cuando las personas modifican su expresión facial, la entonación de su voz, el patrón respiratorio o la postura, están interviniendo activamente sobre su fisiología, en particular sobre el funcionamiento del vago mielinizado que inerva el corazón. La regulación del estado fisiológico a través de este circuito vagal es un principio subyacente implícito en las prácticas contemplativas.

Estas prácticas, al ejercitar directamente la regulación vagal, reducen la necesidad de que el entorno social proporcione señales de calma, y amplían la sensación de conexión desde una red social inmediata hasta una experiencia de unidad ilimitada. Desde el punto de vista neurofisiológico, los rituales contemplativos activan los mismos circuitos neuronales que, en la evolución de los mamíferos, se desarrollaron para emitir señales de seguridad. A lo largo de la historia filogenética, estas señales fueron transmitidas principalmente por la madre para calmar a su cría vulnerable. Por eso, la metáfora de la madre que consuela a su bebé está neurobiológicamente integrada en el entrenamiento y las prácticas contemplativas, y aparece con frecuencia en diversos relatos espirituales.

A medida que se profundiza en la comprensión de la conexión cara-corazón, se reconoce que las prácticas contemplativas pueden utilizar este sistema para inducir estados de calma. Esto se consigue, en primer lugar, mediante la vía pasiva, que detecta señales de seguridad en el entorno; y, posteriormente, a través de la vía voluntaria —es decir, los ejercicios neuronales— que emplea manipulaciones conductuales eficientes y fiables (por ejemplo, respiración, vocalización y postura), conocidas como rituales.

EL SISTEMA DE CONEXIÓN SOCIAL: UN SISTEMA QUE EXPRESA Y RECONOCE LA EMOCIÓN

El origen filogenético de los comportamientos asociados al sistema de conexión social está entrelazado con la evolución del sistema nervioso autónomo. Cuando los músculos de la cara y la cabeza emergieron como estructuras vinculadas a la conexión social, también lo hizo un nuevo componente del sistema nervioso autónomo: el vago mielinizado, regulado por el núcleo ambiguo. Esta convergencia de mecanismos neuronales dio lugar a un sistema de conexión social integrado, con un comportamiento sinérgico (es decir, somatomotor) y componentes viscerales, así como con interacciones entre la ingestión, la regulación del estado y los procesos sociales. Las vías neuronales originadas en varios nervios craneales —que controlan los músculos estriados de la cara y la cabeza (es decir, las vías eferentes viscerales especiales)— y las fibras vagales mielinizadas constituyen el sustrato neuronal de este sistema (véase Porges, 1998, 2001, 2003a).

Como se muestra en la figura 4.1, el componente somatomotor incluye las estructuras neuronales implicadas en los comportamientos sociales y emocionales. Los nervios eferentes viscerales especiales inervan los músculos estriados que regulan estructuras derivadas, durante la embriogénesis, de los antiguos arcos branquiales (Truex y Carpenter, 1969).

Figura 4.1. El sistema de conexión social consta de un componente somatomotor (es decir, vías eferentes viscerales especiales que regulan los músculos estriados de la cara y la cabeza) y un componente visceromotor (es decir, el vago mielinizado que regula el corazón y los bronquios). Los bloques lisos indican el componente somatomotor. Los bloques rayados indican el componente visceromotor.

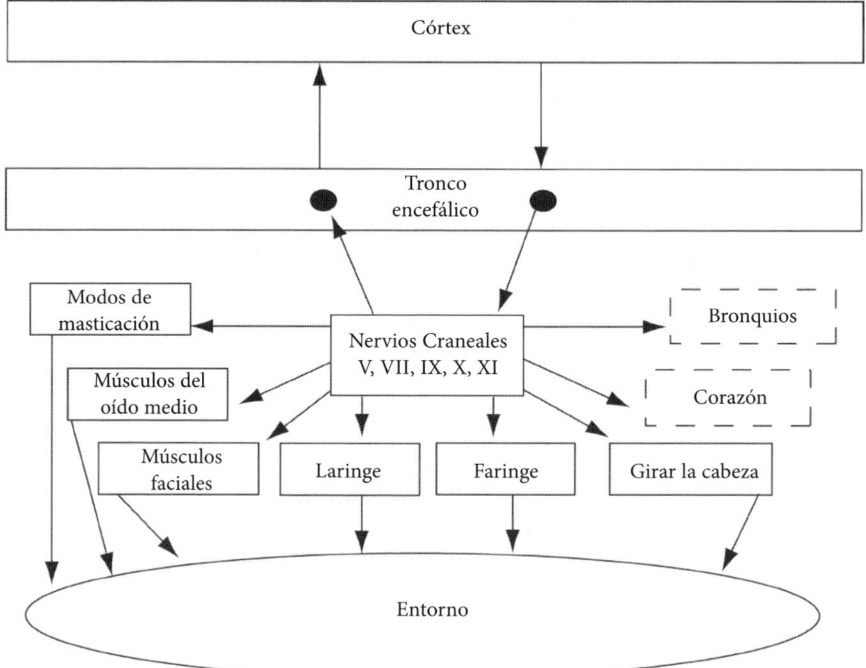

El sistema de conexión social posee un componente de control cortical (es decir, las neuronas motoras superiores), que regula los núcleos del tronco encefálico (es decir, las neuronas motoras inferiores) responsables de controlar funciones como la apertura de los párpados (por ejemplo, la mirada), los músculos faciales (por ejemplo, la expresión emocional), los músculos del oído medio (por ejemplo, discriminar la voz humana del ruido ambiental), los músculos de la masticación (por ejemplo, la ingestión), los músculos laríngeos y faríngeos (por ejemplo, la prosodia y la entonación) y los músculos implicados en girar la cabeza (por ejemplo, los gestos sociales y la orientación).

Colectivamente, estos músculos actúan como determinantes de la interacción con el entorno social y como filtros que regulan la recepción de estímulos sociales. La vía neuronal implicada en levantar los párpados —es decir, el nervio facial— también participa en la tensión del músculo del estribo (estapedio) en el oído medio, lo que facilita la audición de la voz humana. Así, los mecanismos neuronales que permiten el contacto visual están estrechamente vinculados a los que permiten discriminar las voces humanas. En conjunto, la escasez de contacto visual, la dificultad para extraer la voz humana del fondo sonoro, las expresiones faciales embotadas, la escasa gesticulación con la cabeza, una prosodia limitada y una mala regulación del estado son características comunes en personas con autismo y otros trastornos psiquiátricos.

Las aferencias procedentes de los órganos diana del sistema de conexión social, incluidos los músculos de la cara y la cabeza, aportan información significativa a los núcleos del tronco encefálico responsables tanto de los componentes somáticos como de los viscerales del sistema. Por ello, la activación del componente somatomotor (por ejemplo, escuchar, ingerir, levantar los párpados) puede desencadenar cambios viscerales que favorezcan la conexión social. A su vez, la modulación del estado visceral —es decir, el aumento o la disminución de la influencia de las vías eferentes vagales mielinizadas sobre el nodo sinoauricular (es decir, el freno vagal)— puede facilitar o dificultar los comportamientos de conexión social.

Por ejemplo, cuando se estimulan estados viscerales que promueven la movilización (es decir, comportamientos de lucha o huida), se dificulta la capacidad de expresar comportamientos de conexión social.

LAS PRÁCTICAS CONTEMPLATIVAS Y EL SISTEMA DE CONEXIÓN SOCIAL

Las vías que definen el sistema de conexión social permiten que muchos de los procesos asociados a las prácticas contemplativas (por ejemplo, escuchar, emitir cánticos, respirar, cambiar de postura durante las plegarias o expresar emociones mediante el rostro) influyan en el propio estado fisiológico a través de una rama mielinizada del nervio vago. La vía pasiva emplea este sistema —incluido el vago ventral mielinizado— mediante señales de seguridad, como un entorno silencioso o la presentación de vocalizaciones prosódicas (por ejemplo, cánticos) en una banda de frecuencia que coincide con las señales vocales utilizadas por las madres para transmitir seguridad a sus bebés. En las prácticas religiosas dominadas por hombres, donde no se permite a las mujeres emitir este tipo de señales vocales, se han empleado coros de niños e, históricamente, solistas castrados para generar sensaciones de espiritualidad.

Modificar los patrones respiratorios es, quizá, la forma más accesible y eficaz de activar el vago mielinizado. La investigación ha documentado que la respiración modula la influencia vagal sobre el corazón (véase Eckberg, 2003). La inhibición vagal del marcapasos cardíaco se intensifica durante la espiración y se atenúa durante la inspiración. Por tanto, tanto la duración de la espiración como la proporción entre inspiración y espiración son factores clave para modular el efecto calmante del vago sobre el corazón. Rituales como los cánticos exigen una espiración más prolongada que la inspiración. A medida que las frases cantadas se alargan, los parámetros respiratorios se ajustan espontáneamente para aportar el volumen de aire necesario, y la respiración se desplaza del pecho hacia el abdomen. Esta respiración abdominal implica un descenso activo del diafragma, que estimula los aferentes vagales, influyendo funcionalmente en el tono vagal hacia el corazón.

La manipulación respiratoria durante los cánticos y la meditación constituye un mecanismo potente para regular la actividad de los eferentes vagales. Así, los rituales contemplativos optimizan y ejercitan esta influencia. Los cánticos, además, implican una regulación consciente de la respiración y el uso de componentes adicionales del sistema de conexión social. Requieren producir y modular sonidos, lo que implica el control neuronal activo de los músculos laríngeos y faríngeos (véase figura 4.1), responsables del tono y la resonancia. La espiración controlada es esencial, ya que las características acústicas de las vocalizaciones dependen de la velocidad con que el aire atraviesa la laringe.

Una comunicación social exitosa mediante la voz exige ajustes rápidos tanto en la producción como en la percepción de las vocalizaciones. Este proceso requiere un circuito de retroalimentación complejo que informa al cerebro sobre las propiedades acústicas de las señales de seguridad o de amenaza (véase el apartado sobre neurocepción). Estas señales provocan ajustes dinámicos en las funciones del oído medio, mediadas por nervios craneales, para amplificar o atenuar los sonidos dentro de la banda de frecuencia propia de la comunicación social. Si no hay suficiente tono neuronal en los músculos del oído medio, los sonidos vocales humanos pueden quedar enmascarados por el ruido ambiental de baja frecuencia.

Casi todas las vías neuronales implicadas en el sistema de conexión social (véase figura 4.1) se activan y coordinan durante los cánticos. Esto incluye la regulación de los músculos de la boca, la cara, el cuello, el oído medio, la laringe y la faringe. Así, los cánticos constituyen una vía activa eficaz para ejercitar las funciones del sistema de conexión social y promover, al mismo tiempo, un estado de calma mediado por el vago ventral mielinizado. Los rituales también suelen incluir cambios voluntarios de postura. Estos cambios activan los barorreceptores —receptores de presión arterial— que envían señales al tronco encefálico. Estas señales pueden aumentar la frecuencia cardíaca mediante una reducción del tono vagal (y un posible incremento del tono simpático), o bien disminuirla mediante el aumento del rendimiento vagal eferente. Por tanto, modificar la postura es un método voluntario eficaz para alterar el estado fisiológico: puede inducir una sensación visceral de activación (por la retirada transitoria del vago ventral), seguida de una respuesta de calma (por su reactivación).

Funcionalmente, los rituales ofrecen una alternativa complementaria a los comportamientos sociales espontáneos: permiten usar acciones voluntarias para regular y ejercitar diversas vías del sistema de conexión social. A medida que la persona gana destreza en estos rituales, su sistema nervioso autónomo se vuelve más resiliente y capaz de regular a la baja la defensa, promoviendo así estados de salud, interacción social y compasión.

Según la teoría polivagal, las prácticas contemplativas solo pueden desplegar todo su potencial cuando la persona se encuentra en un estado percibido como seguro. Solo desde ese estado se inhiben las estrategias de defensa neurobiológicas y se contiene la reactividad emocional. Por ello, una condición clave para el éxito del entrenamiento contemplativo es que este se lleve a cabo en un entorno que fomente la sensación de seguridad. Este paso se media a través de la vía pasiva, que reduce la actividad de los subsistemas defensivos involuntarios y refuerza el estado fisiológico vinculado al sistema de conexión social más reciente desde el punto de vista evolutivo. Durante el entrenamiento contemplativo, los rituales que implican respiración, postura y vocalización actúan —por la vía activa— como ejercicios neuronales dirigidos a los circuitos del sistema de conexión social. A medida que estos ejercicios mejoran la eficacia y fiabilidad de las vías que inhiben los sistemas defensivos, se incrementa el acceso a sensaciones de seguridad, apertura y conexión, que son exploradas en las prácticas contemplativas y constituyen estados precursores de la compasión.

Se han explicado ya los mecanismos implicados en la vía activa. Para comprender el papel de la vía pasiva, es necesario considerar dos conceptos adicionales de la teoría polivagal: la *disolución* y la *neurocepción*.

En primer lugar, la disolución (véase el apartado correspondiente) describe la organización jerárquica filogenética de las respuestas autónomas, en la que los circuitos más recientes inhiben los más antiguos. Esto explica cómo ciertos estados pueden fomentar comportamientos defensivos o calmados. El estado autónomo que sostiene el comportamiento tranquilo también tiene la capacidad de suprimir la reactividad. Así, no basta con que una persona se abstenga de comportamientos defensivos: debe encontrarse en un estado incompatible con ellos.

En segundo lugar, mediante el proceso de neurocepción (véase el apartado sobre neurocepción), el contexto influye en el estado autónomo. La neurocepción es un proceso automático que evalúa el riesgo en el entorno, sin necesidad de conciencia. A partir de los patrones sensoriales, determina si es necesario activar mecanismos de defensa o facilitar interacciones sociales seguras. La neurocepción ayuda a comprender el funcionamiento de la vía pasiva, mientras que la disolución permite entender la jerarquía entre los distintos componentes del sistema nervioso autónomo vinculados a la resiliencia o la vulnerabilidad.

DISOLUCIÓN

Los tres circuitos definidos por la teoría polivagal están organizados en una jerarquía filogenéticamente determinada y responden a los desafíos conforme al principio jacksoniano de la disolución. Según este principio, propuesto por Jackson, los circuitos neuronales superiores (es decir, filogenéticamente más recientes) inhiben a los inferiores (es decir, más antiguos), y «cuando los superiores dejan de funcionar repentinamente, los inferiores aumentan su actividad» (Jackson, 1882, p. 412). Aunque Jackson formuló esta teoría para explicar los cambios cerebrales causados por lesiones o enfermedades, la teoría polivagal propone un modelo jerárquico similar —también basado en la filogenia— para describir la secuencia de estrategias autónomas ante situaciones desafiantes. El sistema nervioso humano, al igual que el de otros mamíferos, evolucionó no solo para sobrevivir en entornos seguros, sino también para generar seguridad en contextos peligrosos o de amenaza vital. Para lograr esta flexibilidad adaptativa, el sistema nervioso autónomo de los mamíferos, además del circuito vagal mielinizado integrado en el sistema de conexión social, conserva dos circuitos neuronales primitivos que regulan las estrategias defensivas (es decir, los comportamientos de lucha o huida y la inmovilización o muerte fingida).

Es importante destacar que el comportamiento social, la comunicación social y la homeostasis visceral son incompatibles con los estados neurofisiológicos propios de la defensa. Así, el sistema nervioso humano conserva tres circuitos jerárquicamente organizados, en línea con el principio jacksoniano de disolución. En esta jerarquía de respuestas adaptativas, el circuito más reciente se activa en primer lugar; si no logra generar seguridad, los circuitos más antiguos se activan de forma secuencial.

Desde la perspectiva de la práctica contemplativa, es imprescindible activar el circuito más reciente —el que regula a la baja la defensa y comprende el sistema de conexión social y el vago mielinizado—. Como se ha explicado, los rituales ejercitan este sistema integrado mediante la vía activa. Sin embargo, para que los rituales funcionen como ejercicios neuronales eficaces, la persona debe encontrarse en un estado fisiológico de calma y seguridad. Solo entonces está disponible la vía activa, sin interferencias de las respuestas defensivas. Comprender cómo activar y sostener la vía pasiva es, por tanto, el primer paso hacia las experiencias subjetivas de compasión y conexión universal. La neurocepción permite comprender los mecanismos que activan o inhiben esta vía pasiva.

NEUROCEPCIÓN

Para pasar de las estrategias defensivas a las de conexión social, el sistema nervioso de los mamíferos debe llevar a cabo dos tareas adaptativas clave: (1) evaluar el riesgo y (2) si el entorno es seguro, inhibir las estructuras límbicas más primitivas implicadas en los comportamientos de lucha, huida o inmovilización (por ejemplo, la muerte fingida).

Cualquier estímulo capaz de transmitir señales de seguridad puede activar un circuito neuronal filogenéticamente más avanzado, que promueve estados conductuales tranquilos y sostiene los comportamientos prosociales del sistema de conexión social. El sistema nervioso evalúa continuamente el riesgo, procesando información sensorial procedente del entorno y de las vísceras. La teoría polivagal plantea que esta evaluación no requiere conciencia, sino que se produce mediante circuitos neuronales heredados filogenéticamente. Así, el término *neurocepción* (Porges, 2003b, 2004) se introdujo para describir un proceso neuronal —diferente de la percepción consciente— capaz de distinguir características ambientales (y viscerales) seguras, peligrosas o de amenaza vital. En entornos seguros, el estado autónomo se adapta para mitigar la activación simpática y proteger el sistema nervioso central —especialmente la corteza, que depende del oxígeno— frente a las respuestas metabólicamente conservadoras del complejo vagal dorsal (por ejemplo, el desmayo).

La neurocepción media tanto la expresión como la inhibición del comportamiento social positivo, la regulación emocional y la homeostasis visceral (Porges, 2004, 2007). Puede ser desencadenada por detectores de características situados en áreas de la corteza temporal que se comunican con el núcleo central de la amígdala y con el gris periacueductal. La reactividad límbica se modula, en parte, por las respuestas de la corteza temporal a movimientos biológicos, como las voces, los rostros o los gestos de las manos (Ghazanfar et al., 2005; Pelphrey et al., 2005).

El constructo de la neurocepción integra la capacidad del sistema nervioso para responder a la intención implícita en esos movimientos y sonidos. Este proceso ocurre de manera no consciente. Aunque no solemos ser conscientes de los estímulos que desencadenan diferentes respuestas neuroceptivas, sí percibimos las reacciones corporales asociadas. Por ejemplo, la neurocepción de personas familiares, con voces prosódicas y rostros cálidos y expresivos, facilita interacciones sociales positivas y fomenta una sensación de seguridad. En la mayoría de los casos, la vía pasiva se activa mediante señales reconocibles de la interacción social, como vocalizaciones prosódicas, gestos o expresiones faciales. Sin embargo, en el modelo aquí propuesto, esta vía también puede activarse mediante la exposición a características físicas del entorno contemplativo. La historia proporciona ejemplos útiles para identificar contextos óptimos. Los entrenamientos contemplativos suelen realizarse en espacios diseñados para minimizar los sonidos de fondo, como en los retiros en silencio. En estos contextos, la activación pasiva de la seguridad no proviene de la interacción social, sino del entorno mismo. La eliminación de estímulos distractores —incluida la inhibición de la interacción verbal— permite al cuerpo pasar de un estado de hipervigilancia o interacción recíproca a uno de calma sostenida.

Tradicionalmente, los espacios percibidos como seguros se construían con materiales pesados y duraderos, como la piedra (por ejemplo, los templos). Este atributo de fortaleza apoya las prácticas contemplativas de dos maneras: (1) ofreciendo protección física en un estado vulnerable, y (2) reduciendo las señales sensoriales de amenaza, al atenuar sonidos graves asociados con depredadores y minimizar estímulos visuales distractores.

Además, las superficies de piedra crean entornos acústicos en los que las vocalizaciones se amplifican sin esfuerzo. Los ecos resonaban en el cuerpo, y las vocalizaciones rituales —como los cánticos gregorianos o budistas— generaban una armonía percibida como espiritual y sanadora. Así, las características físicas de estos santuarios, mediante la vía pasiva, transmiten sensaciones de seguridad y se convierten en escenarios propicios para la enseñanza y práctica de técnicas contemplativas.

Por tanto, para que las prácticas contemplativas sean funcionales y beneficiosas, deben realizarse durante estados fisiológicos en los que el sistema nervioso autónomo no esté promoviendo la defensa, y en entornos que no activen una neurocepción de peligro ni de amenaza vital.

REGULAR EL ESTADO AUTÓNOMO MEDIANTE LAS VÍAS ACTIVAS Y PASIVAS

Dentro de la teoría polivagal, la seguridad social depende del uso de las vías vagales ventrales para promover un estado fisiológico en calma y sostener la resiliencia fisiológica y conductual. Según la terapia centrada en la compasión (Gilbert, 2009), activar un sistema de seguridad social es un prerrequisito para experimentar o expresar compasión. La neurocepción describe la vía pasiva a través de la cual se emplea este estado. Es el primer paso para sentirnos seguros en un entorno que lo permite. Una neurocepción de seguridad transforma nuestro estado bioconductual al aumentar la influencia tanto del vago central que inerva el corazón como de las vías eferentes viscerales especiales que regulan los músculos estriados de la cara y la cabeza, descritas en el sistema de conexión social. Para experimentar un estado de seguridad, las señales contextuales del entorno deben activar, mediante la neurocepción, las vías vagales ventrales que regulan activamente a la baja los sistemas defensivos autónomos mediados por el sistema simpático y el vago dorsal. Sentirse segura implica dos características complementarias. En primer lugar, se reducen los estados de hipervigilancia eliminando señales distractoras o indicios de depredadores. En general, la atención se dirige hacia señales auditivas y visuales, ya que nuestro sistema nervioso está programado para interpretar la intencionalidad de los movimientos y los sonidos. Los sonidos de baja frecuencia están integrados como señales de depredadores o amenazas vitales. Del mismo modo, los sonidos agudos también son señales acústicas asociadas al peligro (véase Porges y Lewis, 2010). Como el sistema nervioso intenta constantemente descifrar la intención de los movimientos, eliminar estímulos visuales innecesarios permite a las personas pasar de la hipervigilancia a la calma.

Para algunas personas, sin embargo, eliminar señales de peligro no basta para sentirse seguras. Mientras que algunas encuentran en el silencio una experiencia relajante y espiritual, otras se sienten más ansiosas o hipervigilantes. Para garantizar una neurocepción de seguridad, la persona necesita procesar otras características sensoriales del ambiente. Esto suele lograrse de forma fiable mediante una estimulación acústica modulada en la banda de frecuencia de una nana materna. Desde una perspectiva funcional, las personas estamos biológicamente preparadas para calmarnos con la modulación de la voz humana (Porges y Lewis, 2010).

Las características acústicas que calman a los bebés son universales y han sido reinterpretadas por compositores clásicos en sus obras musicales (Porges, 2008). Estos compositores comprendieron que podían inducir en el público un estado de seguridad —es decir, de neurocepción positiva— mediante temas melódicos que imitaban el registro vocal de una madre calmando a su criatura, reduciendo el protagonismo de instrumentos que producen sonidos de baja frecuencia. La estructura acústica de la música vocal litúrgica sigue una lógica similar: minimiza los sonidos graves y destaca voces situadas en el registro de una madre cariñosa.

En cambio, un gran órgano tubular, que produce tonos muy bajos, genera una sensación de asombro, no de seguridad. Estos tonos bajos comparten características acústicas con las reacciones integradas de inmovilización frente a un depredador. Por ello, los tonos graves intensos generados por un órgano tubular pueden perturbar la vía pasiva e interferir con el estado de seguridad necesario para experimentar compasión y conexión con otras personas. Sin embargo, cuando estos tonos bajos se reproducen en un entorno cerrado, pueden inducir una sensación de sumisión que algunas personas asocian con experiencias psicológicas de entrega o rendición ante una deidad. Una vez que la vía pasiva ha modificado de manera efectiva nuestro estado fisiológico, puede comenzar la segunda fase: el ejercicio del freno vagal, que emplea la vía activa (voluntaria) mediante rituales que incluyen manipulaciones de la respiración, la postura y la vocalización. Estas manipulaciones ejercitan la influencia inhibitoria del vago sobre el corazón como un mecanismo de calma eficiente. Desde el punto de vista neurofisiológico, el vago actúa como un freno sobre el marcapasos cardíaco, lo que da como resultado que el corazón lata a un ritmo considerablemente más lento que el ritmo intrínseco del marcapasos.

Respirar es un comportamiento voluntario eficiente y fácilmente accesible para aumentar o reducir sistemáticamente la influencia del vago sobre el corazón. Ya en 1910, Herin observó que las vías vagales cardioinhibitorias tenían un ritmo respiratorio que reflejaba un ajuste dinámico del control vagal. Más recientemente, Eckberg (2003) denominó este fenómeno como «puerta respiratoria» y subrayó que las influencias vagales sobre el corazón se refuerzan durante la espiración y disminuyen durante la inspiración.

Muchos rituales implican cambios en los patrones de respiración. Quizá los más evidentes son los cánticos y otras vocalizaciones, que manipulan la puerta respiratoria al ampliar la duración de la espiración y reducir la de la inspiración. Otros rituales, como la plegaria o la meditación, también pueden influir en la regulación vagal mediante cambios de postura, que activan los barorreceptores (receptores de presión arterial) para ajustar el flujo sanguíneo hacia el cerebro. Este ajuste implica modificaciones sistemáticas en la regulación vagal del corazón que permiten evitar episodios como los mareos o el síncope vasovagal. Como se describe en la tabla 4.2, la teoría polivagal muestra cómo la manipulación de las vías vagales forma parte de los procesos fundacionales que sustentan el entrenamiento y la práctica contemplativa. Estos procesos requieren el uso conjunto de las dos vías —pasiva y activa— para regular el estado autónomo y alcanzar un estado fisiológico que permita sentir y expresar sensaciones de seguridad y compasión. Utilizar ambas vías para regular el estado fisiológico constituye un prerrequisito para que las prácticas contemplativas (por ejemplo, la meditación) resulten efectivas.

Tabla 4.2. Pasos hacia la compasión

Pasos	Proceso polivagal
1. Experimentar un contexto seguro (emplear la vía pasiva)	• Neurocepción de seguridad • Eliminar las señales de depredadores • Incorporación de señales acústicas similares a la voz de una madre cariñosa
2. Realizar rituales (emplear una vía activa)	Ejercitar el freno vagal para mejorar la flexibilidad autónoma y la resiliencia
3. Entrenamiento contemplativo (por ejemplo, meditación)	Ejercicios mentales incluyendo funciones cerebrales dependientes del mantenimiento del estado vagal ventral
4. Experimentar compasión y una sensación de unidad	Propiedad emergente de procesos cerebrales superiores manteniendo al mismo tiempo un estado vagal ventral

Ambas vías funcionan de forma secuencial. Así, cuando una persona se encuentra en un estado fisiológico que promueve sensaciones de seguridad, un entrenamiento exitoso puede dar lugar a un sistema nervioso autónomo resiliente, capaz de reconocer —sin reflejar— la reactividad y el dolor emocional que suelen expresar las personas que sufren.

Si la vía pasiva no permite alcanzar un estado vagal ventral en calma, entonces la vía activa, en lugar de facilitar la compasión, puede activar mecanismos defensivos. Si una persona recurre a la vía activa desde un estado fisiológico vulnerable —es decir, con una activación reducida del vago ventral o una activación aumentada del sistema simpático—, entonces ejercitar el freno vagal puede generar un estado transitorio de vulnerabilidad. Esto ocurre cuando los ejercicios neuronales asociados con la vía activa —como durante la inspiración al meditar o al emitir cánticos— retiran momentáneamente el freno vagal, lo que puede desencadenar una excitación simpática lo bastante intensa como para activar conductas de lucha o huida.

CONCLUSIÓN

En este capítulo se propone un modelo secuencial, desarrollado en varios pasos, que puede optimizar los efectos de la práctica contemplativa, favoreciendo una mayor capacidad para sentir y expresar compasión. El modelo incluye:

1. Una vía pasiva activada, sintiéndose segura la persona en un entorno que proporcione señales de seguridad que, a través de la neurocepción, regulen a la baja la defensa.
2. Una vía activa, que se pone en marcha mediante comportamientos voluntarios (es decir, ejercicios neuronales y características del sistema de conexión social), capaces de modificar el estado autónomo lo suficiente como para facilitar la efectividad de los rituales como ejercicios neuronales orientados a mejorar la regulación autónoma.
3. La vía activa, mediante el uso eficiente de rituales, ejercita la regulación vagal del estado autónomo con el fin de optimizar la salud y la resiliencia.
4. El uso eficiente de los rituales promueve un estado fisiológico que favorece los resultados del entrenamiento contemplativo.

Por consiguiente, la valoración del estado fisiológico como prerrequisito fundamental para la compasión puede conducir a resultados más eficientes y positivos en las prácticas contemplativas, incluyendo la terapia centrada en la compasión, y dando como resultado una compasión reforzada.

REFERENCIAS

Bernard, C. (1872). *De la physiologie générale*. París: Hachette.

Bohlmeijer, E., Prenger, R., Taal, E., y Cuijpers, P. (2010). The effects of mindfulness-based stress reduction therapy on mental health of adults with a chronic medical disease: A metaanalysis. *Journal of Psychosomatic Research, 68*(6), 539-544.

Cannon, W. B. (1932). *The wisdom of the body*. Nueva York: Norton.

Chiesa, A., y Serretti, A. (2009). Mindfulness-based stress reduction for stress management in healthy people: A review and meta-analysis. *Journal of Alternative and Complementary Medicine, 15*(5), 593-600.

Davidson, R. J., Kabat-Zinn, J., Schumacher, J., Rosenkranz, M., Muller, D., Santorelli, S. F., Urbanowski, F., Harrington, A., Bonus, K., y Sheridan, J. F. (2003). Alterations in brain and immune function produced by mindfulness meditation. *Psychosomatic Medicine, 65*(4), 564-570.

Decety, J., e Ickes, W. J. (Eds.). (2009). *The social neuroscience of empathy*. Cambridge, MA: MIT Press.

Eckberg, D. L. (2003). The human respiratory gate. *Journal of Physiology, 548* (pt 2), 339.

Ghazanfar, A. A., Maier, J. X., Hoffman, K. L., y Logothetis, N. K. (2005). Multisensory integration of dynamic faces and voices in rhesus monkey auditory cortex. *Journal of Neuroscience, 25*(20), 5004-5012.

Gilbert, P. (2009). Introducing compassion-focused therapy. *Advances in Psychiatric Treatment, 15*(3), 199-208.

Hering, H. E. (1910). A functional test of heart vagi in man. *Menschen Munchen Medizinische Wochenschrift, 57*, 1931-1933.

Jackson, J. H. (1882). On some implications of dissolution of the nervous system. *Medical Press and Circular, 2*, 411-414.

Kabat-Zinn, J. (2003). Mindfulness-based interventions in context: Past, present, and future. *Clinical Psychology: Science and Practice, 10*(2), 144-156.

Klimecki, O. M., Leiberg, S., Ricard, M., y Singer, T. (2014). Differential pattern of functional brain plasticity after compassion and empathy training. *Social Cognitive and Affective Neuroscience, 9*, 873-879.

Kok, B. E., y Fredrickson, B. L. (2010). Upward spirals of the heart: Autonomic flexibility, as indexed by vagal tone, reciprocally and prospectively predicts positive emotions and social connectedness. *Biological Psychology, 85*(3), 432-436.

Lutz, A., McFarlin, D. R., Perlman, D. M., Salomons, T. V., y Davidson, R. J. (2013). Altered anterior insula activation during anticipation and experience of painful stimuli in expert meditators. *Neuroimage, 64*, 538-546.

Pelphrey, K. A., Morris, J. P., Michelich, C. R., Allison, T., y McCarthy, G. (2005). Functional anatomy of biological motion perception in posterior temporal cortex: An fMRI study of eye, mouth and hand movements. *Cerebral Cortex, 15*(12), 1866-1876.

Porges, S. W. (1995). Orienting in a defensive world: Mammalian modifications of our evolutionary heritage. A polyvagal theory. *Psychophysiology, 32*(4), 301-318.

Porges, S. W. (1998). Love: An emergent property of the mammalian autonomic nervous system. *Psychoneuroendocrinology, 23*(8), 837-861.

Porges, S. W. (2001). The polyvagal theory: Phylogenetic substrates of a social nervous system. *International Journal of Psychophysiology, 42*(2), 123-146.

Porges, S. W. (2003a). The polyvagal theory: Phylogenetic contributions to social behavior. *Physiology and Behavior, 79*(3), 503-513.

Porges, S. W. (2003b). Social engagement and attachment: A phylogenetic perspective. Roots of mental illness in children. *Annals of the Nueva York Academy of Sciences, 1008*(1), 31-47.

Porges, S. W. (2004). Neuroception: A subconscious system for detecting threats and safety. *Zero to Three, 24*(5), 19-24.

Porges, S. W. (2007). The polyvagal perspective. *Biological Psychology, 74*(2), 116-143.

Porges, S. W. (2008). Music therapy and trauma: Insights from the polyvagal theory. En K. Stewart (Ed.), *Music therapy and trauma: Bridging theory and clinical practice*. Nueva York: Satchnote Press.

Porges, S. W. (2009). The polyvagal theory: New insights into adaptive reactions of the autonomic nervous system. *Cleveland Clinic Journal of Medicine, 76*, S86-S90.

Porges, S. W. (2011). *The polyvagal theory: Neurophysiological foundations of emotions, attachment, communication, and self-regulation*. Nueva York: Norton.

Porges, S. W., Doussard-Roosevelt, J. A., Portales, A. L., y Greenspan, S. I. (1996). Infant regulation of the vagal «brake» predicts child behavior problems: A psychobiological model of social behavior. *Developmental Psychobiology, 29*(8), 697-712.

Porges, S. W., y Lewis, G. F. (2010). The polyvagal hypothesis: Common mechanisms mediating autonomic regulation, vocalizations and listening. *Handbook of Behavioral Neuroscience, 19*, 255-264.

Stellar, J. E., Cohen, A., Oveis, C., y Keltner, D. (2015). Affective and physiological responses to the suffering of others: Compassion and vagal activity. *Journal of Personality and Social Psychology, 108*(4), 572-585.

Stewart, A. M., Lewis, G. F., Heilman, K. J., Davila, M. I., Coleman, D. D., Aylward, S. A., y Porges, S. W. (2013). The covariation of acoustic features of infant cries and autonomic state. *Physiology and Behavior, 120*, 203-210.

Strauss, C., Taylor, B. L., Gu, J., Kuyken, W., Baer, R., Jones, F., y Cavanagh, K. (2016). What is compassion and how can we measure it? A review of definitions and measures. *Clinical Psychology Review, 47*, 15-27.

Truex, R. C., y Carpenter, M. B. (1969). *Human neuroanatomy*. Baltimore, MD: Williams and Wilkins.

5

TERAPIA DE YOGA Y TEORÍA POLIVAGAL

LA CONVERGENCIA DE LA SABIDURÍA TRADICIONAL Y LA NEUROCIENCIA CONTEMPORÁNEA PARA LA AUTORREGULACIÓN Y LA RESILIENCIA

Marlysa B. Sullivan, Matt Erb, Laura Schmalzl, Steffany Moonaz, Jessica Noggle Taylor y Stephen W. Porges

INTRODUCCIÓN

Las terapias mente-cuerpo, incluida la terapia de yoga, se ofrecen para mejorar la salud y el bienestar a través de la integración de procesos descendentes y ascendentes, facilitando la comunicación bidireccional entre el cerebro y el cuerpo (Muehsam et al., 2017; Taylor et al., 2010). Se ha demostrado que los procesos descendentes, como la regulación de la atención y el establecimiento de la intención, reducen el estrés psicológico, así como la actividad del eje hipotalámico-hipofisario-suprarrenal (HHS) y del sistema nervioso simpático (SNS), modulando a la vez la función inmunitaria y la inflamación (Muehsam et al., 2017; Taylor et al., 2010). Los procesos ascendentes, promovidos por técnicas de respiración y prácticas de movimiento, se ha demostrado que influyen en el funcionamiento de los sistemas musculoesquelético, cardiovascular y nervioso, y también influyen en la actividad del eje HHS y del SNS, con cambios concomitantes en la función inmune y el bienestar emocional (Muehsam et al., 2017; Taylor et al., 2010).

Los procesos ascendentes y descendentes empleados en las terapias mente-cuerpo pueden regular la activación autónoma, neuroendocrina, emocional y conductual, y respaldar la respuesta de la persona a los retos (Taylor et al., 2010). La autorregulación, la capacidad consciente de mantener la estabilidad del sistema manejando o alterando las respuestas a la amenaza o a la adversidad, puede reducir los síntomas de varias patologías, como el síndrome del intestino irritable, enfermedades neurodegenerativas, dolor crónico, depresión y TEPT, a través de la mitigación de la carga alostática, con el consiguiente cambio del estado autónomo (Gard et al., 2014; Muehsam et al., 2017; Schmalzl et al., 2015; Streeter et al., 2012; Taylor et al., 2010). Gard et al. (2014) han propuesto este modelo de mecanismos autorregulatorios descendentes y ascendentes del yoga para la salud psicológica.

La resiliencia puede ser otro beneficio de las terapias mente-cuerpo, ya que incluye la capacidad de la persona de recuperarse y adaptarse como respuesta a la adversidad o a circunstancias estresantes de forma oportuna, de manera que los recursos psicofisiológicos son preservados (Haase et al., 2016; Resnick et al., 2011; Tugade y Fredrickson, 2004; Whitson et al., 2016). La alta resiliencia está correlacionada con una recuperación cardiovascular más rápida tras experiencias emocionales subjetivas (Tugade y Fredrickson, 2007), un menor estrés percibido, una mayor recuperación de la enfermedad o del trauma, y un mejor manejo de la demencia y del dolor crónico (Resnick et al., 2011). La resiliencia comprometida está relacionada con la desregulación del sistema nervioso autónomo (SNA) a través de mediciones de la regulación vagal (arritmia sinusal respiratoria) (Dale et al., 2009). El yoga está correlacionado con una mejora en las mediciones de resiliencia psicológica (Dale et al., 2011) y regulación vagal (Chu et al., 2017; Khattab et al., 2007; Sarang y Telles, 2006; Telles et al., 2016; Tyagi y Cohen, 2016).

Este capítulo explora la integración de los procesos descendentes y ascendentes para la autorregulación y la resiliencia, a través tanto de la teoría polivagal (Porges, 2011) como de la terapia de yoga. La teoría polivagal se describe en relación con conocimientos contemporáneos de la interocepción, así como con la teoría de la predisposición atencional, que se define más adelante. Esto ayudará a configurar una visión integrada de los sistemas desde la cual las terapias mente-cuerpo facilitan la aparición de características fisiológicas, emocionales y comportamentales para la promoción de la autorregulación y la resiliencia.

Examinaremos la convergencia de las plataformas neuronales descritas en la teoría polivagal con tres gunas, un concepto fundacional de la filosofía yóguica que describe las cualidades de la naturaleza material. Tanto la teoría polivagal como el yoga proporcionan marcos para comprender cómo las plataformas neuronales subyacentes (teoría polivagal) y las gunas (yoga) relacionan la aparición y la conectividad entre los atributos fisiológicos, psicológicos y comportamentales. Modificando la plataforma neuronal, o el predominio de la guna, así como la propia relación con el cambio continuo de esas plataformas neuronales o gunas, la persona aprende habilidades para la autorregulación y la resiliencia. Además, estos marcos comparten características paralelas entre sí, donde la plataforma neuronal refleja el predominio de la guna, y el predominio de la guna refleja la plataforma neuronal (véase la figura 5.1).

Esta exploración pretende ser un enfoque comparativo y traslatorio con el fin de permitir que la complejidad de la tradición del yoga se comprenda por sus beneficios y su aplicación en los contextos de asistencia sanitaria moderna, permaneciendo al mismo tiempo arraigada en su propia sabiduría tradicional y marco explicativo. El modelo a través del cual se producen la autorregulación y la resiliencia se describe desde el marco fundacional del yoga, que converge con ideas actuales de la neurofisiología y la regulación bioconductual (véase la figura 5.1).

Figura 5.1. El ojo central representa el cuerpo, la mente y el contexto ambiental (CMA), y el ojo periférico representa el contexto de un observador/experimentador de ese contenido. Dentro del prakriti, la resiliencia se representa mediante la capacidad de reconocer y cambiar los estados, así como cambiar la relación con las fluctuaciones de las gunas (rajas/tamas/sattva) y las plataformas neuronales (sistema nervioso simpático, SNS; complejo vagal dorsal, CVD; complejo vagal ventral, CVV). El yoga se propone facilitar la aparición de cualidades como la eudemonía, reforzando la experiencia de la sattva y el CVV, así como desarrollando una facilidad de movimiento entre las gunas y las plataformas neuronales, y cambiando la relación y la respuesta a la naturaleza inherentemente cambiante del cuerpo, la mente y el entorno reflejada en las gunas y las plataformas neuronales.

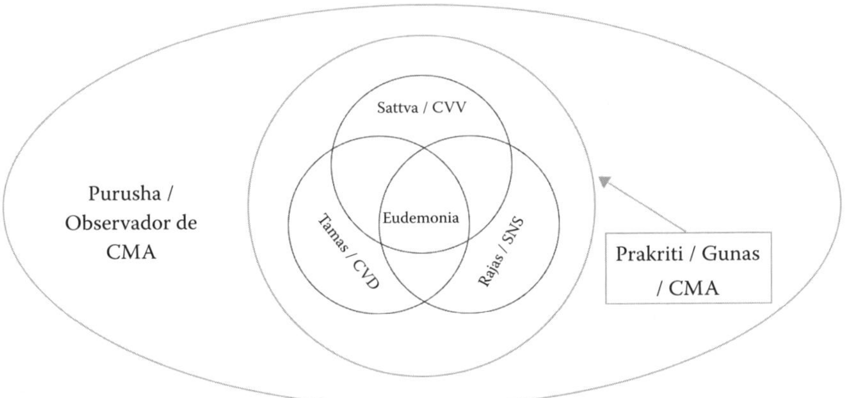

TEORÍA POLIVAGAL

La teoría polivagal y otras teorías emergentes, como la integración neurovisceral (Smith et al., 2017; Thayer y Lane, 2000), ayudan a elucidar las conexiones entre los sistemas del cuerpo, el cerebro y los procesos de la mente, ofreciendo un mayor conocimiento sobre los complejos patrones de los procesos descendentes y ascendentes integrados que son inherentes en las terapias mente-cuerpo. La teoría polivagal describe tres plataformas neuronales distintas en respuesta al riesgo percibido (es decir, seguridad, peligro, amenaza vital) en el entorno, que funcionan en una jerarquía filogenéticamente determinada según el principio jacksoniano de disolución (Jackson, 1884; Porges, 2001, 2003). La teoría polivagal introduce el concepto de *neurocepción* para describir la detección subconsciente de seguridad o peligro en el entorno, reflejada en los procesos ascendentes que incluyen aferencias vagales, un *input* sensorial relativo a los desafíos externos, y mecanismos endocrinos que son consecuencia de los mecanismos descendentes reflexivos que evalúan el riesgo ambiental antes de la elaboración consciente por parte de los centros cerebrales superiores (Porges, 2003). Las tres plataformas neuronales polivagales, como se describen a continuación, están relacionadas con los comportamientos de la comunicación social, la estrategia defensiva de la movilización y la inmovilización defensiva (Porges, 1995, 1998, 2001, 2003, 2007, 2009, 2011):

1. El *complejo vagal ventral* (CVV) proporciona las estructuras neuronales que median el sistema de conexión social. Cuando se detecta seguridad en el entorno interno y externo, el CVV proporciona una plataforma neuronal para promover el comportamiento prosocial y la conexión social, vinculando la regulación neuronal de los estados viscerales, respaldando la homeostasis y la restauración, y facilitando la expresividad facial y los ámbitos receptivos y expresivos de la comunicación (por ejemplo, las vocalizaciones prosódicas y la capacidad mejorada de escuchar las voces). El componente motor del CVV, que se origina en el núcleo ambiguo (NA), regula y coordina los músculos de la cara y de la cabeza con los bronquios y el corazón. Estas conexiones ayudan a la persona a orientarse hacia la conexión y la interacción humanas en interacciones sociales, y a dar respuestas más flexibles y adaptativas a los desafíos ambientales, incluidas las interacciones sociales (Porges, 2011, 2017; Porges y Carter, 2017).
2. El *sistema nervioso simpático* (SNS) se suele asociar con los comportamientos de lucha-huida. Estos comportamientos requieren la activación del SNS y son las primeras y principales estrategias de defensa empleadas por los mamíferos. Esta estrategia requiere un mayor rendimiento metabólico para promover los comportamien-

tos de movilización. Dentro de la teoría polivagal, emplear el SNS para la defensa sigue el principio jacksoniano de disolución y refleja las reacciones adaptativas de una jerarquía de respuesta filogenéticamente ordenada en la que el CVV no sirve para mitigar la amenaza. Cuando se emplea el circuito del SNS, se producen grandes cambios fisiológicos, como un aumento del tono muscular, la desviación de sangre desde la periferia, la inhibición de la función gastrointestinal, la dilatación de los bronquios, aumentos en la frecuencia cardiaca y respiratoria, y una liberación de catecolaminas. Esta movilización de recursos fisiológicos prepara el terreno para responder a un peligro real o supuesto en el entorno, con los objetivos finales de seguridad y supervivencia. Cuando el SNS se convierte en la plataforma neuronal dominante, la influencia del CVV puede estar inhibida en favor de movilizar recursos para una acción rápida. Mientras que los comportamientos prosociales y la conexión social se asocian con el CVV, en ausencia de sus influencias, el SNS se asocia con comportamientos y emociones como el miedo o la ira, que ayudan a orientarnos hacia el entorno en busca de protección o seguridad.

3. El *complejo vagal dorsal* (CVD) emerge del núcleo dorsal del vago y proporciona las principales fibras motrices vagales a los órganos situados por debajo del diafragma. En ausencia de señales de seguridad, este circuito evolucionó para responder adaptativamente a un peligro o un terror inmensos, y constituye la respuesta más primitiva (es decir, más antigua evolutivamente) ante el estrés. La activación del CVD en la defensa da como resultado una respuesta pasiva caracterizada por un menor tono muscular, una drástica reducción del rendimiento cardiaco para reservar recursos metabólicos, y la alteración de la función intestinal y de la vejiga a través de la defecación o la micción reflejas para reducir las demandas metabólicas de digestión y otros procesos corporales. Esta inhibición de las vísceras refleja un intento de reducir las demandas metabólicas y de oxígeno hasta la mínima cantidad necesaria para la supervivencia. Conductualmente, esto se suele llamar *inmovilización* o *desconexión*, asociadas con fingir la muerte, la paralización conductual, el colapso o las respuestas de paralización, y en los seres humanos se puede experimentar como un estado disociativo incorpóreo que puede incluir pérdida de conciencia.

La teoría polivagal plantea que, a través de estas plataformas neuronales, se conectan, emergen y están disponibles para la persona unos estados fisiológicos, unos atributos psicológicos y unos procesos sociales particulares (Porges, 1998, 2003, 2011, 2017; Porges y Carter, 2017). El estado fisiológico establecido por estas plataformas neuronales en respuesta a la amenaza o a la seguridad (según determinen los procesos integrados de neurocepción) permite o limita el rango de características emocionales y conductuales accesibles para la persona (Porges, 2003).

Un aspecto central de la teoría polivagal es que los patrones del estado fisiológico, la emoción y el comportamiento son particulares para cada plataforma neuronal (para una revisión detallada de las bases biológicas neurofisiológicas, neuroanatómicas y evolutivas de la teoría polivagal, véase Porges [1995, 1998, 2001, 2007, 2009, 2011]). Por ejemplo, se propone que la plataforma neuronal del CVV conecta la homeostasis visceral con características emocionales y comportamientos prosociales que son incompatibles con los estados neurofisiológicos, las características emocionales o los comportamientos sociales que se manifiestan en las plataformas neuronales de las estrategias defensivas vistas en la activación del SNS o del CVD. Cuando el CVV es dominante, se implementa el freno vagal, y los comportamientos prosociales y los estados emocionales como la conexión y el amor tienen una mayor posibilidad de emerger. Cuando el SNS es la principal estrategia de defensa, el NA desconecta la acción inhibitoria de la vía vagal ventral hacia el corazón para permitir la activación simpática, soportándose las estrategias conductuales y emocionales de la movilización. Si la respuesta de inmovilidad del CVD es la estrategia defensiva, el núcleo motor dorsal se activa como mecanismo protector del dolor o de la muerte potencial, y las estrategias de respuesta activa no están disponibles (Porges, 1998, 2003, 2009, 2011; Porges et al., 2008; Porges y Carter, 2017).

Es importante notar que el CVV tiene otros atributos que permiten los estados mixtos con el SNS (por ejemplo, el juego) o con el CVD (por ejemplo, la intimidad). Sin embargo, en estos ejemplos de estados mixtos, el CVV permanece fácilmente accesible y contiene funcionalmente los circuitos subordinados. Cuando el CVV está funcionalmente de baja, promueve la accesibilidad del SNS como un sistema de lucha-huida defensivo. Del mismo modo, la funcionalidad del SNS inhibe el acceso a la respuesta de desconexión por inmovilización del CVD. Así, las profundas reacciones de desconexión que pueden llevar a la muerte se vuelven accesibles neurofisiológicamente solo cuando el SNS está inhibido de forma refleja.

ACTIVIDAD VAGAL, INTEROCEPCIÓN, REGULACIÓN Y RESILIENCIA

Se sugiere que la actividad vagal, a través de las vías vagales ventrales, refleja la regulación y la resiliencia del sistema, donde un tono vagal cardíaco elevado se correlaciona con unos procesos descendentes y ascendentes más adaptativos, como la regulación de la atención, el procesamiento afectivo y la flexibilidad de los sistemas fisiológicos para adaptarse y responder al entorno (Park y Thayer, 2014; Porges, 2011; Streeter et al., 2012; Strigo y Craig, 2016; Thayer y Lane, 2000). También se ha demostrado que el control vagal está correlacionado con la activación diferencial en regiones del cerebro que regulan las respuestas a la evaluación de la amenaza, la interocepción, la regulación de las emociones y la promoción de una mayor flexibilidad en respuesta a un desafío (Park y Thayer, 2014; Streeter et al., 2012).

En cambio, la baja regulación vagal se ha asociado con un procesamiento ascendente y descendente inadaptativo, resultante en una mala autorregulación, menor flexibilidad comportamental, depresión, trastorno de ansiedad generalizado y resultados de salud adversos, incluyendo una mayor mortalidad en enfermedades como el lupus, la artritis reumatoide y el trauma (Muehsam et al., 2017; Park y Thayer, 2014; Thayer y Lane, 2000; Tsuji et al., 1994).

El nervio vago está compuesto en un 80 % por fibras aferentes y actúa como un importante conducto para la comunicación interoceptiva sobre el estado de las vísceras y el medio interno con las estructuras cerebrales (Porges, 2004, 2011). La interocepción se ha explorado como un elemento esencial para unir los procesos ascendentes y descendentes, y para investigar las relaciones entre las sensaciones, las emociones, los sentimientos y el equilibrio simpático vagal (Craig, 2015; Farb et al., 2015; Porges, 1993; Strigo y Craig, 2016). Se ha podido confirmar la integración del *input* interoceptivo, la emoción y la regulación del equilibrio simpático vagal en las cortezas insular y cingulada, facilitando una respuesta unificada de la persona ante los fenómenos corporales, mentales o ambientales (CMA) (Craig, 2015; Strigo y Craig, 2016).

Se propone que la autorregulación depende de la precisión con la que interpretamos y respondemos a la información interoceptiva, donde una mayor precisión da lugar a una mejor adaptabilidad y autorregulación (Farb et al., 2015). Como tal, la interocepción se considera importante en el dolor, la adicción, la regulación emocional y los comportamientos adaptativos saludables, incluyendo la conexión social (Ceunen et al., 2016; Farb et al., 2015; Porges, 2011). Además, se ha propuesto la interocepción como clave para la resiliencia, ya que el procesamiento acertado de los estados corporales internos promueve una rápida restauración del equilibrio homeostático (Haase et al., 2016).

Se ha propuesto que las terapias mente-cuerpo son una herramienta efectiva para la regulación de la función vagal, con la consiguiente promoción de las funciones adaptativas, incluyendo la mitigación de los efectos adversos asociados con la adversidad social (Black et al., 2013; Bower et al., 2014; Cole, 2013), la reducción de la carga alostática y la facilitación de las habilidades autorregulatorias y la resiliencia del sistema nervioso autónomo (SNA) en varias poblaciones de pacientes y patologías (Muehsam et al., 2017; Porges, 2017; Porges y Carter, 2017; Schmalzl et al., 2015; Streeter et al., 2012).

TEORÍA POLIVAGAL Y TERAPIAS MENTE-CUERPO PARA LA REGULACIÓN Y LA RESILIENCIA

Las terapias mente-cuerpo hacen hincapié en cultivar la conciencia somática, incluyendo tanto la interocepción como la propiocepción, combinadas con cualidades basadas en el *mindfulness*, como la no reactividad, la curiosidad o la aceptación, para iniciar un proceso de revaloración de los estímulos (Farb et al., 2015; Mehling et al., 2011). Mientras se anima a la persona a desarrollar una mayor conciencia sobre los fenómenos y estímulos del cuerpo, la mente y el ambiente (CMA), se le acompaña en un proceso de reinterpretación o reorientación hacia dichos estímulos para favorecer una mayor comprensión y promover la adaptabilidad, la regulación y la resiliencia (Farb et al., 2015; Mehling et al., 2011). Esta capacidad de transformar la relación y la reacción ante los fenómenos del CMA se considera esencial para la autorregulación y el bienestar (Farb et al., 2015).

Se ha demostrado que quienes utilizan terapias mente-cuerpo para sanar refieren un cambio tanto en su experiencia y respuesta a emociones y sensaciones negativas como en el desarrollo de habilidades de autorregulación para afrontar el dolor, la regulación emocional y la reevaluación de situaciones vitales (Mehling et al., 2011). La teoría polivagal permite comprender cómo aprender a reconocer y modificar la plataforma neuronal subyacente a un estado psicofisiológico puede influir directamente en la fisiología, la emoción y el comportamiento. De este modo, ayuda a la persona a cultivar estrategias adaptativas de regulación y resiliencia que favorezcan su salud física, mental y social (Porges, 2011). Como las terapias mente-cuerpo afectan a las vías vagales, se plantea que constituyen un modo de ejercitar estas plataformas neuronales para promover la autorregulación y la resiliencia de la función fisiológica, la regulación emocional y los comportamientos prosociales (Gard et al., 2014; Porges, 2017; Porges y Carter, 2017; Schmalzl et al., 2015).

La regulación neuronal óptima del sistema nervioso autónomo (SNA) y de los sistemas endocrino e inmunitario asociados se favorece mediante la implicación activa del complejo vagal ventral (CVV), a través de movimientos o posiciones concretas, prácticas de respiración, cánticos o meditación, que influyen en los procesos ascendentes y descendentes (Cottingham, Porges y Lyon, 1988; Cottingham, Porges y Richmond, 1988; Eckberg, 2003; Hayano y Yasuma, 2003; Porges, 2017; Porges y Carter, 2017). Se plantea que la resiliencia se promueve tanto regulando a la baja los estados defensivos como incrementando la flexibilidad y adaptabilidad ante distintos fenómenos del CMA, con el fin de facilitar la restauración fisiológica y estados psicológicos y sociales positivos (Porges, 2017; Porges y Carter, 2017).

La persona puede aprender a facilitar la activación del CVV y su influencia homeostática sobre el organismo, así como a aumentar su capacidad para entrar y salir de otras plataformas neuronales como el sistema nervioso simpático (SNS) o el complejo vagal dorsal (CVD), ante un estrés real o percibido.

En suma, las prácticas mente-cuerpo pueden enseñar a la persona a hacer más accesible el CVV, a ampliar el umbral de tolerancia hacia otras plataformas neuronales, a transformar la relación y respuesta ante las activaciones del SNS y del CVD que emergen como fluctuaciones naturales del CMA, y a aumentar su habilidad para transitar entre dichas plataformas (Porges, 2017; Porges y Carter, 2017). Las maniobras respiratorias del yoga, por ejemplo, a menudo facilitan cambios similares en el estado autónomo, con consecuencias coincidentes a nivel psicológico y de salud (por ejemplo, Brown y Gerbarg, 2005a, 2005b, 2012; Brown et al., 2013). Estas prácticas también pueden contribuir a nuestro potencial de experimentar conexión más allá de las relaciones sociales inmediatas, hacia una sensación más universal e ilimitada de unidad y conexión (Porges, 2017).

CINCO ESTADOS GLOBALES Y PREDISPOSICIONES ATENCIONALES

La teoría polivagal también propone que los tres circuitos neuronales del sistema nervioso simpático (SNS), el complejo vagal ventral (CVV) y el complejo vagal dorsal (CVD) no son mutuamente exclusivos ni antagonistas. Por el contrario, estos tres circuitos coemergen, coexisten y se correlacionan para crear la compleja serie de estados fisiológicos, emocionales y comportamentales humanos (Porges, 1998, 2011). Berntson explicó esta coactivación y complejidad en las interacciones entre el SNS y el sistema nervioso parasimpático en la doctrina del espacio autónomo (Berntson et al., 1991). Esta dinámica permite que la respuesta a la amenaza comience con la retirada del tono vagal cardiaco antes de la activación del SNS, ofreciendo así una mayor flexibilidad y precisión para ajustarse a las circunstancias.

La teoría polivagal define cinco estados globales basados en la o las plataformas neuronales predominantes o activas (Porges, 1998, 2011). Los circuitos del CVV, SNS y CVD, como se ha descrito anteriormente, representan tres de estos estados, mientras que los otros dos emergen de su coactivación.

Cuando los circuitos del CVV y del SNS coemergen, se da un cuarto estado: la movilización segura. En este estado, el CVV permite la experiencia de seguridad y conexión, mientras que el SNS sostiene la movilización de recursos corporales para la destreza, el movimiento y el pensamiento rápido o creativo, necesarios para actividades como el baile, el juego, la expresión artística o la escritura. Prácticas mente-cuerpo como el hatha yoga o el taichí ejemplifican esta integración: el cuerpo está movilizado, pero la mente y la respiración inducen calma y conexión.

El quinto estado global emerge de la coactivación del CVV y el CVD. Estos dos circuitos, cuando funcionan juntos, facilitan la inmovilización segura. La inmovilización sin miedo permite la aparición de vínculos sociales profundos, como los que se generan en actividades prosociales como el parto, la concepción o la lactancia.

El concepto de *predisposición atencional* proporciona una comprensión dinámica de la relación entre la postura física, el tono muscular, el estado visceral o del sistema nervioso autónomo (SNA), el estado afectivo, la activación, la atención y la expectativa cognitiva (Payne y Crane-Godreau, 2015). Un cambio en cualquiera de estos componentes produce modificaciones en toda la predisposición atencional, generando una respuesta integrada del sistema humano frente a las necesidades del entorno o la situación.

Los cinco estados globales de la teoría polivagal reflejan una complejidad de interacciones en la predisposición atencional a través del portal del SNS, dando lugar a cambios somatomotores, afectivos y cognitivos (Payne y Crane-Godreau, 2015). En otras palabras, influir en las plataformas neuronales desde las que opera una persona afecta simultáneamente al tono muscular, el estado visceral, la atención, el afecto y la cognición.

Es significativa la posibilidad de que una permanencia prolongada en cualquiera de los estados de amenaza maladaptativos definidos por la teoría polivagal contribuya al desarrollo de trastornos o enfermedades caracterizadas por una alteración combinada de la fisiología, la emoción y el comportamiento (Porges y Kolacz, 2018, capítulo 1). Porges y Kolacz (2018) han planteado que la desregulación autónoma podría ser un factor causante del síndrome de intestino irritable y de la fibromialgia, ambos caracterizados por un tono vagal cardiaco reducido —inferido de una baja variabilidad de la frecuencia cardiaca (VFC)—, por la ausencia de patología tisular evidente y, con frecuencia, asociados a un historial de trauma (Kolacz y Porges, 2018). Esta perspectiva coincide con un creciente cuerpo de investigaciones, como el estudio original de CDC-Kaiser sobre experiencias adversas en la infancia, que muestra una fuerte correlación entre el estrés temprano y múltiples patologías a lo largo de la vida (Felitti et al., 1998).

Una consecuencia importante de la comprensión integrada de la teoría polivagal y las predisposiciones atencionales es la necesidad de investigar las terapias mente-cuerpo como metodologías integrativas que afectan simultáneamente a múltiples componentes de la experiencia de la persona (Payne y Crane-Godreau, 2015). Estas terapias, incluido el yoga, invitan a prestar atención simultánea al cuerpo, la respiración, la regulación atencional y afectiva, y la cognición. Por ello, constituyen una práctica completa que integra procesos tanto descendentes como ascendentes en la respuesta a los fenómenos del cuerpo, la mente y el ambiente (CMA). Cuando estas prácticas se fragmentan y se estudian de forma aislada, es probable que se reduzca su efecto combinado previsto.

Las prácticas mente-cuerpo enseñan a la persona a tomar conciencia de sus predisposiciones atencionales para transformar patrones de respuesta disfuncionales ante los estímulos del CMA y cultivar patrones más sanos y adaptativos mediante diversas técnicas (Payne y Crane-Godreau, 2015).

De este modo, se desarrollan herramientas de autorregulación y resiliencia. La persona aprende a experimentar estados de movilización segura, en los que la activación del sistema nervioso no excluye las emociones positivas ni los comportamientos prosociales y de conexión.

YOGA Y TERAPIA DE YOGA

Payne y Crane-Godreau (2015) sugieren el yoga como una práctica mente-cuerpo capaz de modificar la predisposición atencional. El yoga abarca una variedad de prácticas que pueden influir en uno o más componentes de dicha predisposición, incluyendo el tono muscular/postura, el sistema nervioso autónomo (SNA), la atención, el afecto o la cognición. Las prácticas de yoga pueden utilizarse para incidir sobre el SNA y modificar la relación con las plataformas neuronales cambiantes descritas en la teoría polivagal.

Aunque la mayoría de las prácticas modernas de yoga se centra en las posturas físicas y las secuencias de movimiento, sus raíces tradicionales se orientan hacia una vía filosófica para comprender las causas del sufrimiento y su alivio (Easwaran, 2007; Mallinson y Singleton, 2017; Miller, 2012; Singleton, 2010; Stoler-Miller, 1998, 2004). El trabajo de Mallinson y Singleton (2017) destaca el significado variable del término *yoga* en los textos antiguos. Históricamente, esta palabra se ha utilizado para describir tanto un método constituido por conjuntos prescritos de prácticas (el yoga como metodología) como el propósito u objetivo de estas prácticas (el yoga como estado del ser). El yoga como estado del ser incluye la definición como «unión», que puede aludir a la unión con la naturaleza esencial de una misma o con un Yo supremo (Mallinson y Singleton, 2017). Otras definiciones de yoga comprenden la ecuanimidad o la «habilidad en la acción» (Mallinson y Singleton, 2017).

Dada la diversidad de significados asociados al yoga, y con el fin de no favorecer una perspectiva sobre otra, se utilizarán conceptos comunes presentes en textos yóguicos como los *Upanishads* (Easwaran, 2007), la *Bhagavad Gita* (Stoler-Miller, 2004), el *Sāmkhyakārikā* (Miller, 2012) y los *Yoga Sutras* (Stoler-Miller, 1998). A partir de estos textos se propone un marco que trasciende linajes específicos y facilita un lenguaje y un conocimiento compartidos del yoga, incluyendo su relación con los discursos contemporáneos. La terapia de yoga es una práctica emergente dentro de la asistencia sanitaria complementaria e integrativa, actualmente reconocida en entornos educativos y con acreditación profesional para quienes la ejercen (véase la Asociación Internacional de Terapeutas de Yoga, https://www.iayt.org/default.aspx). Esta terapia se basa en la sabiduría y las prácticas tradicionales del yoga, combinadas con conocimientos científicos para su aplicación en contextos sanitarios actuales.

Existe una amplia variedad de definiciones sobre qué constituye una práctica de yoga. Esta heterogeneidad, unida a la escasez de estudios, ha sido identificada como un obstáculo para la profesionalización de la terapia de yoga (Jeter et al., 2015). Por ello, resulta esencial contar con un marco explicativo que permita comprender y utilizar la terapia de yoga como una disciplina específica y diferenciada dentro de la atención sanitaria complementaria e integrativa.

MARCO EXPLICATIVO PARA LA TERAPIA DE YOGA

Se han iniciado esfuerzos para definir y establecer un marco explicativo de la terapia de yoga, así como para proponer fundamentos teóricos que describan los mecanismos subyacentes a las prácticas yóguicas desde una perspectiva tanto neurofisiológica como psicológica (Gard et al., 2014; Schmalzl et al., 2015; Streeter et al., 2012; Sullivan et al., 2018). Un modelo explicativo basado en los cimientos filosóficos y éticos del yoga ha explorado esta terapia como una metodología para aliviar el sufrimiento mediante la transformación de la relación de la persona con los fenómenos del cuerpo, la mente y el ambiente (CMA), catalizando así la emergencia del bienestar eudaimónico (Sullivan et al., 2018). La eudemonía representa un estado de prosperidad humana o bienestar no transitorio, comúnmente asociado a una sensación de significado, propósito o autorrealización (Keyes y Simoes, 2012; Ostwald, 1962). Este tipo de bienestar se ha vinculado con numerosos beneficios para la salud, como la mitigación de cambios en la expresión genética frente a la adversidad social, la reducción de la soledad percibida, una menor inflamación, una mejor regulación inmunológica, mayor salud mental y una reducción en la mortalidad por todas las causas, independientemente de otras variables (Cole et al., 2015; Fredrickson et al., 2013; Keyes y Simoes, 2012). El yoga se ha asociado tanto con la eudemonía (Ivtzan y Papantoniou, 2014) como con los cambios genéticos asociados a la mitigación de la respuesta ante la adversidad social, resultando en menor inflamación y mejor regulación inmunitaria (Black et al., 2013; Bower et al., 2014).

Por tanto, cabe proponer que el yoga facilita sus múltiples beneficios fisiológicos, mentales y sociales a través de su capacidad para promover el bienestar eudaimónico. Un marco explicativo centrado en esta intención resulta crucial tanto para la investigación como para su integración en contextos sanitarios contemporáneos, facilitando así su aplicación en una mayor diversidad de poblaciones y patologías.

FUNDAMENTOS FILOSÓFICOS DEL YOGA: PRAKRITI Y PURUSHA

El yoga enseña que el sufrimiento surge de la relación, la reacción o la identificación errónea de la persona con los distintos fenómenos del CMA (Miller, 2012; Stoler-Miller, 1998, 2004). Las prácticas yóguicas pretenden ofrecer un método de discernimiento que facilite un cambio en la relación con dichos fenómenos y, en última instancia, en la experiencia misma del sufrimiento (Bawra, 2012; Miller, 2012; Stoler-Miller, 1998, 2004). A través del yoga, la persona aprende a identificar los patrones de comportamiento y acción que perpetúan su sufrimiento, así como el camino hacia la transformación de dichos patrones.

Este proceso de discriminación se enseña mediante el estudio de la diferencia entre la naturaleza material, llamada *prakriti*, y el espíritu, denominado *purusha* (Bawra, 2012; Miller, 2012). *Purusha* puede definirse como espíritu, habitante interno, observador, vidente o «el que ve», y se describe como el experimentador de la naturaleza material (Bawra, 2012; Miller, 2012). Prakriti designa toda la naturaleza material, es decir, todo lo que es visto, cambia y se manifiesta (Bawra, 2012; Mallinson y Singleton, 2017; Miller, 2012).

La claridad que surge de esta distinción transforma la relación de la practicante con los fenómenos del CMA, de manera que el sufrimiento puede aliviarse y dar paso, potencialmente, a la experiencia de una alegría inquebrantable o eudemonía (Bawra, 2012; Easwaran, 2007; Miller, 2012; Stoler-Miller, 1998, 2004).

LAS GUNAS, CUALIDADES DE LA NATURALEZA MATERIAL

Se dice que la prakriti está compuesta por tres cualidades. Estas tres cualidades, llamadas gunas, se supone que subyacen y conforman las características de todo lo que es de naturaleza material, incluyendo el CMA

(Bawra, 2012; Miller, 2012). Las gunas facilitan y sostienen el dinamismo en el CMA, donde las fluctuaciones y las proporciones diferentes de estas cualidades dan a todo en el CMA sus características únicas y variadas (Bawra, 2012; Miller, 2012; Stoler-Miller, 2004). Como mencionamos anteriormente, la raíz del sufrimiento se supone que surge de la mala identificación de la purusha con los diferentes fenómenos de BME, o prakriti, y más concretamente con las gunas (Bawra, 2012; Miller, 2012; Stoler-Miller, 1998, 2004). El conocimiento y las prácticas del yoga pretenden ayudar a la persona a darse cuenta de que puede estar experimentando las gunas, en lugar de ser las gunas. El conocimiento y la percepción de estas tres gunas son clave para comprender la diferencia entre purusha y prakriti, ofreciendo información sobre las causas del sufrimiento, así como su alivio.

El *Sāmkhya Kārikā*, un texto que representa una filosofía fundamental en toda la tradición yóguica, así como el *Bhagavad Gītā* y los *Yoga Sūtra* de Patañjali, describen las gunas y sus atributos físicos, mentales y comportamentales emergentes como sigue (Bawra, 2012; Larson y Isvarakrsna, 2014; Miller, 2012; Stoler-Miller, 1998, 2004).

El sattva es la cualidad del placer, la calma y la tranquilidad que cumple la función de iluminación. El sattva se describe como ligereza, claridad, armonía, optimismo, iluminación, lucidez, alegría y comprensión (Bawra, 2012; Miller, 2012; Stoler-Miller, 2004). El *Bhagavad Gītā* destaca la importancia de cultivar el sattva, ya que es la base desde la cual surgen la sabiduría, la discriminación y la claridad de visión (Stoler-Miller, 2004). Aunque el sattva forma la base de muchos atributos positivos, también pueden surgir estados inadaptativos si la persona se vuelve demasiado apegada o dependiente de la calidad de la alegría, como se describe brevemente en el *Bhagavad Gītā*. En terminología contemporánea, palabras como «evitación», «apego insano», «crisis psicoespiritual» o «indiferencia» se han usado para describir el intento de aferrarse o mantener una experiencia estática de sattva a expensas de permitir el despliegue natural del movimiento de las gunas dentro del CMA y de todas las experiencias de la vida.

Rajas es la cualidad de la energía, la turbulencia y el dolor que sirve para activar. La cualidad de rajas recibe un espectro de atributos emergentes provenientes de esta capacidad subyacente de movilizar y activar. Por una parte, se considera que rajas respalda el movimiento, la creatividad, la motivación y la actividad. Sin embargo, rajas también puede ser la base del dolor, la ira, la avaricia y la agitación. El *Bhagavad Gītā* explica que, como rajas ensombrece el conocimiento y la visión clara, impide la capacidad del yogui de discernir la diferencia entre prakriti y purusha. Rajas equilibrado con sattva y tamas crea la motivación y la creatividad para inspirar el cambio, el movimiento y la acción correcta. En cambio, su preponderancia puede aumentar la ira, la agitación o la ansiedad (Bawra, 2012; Miller, 2012).

Tamas es la cualidad de la inercia, el engaño y la indiferencia que sirve para restringir o limitar. Tamas se explica a través de un espectro de atributos emergentes desde esta capacidad subyacente de restringir o limitar. Teóricamente, tamas puede respaldar actividades como la quietud, la estabilidad o el enraizamiento. Sin embargo, también puede promover la monotonía, la inercia, el ofuscamiento, el engaño, la pesadez, la negligencia o la ignorancia. Tamas equilibrado con sattva y rajas puede aportar forma y estabilidad, mientras que un predominio excesivo de tamas puede dar lugar al engaño, la inercia o el ofuscamiento (Bawra, 2012; Miller, 2012).

El *Sāmkhya Kārikā* ofrece la metáfora de una lámpara para ilustrar que las tres gunas funcionan juntas. Así como la mecha, el aceite y la llama funcionan juntas con el fin de iluminar, las tres gunas funcionan juntas para revelar al individuo la diferencia entre purusha y prakriti (Bawra, 2012; Larson y Isvarakrsna, 2014; Miller, 2012).

Las tres gunas están en constante movimiento y coexistencia al mezclarse para crear las diferentes manifestaciones de los fenómenos CMA (Bawra, 2012; Miller, 2012). Las diferentes proporciones de sattva, rajas y tamas en cada objeto de naturaleza material, incluyendo los sutiles componentes mentales de la personalidad, cognición, emociones e identidad, les confieren sus atributos únicos (Bawra, 2012; Miller, 2012; Stoler-Miller, 2004). El movimiento y la naturaleza cambiante de las gunas son intrínsecos a la vida, con su ascenso y descenso constantes, su crecimiento y su disminución. El sufrimiento emerge de intentar detener el movimiento de las gunas o de nuestra relación con cada guna, no de la propia guna en sí. Cada una de estas cualidades puede poseer atributos positivos en su capacidad de iluminar, activar o restringir. Sin embargo, nuestra relación con esas cualidades de naturaleza material y cualquier intento de mantener una a expensas de las otras puede dar lugar a desequilibrio, dolor o sufrimiento.

El yoga enseña una metodología para observar y experimentar el movimiento de las gunas sin juzgar y con compasión, para que la relación y la respuesta al fenómeno cambiante del CMA se modifiquen. La persona aprende a acoger y explorar el CMA de un modo que facilita el bienestar eudemónico ante los factores estresantes o la adversidad.

CONVERGENCIA DE LA TEORÍA POLIVAGAL CON LAS GUNAS

Tanto la teoría polivagal como las gunas proporcionan una perspectiva para comprender las bases desde las que emergen los atributos físicos, psicológicos y comportamentales. La teoría polivagal informa sobre cómo se activan las plataformas neuronales subyacentes en respuesta a la amenaza percibida o a la seguridad en presencia de fenómenos CMA. El yoga sugiere que los atributos físicos, psicológicos y comportamentales emergen y son influidos por la interacción subyacente de las gunas.

Ambos marcos analizan la coexistencia y la combinación de las plataformas neuronales (teoría polivagal) o las gunas (yoga) e intentan transmitir la complejidad en medio de una tendencia inherente hacia el reduccionismo dentro de las disciplinas académicas tradicionales. En la teoría polivagal, la coexistencia de plataformas neuronales da paso a las variadas experiencias de juego (movilización segura) e intimidad (inmovilización segura). En yoga, la coexistencia de las gunas crea los variados fenómenos de CMA e influye en la relación y la reacción a estos estímulos. Ambas teorías enseñan que es a través de la salida a la superficie de la plataforma neuronal de la teoría polivagal o de la guna del yoga como se manifiestan y se establecen los estados CMA.

Las gunas del yoga y las plataformas neuronales de la teoría polivagal también se reflejan mutuamente de manera convergente y análoga. Esta relación entre ambos modelos se puede ver a través de las descripciones comparables de los atributos. Cuando el SNA está bajo la influencia de una de las gunas, puede activarse una plataforma neuronal concreta de la teoría polivagal, manteniendo características compartidas entre ambas. Del mismo modo, cuando se activa una plataforma neuronal, promueve el predominio de una guna, emergiendo las características compartidas entre ambas. Por ejemplo, cuando el sattva se refleja a través del sistema nervioso, se manifiestan las características fisiológicas, mentales y comportamentales del CVV; o cuando se activa el CVV, los atributos del sattva se manifiestan, como se describe en mayor detalle a continuación. Este debate explora la relación entre ambos modelos en cómo se relacionan y se influyen mutuamente para la aparición de los atributos físicos, mentales y comportamentales. Al final, esta relación está destinada a promover el conocimiento de que la terapia de yoga puede influir tanto en las plataformas neuronales subyacentes como en las gunas, dando como resultado una mejor autorregulación y resiliencia para el bienestar de la persona.

MIRADA COMPARATIVA SOBRE LAS PLATAFORMAS NEURONALES, LOS ESTADOS GLOBALES Y LASGUNAS

Tanto la teoría polivagal como el yoga describen tres plataformas neuronales primarias y combinables o cualidades desde las que emergen atributos físicos, psicológicos y comportamentales concretos.

1. *El sattva y el CVV*: se encuentran atributos emergentes similares en las descripciones tanto de la predominancia del sattva como de la activación del CVV. Del sattva se desprende la comprensión de la conexión entre todos los seres. La alegría sáttvica es similar a la eudemonía, con su cualidad más firme e imperecedera, y se origina en la calma, la tranquilidad y la comprensión del «yo», como en Stoler-Miller (2004). Estos atributos de conexión, ecuanimidad y eudemonía se proponen como dependientes de una base neurofisiológica para su aparición. Halifax (2012) propuso un modelo en el que cualidades como la ecuanimidad y la eudemonía surgen solo cuando el sistema está suficientemente preparado e incluye un eje denominado *encarnado/implicado*, en el que la interocepción es esencial. La plataforma neuronal del CVV da apoyo a la interocepción, la conexión, la ecuanimidad y la eudemonía al vincular la conciencia de las sensaciones corporales con la capacidad autorreguladora; el uso de señales faciales y de la prosodia vocal para comunicar seguridad y conectar con los demás; orientarnos hacia vocalizaciones humanas para conectar con los demás; y la inhibición de los estados defensivos para respaldar la ecuanimidad, la eudemonía y la conexión mediante la capacidad de escuchar, observar y estar en relación con los demás sin juzgar (Porges, 2011, 2017). En suma, a través del predominio del sattva o la activación del CVV, puede emerger el fomento de la interoceptividad, la conexión, la ecuanimidad y la eudemonía. Este estado está bien adaptado para la restauración, la relajación y la conexión, y puede ser maladaptativo cuando la persona no es capaz de responder adecuadamente a las necesidades del entorno (incluida la amenaza), como se describe en los estados de las otras plataformas neuronales y en las gunas.
2. *El rajas y el SNS*: los atributos que emergen del rajas y del SNS son compartidos en su espectro, desde la motivación y la activación hasta la ira o el miedo. La guna del rajas y la plataforma neuronal del SNS constituyen una base común para activar y motivar las

fuerzas. Parecido al estado de movilización segura y de juego que se produce cuando el CVV y el SNS funcionan juntos en sinergia, cuando el rajas coemerge con un equilibrio en las otras gunas, emergen atributos como la creatividad, la motivación, la acción óptima y el cambio. Cuando el rajas se vuelve predominante y no está equilibrado con las otras dos gunas, de modo similar al SNS, proporciona la base para la movilización y el movimiento en respuesta a cualquier demanda de recursos psicofisiológicos. Esto incluye un espectro desde el estrés hasta la amenaza real o percibida en el entorno, con la aparición de atributos comportamentales como el miedo, la ira o la agresividad. Este continuo de movilización incluye la respuesta bien adaptada ante una amenaza inmediata, o puede convertirse en maladaptativa, contribuyendo así a una excesiva carga alostática.

3. *El tamas y el CVD*: los atributos que emergen de tamas y del CVD proporcionan un espectro de experiencias desde la estabilidad y la moderación hasta la inmovilización. Del mismo modo que el CVV y el CVD cooperan para crear las condiciones internas para la aparición del vínculo social y la intimidad, el tamas puede coemerger con un equilibrio de las otras gunas para manifestar una estabilidad y una forma. Cuando predomina el tamas, de modo similar a la plataforma neuronal del CVD, proporciona la base para la aparición del ofuscamiento, la monotonía, la inmovilización, la inercia o la disociación. Este espectro incluye respuestas bien adaptadas a la amenaza extrema, o se pueden volver inadaptativas y contribuir a estados de enfermedad crónica, según se ha propuesto (Kolacz y Porges, 2018).

Los paralelismos entre la teoría polivagal y las gunas se ilustran aún más mediante la idea de la predisposición atencional. Se proponen cinco predisposiciones atencionales diferentes que resultan de la teoría polivagal y las gunas, con sus patrones integrados de tono muscular/postura, estado autónomo, afecto, atención y expectativa. Como se ha mencionado anteriormente, si el estado autónomo subyacente está alterado, se producen cambios concurrentes a lo largo de la predisposición atencional. Análogamente, una alteración en el predominio de una guna desde la que la persona está actuando puede crear cambios en las capas de la predisposición atencional, incluyendo el tono muscular/postura, estado autónomo, afecto, atención y expectativa. Esto es congruente con el punto de vista de la terapia de yoga, que utiliza un enfoque de la evaluación y la intervención que reconoce la influencia de las gunas en los aspectos físico, energético, mental y comportamental del individuo.

Incluyendo y destacando estas gunas subyacentes y su efecto sobre los atributos físico, psicológico y comportamental, la terapia de yoga puede conservar su metodología integrada y completa basada en sus enseñanzas fundamentales. El resultado de este conocimiento es un alejamiento de la separación de las prácticas, donde las asanas (posturas) se dirigen a desequilibrios musculoesqueléticos, los pranayama (prácticas de respiración) se dirigen al estado autónomo y la meditación o yama y niyama (principios éticos intencionales) se dirigen a los estados de atención, afectivos y cognitivos. Se puede implementar un enfoque más cohesivo tanto para la investigación como para las aplicaciones clínicas en las que la evaluación, la valoración y la dirección de la intervención pretenden influir en la guna subyacente. El resultado sería una intervención consistente en yama/niyama, asana, pranayama y meditación con el objetivo de influir en las gunas y en sus correspondientes estados físico, mental y comportamental. El cambio resultante en las gunas tendría efectos paralelos en todas las capas de la predisposición atencional y en el bienestar físico, psicológico y comportamental. En suma, tanto la teoría polivagal como las gunas juegan un papel vital para comprender cómo puede ayudar el yoga a varias patologías y poblaciones de pacientes, influyendo en las gunas subyacentes y en las correspondientes plataformas neuronales. Dada la complejidad de los sistemas vivos, este enfoque yóguico integrativo de la persona en su conjunto, aunque reducido aún por razones explicativas, tiene mucho potencial para influir en la aparición de atributos físicos, mentales, sociales y espirituales integrados, y comportamientos que faciliten el bienestar. Estos conceptos también respaldan al terapeuta de yoga al desarrollar herramientas de evaluación, valoración e intervención que sean auténticas según los fundamentos del yoga y la provisión de sus prácticas en un formato cohesivo e integral, promoviendo simultáneamente la traducción para los investigadores, el público y los contextos de asistencia sanitaria.

APLICACIÓN DEL MODELO Y DE LAS PRÁCTICAS DE YOGA PARA LA AUTORREGULACIÓN Y LA RESILIENCIA

Las prácticas de yoga, cuando se proporcionan como metodología integral, se proponen para integrar los procesos autónomo, cognitivo, afectivo y comportamental para la regulación en los ámbitos físico, psicológico y comportamental. A través de prácticas descendentes y ascendentes, el yoga puede ser eficaz para regular a la baja el sistema hacia el dominio parasimpático vagal ventral (Gard et al., 2014; Schmalzl et al., 2015; Streeter et al., 2012). Además, se contempla la aplicación de las prácticas de yoga para la resiliencia del sistema, ya que pueden respaldar la capacidad de la persona de trabajar con las plataformas neuronales cambiantes y las gunas.

La investigación ha respaldado los beneficios del yoga para varias patologías como la depresión, la epilepsia, el TEPT y el dolor crónico mediante su influencia en el sistema nervioso autónomo y otros mecanismos mente-cuerpo sistémicos interrelacionados que contribuyen a una mejor regulación física y mental y una menor reactividad ante los estímulos estresantes (Streeter et al., 2012). La investigación también ha corroborado el efecto del yoga en la promoción del tono vagal en diversas poblaciones de pacientes y sus efectos asociados de reducir la carga alostática y mejorar la autorregulación (Chu et al., 2017; Khattab et al., 2007; Sarang y Telles, 2006; Taylor et al., 2010; Telles et al., 2016; Tyagi y Cohen, 2016). Además, el yoga ha demostrado efectos más allá del ejercicio físico, ya que también es simultáneamente beneficioso para la regulación autónoma, la atención y el afecto (Mackenzie et al., 2014). También se ha respaldado su relación con una mayor conciencia corporal, compasión y bienestar eudemónico (Fiori et al., 2017; Ivtzan y Papantoniou, 2014). Un programa desarrollado para la depresión en adolescentes incluía los objetivos de la regulación autónoma, la práctica de la conciencia atencional e interoceptiva y la identificación de los valores intrínsecos para promover el comportamiento prosocial basándose en la metodología cohesiva e integrativa del yoga y su efecto en la regulación y la resiliencia (Henje Blom et al., 2014). Se sugiere que el yoga ofrece métodos de regulación y resiliencia a través de la práctica integrada de yamas y niyamas (principios éticos/intencionales), asanas (ejercicio físico), pranayama (técnicas de respiración) y meditación (Gard et al., 2014; Schmalzl et al., 2015; Streeter et al., 2012). Fijar una intención ética (yama y niyama) informa y dirige la unión de las sensaciones físicas y mentales, como la interocepción o las emociones, para la promoción de estados fisiológicos y afectivos positivos y respuestas comportamentales prosociales (Gard et al., 2014). Los principios éticos proporcionados por el yoga pueden ayudar a guiar la reacción, la relación y la acción del individuo en respuesta a los fenómenos de CMA. Por ejemplo, haciendo frente a los estímulos de CMA desde una perspectiva de no hacer daño, no aferrarse o conformarse, la persona altera la forma en que presta atención a estos estímulos, facilitando potencialmente la aparición de la compasión, la ausencia de juicio o la aceptación (Gard et al., 2014). Igual que Aristóteles enseñó que la ética de la virtud era un indicador de la eudemonía (Ostwald, 1962), los principios éticos del yoga dilucidan un proceso para enfrentarnos a los fenómenos de CMA para facilitar la aparición de cualidades como la eudemonía. Las asanas o posturas físicas pueden servir como herramienta regulatoria ascendente para ayudar a regular y promover la resiliencia alterando el estado del sistema nervioso autónomo (Cottingham, Porges y Lyon, 1988; Cottingham, Porges y Richmond, 1988; Schmalzl et al., 2015). Se sabe que las técnicas de respiración afectan directamente al tono vagal cardíaco y la iniciación del freno vagal para hacer pasar al sistema hacia la plataforma del CVV y proporcionar otra práctica regulatoria ascendente de yoga (Brown y Gerbarg, 2005a, 2005b; Porges, 2017; Porges y Carter, 2017).

Tabla 5.1. Características y propiedades emergentes de los estados globales basadas en las plataformas neuronales comparativas de la teoría vagal y las gunas del yoga

Estado global	Plataforma neuronal	Guna	Propiedades emergentes
Conexión social	CVV	Sattva	Seguridad, conexión, claridad, eudemonía, calma, tranquilidad, ecuanimidad
Juego o baile	CVV y SNS	Rajas con sattva y tamas	Actividad, creatividad, motivación, capacidad de cambio
Lucha o huida	SNS	Predominio de rajas	Miedo, ira, avaricia
Intimidad	CVD con CVV	Tamas con sattva y rajas	Estabilidad, forma, moderación, vínculo social
Desconexión o movilización	CVD	Predominio de tamas	Ofuscamiento, inercia, monotonía, ignorancia, engaño, disociación

Finalmente, la tradición del yoga ofrece una serie de prácticas de entrenamiento mental para la regulación, como la atención concentrada y la meditación de monitoreo abierto (Cramer et al., 2017; Gard et al., 2014; Hofmann et al., 2016; Pascoe y Bauer, 2015; Schmalzl et al., 2015).

PRÁCTICAS DE YOGA PARA LA AUTORREGULACIÓN: FACILITAR LA PLATAFORMA NEURONAL DEL CVV Y EL SATTVA

Como muchas de las características beneficiosas de la salud mental y física, así como los atributos comportamentales prosociales, son compartidos por el sattva y el CVV, se propone que se puedan utilizar las prácticas de yoga para reforzar uno para que influya en el otro y viceversa. La plataforma neuronal del CVV puede activarse o hacerse más accesible mediante prácticas que cultiven el sattva, y el sattva puede hacerse más accesible o predominante mediante prácticas que activen la plataforma neuronal del CVV.

Samkhya Karika destaca la importancia de promover la cualidad del sattva a través de los propios hábitos, entorno y comportamiento para comprender la diferencia entre purusha y prakriti y para aliviar el sufrimiento (Miller, 2012). Este estado sáttvico se enseña como esencial para la claridad necesaria para conocer la relación de la persona con respecto a varios fenómenos de CMA, que pueden desencadenar respuestas sanas o insanas a estresores o estímulos (Bawra, 2012; Miller, 2012; Stoler-Miller, 2004). Con la claridad de la guna sattva, la relación con los fenómenos CMA se puede explorar y se pueden cultivar relaciones sanas con los estímulos tanto interoceptivos como externos. La terapia de yoga suele centrarse primero en construir una base sólida de la guna sattva para reforzar la sabiduría discriminativa, la claridad en el desarrollo y la adaptabilidad y resiliencia sistémicas. Estar establecido en la guna sattva ofrece la oportunidad de construir relaciones internas positivas con las sensaciones interoceptivas, las emociones, los pensamientos y las creencias, pudiendo a su vez respaldar las relaciones positivas con los demás. Todas estas características del sattva benefician la capacidad autorreguladora de la persona. Desde esta base de la guna sattva, la persona puede experimentar las fluctuaciones de rajas y tamas y cambiar su relación y respuesta a esas cualidades de naturaleza material, facilitando potencialmente la resiliencia del sistema.

El CVV es una plataforma neuronal que promueve los atributos de restauración fisiológica, regulación mental y comportamientos prosociales.

El CVV también proporciona un ancla clave para construir las cruciales habilidades autorregulatorias que dan lugar a una mayor adaptabilidad y resiliencia sistémicas. Reforzar la capacidad de la persona de activar el CVV se propone como método para resintonizar el sistema nervioso autónomo en trastornos con una combinación de VFC reducida y un deterioro de la salud física, mental y social, como el síndrome de intestino irritable y la fibromialgia (Kolacz y Porges, 2018; Porges y Kolacz, 2018).

Tanto la plataforma neuronal del CVV como la guna sattva se correlacionan con la aparición de cualidades como conexión, tranquilidad, ecuanimidad y eudemonía. Proponemos que el sattva comparte características neurofisiológicas con los estados mediados por el CVV, durante los cuales aumenta el tono vagal cardiaco y se expresa el sistema de conexión social integrado expandido. Tanto el sattva como el CVV pueden relacionarse con estados de autorrestauración, interoceptividad y la aparición de emociones y comportamientos prosociales como la conexión y la eudemonía.

Como se ha mencionado anteriormente, el marco explicativo de la terapia de yoga se puede describir como la preparación del sistema para la aparición de la eudemonía, con sus correspondientes beneficios fisiológicos y para la salud mental (Sullivan et al., 2018). A través del potencial para el bienestar eudemónico y los cambios en relación con los fenómenos CMA, la terapia de yoga se propone para ayudar con varias patologías clínicas y poblaciones de pacientes. Por consiguiente, la relación recíproca entre el CVV y el sattva, que facilita la aparición del bienestar eudemónico, es importante para el proceso terapéutico del yoga y la aplicación de las prácticas de yoga. Se sugiere que desarrollar la facilidad de la persona para acceder a la guna sattva y a la plataforma neuronal del CVV y promoverlas es una etapa crucial y fundamental para aprender las habilidades autorregulatorias desde la que aparecerá la resiliencia. A través de procesos de autorregulación, el sistema nervioso facilita unas respuestas fisiológicas, psicológicas y conductuales saludables y más adaptativas y ofrece oportunidades de conocer mejor la relación con los fenómenos CMA para reducir y aliviar el sufrimiento personal. Los estados fisiológicos, psicológicos y prosociales adaptativos de eudemonía, conexión y ecuanimidad pueden emerger cuando predominan el sattva y el CVV. Las prácticas de yama/niyama, asanas, pranayama y meditación pueden mejorar el funcionamiento de vías vagales concretas que optimizan la plataforma neuronal del CVV o refuerzan la cualidad del sattva (Chu et al., 2017; Sarang y Telles, 2006; Telles et al., 2016; Tsuji et al., 1994; Tyagi y Cohen, 2016).

PRÁCTICAS DE YOGA PARA CULTIVAR LA RESILIENCIA

Promover prácticas que aumenten el sattva o la activación del CVV puede crear un contenedor terapéutico para cuestionar con seguridad el desarrollo de la resiliencia. Dentro de la teoría polivagal, estos retos se podrían conceptualizar como ejercicios neuronales que amplían la capacidad del CVV de regular el estado y promover la resiliencia. El yoga también incluye varias prácticas que logran efectos similares en la optimización del control autónomo, la aportación de una mayor adaptabilidad fisiológica y psicológica, y resiliencia, reduciendo la reactividad emocional y bajando el punto de ajuste fisiológico de la reactividad (Gard et al., 2014). Además de desarrollar la capacidad de regular a la baja, creemos que satisfacer las necesidades del entorno requiere una navegación sana por las plataformas neuronales del CVV, SNS y DVC, y sus combinaciones.

Desde la perspectiva del yoga, la importancia de la resiliencia también se refleja en el modelo de las gunas. Igual que el *Bhagavad Gītā* explica los beneficios del sattva, también proporciona el objetivo último de trascender las gunas mediante el desapego, la desidentificación y el reconocimiento de la impermanencia (Stoler-Miller, 2004). Se destaca que esta fluctuación y movimiento entre claridad (sattva), activación (rajas) y moderación (tamas) es un rasgo intrínseco de toda la naturaleza material (prak☒ti). Como todos los comportamientos y funciones neurofisiológicas dependen del movimiento de las gunas, la práctica del yoga no consiste en permanecer en sattva o en limitar el movimiento de las gunas. En lugar de eso, el yoga enseña una metodología para crear una relación diferente con la continua mezcla y movimiento de estas cualidades. Este objetivo subyacente se comparte con el modelo del ejercicio neuronal de la teoría polivagal. Es importante notar que este estado de discriminación entre puru☒a y prak☒ti, o las gunas, no es de no participación o desapego de la vida. Al contrario, es un estado en el que la persona experimenta el movimiento de las gunas, pero «el mundo no huye de él, ni él huye del mundo» (Stoler-Miller, 2004, p. 113). En otras palabras, mediante el yoga, la persona aprende a no ignorar el movimiento inherente a los fenómenos de CMA, sino a cambiar la relación con el movimiento de esos fenómenos. La práctica no pretende aislarnos subjetivamente del mundo, sino que proporciona una metodología y una tecnología para experimentar el mundo de manera que se reduzca el sufrimiento. La teoría polivagal proporciona una explicación neurofisiológica de los métodos y las técnicas integradas en el yoga.

Comprendiendo y discriminando entre este movimiento de las gunas que constituyen el CMA y la conciencia, o puruṣa, la persona es capaz de experimentar la ecuanimidad profunda, la alegría infinita y una sensación de calma pura incluso cuando el movimiento de las gunas continúa (Stoler-Miller, 2004). Cuando uno aprende a observar y experimentar este movimiento de las gunas sin juzgar, emerge una inquebrantable y profunda capacidad de ecuanimidad y alegría eudemónica (figura 5.1). La persona cambia su relación con las fluctuaciones de CMA y aprende a responder y a recibir los cambiantes fenómenos de la vida de manera diferente.

Las prácticas de yoga pueden reforzar este desarrollo de la resiliencia mediante la idea de movilización segura y de inmovilización segura. En el estado de movilización segura, se activa el SNS dentro del contenedor del CVV para la activación del sistema con seguridad. De un modo similar, dentro de la plataforma fundamental del sattva, la persona es capaz de utilizar el aumento de rajas para la creatividad, la motivación o el cambio, en lugar de que rajas se convierta en una fuerza negativa. Desarrollando una capacidad mejorada de emplear y activar la plataforma neuronal del CVV o sattva, tenemos mayor resiliencia al enfrentarnos a las perturbaciones. Por ejemplo, la persona puede aprender técnicas para establecer intenciones éticas, control atencional, varios tipos diferentes de meditación, respiración y movimiento para cultivar el sattva y mantener la plataforma neuronal regulada por el CVV. Luego, la persona puede adoptar posturas difíciles o activadoras o técnicas de respiración que imiten la activación del sistema. La resiliencia se cultiva manteniendo o creando la facilidad de encontrar estados mentales o fisiológicos en calma estando activado. La persona puede aprender a moverse entre los estados de las gunas y las plataformas neuronales o experimentar el estado combinado del sattva con el rajas, o promover neurofisiológicamente una plataforma neuronal que integre el CVV con el SNS.

Trabajando con las cualidades del rajas y el tamas mientras se mantiene acceso al sattva, puede ampliarse la ventana de tolerancia para las sanaciones y facilitarse la resiliencia. Manteniendo la plataforma neuronal del CVV mientras se activa el sistema, así como alternando entre prácticas de relajación y de activación, la persona puede promover tanto la regulación como la resiliencia del sistema. Así, mediante el mantenimiento de la base del sattva, que proporciona claridad y perspectiva mientras se experimenta la activación, la persona puede encontrar maneras de cambiar la relación con CMA, aprendiendo así herramientas de autorregulación que refuerzan la resiliencia. La capacidad de discernir, alterar la reactividad e incluso de mantener una actitud positiva en presencia de activación ofrece un importante recurso para promover la autorregulación, que se puede utilizar en respuesta a estresores en el CMA, incluyendo la experiencia del dolor, la enfermedad o la discapacidad, y, por ende, mejorando la resiliencia tanto fisiológica como psicológicamente.

El proceso de terapia de yoga fomenta una base de seguridad/CVV desde la cual rajas/SNS y tamas/DVC se pueden experimentar con mayor adaptabilidad y resiliencia en relación con los fenómenos CMA (figura 5.1).

DEBATE

Este capítulo ofrece un modelo teórico basado en una visión convergente del yoga y la teoría polivagal, dos sistemas explicativos análogos para comprender el funcionamiento y la interacción de las plataformas neuronales subyacentes (teoría polivagal) y las gunas (yoga), y su papel en la manifestación de los atributos fisiológicos, psicológicos y comportamentales. Influyendo en la plataforma neuronal o en el predominio de las gunas, y en la propia relación con estas plataformas neuronales cambiantes o cualidades, se altera la predisposición atencional de la persona. El desarrollo de la conciencia interoceptiva y de la sensibilidad promueve la regulación y la resiliencia con respecto a estas plataformas neuronales cambiantes y gunas en respuesta a los fenómenos de CMA. Además, las gunas del yoga y las plataformas neuronales de la teoría polivagal comparten características que discurren en paralelo, donde la plataforma neuronal refleja el predominio de la guna y el predominio de la guna refleja la plataforma neuronal.

Se sugiere que el yoga proporciona una forma de ejercicio neuronal y una metodología de trabajo con las gunas para la regulación y la resiliencia del sistema. Aunque altere o cambie la relación consciente con el estado subyacente de las gunas y las plataformas neuronales descritas por la teoría polivagal, la predisposición atencional se ve afectada y los procesos fisiológicos, psicológicos y comportamentales se ven influidos recíprocamente (Payne y Crane-Godreau, 2015; Porges y Carter, 2017). Las prácticas de yoga pueden promover la accesibilidad del CVV y el equilibrio relativo del sattva con las otras gunas para apoyar procesos de restauración fisiológica y estados psicológicos y comportamentales positivos. Las prácticas de yoga también se pueden considerar como una ayuda para desarrollar la facilidad de entrar y salir del dominio relativo de estos estados teóricos de las plataformas neuronales y las gunas de manera que se cultive la resiliencia del sistema. A medida que la persona aprende las herramientas para la autorregulación para explorar y potencialmente alterar la relación con los fenómenos CMA, la relación con el sufrimiento puede mejorar (figura 5.1).

Aunque no queremos transmitir que el objetivo final sea cultivar el sattva, la correlación teórica con la plataforma neuronal del CVV puede verse como un sustrato neurofisiológico o un peldaño importante hacia la aparición de estados como la eudemonía, la conexión o la tranquilidad. De manera similar, no estamos sugiriendo que las otras gunas y plataformas neuronales sean malas, ya que esas energías y estados son inseparables y adaptativos para comprender la complejidad de la experiencia y el comportamiento humanos, y de ahí la potencial influencia de un marco de terapia de yoga para el bienestar. La capacidad de cultivar el bienestar eudemónico es importante para el marco explicativo de la terapia de yoga, al beneficiar a varias poblaciones de pacientes y a diversas enfermedades a nivel de la salud física, mental y comportamental, y en el bienestar. Los estados de eudemonía, calma o tranquilidad que pueden emerger del cultivo de las prácticas de yoga influyen en la predisposición atencional, de manera que se puede aprender una relación más sana con las condiciones de CMA y se pueden reforzar las habilidades autorregulatorias.

Desde una base reforzada de la plataforma neuronal del CVV y la guna del sattva, la persona tiene los recursos para pasar por los estados de rajas y tamas o SNS y DVC dominantes, cultivando la adaptabilidad, la flexibilidad y la resiliencia del sistema. Las prácticas de yoga que incluyen los procesos tanto descendentes como ascendentes se pueden utilizar para cultivar la resiliencia, moviéndonos entre las plataformas neuronales y las gunas (figura 5.1).

Este modelo se puede utilizar de varias maneras. En una práctica de este modelo, el sattva y el CVV sirven como métodos de autorregulación, y las prácticas de yoga desarrollan las herramientas para regresar a estos estados restaurativos y de calma y reforzarlos. Esta práctica es útil si la persona experimenta los estados maladaptativos o abrumadores del rajas y el SNS o del tamas y el DVC, pudiendo aprender a utilizar las técnicas de la terapia de yoga para volver al sattva o al CVV para encontrar claridad y calma. En otra práctica de este modelo, la persona aprende a cambiar la relación con su umbral de tolerancia y a ampliarlo con respecto al rajas y al tamas, y al SNS y al DVC, aumentando así la experiencia de movilización segura e inmovilización segura. Esto significa que la persona aprende a encontrar apoyo en un estado subyacente de sattva o CVV mientras se activan otras plataformas o cualidades de rajas y SNS o tamas y DVC. Un ejemplo es el uso de posturas o técnicas de respiración que activan el sistema, realizando simultáneamente prácticas de intención, meditación y técnicas de respiración para facilitar la intención subyacente de conexión, calma o tranquilidad.

El paralelismo con influir en la plataforma neuronal subyacente o estado de guna es importante para permitir que la terapia de yoga se practique de manera coherente con sus fundamentos filosóficos, mientras es traducible al pensamiento neurofisiológico actual. La capacidad de utilizar el marco explicativo existente proporcionado por el yoga y las gunas, combinado con el modelo bioconductual establecido por la teoría polivagal, permite traducir la terapia de yoga en la atención sanitaria y la investigación sin necesidad de adoptar un modelo neurofisiológico externo e intentar hacer encajar el yoga en ese modelo.

Este trabajo contribuirá a que la terapia de yoga se comprenda como una profesión sanitaria diferenciada, beneficiosa para el bienestar fisiológico, psicológico y comportamental de diversas poblaciones de pacientes mediante el cultivo de habilidades autorregulatorias, resiliencia y bienestar eudemónico. Este modelo respalda la creación de herramientas de evaluación de la terapia de yoga para identificar el predominio de la guna subyacente. Además, ayuda al terapeuta de yoga a evaluar, valorar y crear intervenciones dirigidas a trabajar con el predominio de la guna subyacente y con plataformas neuronales identificables y medibles hacia esos objetivos. En lugar de crear protocolos para patologías alopáticas, el terapeuta de yoga influye en esos estados de guna subyacentes y plataformas neuronales para enfocarse en las necesidades únicas de cada persona. Los esfuerzos para tender puentes como este trabajo ayudarían a los terapeutas de yoga que trabajan con clientes de un modo basado simultáneamente en la teoría fundacional del yoga y ofrecerían más lenguaje traslacional para la investigación, para el público y para su integración en la atención sanitaria.

IMPLICACIONES Y DIRECCIONES FUTURAS

El modelo teórico propuesto en este capítulo señala varias implicaciones y direcciones futuras. Se sugiere que la investigación de la terapia de yoga incluya el sistema integral del yoga en los protocolos de intervención, incluyendo yama y niyama (prácticas intencionales éticas), asanas (posturas), pranayama (prácticas de respiración) y meditación. Para reflejar la intención del yoga, la aplicación y la investigación del yoga para poblaciones diversas ganarían si se orientaran hacia ideas como facilitar el bienestar eudemónico. Además, se propone centrar las intervenciones de terapia de yoga en los estados de guna o plataformas neuronales para mejorar la autorregulación y la resiliencia, y su relación con el cultivo del bienestar eudemónico, lo cual da lugar a varias direcciones de estudio futuro:

1. Examinar el bienestar eudemónico, la interocepción y los índices de VFC (por ejemplo, la arritmia sinusal respiratoria) como mecanismos subyacentes a través de los cuales la terapia de yoga mejora las mediciones de resultados, como una mejor calidad de vida, autorregulación y resiliencia, y un menor dolor, inflamación, soledad percibida, ansiedad y depresión en diferentes poblaciones de pacientes y patologías.
2. Explorar la relación entre los índices de VFC, mediciones de interocepción y bienestar eudemónico, y su conexión con la salud y el bienestar fisiológico, psicológico y comportamental, tanto cuantitativa como cualitativamente.
3. Comprobar la hipótesis de la convergencia de las plataformas neuronales y las gunas. Sería particularmente interesante investigar si los estados fisiológicos identificados por la teoría polivagal son paralelos a los estados y procesos descritos en el yoga. Por ejemplo, ¿se asocia el estado del CVV, expresado como una mayor arritmia sinusal respiratoria, menor presión arterial y menos catecolaminas, con experiencias subjetivas como la calma, la ecuanimidad y la conexión que los practicantes describen como sattva? ¿Se asocia el estado SNS, expresado como una menor arritmia sinusal respiratoria, mayor presión arterial y más catecolaminas, con experiencias subjetivas como la ansiedad, el miedo o la preocupación que los practicantes describen como rajas? ¿Se asocia el estado del DVC, expresado como menor actividad, menor frecuencia cardiaca y menor presión arterial, con experiencias subjetivas como la desconexión del mundo que los practicantes describen como tamas?
4. Seguir con la definición de las gunas y de su relación con las plataformas neuronales y con el uso de su valoración, evaluación e intervención focalizada para facilitar la regulación, la resiliencia y la salud y el bienestar fisiológico, psicológico y comportamental en varias poblaciones de clientes y patologías.

CONCLUSIÓN

Se propone que la terapia de yoga facilita el bienestar eudemónico con sus numerosos efectos para la salud física, mental y comportamental en varias poblaciones mediante el desarrollo de habilidades autorregulatorias y el cultivo de la resiliencia del sistema (figura 5.1). Los atributos de las gunas del yoga y de las plataformas neuronales de la teoría polivagal, aunque no son los mismos, se reflejan mutuamente. Así, trabajar con las gunas y las plataformas neuronales subyacentes a los atributos físicos, psicológicos y comportamentales proporciona una metodología para la aplicación de las prácticas del yoga que facilite la regulación sistémica y la resiliencia.

La terapia de yoga construye una base sólida en el sattva y en la plataforma neuronal del CVV para que emerjan la conexión, la tranquilidad y la eudemonía con los correspondientes beneficios para la salud y el bienestar fisiológico, psicológico y comportamental. Además, la resiliencia se facilita mediante el cambio en la relación con las fluctuaciones naturales de las gunas de rajas y tamas y sus contrapartes, las plataformas neuronales del SNS y el DVC, de manera que la persona aprende a volver efectivamente a estados de restauración y a desarrollar la resiliencia (figura 5.1).

Cuando el yoga se practica y se comprende como un sistema cohesivo e integral, se pueden lograr beneficios para la autorregulación y la resiliencia. Al aprender nuevas respuestas a potenciales factores estresantes del CMA, se puede experimentar una mejor salud y bienestar fisiológico, psicológico y comportamental. La convergencia de la teoría polivagal y las gunas puede ayudar a considerar la terapia de yoga como un método que refuerza la autorregulación y la resiliencia, reduciendo la carga alostática mediante la construcción de relaciones saludables con los fenómenos de CMA. Cuando la terapia de yoga se aplica a través de este punto de vista, cambiando los estados de guna subyacentes y las plataformas neuronales, la naturaleza integrada de la práctica puede considerarse distinta de otras prácticas de salud complementaria e integrativa. Se espera que esto contribuya a informar tanto los contextos investigativos como sanitarios interesados en integrar las intervenciones de yoga para diversas poblaciones de pacientes y patologías.

AGRADECIMIENTOS

Queremos dar las gracias a Richard Miller, Neil Pearson, Erin Byron y Peter Payne por las fructíferas conversaciones sobre los temas tratados.

REFERENCIAS

Bawra, B. V. (2012). Samkhya Karika. Ravenna, OH: Brahmrishi Yoga.

Berntson, G. G., Cacioppo, J. T., y Quigley, K. S. (1991). Autonomic determinism: The modes of autonomic control, the doctrine of autonomic space and the laws of autonomic constraint. *Psychological Review, 98*, 459-487.

Black, D. S., Cole, S. W., Irwin, M. R., Breen, E., St. Cyr, N. M., Nazarian, N., Khalsa, D. S., y Lavretsky, H. (2013). Yogic meditation reverses NF-κB and IRF-related transcriptome dynamics in leukocytes of family dementia caregivers in a randomized controlled trial. *Psychoneuroendocrinology, 38*, 348-355. https://doi.org/10.1016/j.psyneuen.2012.06.011

Bower, J. E., Greendale, G., Crosswell, A. D., Garet, D., Sternlieb, B., Ganz, P. A., Irwin, M. R., Olmstead, R., Arevalo, J., y Cole, S. W. (2014). Yoga reduces inflammatory signaling in fatigued breast cancer survivors: A randomized controlled trial. *Psychoneuroendocrinology, 43*, 20-29. https://doi.org/10.1016/j.psyneuen.2014.01.019

Brown, R. P., y Gerbarg, P. L. (2005a). Sudarshan Kriya yogic breathing in the treatment of stress, anxiety, and depression: Part II—clinical applications and guidelines. *Journal of Alternative and Complementary Medicine, 11*, 711-717. https://doi.org/10.1089/acm.2005.11.711

Brown, R. P., y Gerbarg, P. L. (2005b). Sudarshan Kriya yogic breathing in the treatment of stress, anxiety, and depression: Part I—neurophysiologic model. *Journal of Alternative and Complementary Medicine, 11*, 189-201. https://doi.org/10.1089/acm.2005.11.189

Brown, R. P., y Gerbarg, P. L. (2012). *The healing power of the breath: Simple techniques to reduce stress and anxiety, enhance concentration and balance your emotions*. Boston, MA: Trumpeter.

Brown, R. P., Gerbarg, P. L., y Muench, F. (2013). Breathing practices for treatment of psychiatric and stress-related medical conditions. *Psychiatric Clinics of North America, 36*, 121-140. https://doi.org/10.1016/j.psc.2013.01.001

Ceunen, E., Vlaeyen, J. W., y Van Diest, I. (2016). On the origin of interoception. *Frontiers in Psychology, 7*, 743. https://doi.org/10.3389/fpsyg.2016.00743

Chu, I.-H., Wu, W.-L., Lin, I.-M., Chang, Y.-K., Lin, Y.-J., y Yang, P.-C. (2017). Effects of yoga on heart rate variability and depressive symptoms in women: A randomized controlled trial. Journal of Alternative and Complementary Medicine, 23, 310-316. https://doi.org/10.1089/acm.2016.0135

Cole, S. W. (2013). Social regulation of human gene expression: Mechanisms and implications for public health. *American Journal of Public Health, 103*, S84–S92. https://doi.org/10.2105/ajph.2012.301183

Cole, S. W., Levine, M. E., Arevalo, J. M., Ma, J., Weir, D. R., y Crimmins, E. M. (2015). Loneliness, eudaimonia and the human conserved transcriptional response to adversity. *Psychoneuroendocrinology, 62*, 11–17. https://doi.org/10.1016/j.psyneuen.2015.07.001

Cottingham, J. T., Porges, S. W., y Lyon, T. (1988). Effects of soft tissue mobilization (Rolfing pelvic lift) on parasympathetic tone in two age groups. *Physical Therapy, 68*, 352–356. https://doi.org/10.1093/ptj/68.3.352

Cottingham, J. T., Porges, S. W., y Richmond, K. (1988). Shifts in pelvic inclination angle and parasympathetic tone produced by rolfing soft tissue manipulation. *Physical Therapy, 68*, 1364–1370. https://doi.org/10.1093/ptj/68.9.1364

Craig, A. D. (2015). *How do you feel? An interoceptive moment with your neurobiological self.* Princeton University Press.

Cramer, H., Anheyer, D., Lauche, R., y Dobos, G. (2017). A systematic review of yoga for major depressive disorder. *Journal of Affective Disorders, 213*, 70–77. https://doi.org/10.1016/j.jad.2017.02.006

Dale, L. P., Carroll, L. E., Galen, G., Hayes, J. A., Webb, K. W., y Porges, S. W. (2009). Abuse history is related to autonomic regulation to mild exercise and psychological wellbeing. *Applied Psychophysiology and Biofeedback, 34*, 299–308. https://doi.org/10.1007/s10484-009-9111-4

Dale, L. P., Carroll, L. E., Galen, G. C., Schein, R., Bliss, A., Mattison, A. M., y Neace, W. (2011). Yoga practice may buffer the deleterious effects of abuse on women's self-concept and dysfunctional coping. Journal of Aggression, *Maltreatment, and Trauma, 20*, 90–102. https://doi.org/10.1080/10926771.2011.538005

Easwaran, E. (trad.). (2007). *The Upanishads.* Blue Mountain Center of Meditation.

Eckberg, D. L. (2003). The human respiratory gate. *Journal of Physiology, 548*, 339–352. https://doi.org/10.1113/jphysiol.2002.037192

Farb, N., Daubenmier, J., Price, C. J., Gard, T., Kerr, C., Dunn, B. D., Klein, A. C., Paulus, M. P., y Mehling, W. E. (2015). Interoception, contemplative practice and health. *Frontiers in Psychology, 6*, 763. https://doi.org/10.3389/fpsyg.2015.00763

Felitti, V. J., Anda, R. F., Nordenberg, D., Williamson, D. F., Spitz, A. M., Edwards, V., Koss, M. P., y Marks, J. S. (1998). Relationship of childhood abuse and household dysfunction to many of the leading causes of death in adults. *American Journal of Preventive Medicine, 14,* 245–258. https://doi.org/10.1016/s0749-3797(98)00017-8

Fiori, F., Aglioti, S. M., y David, N. (2017). Interactions between body and social awareness in yoga. *Journal of Alternative and Complementary Medicine, 23,* 227–233. https://doi.org/10.1089/acm.2016.0169

Fredrickson, B. L., Grewen, K. M., Coffey, K. A., Algoe, S. B., Firestine, A. M., Arevalo, J. M., Ma, J., y Cole, S. W. (2013). A functional genomic perspective on human well-being. *Proceedings of the National Academy of Sciences USA, 110,* 13684–13689. https://doi.org/10.1073/pnas.1305419110

Gard, T., Noggle, J. J., Park, C. L., Vago, D. R., y Wilson, A. (2014). Potential self-regulatory mechanisms of yoga for psychological health. *Frontiers in Human Neuroscience, 8,* 770. https://doi.org/10.3389/fnhum.2014.00770

Haase, L., Stewart, J. L., Youssef, B., May, A. C., Isakovic, S., Simmons, A. N., Johnson, D. C., Potterat, E. G., y Paulus, M. P. (2016). When the brain does not adequately feel the body: Links between low resilience and interoception. *Biological Psychology, 113,* 37–45. https://doi.org/10.1016/j.biopsycho.2015.11.004

Halifax, J. (2012). A heuristic model of enactive compassion. *Current Opinion in Supportive and Palliative Care, 6,* 228–235. https://doi.org/10.1097/spc.0b013e3283530fbe

Hayano, J., y Yasuma, F. (2003). Hypothesis: Respiratory sinus arrhythmia is an intrinsic resting function of cardiopulmonary system. *Cardiovascular Research, 58,* 1–9. https://doi.org/10.1016/s0008-6363(02)00851-9

Henje Blom, E., Duncan, L. G., Ho, T. C., Connolly, C. G., LeWinn, K. Z., Chesney, M., Hecht, F. M., y Yang, T. T. (2014). The development of an RDoC-based treatment program for adolescent depression: "Training for Awareness, Resilience, and Action" (TARA). *Frontiers in Human Neuroscience, 8,* 630. https://doi.org/10.3389/fnhum.2014.00630

Hofmann, S. G., Andreoli, G., Carpenter, J. K., y Curtiss, J. (2016). Effect of hatha yoga on anxiety: A meta-analysis: Yoga for anxiety. *Journal of Evidence-Based Medicine, 9,* 116–124. https://doi.org/10.1111/jebm.12204

Ivtzan, I., y Papantoniou, A. (2014). Yoga meets positive psychology: Examining the integration of hedonic (gratitude) and eudaimonic (meaning) wellbeing in relation to the extent of yoga practice. *Journal of Bodywork and Movement Therapy, 18,* 183–189. https://doi.org/10.1016/j.jbmt.2013.11.005

Jackson, J. H. (1884). The Croonian lectures on evolution and dissolution of the nervous system. *British Medical Journal, 1,* 703–707. https://doi.org/10.1016/s0140-6736(02)23422-4

Jeter, P. E., Slutsky, J., Singh, N., y Khalsa, S. B. S. (2015). Yoga as a therapeutic intervention: A bibliometric analysis of published research studies from 1967 to 2013. *Journal of Alternative and Complementary Medicine, 21,* 586–592. https://doi.org/10.1089/acm.2015.0057

Keyes, C. L., y Simoes, E. J. (2012). To flourish or not: Positive mental health and all-cause mortality. *American Journal of Public Health, 102,* 2164–2172. https://doi.org/10.2105/ajph.2012.300918

Khattab, K., Khattab, A. A., Ortak, J., Richardt, G., y Bonnemeier, H. (2007). Iyengar yoga increases cardiac parasympathetic nervous modulation among healthy yoga practitioners. *Evidence-Based Complementary and Alternative Medicine, 4,* 511–517. https://doi.org/10.1093/ecam/nem087

Kolacz, J., y Porges, S. W. (2018). Chronic diffuse pain and functional gastrointestinal disorders after traumatic stress: Pathophysiology through a polyvagal perspective. *Frontiers in Medicine, 5,* 145. https://doi.org/10.3389/fmed.2018.00145

Larson, G. J., e Isvarakrsna. (2014). *Classical Samkhya: An interpretation of its history and meaning.* Motilal Banarsidass.

Mackenzie, M. J., Carlson, L. E., Paskevich, D. M., Ekkekakis, P., Wurz, A. J., Wytsma, K., Krenz, K. A., McAuley, E., y Culos-Reed, S. N. (2014). Associations between attention, affect, and cardiac activity in a single yoga session for female cancer survivors: An enactive neurophenomenology-based approach. *Consciousness and Cognition, 27,* 129–146. https://doi.org/10.1016/j.concog.2014.04.005

Mallinson, J., y Singleton, M. (2017). *Roots of yoga.* Penguin.

Mehling, W. E., Wrubel, J., Daubenmier, J. J., Price, C. J., Kerr, C. E., Silow, T., Gopisetty, V., y Stewart, A. L. (2011). Body awareness: A phenomenological inquiry into the common ground of mind-body therapies. *Philosophy, Ethics, and Humanities in Medicine, 6,* 6. https://doi.org/10.1186/1747-5341-6-6

Miller, R. (2012). *The Samkhya Karika.* Integrative Restoration Institute.

Muehsam, D., Lutgendorf, S., Mills, P. J., Rickhi, B., Chevalier, G., Bat, N., Chopra, D., y Gurfein, B. (2017). The embodied mind: A review on functional genomic and neurological correlates of mind-body therapies.

Neuroscience and Biobehavioral Reviews, 73, 165–181. https://doi.org/10.1016/j.neubiorev.2016.12.027

Ostwald, M. (1962). *Aristotle: Nicomachean ethics.* Library of Liberal Arts.

Park, G., y Thayer, J. F. (2014). From the heart to the mind: Cardiac vagal tone modulates top-down and bottom-up visual perception and attention to emotional stimuli. *Frontiers in Psychology, 5,* 278. https://doi.org/10.3389/fpsyg.2014.00278

Pascoe, M. C., y Bauer, I. E. (2015). A systematic review of randomised control trials on the effects of yoga on stress measures and mood. *Journal of Psychiatric Research, 68,* 270–282. https://doi.org/10.1016/j.jpsychires.2015.07.013

Payne, P., y Crane-Godreau, M. A. (2015). The preparatory set: A novel approach to understanding stress, trauma and the bodymind therapies. *Frontiers in Human Neuroscience, 9,* 178. https://doi.org/10.3389/fnhum.2015.00178

Porges, S. W. (1993). The infant's sixth sense: Awareness and regulation of bodily processes. *Zero to Three, 14,* 12–16.

Porges, S. W. (1995). Orienting in a defensive world: Mammalian modifications of our evolutionary heritage. A Polyvagal Theory. *Psychophysiology, 32,* 301–318. https://doi.org/10.1111/j.1469-8986.1995.tb01213.x

Porges, S. W. (1998). Love: An emergent property of the mammalian autonomic nervous system. *Psychoneuroendocrinology, 23,* 837–861. https://doi.org/10.1016/S0306-4530(98)00057-2

Porges, S. W. (2001). The Polyvagal Theory: Phylogenetic substrates of a social nervous system. *International Journal of Psychophysiology, 42,* 123–146. https://doi.org/10.1016/S0167-8760(01)00162-3

Porges, S. W. (2003). The Polyvagal Theory: Phylogenetic contributions to social behavior. *Physiology and Behavior, 79,* 503–513. https://doi.org/10.1016/S0031-9384(03)00156-2

Porges, S. W. (2004). Neuroception: A subconscious system for detecting threats and safety. *Zero to Three, 24,* 19–24.

Porges, S. W. (2007). The polyvagal perspective. *Biological Psychology, 74,* 116–143. https://doi.org/10.1016/j.biopsycho.2006.06.009

Porges, S. W. (2009). The Polyvagal Theory: New insights into adaptive reactions of the autonomic nervous system. *Cleveland Clinic Journal of Medicine, 76*(S2), S86–S90. https://doi.org/10.3949/ccjm.76.s2.17

Porges, S. W. (2011). *The Polyvagal Theory: Neurophysiological foundations of emotions, attachment, communication, and self-regulation.* Norton.

Porges, S. W. (2017). Vagal pathways: Portals to compassion. En E. M. Seppala (Ed.), *The Oxford handbook of compassion science* (pp. 189–202). Oxford University Press.

Porges, S. W., y Carter, C. S. (2017). Polyvagal Theory and the social engagement system: Neurophysiological bridge between connectedness and health. En P. L. Gerbarg, P. R. Muskin, y R. P. Brown (Eds.), *Complementary and integrative treatments in psychiatric practice* (pp. 221–240). American Psychiatric Association.

Porges, S. W., Doussard-Roosevelt, J. A., y Maiti, A. K. (1994). Vagal tone and the physiological regulation of emotion. *Monographs of the Society for Research in Child Development, 59,* 167–186. https://doi.org/10.1111/j.1540-5834.1994.tb01283.x

Porges, S. W., y Kolacz, J. (2018). Neurocardiology through the lens of the Polyvagal Theory. En R. J. Gelpi y B. Buchholz (Eds.), *Neurocardiology: Pathophysiological aspects and clinical implications* (pp. 343–351). Elsevier.

Resnick, B., Galik, E., Dorsey, S., Scheve, A., y Gutkin, S. (2011). Reliability and validity testing of the physical resilience measure. *Gerontologist, 51,* 643–652. https://doi.org/10.1093/geront/gnr016

Sarang, P., y Telles, S. (2006). Effects of two yoga based relaxation techniques on heart rate variability (HRV). *International Journal of Stress Management, 13,* 460–475.

Schmalzl, L., Powers, C., y Henje Blom, E. (2015). Neurophysiological and neurocognitive mechanisms underlying the effects of yoga-based practices: Towards a comprehensive theoretical framework. *Frontiers in Human Neuroscience, 9,* 235. https://doi.org/10.3389/fnhum.2015.00235

Singleton, M. (2010). *Yoga body: The origins of modern posture practice.* Oxford University Press.

Smith, R., Thayer, J. F., Khalsa, S. S., y Lane, R. D. (2017). The hierarchical basis of neurovisceral integration. *Neuroscience and Biobehavioral Reviews,* 75, 274–296. https://doi.org/10.1016/j.neubiorev.2017.02.003

Stoler-Miller, B. (1998). *Yoga: Discipline of freedom.* Bantam.

Stoler-Miller, B. (Trad.). (2004). *The Bhagavad-Gita.* Bantam Classics.

Streeter, C. C., Gerbarg, P. L., Saper, R. B., Ciraulo, D. A., y Brown, R. P. (2012). Effects of yoga on the autonomic nervous system, gamma-aminobutyric-acid and allostasis in epilepsy, depression and post-traumatic stress disorder. *Medical Hypotheses, 78,* 571–579. https://doi.org/10.1016/j.mehy.2012.01.021

Strigo, I. A., y Craig, A. D. (2016). Interoception, homeostatic emotions and sympathovagal balance. *Philosophical Transactions of the Royal Society of London. B: Biological Sciences, 371,* 20160010. https://doi.org/10.1098/rstb.2016.0010

Sullivan, M. B., Moonaz, S., Weber, K., Taylor, J. N., y Schmalzl, L. (2018). Toward an explanatory framework for yoga therapy informed by philosophical and ethical perspectives. *Alternative Therapies in Health and Medicine, 24,* 38–47.

Taylor, A. G., Goehler, L. E., Galper, D. I., Innes, K. E., y Bourguignon, C. (2010). Top-down and bottom-up mechanisms in mind-body medicine: Development of an integrative framework for psychophysiological research. *Explore, 6,* 29–41. https://doi.org/10.1016/j.explore.2009.10.004

Telles, S., Sharma, S. K., Gupta, R. K., Bhardwaj, A. K., y Balkrishna, A. (2016). Heart rate variability in chronic low back pain patients randomized to yoga or standard care. *BMC Complementary and Alternative Medicine, 16,* 279. https://doi.org/10.1186/s12906-016-1271-1

Thayer, J. F., y Lane, R. D. (2000). A model of neurovisceral integration in emotion regulation and dysregulation. *Journal of Affective Disorders, 61,* 201–216. https://doi.org/10.1016/S0165-0327(00)00338-4

Tsuji, H., Venditti, F. J., Jr., Manders, E. S., Evans, J. C., Larson, M. G., Feldman, C. L., y Levy, D. (1994). Reduced heart rate variability and mortality risk in an elderly cohort. The Framingham Heart Study. *Circulation, 90,* 878–883. https://doi.org/10.1161/01.CIR.90.2.878

Tugade, M. M., y Fredrickson, B. L. (2004). Resilient individuals use positive emotions to bounce back from negative emotional experiences. *Journal of Personality and Social Psychology, 86,* 320–333. https://doi.org/10.1037/0022-3514.86.2.320

Tugade, M. M., y Fredrickson, B. L. (2007). Regulation of positive emotions: Emotion regulation strategies that promote resilience. *Journal of Happiness Studies, 8,* 311–333. https://doi.org/10.1007/s10902-006-9015-4

Tyagi, A., y Cohen, M. (2016). Yoga and heart rate variability: A comprehensive review of the literature. *International Journal of Yoga, 9,* 97–113. https://doi.org/10.4103/0973-6131.183712

Whitson, H. E., Duan-Porter, W., Schmader, K. E., Morey, M. C., Cohen, H. J., y Colón-Emeric, C. S. (2016). Physical resilience in older adults: Systematic review and development of an emerging construct. *Journals of Gerontology. A: Biological Sciences and Medical Sciences, 71*, 489–495. https://doi.org/10.1093/gerona/glv202

6

MOVIMIENTO BASADO EN EL *MINDFULNESS*

UNA PERSPECTIVA POLIVAGAL

Alexander R. Lucas, Heidi D. Klepin,
Stephen W. Porges y W. Jack Rejeski

Exercise Is Medicine («El ejercicio es medicina») es una iniciativa de salud global dirigida por el *American College of Sports Medicine*, que anima a los médicos de cabecera y a otros profesionales de la salud a incluir el ejercicio en el plan de tratamiento del alumnado. Aunque existe un robusto apoyo empírico a los beneficios del ejercicio sobre la salud, las tasas de recidiva son elevadas, y la idea de hacer ejercicio no suele resultar atractiva para quienes tienen sobrepeso, soportan la carga de síntomas físicos y a menudo ven limitadas sus capacidades. Asimismo, el ejercicio no anula los efectos negativos de un comportamiento excesivamente sedentario. En este capítulo, nos centramos en el cáncer e introducimos el concepto de movimiento basado en el *mindfulness* (MBM), una intervención novedosa que abarca todo el espectro de la actividad física.

Hay tres principios fundamentales que sirven como andamiaje para esta intervención. En primer lugar, el MBM se arraiga conceptualmente en la teoría polivagal (Porges, 2007). En segundo lugar, es importante moverse y hacerlo a menudo, por muy simple o limitado que sea el movimiento. En tercer lugar, todo movimiento —simple o complejo, de baja o de alta demanda— merece la atención completa de quienes participan. Esta orientación da oportunidades para una experiencia corpórea y relacional: el movimiento se convierte en un estado de ser en lugar de hacer (Kabat-Zinn, 1994). En cuarto lugar, si los síntomas y las patologías lo permiten, el objetivo es reducir el comportamiento sedentario y aumentar los niveles moderados a enérgicos de actividad física.

Como breve resumen para el lector, el MBM representa una intervención para promover un amplio espectro de comportamientos activos tanto durante como después del tratamiento oncológico. Reconoce los importantes beneficios para la salud que se pueden obtener al reducir el comportamiento sedentario y aumentar las formas moderadas a enérgicas de movimiento. El MBM se realiza como intervención grupal y promueve emociones positivas, así como la dimensión relacional y lúdica de varias formas de actividad. Según la visión de Porges (2015, capítulo 3), las formas lúdicas de actividad física que implican interactuar con otras personas constituyen un ejercicio neuronal que ayuda al alumnado a pasar de estados motores activados a estados de calma. La teoría polivagal, que constituye la base del MBM, plantea que ejercitar el sistema de conexión social es la estrategia por defecto del ser humano para modular el estrés. Esta capacidad reside en dicho sistema porque las interacciones cara a cara positivas activan vías neuronales a lo largo del nervio vago que regulan a la baja la activación simpática asociada tanto con el ejercicio como con el estrés.

Desde el punto de vista de la teoría polivagal, el MBM funciona como un ejercicio neuronal en el que el estado fisiológico se regula mediante la interacción entre actividad física, conexión social y atención consciente. Durante los estados de calma, en los que opera el sistema de conexión social, las señales sociales de la voz y del rostro mantienen una fisiología de seguridad caracterizada por una fuerte influencia vagal sobre el corazón, que respalda la salud, el crecimiento y la restauración. El ejercicio requiere un aumento del rendimiento cardiaco mediante la inhibición de la influencia vagal y el incremento de las influencias simpáticas. La alternancia entre movimiento y conexión social ofrece oportunidades para ejercitar la regulación neuronal del sistema nervioso autónomo. Al eliminar repetidamente la inhibición vagal para sostener el movimiento y recuperarla después, el sistema nervioso desarrolla una mayor eficiencia en el cambio de estados de activación a calma. Esta capacidad de regulación es especialmente relevante en oncología, dado que algunos hallazgos relacionan el funcionamiento del sistema nervioso autónomo con los resultados en cáncer de próstata y de mama (Couck et al., 2016; Magnon et al., 2013).

Este capítulo se divide en cuatro partes. En la primera, se resume brevemente el campo de la actividad física en el contexto de los cuidados y el control oncológicos. En la segunda, se examina el concepto de *mindfulness* aplicado al cáncer, destacando su relación con la corporeización y las relaciones humanas. En la tercera, se analiza en detalle el valor del MBM, como base para la cuarta y última parte, que lo describe desde la perspectiva de la teoría polivagal.

EL PAPEL DE LA ACTIVIDAD FÍSICA EN LOS CUIDADOS Y EL CONTROL ONCOLÓGICOS

La actividad física recibe una atención creciente en el contexto de los cuidados y del control oncológicos. Una característica clave del MBM es que incluye todo el espectro de la actividad física. El razonamiento de esta decisión se desarrolla y refuerza a lo largo del capítulo. De forma resumida, como se muestra en la figura 6.1, el movimiento es inherente a una serie de actividades, desde los cambios posturales hasta las tareas cotidianas, así como a las actividades de ocio que implican ejercicio ligero o enérgico. Es especialmente importante reducir el tiempo dedicado a los comportamientos sedentarios (extremo izquierdo del continuo) y aumentar el tiempo en actividades de intensidad ligera a elevada (centro y extremo derecho).

Figura 6.1. Continuo de la actividad física

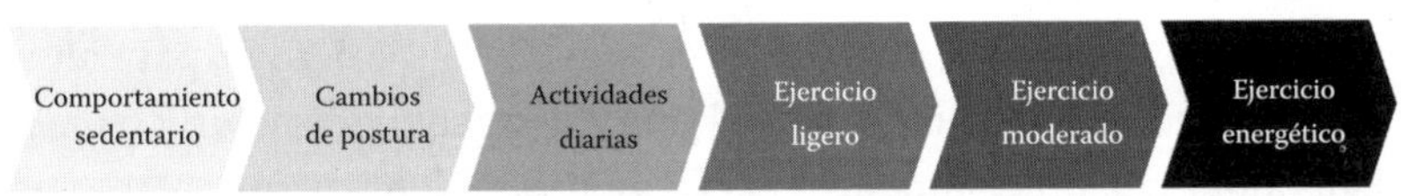

Algunos de los primeros estudios que examinaron la actividad física en personas con cáncer se realizaron en los años ochenta por MacVicar, Winningham y sus equipos (MacVicar et al., 1989; Winningham y MacVicar, 1988; Winningham et al., 1989). Un total de 45 mujeres con cáncer de mama que recibían quimioterapia adyuvante fueron asignadas aleatoriamente a una de tres condiciones: (a) diez semanas de ejercicio aeróbico de alta intensidad, (b) estiramientos y ejercicios de flexibilidad, o (c) grupo de control. La intervención de ejercicio resultó segura y generó mejoras en la capacidad aeróbica, la composición corporal y la autorreferencia de náuseas.Desde entonces, ha aumentado significativamente el número de estudios sobre la actividad física, desde el prediagnóstico hasta los cuidados paliativos. El marco del ejercicio físico a lo largo de la experiencia oncológica (PEACE, por sus siglas en inglés) es un modelo conceptual útil para identificar momentos específicos —prediagnóstico, tras el diagnóstico, o durante y después del tratamiento— en los que la actividad física puede resultar más beneficiosa (figura 6.2) (Courneya y Friedenreich, 2001, 2007). En este capítulo, usamos el término *supervivientes* para referirnos a las personas que reciben cuidados a largo plazo en fases avanzadas del proceso, mientras que pacientes se refiere a quienes se encuentran en tratamiento activo, más cerca del momento del diagnóstico.

Courneya (2014) ha argumentado que, para que la investigación oncológica relacionada con la actividad física prospere, es necesario especificar cómo se vincula esta con variables clínicas del cáncer. Dichas variables pueden estar relacionadas con la enfermedad o con el tratamiento. La interacción entre estas variables y los distintos tipos de movimiento a lo largo del continuo de actividad física (figura 6.1) modelará la respuesta individual y los resultados finales de salud. Este marco contempla cuatro tipos de relación: las variables del cáncer pueden (a) ser el resultado de la actividad física, como en el caso de la mortalidad; (b) actuar como moderadoras de los efectos de la actividad física sobre la salud; (c) determinar el cumplimiento de la intervención; o (d) moderar los factores que influyen en la participación en la actividad física.

Es importante tener en cuenta que, aunque la actividad de intensidad moderada o alta es valiosa, la reducción del comportamiento sedentario es por sí sola un indicador independiente de resultados de salud adversos (Healy et al., 2008; Lynch, 2010; Seguin et al., 2012). Además, para algunas personas o en determinadas fases del proceso oncológico, el único objetivo realista puede ser precisamente ese: reducir el sedentarismo.

Figura 6.2. Marco PEACE (adaptado de Courneya y Friedenreich, 2001, p. 243). Reimpreso de *Seminars in Oncology Nursing, 23*(4), Kerry S. Courneya y Christine M. Friedenreich, Physical Activity and Cancer Control, pp. 242-252, © 2007, con permiso de Elsevier.

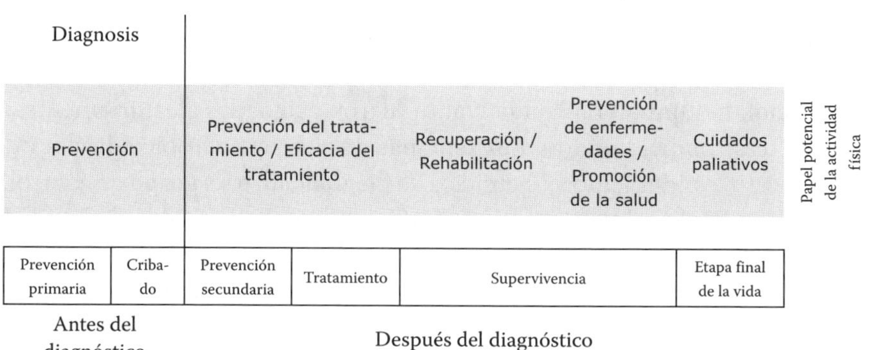

Hasta la fecha, la investigación de la actividad física sobre el cáncer se ha centrado básicamente en el ejercicio para supervivientes de cáncer de mama, de próstata y colorrectal. Más recientemente, se han ampliado los estudios para incluir una variedad de subtipos de la enfermedad y también han incluido a pacientes en tratamiento (Schmitz et al., 2005; Speck et al., 2010). Por ejemplo, una cuestión de interés es si la actividad física puede reducir los efectos secundarios de los tratamientos oncológicos primarios, porque en el caso de algunos cánceres se sabe que estos tratamientos son cardiotóxicos (Jones et al., 2007, 2009). También se conocen cada vez más los efectos negativos de altos niveles de comportamiento sedentario, independientemente del tiempo dedicado a actividades de mayor intensidad, sobre la morbilidad y la mortalidad. Sin embargo, todavía no está claro cuánta o qué tipo de actividad física es necesaria en estas circunstancias, y si los efectos son uniformes o moderados por factores como la demografía, el historial médico o los perfiles genéticos.

Una revisión sistemática y un metaanálisis de 82 ensayos controlados aleatorizados de intervenciones de actividad física durante y después del tratamiento —incluyendo 66 estudios de gran calidad— concluyó que el ejercicio aportaba grandes efectos en la fuerza muscular, efectos moderados sobre la fatiga y preocupaciones específicas del cáncer de mama, y de pocos a moderados efectos sobre el nivel de actividad física, la capacidad cardiovascular y la calidad de vida durante el tratamiento. En general, se concluyó que la actividad física es segura, factible y eficaz para los pacientes que siguen diferentes modalidades de tratamiento (Speck et al., 2010).

Los pacientes de cáncer de próstata tratados con terapia de privación de andrógenos tienden a experimentar pérdida de la masa muscular y un aumento de los depósitos de tejido adiposo, lo que puede dar lugar a un declive funcional, discapacidad y pérdida de su independencia (Boxer et al., 2005; Bylow et al., 2007, 2008). Las pruebas sugieren que realizar actividad física desde el inicio de la terapia de privación de andrógenos puede compensar estos cambios musculoesqueléticos y proteger frente al declive funcional (Bourke et al., 2016; Segal et al., 2003). Estudios recientes también han examinado la seguridad, la factibilidad y la eficacia preliminar del ejercicio para pacientes diagnosticados y tratados de leucemia mielógena aguda (Alibhai et al., 2012; Klepin et al., 2011), una población muy enferma que sufre importantes declives de la función física y la calidad de vida, con una alta tasa de mortalidad.

En el otro extremo del continuo de la actividad física, el impacto del comportamiento sedentario en la tasa de supervivencia al cáncer está recibiendo cada vez más atención. Se estima que los supervivientes del cáncer dedican dos tercios de su tiempo a comportamientos sedentarios (Lynch et al., 2010). Se ha demostrado que los comportamientos sedentarios se asocian con un mayor riesgo de mortalidad tras el diagnóstico en supervivientes de cáncer de mama (Nelson et al., 2016) y con una mayor mortalidad por todas las causas en los supervivientes de cáncer colorrectal (Campbell et al., 2013). Un análisis armonizado con datos de tres grandes cohortes de cáncer de mama concluyó que hay un 22 % (razón de riesgo = 1,22; IC 95 % = 1,05–1,42) de mayor riesgo de mortalidad por cáncer de mama en las mujeres consideradas como sedentarias, incluso cuando se controlan los efectos de las comorbilidades (Nelson et al., 2016). Los altos niveles de comportamiento sedentario entre los supervivientes de cáncer y una falta de datos sobre los mecanismos biológicos a través de los cuales el comportamiento sedentario afecta la salud hacen que este sea un tema importante para los estudios científicos futuros (Lynch et al., 2013).

A pesar de los méritos de la actividad para los pacientes y los supervivientes de cáncer, el cumplimiento de las recomendaciones ha sido decepcionante (Bellizzi et al., 2005; Mowls et al., 2016). Cabe notar que se ha descubierto que las supervivientes de cáncer de mama realizan mayores niveles de actividad física de moderada a enérgica en comparación con las mujeres sanas, aunque también tienen niveles mucho más altos de comportamiento sedentario (Phillips et al., 2015), un hallazgo que respalda la importancia de reducir el comportamiento sedentario y de aumentar la actividad física de moderada a enérgica (Nicklas et al., 2014). Además, para los pacientes de cáncer que realizan terapias activas, centrarse en el comportamiento sedentario permite una mayor flexibilidad en los objetivos centrados en los pacientes y aumenta la posibilidad de que los pacientes permanezcan activos más allá del contexto asistencial supervisado. Las altas demandas asistenciales concurrentes, los síntomas y el declive funcional son barreras para que los pacientes de cáncer estén activos físicamente. Si sobrecargamos a los pacientes con el único enfoque de aumentar la actividad física de moderada a enérgica, podemos estar predisponiéndolos al fracaso.

EL *MINDFULNESS* Y LAS INTERVENCIONES BASADAS EN EL *MINDFULNESS* PARA EL CÁNCER

En los últimos veinte años, un cuerpo creciente de literatura ha respaldado el valor terapéutico de las intervenciones basadas en el *mindfulness* (IBM) en el tratamiento de pacientes de cáncer (Baer et al., 2004; Shennan et al., 2011; Smith et al., 2005; Zainal et al., 2013). En resumen, los estudios metaanalíticos de las IBM y el cáncer han reportado tamaños de efecto moderados sobre la ansiedad y tamaños de efecto algo menores, pero significativos, sobre la depresión (Cramer et al., 2012; Piet et al., 2012; Zainal et al., 2013). También se han indicado efectos positivos para la mejora del bienestar (Bränström et al., 2012; Hoffman et al., 2012) y una mejor calidad de vida (McNeely et al., 2006); hay ciertas pruebas de que las IBM tienen efectos favorables sobre los biomarcadores de la salud y del envejecimiento, incluyendo niveles más favorables para el cortisol diario (Carlson et al., 2013) y una mejor longitud de los telómeros (Carlson et al., 2015). En un artículo de *Annals of the New York Academy of Sciences,* Carlson (2016) afirma que el apoyo a la eficacia de las IBM en el cáncer es indiscutible.

Como demostramos a lo largo de este capítulo, una definición operativa de la mente es crucial para el concepto de *mindfulness* y para la estructura del MBM. Como definió Siegel, «la mente humana es un proceso relacional y corporeizado que regula el flujo de energía e información» (2010, p. 52). Es decir, podemos ver la mente como un proceso que crea una red para sostener el flujo de energía e información entre el cuerpo, el cerebro y las relaciones (véase la figura 6.3).

Como destacamos en nuestro propio trabajo, la naturaleza relacional de la mente permite importantes conexiones no solo con otras personas, sino también con el entorno que nos rodea (Rejeski y Gauvin, 2013). La naturaleza corporeizada de la mente destaca el hecho de que el cuerpo juega un papel central en cómo las personas regulan el flujo de energía e información que luego es procesado por el cerebro. Un ejemplo bien conocido es el efecto de diferentes tipos de técnicas de respiración sobre la ansiedad (Chen et al., 2017).

El papel que los microbios intestinales juegan en modelar el estado de ánimo y el comportamiento aporta más pruebas (Friedrich, 2015). También es importante destacar que la mente corporeizada y la relacional son interdependientes; la sinergia entre ambas es esencial para la prosperidad humana, una propuesta central en la teoría polivagal (Porges, 2007). Específicamente, en la primera infancia, la relación de apego seguro entre la madre y el bebé influye en el flujo de información hacia los músculos esqueléticos y el corazón de un modo que regula a la baja los estados de defensa, aumentando el tono vagal cardiaco y promoviendo sensaciones de seguridad y de conexión humana. El cuerpo tiene efectos directos sobre la conformación del cerebro, pero en este caso en colaboración con la conexión interpersonal.

Así, ¿qué es el *mindfulness*? En 2007, Brown et al. publicaron un artículo fundamental afirmando que, como constructo psicológico, el *mindfulness* es «atención receptiva y percepción consciente hacia los acontecimientos y la experiencia del presente» (p. 212), una definición que reflejaba las primeras ideas articuladas por Kabat-Zinn, quien en 1990 sugirió que «dicho de manera simple, el *mindfulness* es la conciencia momento a momento. Se cultiva prestando atención con intención a cosas de las que normalmente no nos preocupamos» (p. 2). Brown et al. (2007) señalaron que la conciencia implica el registro consciente de los acontecimientos y la experiencia, que es nuestro contacto más próximo con la realidad. Especialmente importante para comprender los límites de este constructo es el siguiente fragmento de su artículo:

> Habitualmente, los objetos sensoriales se mantienen en la conciencia focal solo brevemente, si es que se mantienen, antes de que se produzca alguna reacción cognitiva y emocional hacia ellos. Estas reacciones perceptuales rápidas tienen varias características relevantes para la experiencia y el funcionamiento subjetivo. En primer lugar, suelen ser de naturaleza discriminativa, donde se hace una primera valoración del objeto en el sentido básicamente de «bueno», «malo» o «neutro», generalmente en referencia con el yo. En segundo lugar, suelen estar condicionadas por experiencias pasadas del objeto sensorial u otros objetos de suficiente similitud para evocar una asociación en la memoria. En tercer lugar, la experiencia perceptual se asimila fácilmente o, a través de otras operaciones cognitivas sobre el objeto, son asimiladas dentro de los esquemas cognitivos existentes. La consecuencia de este procesamiento es que los conceptos, las etiquetas y los juicios suelen imponerse, a menudo automáticamente, en todo lo que se encuentra. (Brown y et al., 2007, p. 212)

Antes de esta publicación y a raíz de ella, varios autores ampliaron la definición de *mindfulness* ofrecida por Kabat-Zinn en 1990. De hecho, en 1994, el propio Kabat-Zinn declaró que el *mindfulness* implicaba «prestar atención de un modo particular, es decir, a propósito, al momento presente, y sin juzgar» (p. 4). Cabe notar que en esta versión de la definición, el concepto de *sin juzgar* entra en escena. Brown et al. (2007) afirmarían que, aunque el hecho de hacerlo sin juzgar pueda ser una importante cualidad para lograr la percepción consciente, desde un punto de vista científico y teórico no es un atributo del constructo en sí. Esta es una distinción crucial porque las habilidades y estrategias necesarias para lograr estados conscientes son centrales en el diseño de intervenciones conductuales que tienen por objetivo promover los estados conscientes del ser. Sin embargo, insistiendo en ello, estas habilidades y estrategias no son lo que significa ser consciente, sino elementos importantes de los programas de formación consciente. Es interesante notar que en el campo de la neurociencia ha habido una explosión de interés por el *mindfulness* (Dahl et al., 2015; Marchand, 2014). Importante en nuestro debate es la posición propugnada por Siegel (2007), quien sostiene que el cerebro consciente es un estado corporeizado y no conceptual de la conciencia, con una fuerte orientación relacional. De hecho, el yo conceptual, que en gran medida es un producto del hemisferio izquierdo, puede ser una barrera para lograr la percepción consciente (McGilchrist, 2009), porque, como destacan Brown et al. (2007), filtra y transforma la experiencia bruta de la conciencia para su propio interés o protección. Porges (2007) también afirma, como han hecho otros, que el cerebro tiene un sesgo evolutivo hacia la protección contra el daño; por tanto, actúa constantemente como torre de vigilancia ante las amenazas. No obstante, según Porges, la teoría polivagal permite comprender las señales de seguridad que están integradas en los comportamientos de conexión social positivos, incluyendo la voz prosódica, las expresiones faciales cariñosas y los gestos acogedores, que son capaces de desconectar reflexivamente la vigilancia y permitir que la persona se sienta segura.

Figura 6.3. La mente: un proceso corporeizado y relacional

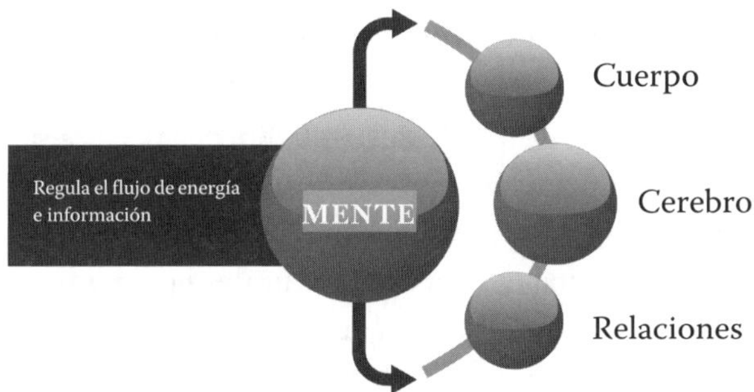

Fredrickson (2001) plantea que este sesgo evolutivo del cerebro puede contrarrestarse mediante la experiencia intencional de la emoción positiva, moviéndonos hacia estados cerebrales que promueven la apertura, la curiosidad y la creatividad: la teoría de «ampliar y construir» de la emoción positiva. Las teorías planteadas por Porges (2007) y Fredrickson (2001) son especialmente importantes para el diseño de IBM desde dos perspectivas. En primer lugar, ambas destacan el papel crítico de las relaciones para la prosperidad humana. De hecho, el principio fundamental de la teoría polivagal es que el cerebro es un órgano social que requiere conciencia para responder de forma adecuada y recíproca a señales de conexión social. En segundo lugar, como demuestran Fredrickson y colaboradores, la conciencia repetida del afecto positivo desde la experiencia relacional mejora el tono vagal y es una potente fuerza facilitadora en la promoción del bienestar (Kok y Fredrickson, 2010) y de la experiencia de la conciencia corporeizada y no conceptual del yo (Fogel, 2009).

A pesar del valor de ser conscientes en la vida diaria (Brown et al., 2007), incluso bajo las mejores circunstancias, el *mindfulness* puede ser difícil de conseguir, teniendo en cuenta nuestra sociedad orientada a la producción y su creciente dependencia de la tecnología. Para las personas con cáncer, cuya vida queda fragmentada por la enfermedad y su tratamiento, lo normal es preocuparse por la amenaza de los síntomas físicos y las preocupaciones existenciales, quedando atrapadas en modos de pensamiento y sentimientos destructivos hacia el yo conceptual. Como describe Carlson (2016), el cáncer provoca que la mayoría de las personas sientan un miedo importante, ansiedad y depresión, porque la vida deja de ser previsible o controlable. Estas experiencias emocionales se asocian con una activación del sistema nervioso simpático, generando estados fisiológicos que promueven la defensa y que son incompatibles con el *mindfulness*. Además, la investigación actual sugiere que la activación simpática crónica, sin estar restringida y regulada por el circuito vagal, se asocia con malos resultados tras el diagnóstico de cáncer (Couck et al., 2016; Magnon et al., 2013).

Sin embargo, también es importante reconocer que, a pesar de las dificultades en lograr la percepción consciente ante el cáncer, la mayoría de las personas experimenta estos estados. Esto puede ocurrir al escuchar una pieza musical, observar una escena en la naturaleza o pensar en una persona amada. El objetivo en las IBM es ayudar a la persona a acceder a estos estados más fácilmente y con mayor frecuencia. Las personas son seres relacionales y se lanzan inmediatamente a mantener interacciones sociales en cuanto se sienten seguras y sin peligro (Porges, 2007). Un diagnóstico de cáncer puede alterar el equilibrio vital y desconectar a quienes lo padecen de su propio cuerpo. Los tratamientos continuos pueden provocar un deterioro físico que conlleve la pérdida de independencia (Hewitt et al., 2003). La capacidad de funcionar de forma autónoma es crucial para sentirse con poder de decisión, y el cáncer puede convertirse fácilmente en una experiencia traumática. La cuestión es: ¿cómo se puede ayudar a las personas que enfrentan un diagnóstico y tratamiento de cáncer a volver a una vida con más autodeterminación? ¿Qué ofrece el MBM más allá de las opciones actuales de intervenciones sobre el estilo de vida para estas poblaciones?

BENEFICIOS DE UNA INTERVENCIÓN DE MBM PARA EL CÁNCER

Hasta la fecha, la mayoría de la investigación sobre las IBM en el cáncer se ha modelado según la reducción del estrés basada en el *mindfulness* (MBSR, por sus siglas en inglés), desarrollada por Kabat-Zinn (1990); sin embargo, el programa conocido como Recuperación del cáncer basada en el *mindfulness* incluye material específico para lidiar con el cáncer, el miedo a la recurrencia, el manejo de los síntomas físicos y principios clave relacionados con las estrategias de manejo cognitivas adaptadas de la terapia cognitivo-conductual (Carlson et al., 2013, 2015). Esas modificaciones de la MBSR son importantes porque promover los estados conscientes requiere intervenir sobre factores que dificultan que las personas con cáncer o supervivientes logren esos estados. En este apartado, analizamos tres innovaciones estructurales y conceptuales diferentes de una intervención con MBM.

Aunque la actividad física tiene efectos favorables en el corazón y mejora la función metabólica, autónoma, inflamatoria e inmune, la capacidad de la actividad física de reconstruir el yo físico en personas con cáncer y su potencial de restablecer el funcionamiento en sus papeles sociales y físicos son claras prioridades como resultados centrados en el paciente. Además, el tratamiento del cáncer tiene efectos nocivos sobre el cerebro, por lo que la actividad física puede ser un antídoto viable para reducir el declive de la salud cerebral y otros deterioros cognitivos asociados (Cormie et al., 2015; Li et al., 2016). Aunque las IBM anteriores recurren al yoga suave o a la meditación en movimiento, no se ponía el acento explícitamente en los beneficios de la actividad física en sí misma. Son interesantes los informes que afirman que las personas con cáncer se interesan por terapias alternativas como el yoga y el taichí. Como afirma Porges (2007), cuando el sistema nervioso autónomo está desequilibrado, las personas tienden inconscientemente a optar por estas actividades en un intento de contrarrestar su malestar. Por ello, hay una sólida base conceptual para la integración de las habilidades basadas en el *mindfulness* con la terapia de ejercicio.

Otras innovaciones del MBM incluyen las siguientes: (a) promover el movimiento a través de un amplio espectro de actividades, (b) reforzar la idea de que la actividad física se puede usar para cultivar una sensación de «estar» en lugar de «hacer» (Kabat-Zinn, 1994), y (c) usar el poder de un enfoque de grupo para el tratamiento. Consideremos en primer lugar promover una serie de actividades en lugar de un enfoque exclusivo en la actividad física de moderada a enérgica. Las ventajas de esta perspectiva son considerables, porque el comportamiento sedentario es un factor de riesgo independiente para la salud comprometida y la aptitud funcional, más allá de los efectos de la actividad física de moderada a enérgica (Edwardson et al., 2012; Healy et al., 2011; Santos et al., 2012; Wilmot et al., 2012). Asimismo, hemos concluido que las intervenciones para el comportamiento sedentario son bien toleradas y valoradas por las poblaciones sedentarias (Nicklas et al., 2014). Al final, lo que se pretende lograr con el MBM es la aceptación de los altibajos de la vida –un principio central del *mindfulness* (Kabat-Zinn, 1990)– y desarrollar una comprensión y conciencia del papel que incluso los movimientos simples juegan en nuestra vida física y emocional. Una mayor conciencia del movimiento momento a momento es una piedra angular del MBM y de la percepción consciente (Kabat-Zinn, 1990, 1994).

En segundo lugar, el MBM se centra en el uso del movimiento como un momento de estar en lugar de un momento de hacer (Kabat-Zinn, 1990). Demasiado a menudo, el ejercicio se percibe como una tarea adicional u otra obligación que añadir a la vida diaria, algo más que hacer. Esta orientación puede ser desalentadora para las personas con una enfermedad crónica, que ya están saturadas por las pautas de tratamiento. Además, esta mentalidad podría eliminar del movimiento el valor corporal y relacional de esta experiencia. Esto sería lamentable, porque tanto la teoría (Rothman, 2000) como la investigación (Falk et al., 2015) subrayan el importante papel que tiene este valor en la promoción y el mantenimiento del comportamiento saludable. En cambio, el MBM promueve la vida activa como una oportunidad para conectar conscientemente con el cuerpo –la mente corporeizada– en movimientos momento a momento a lo largo del día. El MBM también se usa para promover la mente relacional, tanto con los demás como con el entorno físico. Parte de esta experiencia es redescubrir el valor inherente en el movimiento y cómo afecta a nuestra vida. La emoción positiva promueve un aumento del tono vagal cardiaco (Fredrickson, 2001), refuerza la resiliencia y ayuda a las personas a navegar por las experiencias vitales dolorosas (Tugade et al., 2004), que son pasos importantes para lidiar con la pérdida.

Y, en tercer lugar, el MBM se basa en un modelo de cambio de estilo de vida en grupo, que se ha desarrollado y probado durante los últimos veinte años con una variedad de poblaciones de pacientes mayores (Brawley et al., 2000; McDermott et al., 2012; Rejeski et al., 2003, 2009, 2011). Al principio, se utilizó satisfactoriamente el grupo como un modo de aumentar la motivación y desarrollar las habilidades autorregulatorias; sin embargo, en intentos más recientes, se ha ampliado el alcance del tratamiento para centrarse más en el valor relacional de la experiencia grupal (Marsh et al., 2013). Creando y promoviendo un entorno seguro y de apoyo, el MBM brinda a las personas la oportunidad de desarrollar una conexión sincera con las demás. Una parte crucial de este proceso es el desafío compartido que viven quienes enfrentan el cáncer y, en concreto, la sensación de humanidad común. Como ha demostrado Neff (2003) y han desarrollado sus colaboradores (Neff et al., 2007), la sensación de humanidad común –ver la propia experiencia compartida por otras personas– es una característica principal del desarrollo de la compasión, que es fundamental para el bienestar psicológico. De hecho, se ha demostrado que una intervención de ejercicio en grupo para personas con enfermedad arterial periférica aumenta sustancialmente los recursos sociales en comparación con un grupo de control de educación sobre la salud (Rejeski et al., 2014). Este enfoque de grupo también se ha aplicado con éxito para promover la adopción y el cumplimiento de la actividad física y de la conducta alimentaria en personas con cáncer de próstata bajo terapia de privación de andrógenos (Focht et al., 2014).

MBM Y CÁNCER: UNA PERSPECTIVA POLIVAGAL

Como mencionamos en la introducción de este capítulo, el modelo conceptual (figura 6.4) del MBM tiene sus fundamentos en la teoría polivagal (Porges, 2007). Un principio central en esta teoría, arraigada en la evolución, es que la necesidad o motivación humana más básica es la seguridad. Desde el punto de vista del desarrollo, no es casualidad que la seguridad se garantice primero a través de una relación de apego bebé-madre satisfactoria, convirtiendo el sistema de conexión social descrito en la teoría polivagal en una característica clave para manejar la amenaza. El sistema de conexión social implica la regulación de los músculos de la cara y de la cabeza y del corazón mediante fibras motrices de cinco nervios craneales (es decir, vías eferentes viscerales especiales) que se originan en el tronco encefálico. Este sistema permite la comunicación emocional mediante expresiones faciales y vocalizaciones prosódicas, mejora la escucha de las voces y calma el estado fisiológico y comportamental aumentando la influencia vagal sobre el corazón mediante una rama del vago que se origina en el núcleo ambiguo. Funcionalmente, el sistema de conexión social se puede describir colectivamente como el complejo vagal ventral.

De hecho, en ausencia de seguridad, la segunda necesidad humana más básica es reducir la amenaza; no obstante, la eliminación de la amenaza no basta para activar los circuitos neuronales que sostienen la conexión y la salud, el crecimiento y la restauración. La relevancia de la teoría polivagal en el manejo del cáncer es que, como se ha mencionado anteriormente, la enfermedad y su tratamiento constituyen una experiencia traumática; ya sea real o imaginaria, el cáncer a menudo representa una amenaza vital. Sin embargo, aunque la vida de la persona no se vea amenazada, la experiencia del cáncer golpea la estructura de la vida diaria de los pacientes. Por ejemplo, en el cáncer de próstata y de mama, los efectos de las cirugías y de la radioterapia pueden ser devastadores para la autoimagen y la sexualidad de quienes sobreviven. La capacidad de interactuar e intimar de manera significativa con las parejas y otras personas allegadas, así como de realizar roles sociales, puede estar comprometida, y se pueden dejar de practicar actividades de ocio muy valoradas.

Cuando ocurren acontecimientos amenazantes, particularmente amenazas graves, la teoría polivagal (Porges, 2007) propone que se activa una de las tres redes ordenadas filogenéticamente. Estas redes van de las más recientes, con respuestas sumamente desarrolladas, a las más primitivas, con reacciones en modo de supervivencia. Las últimas solo se activan cuando las redes más desarrolladas resultan ineficaces. Primero, es posible que las personas encuentren la seguridad mediante una interacción social sintonizada y que la amenaza se neutralice o se vuelva manejable. Según la teoría polivagal, la sintonización interpersonal implica una conexión sincera con otro ser humano, que se manifiesta en las características comportamentales del sistema de conexión social y en un aumento en el tono vagal cardiaco mediado a través del complejo vagal ventral. Esta hipótesis se basa en los hallazgos de un estudio sobre la flexibilidad autónoma, que demostraba que el tono vagal cardiaco se asociaba con el grado en que las personas se sentían conectadas socialmente durante un periodo de nueve semanas (Kok y Fredrickson, 2010). Las personas con niveles iniciales de tono vagal más elevados afirmaban experimentar una mayor conectividad e interacción sociales. Es interesante notar que quienes indicaron un aumento en su conexión e interacción social también presentaban mayores aumentos en el tono vagal cardiaco, independientemente de sus niveles basales. El trabajo de Cozolino (2010) también ha explorado la neurobiología del apego y cómo ha conformado la evolución social y cultural de los humanos y de sus comunidades. Es esta experiencia del apego interpersonal la que proporciona un apoyo teórico al enfoque grupal en el MBM.

Una segunda posible reacción es la activación del sistema nervioso simpático y del eje hipotalámico-hipofisario-suprarrenal (HHS), que prepara al individuo para la movilización. Sin embargo, en realidad, la movilización puede tomar dos direcciones: (a) puede dar como resultado una acción directa para neutralizar la amenaza o (b) puede invocar defensas psicológicas como la evitación. Mientras que la movilización a través de la acción directa es funcional ante estresores agudos, la activación crónica del eje HHS causa una desregulación sistémica y se sabe que tiene efectos adversos sobre el hipocampo (Sapolsky et al., 1985). Además, aunque evitar la amenaza puede parecer adaptativo a nivel consciente, la evitación hace que la amenaza tenga una presencia inconsciente crónica que altera negativamente los circuitos neuronales adaptativos, afectando tanto a la salud física como psicológica.

Finalmente, una tercera dirección posible es la inmovilización desencadenada por la activación de las fibras motrices vagales originadas en el núcleo motor dorsal del vago. La fatiga y la depresión suelen ser síntomas de una respuesta de inmovilización al trauma. En este caso, nuestra hipótesis es que reducir el comportamiento sedentario mediante la promoción del movimiento a lo largo del día estimula la dopamina y otros neuromoduladores que sirven como antídotos para la inmovilización. Además, como desarrollamos más adelante en nuestro debate, la reducción del comportamiento sedentario es más potente cuando el movimiento se basa en el *mindfulness*.

Una característica clave de la amenaza es que moviliza las redes neuronales que responden rápido —un circuito rápido (Ledoux, 1994)— lo cual, de acuerdo con el constructo de la neurocepción, evita las estructuras cerebrales implicadas en la deliberación cognitiva consciente. Esto reduce la utilidad de los modelos conscientes de cambio comportamental como la teoría cognitiva social (Bandura, 1991) hasta que la amenaza haya pasado o se haya neutralizado. Esta es precisamente la razón por la que el entrenamiento basado en el *mindfulness* es central en el MBM. En concreto, las prácticas de centrado, como la reducción del estrés basada en el *mindfulness* (Carlson, 2012), estimulan las vías vagales ventrales hasta el corazón (Tang et al., 2009; Wu y Lo, 2008) y fomentan la activación del circuito cerebral lento (Ledoux, 1994). Este circuito lento potencia procesos como la autorregulación consciente del comportamiento, la autorreflexión y la oportunidad de crecimiento postraumático, que ha sido una consecuencia indicada del cáncer y otras enfermedades crónicas (Danhauer et al., 2015; Morris et al., 2012).

Figura 6.4. Perspectiva polivagal del movimiento basado en el *mindfulness*

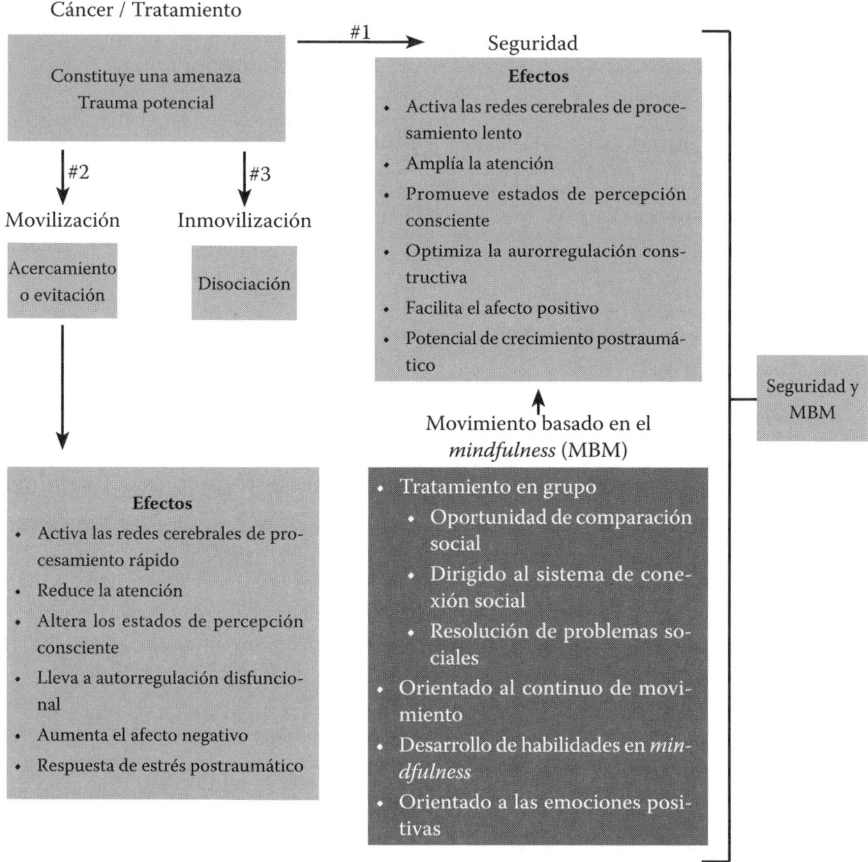

¿A qué nos referimos, en realidad, con movimiento consciente? ¿Y por qué el movimiento, concretamente el movimiento consciente, es una intervención viable desde la perspectiva de la teoría polivagal? En primer lugar, es importante notar que los humanos se pueden caracterizar por tener la capacidad de dos formas distintas de movimiento: (a) movimiento del cuerpo en el espacio, actividades soportadas por los nervios vertebrales, y (b) movimiento de los músculos de la cara y del oído medio, controlados por los nervios craneales. Como característica central de la teoría polivagal (Porges, 2007), el movimiento de los músculos de la cara y del oído medio facilita las interacciones sociales recíprocas y la experiencia del apego: la sintonización interpersonal. Así, como se ha mencionado anteriormente, la investigación de Fredrickson et al. (Fredrickson, 2001; Kok y Fredrickson, 2010) ha demostrado que la conexión social facilita el afecto positivo, que aumenta el efecto calmante del vago sobre el corazón. Además, estar sintonizado con otra persona es una experiencia de percepción consciente, como lo es la sintonización con nuestro cuerpo al movernos, o la sintonización con los entornos físicos en los que se integra nuestra vida.

En esencia, nuestra hipótesis es que la percepción consciente se media regulando el vago central al asimilar totalmente el momento presente a través del movimiento en el espacio tanto físico como psicológico. Existe una integración coherente entre los nervios vertebrales y craneales que sostiene el movimiento humano. En este contexto, el MBM es un ejercicio neuronal activo que promueve la resiliencia y mejora la eficiencia y la efectividad de la activación y desactivación de las vías vagales ventrales calmantes para ajustar el rendimiento cardiaco necesario para el movimiento. El MBM promueve la experiencia de una conexión sincera entre los participantes: (a) proporcionando un entorno seguro y de apoyo en el que (b) las personas supervivientes de cáncer puedan compartir sus experiencias con otras con quienes se puedan relacionar y empatizar mutuamente, y (c) proporcionando un conjunto de herramientas y técnicas concretas para romper periodos de inmovilización, aprovechando así las oportunidades de moverse dentro de un entorno social y físico.

Finalmente, el MBM pretende enseñar a los participantes a autorregular su propio comportamiento desarrollando primero una consciencia de su experiencia y aplicando después las habilidades aprendidas a través del programa de MBM. Como observamos en el apartado anterior de este capítulo, demasiado a menudo la actividad física y la interacción con la vida se viven como una serie de ejercicios —cosas que hacer en la cinta de correr de una vida productiva— en lugar de una experiencia de formar parte de la vida, totalmente implicados y lúdicamente conectados de manera corporeizada y relacional en una existencia momento a momento.

RESUMEN

En resumen, un estilo de vida que incluya la actividad física tiene importantes beneficios para la salud, especialmente para las personas que viven con el cáncer. Sin embargo, los pacientes y las personas supervivientes de cáncer se enfrentan a retos a la hora de volver a la actividad o de empezar un estilo de vida activo tras la enfermedad y su tratamiento. Como hemos argumentado en nuestra presentación del MBM, tiene ventajas promover la actividad en toda la actividad física, enseñando a las personas pacientes y supervivientes a apreciar el continuo flujo de movimiento a lo largo del día y a hacerlo con una percepción consciente.

La teoría polivagal ofrece una perspectiva conceptual sólida para el MBM. Plantea que, para que las personas tengan comportamientos de acercamiento que ayuden a promover la conexión social y el desarrollo humano, primero tienen que sentirse seguras. La teoría también plantea que, cuando el sistema de conexión social con el complejo vagal ventral está funcionando óptimamente, los componentes más antiguos del sistema nervioso autónomo —es decir, el sistema nervioso simpático y el complejo vagal dorsal— promueven la salud, el crecimiento y la restauración. En cambio, cuando el sistema de conexión social no funciona de forma óptima, los componentes más antiguos asumen el control, con el objetivo principal de activar las estrategias defensivas cognitivas y comportamentales.

De acuerdo con este modelo, la investigación ilustra que los componentes más antiguos del sistema nervioso autónomo están implicados en la iniciación y la proliferación del cáncer de próstata (Magnon et al., 2013), mientras que una mayor regulación vagal ventral (indexada mediante la variabilidad de la frecuencia cardiaca) aumenta la duración de la supervivencia tras el diagnóstico en el cáncer pancreático metastásico (Couck et al., 2016).

La estructura de los grupos y comunidades sociales puede ser una manera de proporcionar esta seguridad y apoyo, ayudando a las personas a identificar oportunidades de experiencias afectivas positivas y a reforzar las relaciones a través del movimiento y la conexión social, el núcleo del MBM. Finalmente, creemos que el MBM constituye un vehículo para experimentar la naturaleza corporeizada y relacional de la mente, reconectando a las personas con el significado y el valor inherentes a estar activas, en lugar de considerar la actividad física simplemente como otra cosa que hacer en el contexto de los retos planteados por el cáncer y su tratamiento.

REFERENCIAS

Alibhai, S. M. H., O'Neill, S., Fisher-Schlombs, K., Breunis, H., Brandwein, J. M., Timilshina, N., Tomlinson, G. A., Klepin, H. D., y Culos-Reed, S. N. (2012). A clinical trial of supervised exercise for adult inpatients with acute myeloid leukemia (AML) undergoing induction chemotherapy. *Leukemia Research, 36*, 1255-1261.

Baer, R. A., Smith, G. T., y Allen, K. B. (2004). Assessment of mindfulness by self-report: The Kentucky inventory of mindfulness skills. *Assessment, 11*, 191-206.

Bandura, A. (1991). Self-efficacy mechanism in physiological activation and health-promoting behavior. En J. Madden (ed.), *Neurobiology of learning, emotion, and affect* (pp. 229–269). Nueva York: Raven.

Bellizzi, K. M., Rowland, J. H., Jeffery, D. D., y McNeel, T. (2005). Health behaviors of cancer survivors: Examining opportunities for cancer control intervention. *Journal of Clinical Oncology, 23*, 8884-8893.

Bourke, L., Smith, D., Steed, L., Hooper, R., Carter, A., Catto, J., Albertsen, P. C., Tombal, B., Payne, H. A., y Rosario, D. J. (2016). Exercise for men with prostate cancer: A systematic review and meta-analysis. *European Urology, 69*, 693-703.

Boxer, R. S., Kenny, A. M., Dowsett, R., y Taxel, P. (2005). The effect of 6 months of androgen deprivation therapy on muscle and fat mass in older men with localized prostate cancer. *Aging Male, 8*, 207-212.

Branstrom, R., Kvillemo, P., y Moskowitz, J. T. (2012). A randomized study of the effects of mindfulness training on psychological well-being and symptoms of stress in patients treated for cancer at 6-month follow-up. *International Journal of Behavioral Medicine, 19*, 535–542.

Brawley, L. R., Rejeski, W. J., y Lutes, L. (2000). A group-mediated cognitive-behavioral intervention for increasing adherence to physical activity in older adults. *Journal of Applied Biobehavioral Research, 5*, 47-65.

Brown, K. W., Ryan, R. A., y Creswell, J. D. (2007). Mindfulness: Theoretical foundations and evidence for its salutary effects. *Psychological Inquiry, 18*, 211-237.

Bylow, K., Dale, W., Mustian, K., Stadler, W. M., Rodin, M., Hall, W., Lachs, L., y Mohile, S. G. (2008). Falls and physical performance deficits in older patients with prostate cancer undergoing androgen deprivation therapy. *Urology, 72*, 422-427.

Bylow, K., Mohile, S. G., Stadler, W. M., y Dale, W. (2007). Does androgen-deprivation therapy accelerate the development of frailty in older men with prostate cancer? A conceptual review. *Cancer, 110*, 2604-2613.

Campbell, P. T., Patel, A. V., Newton, C. C., Jacobs, E. J., y Gapstur, S. M. (2013). Associations of recreational physical activity and leisure time spent sitting with colorectal cancer survival. *Journal of Clinical Oncology, 31*, 876-885.

Carlson, L. E. (2012). Mindfulness-based interventions for physical conditions: A narrative review evaluating levels of evidence. *ISRN Psychiatry, 2012*, 651583.

Carlson, L. E. (2016). Mindfulness-based interventions for coping with cancer. *Annals of the Nueva York Academy of Sciences, 1373*, 5-12.

Carlson, L. E., Beattie, T. L., Giese-Davis, J., Faris, P., Tamagawa, R., Fick, L. J., Degelman, E. S., y Speca, M. (2015). Mindfulness-based cancer recovery and supportive-expressive therapy maintain telomere length relative to controls in distressed breast cancer survivors. *Cancer, 121*, 476-484.

Carlson, L. E., Doll, R., Stephen, J., Faris, P., Tamagawa, R., Drysdale, E., y Speca, M. (2013). Randomized controlled trial of mindfulness-based cancer recovery versus supportive expressive group therapy for distressed survivors of breast cancer. *Journal of Clinical Oncology, 31*, 3119-3126.

Chen, Y. F., Huang, X. Y., Chien, C. H., y Cheng, J. F. (2017). The effectiveness of diaphragmatic breathing relaxation training for reducing anxiety. *Perspectives in Psychiatric Care, 53*, 329–336.

Cormie, P., Nowak, A. K., Chambers, S. K., Galvao, D. A., y Newton, R. U. (2015). The potential role of exercise in neuro-oncology. *Frontiers in Oncology, 5*, 85.

Couck, M. D., Marechal, R., Moorthamers, S., Laethem, J. L., y Gidron, Y. (2016). Vagal nerve activity predicts overall survival in metastatic pancreatic cancer, mediated by inflammation. *Cancer Epidemiology, 40*, 47-51.

Courneya, K. S. (2014). Physical activity and cancer survivorship: A simple framework for a complex field. *Exercise and Sport Sciences Reviews, 42*, 102-109.

Courneya, K. S., y Friedenreich, C. M. (2001). Framework PEACE: An organizational model for examining physical exercise across the cancer experience. *Annals of Behavioral Medicine, 23*, 263-272.

Courneya, K. S., y Friedenreich, C. M. (2007). Physical activity and cancer control. *Seminars in Oncology Nursing, 23*, 242-252.

Cozolino, L. (2010). *The neuroscience of psychotherapy: Healing the social brain*. Nueva York: Norton.

Cramer, H., Lauche, R., Paul, A., y Dobos, G. (2012). Mindfulness-based stress reduction for breast cancer: A systematic review and meta-analysis. *Current Oncology, 19*, e343-e352.

Dahl, C. J., Lutz, A., y Davidson, R. J. (2015). Reconstructing and deconstructing the self: Cognitive mechanisms in meditation practice. *Trends in Cognitive Science, 19,* 515-523.

Danhauer, S. C., Russell, G., Case, L. D., Sohl, S. J., Tedeschi, R. G., Addington, E. L., Triplett, K., Van Zee, K. J., Naftalis, E. Z., Levine, B., y Avis, N. E. (2015). Trajectories of posttraumatic growth and associated characteristics in women with breast cancer. *Annals of Behavioral Medicine, 49,* 650-659.

Edwardson, C. L., Gorely, T., Davies, M. J., Gray, L. J., Khunti, K., Wilmot, E. G., Yates, T., y Biddle, S. J. H. (2012). Association of sedentary behaviour with metabolic syndrome: A meta-analysis. *PLoS One, 7,* e34916.

Falk, E. B., O'Donnell, M. B., Cascio, C. N., Tinney, F., Kang, Y., Lieberman, M. D., Taylor, S. E., An, L., Resnicow, K., y Strecher, V. J. (2015). Self-affirmation alters the brain's response to health messages and subsequent behavior change. *Proceedings of the National Academy of Sciences USA, 112,* 1977-1982.

Focht, B. C., Lucas, A. R., Grainger, E., Simpson, C., Thomas-Ahner, J. M., y Clinton, S. K. (2014). The Individualized Diet and Exercise Adherence Pilot Trial (IDEA-P) in prostate cancer patients undergoing androgen deprivation therapy: Study protocol for a randomized controlled trial. *Trials, 15,* 354.

Fogel, A. (2009). *The psychophysiology of self-awareness.* Nueva York: Norton.

Fredrickson, B. L. (2001). The role of positive emotions in positive psychology: The broaden-and-build theory of positive emotions. *American Psychologist, 56,* 218-226.

Friedrich, M. J. (2015). Unraveling the influence of gut microbes on the mind. *JAMA, 313,* 1699-1701.

Healy, G. N., Dunstan, D. W., Salmon, J., Shaw, J. E., Zimmet, P. Z., y Owen, N. (2008). Television time and continuous metabolic risk in physically active adults. *Medicine and Science in Sports and Exercise, 40,* 639-645.

Healy, G. N., Matthews, C. E., Dunstan, D. W., Winkler, E. A., y Owen, N. (2011). Sedentary time and cardio-metabolic biomarkers in US adults: NHANES 2003-06. *European Heart Journal, 32,* 590-597.

Hewitt, M., Rowland, J. H., y Yancik, R. (2003). Cancer survivors in the United States: Age, health, and disability. *Journal of Gerontology, A: Biological Sciences and Medical Sciences, 58,* 82-91.

Hoffman, C. J., Ersser, S. J., Hopkinson, J. B., Nicholls, P. G., Harrington,

J. E., y Thomas, P. W. (2012). Effectiveness of mindfulness-based stress reduction in mood, breast- and endocrine-related quality of life, and well-being in stage 0 to III breast cancer: A randomized, controlled trial. *Journal of Clinical Oncology, 30,* 1335-1342.

Jones, L. W., Eves, N. D., Haykowsky, M., Freedland, S. J., y Mackey, J. R. (2009). Exercise intolerance in cancer and the role of exercise therapy to reverse dysfunction. *Lancet Oncology, 10,* 598-605.

Jones, L. W., Haykowsky, M. J., Swartz, J. J., Douglas, P. S., y Mackey, J. R. (2007). Early breast cancer therapy and cardiovascular injury. *Journal of the American College of Cardiology, 50,* 1435-1441.

Kabat-Zinn, J. (1990). *Full catastrophe living.* Nueva York: Dell.

Kabat-Zinn, J. (1994). *Wherever you go, there you are: Mindfulness meditation in everyday life.* Nueva York: Hyperion.

Klepin, H. D., Danhauer, S. C., Tooze, J. A., y Stott, K. (2011). Exercise for older adult inpatients with acute myelogenous leukemia: A pilot study. *Journal of Geriatric Oncology, 2,* 11-17.

Kok, B. E., y Fredrickson, B. L. (2010). Upward spirals of the heart: Autonomic flexibility, as indexed by vagal tone, reciprocally and prospectively predicts positive emotions and social connectedness. *Biological Psychology, 85,* 432-436.

Ledoux, J. E. (1994). Emotion, memory and the brain. *Scientific American, 270*(6), 50-57.

Li, C., Zhou, C., y Li, R. (2016). Can exercise ameliorate aromatase inhibitor-induced cognitive decline in breast cancer patients? *Molecular Neurobiology, 53,* 4238-4246.

Lynch, B. M. (2010). Sedentary behavior and cancer: A systematic review of the literature and proposed biological mechanisms. *Cancer Epidemiology, Biomarkers and Prevention, 19,* 2691-2709.

Lynch, B. M., Dunstan, D. W., Healy, G. N., Winkler, E., Eakin, E., y Owen, N. (2010). Objectively measured physical activity and sedentary time of breast cancer survivors, and associations with adiposity: Findings from NHANES (2003–2006). *Cancer Causes and Control, 21,* 283-288.

Lynch, B. M., Dunstan, D. W., Vallance, J. K., y Owen, N. (2013). Don't take cancer sitting down. *Cancer, 119,* 1928-1935.

MacVicar, M. G., Winningham, M. L., y Nickel, J. L. (1989). Effects of aerobic interval training on cancer patients' functional capacity. *Nursing Research, 38,* 348-351.

Magnon, C., Hall, S. J., Lin, J., Xue, X., Gerber, L., Freedland, S. J., y Frenette, P. S. (2013). Autonomic nerve development contributes to prostate cancer progression. *Science, 341*, 1236361.

Marchand, W. R. (2014). Neural mechanisms of mindfulness and meditation: Evidence from neuroimaging studies. *World Journal of Radiology, 6*, 471-479.

Marsh, A. P., Janssen, J. A., Ambrosius, W. T., Burdette, J. H., Gaukstern, J. E., Morgan, A. R., Nesbit, B. A., Paolini, J. B., Sheedy, J. L., y Rejeski, W. J. (2013). The Cooperative Lifestyle Intervention Program-II (CLIP-II): Design and methods. *Contemporary Clinical Trials, 36*, 382-393.

McDermott, M. M., Domanchuk, K., Liu, K., Guralnik, J. M., Tian, L., Criqui, M. H., Ferrucci, L., Kibbe, M., Jones, D. L., Pearce, W. H., Zhao, L., Spring, B., y Rejeski, W. J. (2012). The Group Oriented Arterial Leg Study (GOALS) to improve walking performance in patients with peripheral arterial disease. *Contemporary Clinical Trials, 33*, 1311-1320.

McGilchrist, I. (2009). *The master and his emissary: The divided brain and the making of the Western world*. New Haven, CT: Yale University Press.

McNeely, M. L., Campbell, K. L., Rowe, B. H., Klassen, T. P., Mackey, J. R., y Courneya, K. S. (2006). Effects of exercise on breast cancer patients and survivors: A systematic review and meta-analysis. *Canadian Medical Association Journal, 175*, 34-41.

Morris, B. A., Shakespeare-Finch, J., y Scott, J. L. (2012). Post-traumatic growth after cancer: The importance of health-related benefits and newfound compassion for others. *Supportive Care in Cancer, 20*, 749-756.

Mowls, D. S., Brame, L. S., Martinez, S. A., y Beebe, L. A. (2016). Lifestyle behaviors among US cancer survivors. *Journal of Cancer Survivorship, 10*, 692-698.

Neff, K. (2003). Self-compassion: An alternative conceptualization of a healthy attitude toward oneself. *Self Identity, 2*, 85-101.

Neff, K. D., Kirkpatrick, K. L., y Rude, S. S. (2007). Self-compassion and adaptive psychological functioning. *Journal of Research in Personality, 41*, 139-154.

Nelson, S. H., Marinac, C. R., Patterson, R. E., Nechuta, S. J., Flatt, S. W., Caan, B. J., Kwan, M. L., Poole, E. M., Chen, W. Y., Shu, X.-O., y Pierce, J. P. (2016). Impact of very low physical activity, BMI, and comorbidities on mortality among breast cancer survivors. *Breast Cancer Research and Treatment, 155*, 551-557.

Nicklas, B. J., Gaukstern, J. E., Beavers, K. M., Newman, J. C., Leng, X., y Rejeski, W. J. (2014). Self-monitoring of spontaneous physical activity and sedentary behavior to prevent weight regain in older adults. *Obesity (Silver Spring), 22,* 1406-1412.

Phillips, S. M., Dodd, K. W., Steeves, J., McClain, J., Alfano, C. M., y McAuley, E. (2015). Physical activity and sedentary behavior in breast cancer survivors: New insight into activity patterns and potential intervention targets. *Gynecologic Oncology, 138,* 398-404.

Piet, J., Wurtzen, H., y Zachariae, R. (2012). The effect of mindfulness-based therapy on symptoms of anxiety and depression in adult cancer patients and survivors: A systematic review and meta-analysis. *Journal of Consulting and Clinical Psychology, 80,* 1007-1020.

Porges, S. W. (2007). The polyvagal perspective. *Biological Psychology, 74,* 116-143.

Porges, S. W. (2015). Play as neural exercise: Insights from the Polyvagal Theory. En D. Pearce-McCall (ed.), *The power of play for mind-brain health* (pp. 3-7) [ebook]. MindGAINS.

Rejeski, W. J., Brawley, L. R., Ambrosius, W. T., Brubaker, P. H., Focht, B. C., Foy, C. G., y Fox, L. D. (2003). Older adults with chronic disease: Benefits of group-mediated counseling in the promotion of physically active lifestyles. *Health Psychology, 22,* 414-423.

Rejeski, W. J., Brubaker, P. H., Goff, D. C., Bearon, L. B., McClelland, J. W., Perri, M. G., y Ambrosius, W. A. (2011). Translating weight loss and physical activity programs into the community to preserve mobility in older, obese adults in poor cardiovascular health. *Archives of Internal Medicine, 171,* 880-886.

Rejeski, W. J., y Gauvin, L. (2013). The embodied and relational nature of the mind: Implications for clinical interventions in aging individuals and populations. *Clinical Interventions in Aging, 8,* 657-665.

Rejeski, W. J., Marsh, A. P., Chmelo, E., Prescott, A. J., Dobrosielski, M., Walkup, M. P., Espeland, M., Miller, M. E., y Kritchevsky, S. (2009). The Lifestyle Interventions and Independence for Elders Pilot (LIFE-P): 2-year follow-up. *Journal of Gerontology A: Biological Science and Medical Science, 64,* 462-467.

Rejeski, W. J., Spring, B., Domanchuk, K., Tao, H., Tian, L., Zhao, L., y McDermott, M. M. (2014). A group-mediated, home-based physical activity intervention for patients with peripheral artery disease: Effects on social and psychological function. *Journal of Translational Medicine, 12,* 29.

Rothman, A. J. (2000). Toward a theory-based analysis of behavioral maintenance. *Health Psychology, 19*(1, Suppl.), 64-69.

Santos, D. A., Silva, A. M., Baptista, F., Santos, R., Vale, S., Mota, J., y Sardinha, L. B. (2012). Sedentary behavior and physical activity are independently related to functional fitness in older adults. *Experimental Gerontology, 47*, 908-912.

Sapolsky, R. M., Krey, L. C., y McEwen, B. S. (1985). Prolonged glucocorticoid exposure reduces hippocampal neuron number: Implications for aging. *Journal of Neuroscience, 5*, 1222-1227.

Schmitz, K. H., Holtzman, J., Courneya, K. S., Masse, L. C., Duval, S., y Kane, R. (2005). Controlled physical activity trials in cancer survivors: A systematic review and meta-analysis. *Cancer Epidemiology, Biomarkers and Prevention, 14*, 1588-1595.

Segal, R. J., Reid, R. D., Courneya, K. S., Malone, S. C., Parliament, M. B., Scott, C. G., Venner, P. M., Quinney, H. A., Jones, L. W., Slovinec D'Angelo, M. E., y Wells, G. A. (2003). Resistance exercise in men receiving androgen deprivation therapy for prostate cancer. *Journal of Clinical Oncology, 21*, 1653-1659.

Seguin, R., Lamonte, M., Tinker, L., Woods, N., Michael, Y. L., Bushnell, C., y LaCroix, A. Z. (2012). Sedentary behavior and physical function decline in older women: Findings from the women's health initiative. *Journal of Aging Research, 2012*, 271589.

Shennan, C., Payne, S., y Fenlon, D. (2011). What is the evidence for the use of mindfulness-based interventions in cancer care? A review. *Psycho-oncology, 20*, 681-697.

Siegel, D. (2007). *The mindful brain*. Nueva York: Norton.

Siegel, D. (2010). *Mindsight*. Nueva York: Bantam.

Smith, J. E., Richardson, J., Hoffman, C., y Pilkington, K. (2005). Mindfulness-based stress reduction as supportive therapy in cancer care: Systematic review. *Journal of Advanced Nursing, 52*, 315-327.

Speck, R. M., Courneya, K. S., Masse, L. C., Duval, S., y Schmitz, K. H. (2010). An update of controlled physical activity trials in cancer survivors: A systematic review and meta-analysis. *Journal of Cancer Survivorship, 4*, 87-100.

Tang, Y. Y., Ma, Y., Fan, Y., Feng, H., Wang, J., Feng, S., Lu, Q., Hu, B., Lin, Y., Li, J., Zhang, Y., Wang, Y., Zhou, L., y Fan, M. (2009). Central and autonomic nervous system interaction is altered by short-term meditation.

Proceedings of the National Academy of Sciences USA, 106, 8865-8870.

Tugade, M. M., Fredrickson, B. L., y Barrett, L. F. (2004). Psychological resilience and positive emotional granularity: Examining the benefits of positive emotions on coping and health. *Journal of Personality Assessment, 72*, 1161-1190.

Wilmot, E. G., Edwardson, C. L., Achana, F. A., Davies, M. J., Gorely, T., Gray, L. J., Khunti, K., Yates, T., y Biddle, S. J. H. (2012). Sedentary time in adults and the association with diabetes, cardiovascular disease and death: Systematic review and meta-analysis. *Diabetologia, 55*, 2895-2905.

Winningham, M. L., y MacVicar, M. G. (1988). The effect of aerobic exercise on patient reports of nausea. *Oncology Nursing Forum, 15*, 447-450.

Winningham, M. L., MacVicar, M. G., Bondoc, M., Anderson, J. I., y Minton, J. P. (1989). Effect of aerobic exercise on body weight and composition in patients with breast cancer on adjuvant chemotherapy. *Oncology Nursing Forum, 16*, 683-689.

Wu, S. D., y Lo, P. C. (2008). Inward-attention meditation increases parasympathetic activity: A study based on heart rate variability. *Biomedical Research, 29*, 245-250.

Zainal, N. Z., Booth, S., y Huppert, F. A. (2013). The efficacy of mindfulness-based stress reduction on mental health of breast cancer patients: A meta-analysis. *Psycho-oncology, 22*, 1457-1465.

7

PSICOTERAPIA EN GRUPO COMO EJERCICIO NEURONAL

UNIR LA TEORÍA POLIVAGAL Y LA TEORÍA DEL APEGO

Philip J. Flores y Stephen W. Porges

Aunque la teoría del apego de Bowlby (1988) ha tenido un enorme impacto en el mundo del desarrollo infantil y de la psicoterapia en adultos en los últimos 25 años, ha ganado una mayor legitimidad desde las neurociencias (Porges, 2011; Schore, 2003; Siegel, 1999). Como muchas características de la teoría del apego son implícitamente dependientes de los mecanismos neurofisiológicos descritos en la teoría polivagal, esta contribución ayuda a cambiar la perspectiva del apego desde una teoría estrictamente psicológica a una teoría bioconductual más integrada. Además, la teoría polivagal proporciona una unión conceptual entre los estudios científicos básicos y la aplicación clínica práctica, al ofrecer un nuevo paradigma para explicar los entresijos bioconductuales de los comportamientos sociales que ocurren durante el desarrollo infantil y se expresan como apego adulto. La teoría ofrece una perspectiva única que no solo describe los mecanismos neuronales implicados en el apego, sino que también proporciona un modelo clínico para orientar un tratamiento más efectivo. Informa las estrategias de intervención que ejercitan los circuitos neuronales implicados en el sistema de conexión social, un sistema que optimiza el apego seguro. El apego seguro no solo se traduce en una mayor capacidad para la regulación emocional y la resiliencia, sino que también influye en nuestro sesgo a la hora de reaccionar ante los retos mediante un proceso conocido como neurocepción. La neurocepción, según se desarrolla en la teoría polivagal, es la capacidad del sistema nervioso de evaluar el riesgo en el entorno de manera inconsciente. Esta teoría describe dicho proceso, contribuyendo a cambiar la descripción del apego para incluir las interacciones dinámicas entre los sistemas de conexión social. Este proceso incluye ejercicios neuronales que promueven una mejor regulación fisiológica y de los estados comportamentales. El resultado de estos ejercicios proporciona un sustrato neuronal más resiliente para la regulación del afecto y de los comportamientos interpersonales, que se puede utilizar fuera del contexto terapéutico. Aunque el apego es esencial, los ejercicios neuronales que regulan el estado fisiológico a través de mecanismos vagales proporcionan la flexibilidad bioconductual necesaria para promover una regulación emocional y comportamental resiliente y adaptable.

Con el objetivo de traducir la teoría polivagal en una aplicación clínica, se introduce una perspectiva neurofisiológica para ayudar a explicar la importancia de la seguridad en la psicoterapia y en todos los encuentros humanos prosociales. La teoría introduce un proceso novedoso, la neurocepción, para describir cómo el sistema nervioso evalúa el riesgo en una situación o en una persona. Este proceso no es aprendido, ni somos conscientes de las señales que desencadenan nuestras sensaciones de seguridad, peligro o amenaza vital. Es un proceso neuronal perfeccionado durante la evolución. Si se detecta seguridad, se potencia un sesgo hacia los comportamientos de conexión social. Sin embargo, en ausencia de señales de seguridad, se prepara la activación del sistema defensivo: la movilización (lucha-huida) o la inmovilización (inhibición total). Apagar o evitar la activación del sistema nervioso autónomo en estados de defensa es necesario antes de que se pueda desplegar una estrategia adaptativa, con el beneficio de restaurar la homeostasis y optimizar las interacciones sociales.

La teoría polivagal señala que, como mamíferos sociales, no debemos olvidar nuestra herencia filogenética. La evolución nos dotó de una capacidad innata para mantener y regular nuestro sistema nervioso autónomo mediante la reciprocidad y la sincronización de las interacciones cara a cara. Por ello, la conexión neuronal entre nuestro estado fisiológico y las expresiones de la cara y la entonación de la voz evolucionó hasta conformar un sistema de conexión social. Este sistema, que opera fundamentalmente a través de nervios craneales que regulan los músculos de la cara y la cabeza, permite que nuestras interacciones sociales regulen sin esfuerzo nuestro estado fisiológico.

TEORÍA POLIVAGAL: UNA INTRODUCCIÓN

La teoría polivagal transforma la manera de conceptualizar la relación entre los procesos corporales y las experiencias psicológicas. Lo hace al presentar una explicación innovadora sobre la relación entre el comportamiento y el estado del sistema nervioso autónomo, cambiando así el paradigma. Históricamente, este sistema se describía con un modelo de dos ramas: simpática y parasimpática. Sin embargo, dichas explicaciones ignoraban el papel crucial de la retroalimentación sensorial desde los órganos viscerales hacia el cerebro y la organización jerárquica de la reactividad autónoma frente a desafíos ambientales. La teoría describe dos sistemas de defensa: (1) el sistema de lucha o huida, asociado a la activación simpática, y (2) un sistema menos conocido de inmovilización y disociación, vinculado con una vía vagal más antigua. Porges (2011) destaca la organización jerárquica de estos componentes, que evolucionaron para facilitar conductas adaptativas ante contextos de seguridad, peligro o amenaza vital. Existen dos circuitos vagales: uno antiguo, relacionado con la inmovilización defensiva, y otro más reciente, propio de los mamíferos, que promueve estados de calma y comportamientos sociales en entornos seguros. Esta innovación amplía el modelo anterior, que solo consideraba la respuesta de lucha-huida, e ignoraba estados como la disociación, la parálisis o el colapso, que muchas personas experimentan durante situaciones de amenaza vital como una agresión sexual, un ataque físico o la guerra.

La búsqueda de la seguridad como imperativo biológico

La capacidad de responder de forma diferenciada a contextos seguros y peligrosos forma parte de nuestra herencia evolutiva. Para sobrevivir, los mamíferos necesitaban identificar el peligro y reconocer rápidamente qué situaciones eran seguras. Así, el sistema nervioso evolucionó para ser sensible no solo a estímulos físicos del entorno, sino también a la intención que subyace en los movimientos y las interacciones sociales, que pueden activar o calmar la reactividad fisiológica defensiva. En un contexto seguro, cuando cesa la vigilancia ante amenazas, se produce un cambio fisiológico que influye profundamente en estados psicológicos como la depresión, la ira y la ansiedad. El estado de seguridad constituye una plataforma neuronal óptima para activar los circuitos que promueven la salud física y mental. Sin señales contextuales de seguridad y sin un cambio fisiológico hacia la calma, sostener la salud resulta difícil y a menudo ineficaz.

Los estados fisiológicos limitan el rango de estados psicológicos

Nuestros procesos psicológicos están condicionados por los estados fisiológicos, los cuales responden a señales de amenaza, seguridad o incertidumbre en nuestras relaciones y entornos. La teoría polivagal ofrece una traducción bioconductual de estos procesos bidireccionales, lo que permite comprender mejor las bases neuronales del apego, la regulación afectiva y los trastornos emocionales. Además, esta comprensión puede aplicarse al diseño de intervenciones terapéuticas grupales más efectivas. Muchos enfoques tradicionales carecen de una explicación clara de los mecanismos neuronales subyacentes que dan cuenta del papel central de la interacción emocional interpersonal en los tratamientos clínicos.

Psicoterapia en grupo, apego y teoría polivagal

A primera vista, traducir las implicaciones de la teoría polivagal para orientar la aplicación de intervenciones clínicas en la terapia en grupo puede parecer una ardua tarea. Sin embargo, si examinamos atentamente la teoría polivagal, descubrimos al final una sinergia complementaria natural entre los principios básicos en los que se basa la explicación de la teoría de la relación determinada evolutivamente entre el estado autónomo y el comportamiento y los fundamentos teóricos que guían no solo la teoría del apego, sino todos los modelos psicodinámicos, interpersonales y orientados relacionalmente de la psicoterapia en grupo (Flores, 2010; Grossmark y Wright, 2015; Ormont, 1992; Rutan et al., 2014; Yalom y Leszcz, 2005). Como los modelos relacionales de la terapia en grupo inherentemente proporcionan un entorno social que requiere que sus miembros interactúen emocionalmente entre sí interpersonalmente en interacciones sociales cara a cara recurrentes, promueven naturalmente muchos de los elementos más cruciales necesarios para la promoción de los sustratos neuronales requeridos para el apego y la regulación de los afectos.

Este capítulo explica cómo un modelo de terapia en grupo adecuadamente construido, representado por una perspectiva interpersonal y los modelos relacionales de la teoría psicodinámica, puede proporcionar unos fundamentos teóricos complementarios y ajustados a los principios de la teoría polivagal. El enfoque del tratamiento en grupo basado en estos modelos psicoterapéuticos también proporciona una pauta de ejercicios neuronales inherentemente adecuada para ofrecer oportunidades de reforzar el sistema de conexión social que mejorará nuestra comunicación social, nuestra neurocepción y la regulación de los afectos. Esta oportunidad continuada de ejercitar los circuitos neuronales que reducen el tono simpático (defensas de lucha-huida), reforzando simultáneamente la detección de señales de seguridad ante la cara y la voz de otra persona, es fundamental para promover el comportamiento prosocial, la regulación de los afectos y el bienestar, tanto psicológica como fisiológicamente.

USO DEL SISTEMA DE CONEXIÓN SOCIAL: UN EJEMPLO DE PROMOCIÓN DE LA REGULACIÓN DE LOS AFECTOS EN GRUPO

La regulación interpersonal de las emociones y el establecimiento de relaciones correguladoras son características centrales de nuestra vida psicológica y un barómetro de nuestra salud física y psicológica. Aunque se suponga lo contrario, la importancia capital de la capacidad de regular los afectos no está garantizada biológicamente ni integrada innatamente en nuestro sistema nervioso al nacer. Los nuevos descubrimientos en la epigenética, la neuroplasticidad y la neurogénesis han demostrado la necesidad constante de practicar y ejercitar de manera continuada las plataformas neuronales esenciales que la evolución designó como cruciales para mantener nuestro sistema de conexión social funcionando eficientemente a lo largo de toda nuestra vida.

La siguiente historia ilustra los principios detrás del empleo de la psicoterapia en grupo como ejercicio neuronal. Observa cómo se incorporan temas como la seguridad, la interacción social, la comunicación emocional y el uso de la neurocepción para facilitar la comunicación no verbal implícita en este grupo de terapia.

Tras estudiar sin descanso durante meses la defensa oral de su tesis doctoral, Sarah es informada por su director de tesis de que su fecha de defensa se pospone debido a algunas dudas sobre su análisis de datos. Asustada, confundida y angustiada, Sarah llega más tarde ese día a un grupo de terapia al que lleva acudiendo semanalmente durante los últimos ocho meses. Sarah se sienta en silencio, claramente distraída durante los primeros 45 minutos de la sesión. Cuando hay una breve pausa, Betty, otra miembro del grupo, se inclina en su silla, mira a Sarah y le pregunta con delicadeza: «Sarah, ¿estás bien?». Sarah inmediatamente rompe a llorar. Un silencio respetuoso se apodera del grupo cuando todas las miradas se dirigen hacia ella. El grupo espera hasta que el llanto de Sarah se calme antes de que Charley, otro participante, pregunte amablemente: «¿Qué pasa? ¿Ha ocurrido algo?». Sarah procede entonces a explicar los acontecimientos de la mañana, expresando sus dudas sobre su competencia y su capacidad de salvar su tesis doctoral. El grupo le pide más detalles antes de que Carl, un miembro muy locuaz del grupo, estalle en ira: «¡Qué mal, estoy furioso con tu director de tesis! ¿Por qué ha esperado hasta el último minuto para hacerte este tipo de comentario?». Los ojos de Sarah se abren por completo. Aprieta los puños, sonríe con cautela y asiente enérgicamente. Otros miembros del grupo se unen a Carl en su enfado contra la insensibilidad del director de tesis.

El líder del grupo observa atentamente las reacciones de Sarah ante la ira de Carl. El líder observa que el grupo está proporcionando a Sarah una experiencia compartida de protesta sana, del tipo que se necesita cuando alguien siente que le han tratado mal o injustamente. Carl y los otros miembros del grupo están amplificando la experiencia de Sarah de una emoción a la que no tiene acceso en ese momento: una agresividad saludable necesaria para la autoprotección y la búsqueda de un trato justo en las relaciones. Su falta de coraje también contribuye a la erosión de la confianza en sí misma, reflejando una autorrepresentación interna percibida como débil, mientras que los demás se perciben como poderosos. La falta de asertividad de Sarah quedó patente incluso al inicio del grupo, cuando otro miembro tuvo que pedirle que hablara, a pesar de que era evidente que estaba preocupada y con un gran malestar emocional desde que se sentó al llegar. La sonrisa contenida de Sarah y el puño apretado transmiten implícitamente una nueva comodidad emergente y un placer con una emoción anteriormente impedida. El grupo está facilitando una nueva representación interna emergente de ella misma y de los demás.

Robert, otro miembro del grupo y profesor en una universidad cercana, sonríe dulcemente a Sarah y procede a describir amablemente una situación similar que sufrió al acabar su tesis doctoral casi diez años atrás. Robert ha sido uno de los miembros más estoicos y racionales del grupo, y una pequeña lágrima a punto de caer y la amabilidad en su voz tienen una influencia calmante en todo el grupo, profundizando la intensidad de los sentimientos en la sala. Otros dos miembros del grupo compadecen a Sarah por el terror que se sabe que la química orgánica provoca, asegurándole que confían en su capacidad de salvar su tesis doctoral. Otro miembro le acerca una caja de pañuelos. Sarah se seca las lágrimas y logra esbozar una frágil sonrisa en respuesta a su apoyo. Carl vuelve a su enfado por la injusticia del trato hacia Sarah por parte de su director de tesis y, con un destello en su mirada, refunfuña: «Creo que todos deberíamos asaltar su despacho y demostrar nuestra indignación». Para sorpresa de todos, Sally, que normalmente es callada y tímida, levanta sorprendentemente el puño y grita espontáneamente: «¡El poder al pueblo!». El grupo, incluyendo a Sarah, estalla en carcajadas y empieza a gritar y a cantar: «¡El poder a Sarah! ¡El poder a Sarah!». Al cabo de un rato, el grupo se calma con la presencia compartida y satisfecha de Sarah.

En ese momento, el líder del grupo aprovecha la oportunidad para pedir a Sarah que mire al grupo y establezca contacto visual con todos sus miembros. «¿Qué ves y cómo te sientes en este momento al mirar la cara de los miembros del grupo?». El aspecto de derrota y de temor de Sarah se ha sustituido por confianza y convicción. Sarah mira a la cara a los demás participantes, deteniéndose brevemente para mirar a Robert a los ojos; ambos asienten y se sonríen. «Veo a muchas personas que se preocupan y que creen en mí». Sarah se sienta recta en la silla. Asiente asertivamente con la cabeza. «Puedo hacer los cambios necesarios para salvar esta tesis doctoral».

En este ejemplo clínico queda claro que el líder del grupo no está interesado en centrarse en las categorías diagnósticas ni en interpretar la falta de asertividad de Sarah o la ira excesiva de Carl, ni en sugerir que el grupo está en lucha con sus risas y vítores. El líder del grupo sabe que el juego, especialmente el juego entre adultos inducido espontáneamente, tiene que ver con las transiciones y refleja una experiencia vivida compartida que solo puede ocurrir cuando los miembros del grupo se sienten seguros y conectados entre sí. El juego y la exploración de las diferencias son un importante elemento de la consideración, la atención y la generosidad compartidas, que ayuda en el desarrollo del freno vagal: una mayor flexibilidad en el sistema nervioso autónomo, esencial para manejar los estados de activación rápidamente cambiantes y el cambio eficiente y fluido de las posturas emocionales. Esta es una capacidad fisiológica esencial para gestionar todas las relaciones auténticas. El terapeuta, en lugar de eso, se centra en el amplio espectro de experiencias emocionales compartidas en el grupo, del tipo que preside en todas las relaciones sanas y auténticas. El líder permanece diligente, controlando que el grupo sea capaz de experimentar toda la gama de emociones que están ocurriendo en el grupo en este momento.

Vemos lo importante que es que los miembros sean empáticos entre sí al compartir sus experiencias y asumir riesgos. Sarah permaneció en silencio los primeros 45 minutos de la sesión, evitando expresar sus necesidades o sentimientos al grupo. Otra participante habla a Sarah con curiosidad y la invita a compartir su experiencia. Esta invitación provoca tristeza, llanto y duda en sí misma. Detectamos evidencias que reflejan un estilo de apego inseguro cuando Sarah se culpa a sí misma y tiene miedo al conflicto y a su propia ira. Su respuesta condicionada es permanecer en silencio y encerrarse en sí misma. Durante la sesión en grupo, los otros miembros no solo son sensibles a su tristeza, sino que sintonizan con su ira subyacente. La capacidad del grupo de expresar una gama más amplia de emociones es crucial porque promueve la capacidad de Sarah de protestar y de pasar de la evitación de esos sentimientos a poder tolerar emociones que suelen resultarle amenazantes. Está claro que el grupo está evocando una neurocepción de seguridad para sus miembros, quienes ahora pueden explorar y experimentar unos sentimientos y pensamientos que generalmente se vetan o se niegan. Este es un grupo con suficiente seguridad para que los miembros se comuniquen, asuman riesgos y exploren nuevos comportamientos. Aunque el líder del grupo ha estado observando atentamente cómo las microvulneraciones de la expectativa neuronal y la amenaza pueden activar los estados psicológicos de Sarah y de los otros miembros, está más interesado en la comunicación implícita (prosodia, expresiones faciales, contacto visual, etc.) que en su comunicación verbal explícita. El líder del grupo reconoce que es poco probable que Sarah recuerde explícitamente las palabras pronunciadas por cada miembro del grupo responsables del cambio en su estado emocional; sin embargo, confía en que la comunicación implícita de esfuerzo, amabilidad y cariño haya quedado registrada en ella a un nivel implícito.

TAREAS DEL LÍDER DEL GRUPO: TRES PRINCIPIOS BASADOS EN LA TEORÍA POLIVAGAL

Este apartado describe el funcionamiento de tres procesos polivagales (es decir, neurocepción, conexión social y freno vagal) durante la terapia, para promover unos resultados clínicos positivos. El líder del grupo debe comprender estos procesos para integrar las recomendaciones planteadas por la teoría polivagal y aumentar la efectividad de la terapia en grupo:

1. Familiarizarse con las características sociales y ambientales que sesgan la neurocepción y cómo este proceso neuronal inconsciente influye en la capacidad de la persona de distinguir entre la seguridad y la amenaza.
2. Construir un entorno grupal que utilice las características del entorno para promover una neurocepción de seguridad, regular a la

baja la defensividad y dar oportunidades para que cada miembro del grupo ejercite su sistema de conexión social.

3. Ejercitar el freno vagal ofreciendo repetidas oportunidades a los miembros del grupo de navegar de manera neutra por una secuencia de estados: desde en calma, a vigilante, a sobresaltado, y de vuelta a la calma.

Si se utilizan estos principios de la teoría polivagal para orientar las intervenciones clínicas durante el tratamiento en grupo, emergerán naturalmente cuatro resultados fundamentales: (1) mejora tanto explícita como implícita de la regulación de los afectos; (2) refuerzo del reconocimiento de los afectos y mejora de la destreza emocional; (3) corrección de la neurocepción errónea; y (4) expansión de las capacidades relacionales, aumentando la agudeza en la lectura de las señales sociales y la comunicación no verbal implícita. Antes de poder esperar que los miembros de nuestro grupo logren mínimamente comprender lo que sus emociones y sus sentimientos viscerales corporales les están comunicando a ellos y a los demás, debemos ayudarles a reconocer e identificar sus emociones según se producen actualmente en el grupo. Debemos ayudarles a ser conscientes de sus señales viscerales en lugar de evitarlas disociándose y entumeciéndose, asustándose con sus sentimientos o exteriorizándolos.

COMPRENDER LA NEUROCEPCIÓN ERRÓNEA Y LA BÚSQUEDA BIOLÓGICA DE LA SEGURIDAD

La neurocepción refleja nuestra capacidad de evaluar la intencionalidad del movimiento biológico (gestos corporales, expresividad facial y vocalización) al servicio de la adaptación al riesgo. Las señales que activan una neurocepción de seguridad inhiben la movilización defensiva y permiten que el sistema de conexión social se active. Nuestro sistema nervioso está constantemente buscando sentirse seguro, encontrando personas, situaciones y entornos que no sean amenazantes. Estamos constantemente intentando negociar y navegar por un entorno complejo y estresante, lleno de retos. Estos retos se manifiestan en el entorno externo en el que estamos, pero también a través de la retroalimentación emocional y visceral de nuestro entorno fisiológico interno. Nuestro cuerpo está constantemente intentando interpretar esas señales y regular nuestros estados fisiológicos.

Cada vez que un terapeuta de grupo pone de ocho a diez sillas en círculo en una pequeña sala, está aplicando un conocimiento intuitivo de la neurocepción, uno de los procesos esenciales de la teoría polivagal. Para desarrollar un vínculo social, las personas deben estar cerca unas de otras. También ayuda si las sillas se colocan de manera que todos los miembros puedan tener contacto cara a cara mediante su sistema de conexión social. Optimizando las oportunidades de interacciones cara a cara, los músculos de la cabeza que producen la mirada, las expresiones faciales, los movimientos de la cabeza, las vocalizaciones prosódicas y una mejor escucha gracias a los músculos del oído medio sirven como portales expresivos y receptivos a los circuitos neuronales que activan el sistema vagal, cambian la neurocepción y estimulan el sistema de conexión social.

Si el líder del grupo aporta seguridad y previsibilidad, especialmente al inicio de un nuevo grupo, será prácticamente imposible que los miembros del grupo no se aferren unos a otros y que el grupo no se convierta en una base segura para sus miembros. Involuntariamente conectamos interpersonalmente cuando experimentamos seguridad, familiaridad y proximidad con otra persona segura. Conectar el sistema de conexión social de una persona dificulta que se activen las operaciones defensivas (lucha-huida-parálización) del sistema nervioso autónomo. Promover una neurocepción sesgada hacia la seguridad y la comunicación emocional implícita, a diferencia de una neurocepción sesgada hacia la defensa y la comunicación cognitiva explícita, solo ayudará a facilitar este proceso.

Por ejemplo, el simple acto de poner sillas en un círculo de una manera que promueva la proximidad y la interacción emocional interpersonal cara a cara, en un entorno previsiblemente seguro, inicia el proceso de refuerzo de los mecanismos neuronales responsables de la regulación emocional del sistema nervioso de cada miembro del grupo.

Un objetivo importante de la terapia en grupo es intentar ampliar la conciencia emocional de los miembros del grupo y difundir los efectos perturbadores de las reacciones neuroceptivas erróneas ante estímulos que no presentan una amenaza real. «Neurocepción errónea» se refiere a situaciones que desencadenan estados defensivos que sesgan la neurocepción hacia el peligro cuando en realidad no hay peligro.

La teoría polivagal nos informa de que el sistema nervioso humano proporciona dos vías para activar los mecanismos neuronales capaces de regular a la baja la defensa para permitir estados de calma que sostengan una neurocepción más adecuada, el aprendizaje, la escucha, la comprensión, la salud, el comportamiento social espontáneo y la conexión. Existe una vía pasiva y una vía activa para desencadenar mecanismos capaces de regular a la baja la defensa, manipulando el contexto clínico en el cual se practica la terapia en grupo.

Las características físicas de la sala que calman, relajan y promueven una sensación de seguridad a través del proceso de neurocepción son ejemplos de la vía pasiva. Estas características incluyen un entorno en silencio, las sillas en círculo, la previsibilidad, un entorno apacible y empezar y terminar el grupo puntualmente.

La vía activa requiere comportamientos voluntarios conscientes que cambian el estado fisiológico a través del freno vagal y que ejercitan el sistema de conexión social, promoviendo las interacciones prosociales cara a cara, con un énfasis en la comunicación emocional, la sincronicidad, la reciprocidad, la compasión, la congruencia y una sensibilidad aguda hacia la intencionalidad del movimiento biológico (gestos, expresividad facial, prosodia y vocalización).

ACTIVAR EL SISTEMA DE CONEXIÓN SOCIAL

Cuando nuestra neurocepción evalúa nuestro entorno como seguro, las estructuras límbicas defensivas se inhiben, permitiendo que emerjan la conexión social y los estados viscerales en calma. Proporcionar oportunidades continuadas de promover las interacciones interpersonales cara a cara es el componente más crítico de la psicoterapia en grupo por una razón muy simple: mientras que el sistema de conexión social de una persona permanezca activo, inhibirá la activación innecesaria de las respuestas defensivas de lucha-huida o de paralización.

Desde la perspectiva de la teoría polivagal, el uso activo del sistema de conexión social de una persona con el sistema de conexión social de otra reside en el centro de toda psicoterapia, del aprendizaje interpersonal, la exploración, el descubrimiento, el cambio, la regulación emocional y el mantenimiento de relaciones mutuamente gratificantes. Nuestros sistemas de conexión social funcionan en tándem con la neurocepción para promover el desarrollo del mejor yo posible, lo cual significa que la persona es más capaz de leer las señales sociales, manejar relaciones correguladoras recurrentes, distinguir a un amigo de un enemigo y desarrollar una rica destreza emocional para uno mismo y para los demás.

Se potencia un mayor acceso a la empatía, la compasión, la diversión, el humor y la tolerancia hacia las diferencias, dando como resultado una oportunidad de una experiencia vivida más rica, así como de un mayor propósito en la vida. El autoconocimiento también mejora porque un sistema de conexión social activo reduce y repara las distorsiones de la neurocepción errónea, inhibiendo la activación innecesaria del sistema nervioso autónomo y las correspondientes operaciones defensivas de lucha-huida o paralización.

Durante la transición evolutiva de reptiles a mamíferos, la regulación neuronal del sistema nervioso autónomo cambió. Concretamente, apareció una rama del vago desde un área del tronco encefálico implicado en la regulación de los músculos de la cara y de la cabeza: los componentes del sistema de conexión social. Esta nueva rama tiene fibras motrices mielinizadas que funcionan como un freno vagal eficiente que se ajusta dinámicamente (Porges et al., 1996). El constructo del freno vagal se introdujo en la teoría polivagal para describir el proceso neurofisiológico a través del cual la inhibición y desinhibición rápidas del tono vagal cardíaco pueden movilizar o calmar rápidamente a una persona.

Funcional y metafóricamente, un buen tono vagal cardíaco es similar a un buen tono muscular. Igual que ir al gimnasio con regularidad mejora el tono muscular haciendo flexiones y sentadillas, ejercitar el sistema de conexión social en grupo refuerza el freno vagal, permitiéndole modular eficientemente los niveles de activación emocional y los estados viscerales. A la larga, esto mejora la capacidad de la persona de interactuar y separarse de otras personas al servicio de la promoción de los comportamientos autorrelajantes, la cooperación, los estados de calma, una lectura más precisa de las señales sociales y una mejor comprensión de la comunicación social no verbal.

Las pruebas son integrales e incuestionables: una base segura es fundamental para un desarrollo infantil saludable (Stern, 1995), un matrimonio satisfactorio y gratificante (Johnson, 2008), y unos buenos resultados del tratamiento psicoterapéutico (Norcross, 2001). Las pruebas son igualmente robustas a la hora de documentar que los entornos ricos que proporcionan niveles óptimos de activación, entusiasmo y estimulación son esenciales para promover la neurogénesis, la neuroplasticidad y sensaciones generales de bienestar, estímulo emocional y felicidad (Berns, 2005). Esto también es aplicable a la psicoterapia en grupo.

Sin embargo, la seguridad o una base segura en una terapia de grupo a menudo puede malinterpretarse como simplemente aportar a los miembros del grupo un entorno o una relación completamente previsibles y seguros en todo momento. Esto no solo es poco realista, sino que no es útil. La seguridad no es un fenómeno unidimensional. La seguridad es algo más complejo, que lleva a todo líder de grupo experimentado a preguntarse constantemente: ¿es suficientemente seguro para todas las personas de este grupo estar en desacuerdo, mantener visiones opuestas, desafiar a la autoridad (al líder del grupo) y protestar cuando sienten que no son tratadas justamente o comprendidas?

EJERCITAR EL FRENO VAGAL: UN EJEMPLO CLÍNICO

La siguiente historia ilustra cómo cualquier enfoque de la psicoterapia en grupo que fomente las interacciones espontáneas y auténticas entre los miembros del grupo, a la larga, dará como resultado un inevitable conflicto entre los miembros del grupo o con el líder del grupo. Como los conflictos interpersonales y los desacuerdos son parte integrante de todas las interacciones sociales y las relaciones de apego cercanas, los terapeutas de grupo relacionalmente orientados acogen el conflicto, porque ofrece al grupo una valiosa oportunidad de experimentar y aprender cómo los procesos de ruptura, reparación y nueva unión pueden ser algunos de los componentes más beneficiosos de todo tratamiento exitoso (Yalom y Leszcz, 2005).

Esto es especialmente importante porque está bien documentado que todas las relaciones disfuncionales se caracterizan por la ausencia del proceso de reparación. Esta historia en concreto se basa en la descripción de la teoría polivagal del papel del freno vagal en la regulación de los estados de activación, al servicio de la mejora del tono vagal, que potencia la reactivación espontánea del sistema de conexión social de la persona.

Durante más de cinco años, Paul y Martha han sido miembros de un grupo de psicoterapia que se reúne semanalmente durante una hora y media. Actualmente, el grupo cuenta con ocho miembros: cinco mujeres y tres hombres. Al inicio de esta sesión en concreto, antes de que nadie tuviera tiempo de instalarse en sus sillas, Martha empieza inmediatamente la sesión contando a Angela que, al término de la sesión anterior, se fue a casa sintiéndose «furiosa» hacia ella.

Angela se queda asustada y sorprendida, como el resto del grupo, ya que no parecía que hubiera quedado nada no resuelto en la última sesión. Después de que Angela prudentemente le pregunte qué había hecho, Martha procede a sermonearla sobre su «derecho a tener privilegios», relacionado con la descripción de Angela de un intercambio doloroso que había tenido la semana anterior con su exigente y narcisista madre. Angela, igual que el resto de los miembros del grupo, al principio se queda de piedra por el tono de voz de Martha y la mirada severa y altiva en su cara.

Tras tomarse unos minutos para reponerse del severo juicio de Martha sobre ella, Angela confiesa que en ocasiones se cree con ciertos derechos y que Martha tiene razón al detectar esta cualidad menos que admirable que le avergüenza reconocer. La falta de defensividad de Angela y el reconocimiento de su comportamiento no sirven para suavizar la mirada o el tono de Martha hacia ella. Al contrario, Martha la fulmina con la mirada con una engreída indignación. Al cabo de un momento, el líder del grupo procede a preguntar a Martha cómo se sintió acerca del reconocimiento de Angela y su respuesta nada a la defensiva ante su confrontación. Martha dice con indiferencia y con un gesto de desdén: «Sigue sin gustarme».

El líder del grupo va un poco más lejos y pregunta: «¿Alguna idea de los sentimientos que pueden estar detrás de tu intolerancia a que Angela se crea con derechos?». Martha enseguida niega con la cabeza: «No, en absoluto». Martha mira entonces al líder del grupo y le dice: «Escucha, no des la vuelta a las cosas ni hagas que ahora tenga que ver conmigo».

En ese momento, Paul, sentado al otro lado de la sala, estalla contra Martha: «¿A qué te refieres con que se cree con derechos? Yo no he visto nunca que Angela se crea con derecho a nada». Ambos se enzarzan en una riña durante algunos minutos. Aunque las respuestas de Martha siguen siendo criticonas, severas y acérrimas, mantiene el control de su tono de voz, a pesar de mirar a Paul con una mirada de total desdén y una sonrisa de suficiencia en su cara.

La ira de Paul va escalando hasta estallar gritando y diciendo palabrotas: «Si no eres capaz de asumir tu parte en esto, ¡deberías abandonar este puto grupo!». La intensidad de las respuestas de Paul alarma a todo el grupo, y aunque algunos de los miembros están de acuerdo con él, sienten que estos gritos y estas palabrotas hacia Martha están fuera de lugar. Paul no se deja convencer por su preocupación y sigue con sus gritos, aunque Martha se retira claramente de su diálogo, diciendo: «Esto no va a ninguna parte y me estás asustando».

Al observar que el grupo estaba en un punto muerto, el líder del grupo, guiado por la teoría polivagal, interviene. El líder ladea la cabeza, se inclina hacia Paul y le habla amable pero firmemente para desviar la atención de Paul de Martha. Sabiendo que es imposible que nuestro sistema nervioso ignore el movimiento de la cabeza y del tronco, así como las expresiones faciales, el líder del grupo aprovecha que los movimientos corporales siempre transmiten intencionalidad, llamando naturalmente la atención de una persona. Usando la prosodia para comunicar una ausencia de amenaza o de activación, el líder del grupo le pide calmadamente: «Paul, ¿puedes mirarme un segundo?».

El líder del grupo también sabe que una persona puede escuchar y procesar la información verbal más eficientemente cuando existe contacto visual, porque ambos procesos requieren las vías neuronales implicadas en el sistema de conexión social. Transmitiendo tanta compasión como puede con sus ojos, el líder del grupo dice amable y delicadamente: «Paul, esto está obviamente removiendo sentimientos muy fuertes en ti. ¿Puedo pedirte que dejes de gritar el tiempo suficiente para poder escucharme?».

A Paul, que respira fuerte, le cuesta recuperar el control de sus respuestas corporales. Su sistema nervioso simpático está claramente hiperactivado y su freno vagal está desconectado. Con gran esfuerzo, y porque Paul tiene una larga relación de confianza con el líder del grupo, lentamente asiente con la cabeza. Como sigue costándole respirar, el líder del grupo le pide que haga unas respiraciones más cortas y profundas, porque sabe que las espiraciones lentas y estables activan el freno vagal, reduciendo la intensidad de la respuesta de lucha-huida.

El terapeuta de grupo sabe que en ese momento tiene que encontrar una forma de interrumpir el conflicto emocional que Paul ha tenido con Martha y conectar con la parte de Paul que su historia juntos había proporcionado como un refugio seguro. El contacto visual y la prosodia son los dos vehículos que el líder del grupo sabe que debe usar en ese momento para reducir el nivel del sistema de activación de Paul, que está en pleno modo de lucha-huida. Paul y el líder del grupo mantienen esa interacción sin implicar al resto del grupo durante unos minutos. Paul respira cada vez con mayor normalidad. En ese punto, el líder del grupo pregunta a Paul si está dispuesto a sentarse en silencio unos minutos mientras él comprueba cómo está el resto del grupo, asegurando a Paul que volverá con el grupo y con Martha en unos minutos. El líder del grupo sabe que el nivel de activación de Paul tardará un rato en volver al nivel basal y permitirle calmarse lo suficiente para escuchar los comentarios. Paul asiente con la cabeza, y Martha, claramente aliviada, acepta rápidamente.

El líder del grupo sabe que tiene que implicar al resto del grupo y evitar que el conflicto se limite a solo dos miembros. El líder del grupo dice, firme pero delicadamente: «¿Qué está sintiendo el resto del grupo en este momento?». Hace una breve pausa antes de continuar: «Creo que, como grupo, tenemos una oportunidad de comprender algo importante sobre nosotros mismos, siempre y cuando evitemos que Paul y Martha carguen con este conflicto por todo el grupo. No se trata solo de ellos. Se trata del grupo».

A continuación, el grupo empieza a explicar cómo les ha afectado el intercambio, en ocasiones refiriéndose a eventos similares que les han ocurrido en su vida. Paul permanece en silencio, separado del grupo, pero con una cara contemplativa peculiar. Después de valorar que todos los miembros del grupo han podido volver a conectar su sistema de conexión social, el líder pregunta a Martha y a Paul cómo están.

Martha responde rápidamente: «Me mantengo en silencio, no quiero que me vuelvan a atacar». Paul le responde. Hablando suavemente, con una seriedad sincera, procede a explicarse y a disculparse: «Martha, no quiero que tengas miedo o te preocupes por si yo u otra persona del grupo te ataca». Manteniendo el contacto visual con ella, le lanza una sonrisa tranquilizadora. «Y por supuesto no quiero que abandones el grupo. Hemos pasado por mucho juntos en los cinco años en los que hemos estado juntos en el grupo. No quiero perderte».

Después, Paul explica a todo el grupo en qué ha estado pensando la última hora. Cuenta que la mirada de desdén y la sonrisa burlona de Martha han reabierto una serie de antiguas heridas de apego y de humillaciones pasadas dolorosas. Martha y el grupo están al corriente, en esos cinco años juntos, de la historia de Paul con su madre, que los maltrató repetidamente a él y a sus dos hermanos cuando eran pequeños. «Cuando seguías insistiendo en que viste a Angela creyéndose con derechos y yo no, eso me activó. Mi madre siempre intentaba decirme qué había visto o que lo que estaba haciendo en realidad no estaba pasando, y amenazarla era la única forma que pude encontrar para defenderme y evitar que me hiciera tragarla a ella y su versión de la realidad. Y cuando yo o mis hermanos le pedíamos que viera su papel en todo ese caos, siempre se negaba, diciendo que todo era culpa nuestra».

La cara de Martha se suavizó inmediatamente. Al notar que estaba en un momento de receptividad, el líder del grupo le preguntó si la revelación de Paul le había permitido comprender algo. Martha tragó saliva y lanzó una sonrisa cómplice: «Por supuesto, me doy cuenta de un par de cosas: Angela se había convertido en mi hermano, que siempre fue el hijo favorito y con todos los derechos, y yo me convertí en mi madre crítica y reprobadora, que siempre esperaba que sus hijos fueran perfectos».

No todas las rupturas son tan dramáticas como este ejemplo clínico. La mayoría de las vulneraciones permanecen fuera de nuestra conciencia. Sin embargo, las vulneraciones de las expectativas neuronales siempre son reconocidas por el sistema de respuesta visceral integrado en la neurocepción. Aunque estas vulneraciones en ocasiones puedan ser sutiles, permanecen registradas como una experiencia vaga e incómoda, de origen o desencadenante desconocido. Somos bombardeados por estas violaciones a lo largo del día, por una infinidad de interacciones sociales en un mundo ajetreado y estresante. La sonrisa y el saludo amable de un transeúnte, o la reprimenda de un dependiente diciéndonos «debe esperar su turno», dejan un impacto acumulativo, tanto si estamos teniendo un buen día como un mal día. La evolución optó por no confiar en la detección de riesgo, peligro o seguridad a la vía lenta de la conciencia para garantizar la supervivencia. Es otra variación de la máxima de Van der Kolk: «El cuerpo siempre lleva la cuenta» (Van der Kolk, 2014).

La desconexión de una persona cuyo sistema de conexión social está preparado para anticipar interacciones recíprocas y sincronizadas con las señales de seguridad y confianza viola una expectativa neuronal de seguridad y desencadena una neurocepción de defensa, con las reacciones corporales asociadas de lucha-huida-paralización.

Incluso pequeñas desconexiones pueden, a menudo, suscitar enormes reacciones en algunas personas. La falta de respuesta (cara de póker, sin contacto físico, etc.) o incluso una respuesta indiferente, desinteresada o mal sintonizada emocionalmente (sin prosodia, sin tener en cuenta la vulnerabilidad emocional o la apertura de la otra persona, totalmente intelectual e ignorando el contenido emocional de la interacción, etc.) puede afectar nuestro estado de ánimo y los sentimientos hacia nosotras mismas.

Las experiencias sociales se asocian con interacciones recíprocas y sincronizadas, que proporcionan una expectativa neuronal de comportamientos de conexión social recíprocos y sincronizados.

El grupo ofrece oportunidades de tener experiencias asociadas con una vulneración de la expectativa neuronal de interacciones recíprocas y sincronizadas. La vulneración de esta expectativa neuronal, a través de la neurocepción, cambia inmediatamente el estado corporal de la persona a un estado fisiológico que promueve la defensa, generalmente activación simpática para promover comportamientos de lucha-huida.

El grupo también ofrece la oportunidad de reparar las consecuencias de la vulneración, completando el ejercicio neuronal de reducir la reacción de defensa con las señales positivas del sistema de conexión social de los otros miembros del grupo. El ejercicio neuronal toma reacciones de defensa transitorias y las difunde con una expectativa neuronal de seguridad y confianza mediante una voz prosódica, un gesto reconfortante y expresiones faciales cálidas.

Es similar al niño que juega al «cucú» (Porges, 2015, capítulo 3). Este cambio de una conexión social regulada (durante la cual hay una expectativa de señales de conexión social recíprocas) a alteraciones en el estado debido a una vulneración de la expectativa neuronal (neurocepción de peligro y disparadores del estado visceral que promueven estrategias de defensa), a reparaciones del sistema alterado mediante la reconexión del sistema de conexión social alterado de la persona mediante señales de seguridad y confianza, es el marco para conceptualizar el grupo como un ejercicio neuronal que refuerza la resiliencia. La capacidad de reparar y estar receptiva a la reparación hace hincapié en la naturaleza dinámica y resiliente de la expectativa neuronal.

CONCLUSIÓN

La noción de definir la psicoterapia en grupo como ejercicio neuronal conlleva la convicción implícita de que existen ventajas asociadas con abordar la teoría del apego y el tratamiento en grupo desde una perspectiva que respeta la contribución neurofisiológica a las dificultades comportamentales y emocionales. El cambio de perspectiva refleja el acento que pone la teoría polivagal en la relación entre los sentimientos y el pensamiento racional, y la vinculación de la regulación del sistema nervioso del estado biocomportamental con la salud mental y física, comprendiendo al mismo tiempo cómo ocurre la comunicación no verbal a un nivel por debajo de la percepción consciente. Originalmente, la teoría polivagal surgió del conocimiento de la relación bidireccional entre nuestra fisiología (es decir, el cuerpo) y nuestro cerebro (es decir, nuestra mente). Esta conceptualización no solo permitía comprender las interacciones cerebro-cuerpo, sino que también incorporaba información sobre cómo el comportamiento social es necesario para la salud física y mental.

En el centro de la teoría polivagal se encuentra el concepto de cómo las personas corregulan su estado biocomportamental. Los problemas de salud mental y de comportamiento están universalmente relacionados con una incapacidad de corregulación, que se manifiesta en malas relaciones sociales y en una desregulación emocional. Desde el punto de vista polivagal, la terapia de grupo está especialmente indicada para proporcionar el ejercicio neuronal necesario para la promoción de los circuitos neuronales implicados en la corregulación y la regulación emocional.

La teoría polivagal también expande nuestro conocimiento de qué constituye la mente, ampliando nuestra comprensión del concepto de *cognición encarnada* (Bargh, 2014) o «cerebro encarnado» (Fonagy y et al., 2002), ayudando a orientar la teoría psicodinámica de la teoría del afecto hacia una teoría de la regulación de los afectos.

La teoría polivagal ofrece una evidencia convincente que confirma la vital importancia que tienen las interacciones sociales cara a cara, auténticas y recurrentes, para reforzar el funcionamiento de las vías vagales, mejorando así la comunicación emocional, la precisión de la neurocepción y la reducción del tono simpático (reacciones defensivas de lucha-huida innecesarias que distorsionan la experiencia psicológica). La teoría polivagal ofrece una perspectiva única que no solo explica los mecanismos neuronales implicados en el apego, sino que también proporciona un modelo clínico para guiar un tratamiento más efectivo. Lo logra describiendo estrategias para ejercitar los circuitos neuronales (es decir, el sistema de conexión social, la neurocepción y la regulación del afecto a través del freno vagal) que promueven el apego seguro y ofrecen una explicación más precisa sobre cómo la mente y el cuerpo se influyen mutuamente.

REFERENCIAS

Bargh, J. A. (2014). Our unconscious mind: Unconscious impulses and desires impel what we think and do in ways Freud never dreamed of. *Scientific American, 310*(1), 32–39.

Berns, G. (2005). *Satisfaction: The science of finding true fulfillment.* Nueva York: Henry Holt.

Bowlby, J. (1988). *A secure base: Clinical applications of attachment theory*. Londres: Routledge.

Flores, P. (2010). Group psychotherapy and neuroplasticity: An attachment theory perspective. *International Journal of Group Psychotherapy, 60,* 546–570.

Fonagy, P., Gergely, G., Jurist, E. L., y Target, M. (2002). *Affect regulation, mentalization and the development of the self.* Nueva York: Other Press.

Grossmark, R., y Wright, F. (2015). *The one and the many: Relational approaches to group psychotherapy.* Nueva York: Routledge.

Johnson, S. (2008). *Hold me tight: Seven conversations for a lifetime of love.* Boston: Little, Brown.

Norcross, J. C. (2001). *Psychotherapy relationships that work: Therapists' contributions and responsiveness to patients.* Nueva York: Oxford University Press.

Ormont, L. (1992). *The group therapy experience.* Nueva York: St. Martin's.

Porges, S. W. (1995). Orienting in a defensive world: Mammalian modifications of our evolutionary heritage. A Polyvagal Theory. *Psychophysiology, 32*(4), 301–318.

Porges, S. W. (2007). The polyvagal perspective. *Biological Psychology, 74*(2), 116–143.

Porges, S. W. (2011). *The polyvagal theory: Neurophysiological foundations of emotions, attachment, communication, and self-regulation.* Nueva York: Norton.

Porges, S. W. (2015). Play as neural exercise: Insights from the polyvagal theory. En D. Pearce-McCall (Ed.), *The power of play for mind–brain health* (pp. 3–7) [ebook]. MindGAINS.

Porges, S. W., Doussard-Roosevelt, J. A., Portales, A. L., y Greenspan, S. I. (1996). Infant regulation of the vagal «brake» predicts child behavior problems: A psychobiological model of social behavior. *Developmental Psychobiology, 29*(8), 697–712.

Rutan, J. S., Stone, W. N., y Shay, J. (2014). *Psychodynamic group psychotherapy* (5.ª ed.). Nueva York: Guilford.

Schore, A. N. (2003). *Affect regulation and the repair of the self.* Nueva York: Norton.

Siegel, D. L. (1999). *The developing mind: Toward a neurobiology of interpersonal experience.* Nueva York: Guilford.

Stern, D. N. (1995). *The motherhood constellation.* Nueva York: Basic Books.

Van der Kolk, B. (2014). *The body keeps the score: Brain, mind, and body in the healing of trauma.* Nueva York: Penguin Random House.

Yalom, I. D., y Leszcz, M. (2005). *The theory and practice of group psychotherapy* (5.ª ed.). Nueva York: Basic Books.

8

MECANISMOS NEURONALES SUBYACENTES A LA INTERACCIÓN SER HUMANO-ANIMAL

UNA PERSPECTIVA EVOLUTIVA

C. Sue Carter y Stephen W. Porges

El apoyo social y las interacciones sociales positivas pueden proteger y sanar (Cacioppo y Patrick, 2008). Por ello, las causas y las consecuencias biológicas del comportamiento social son importantes en muchos campos de la ciencia, incluyendo la neurociencia y la medicina. Las interacciones sociales tienen un valor particular ante los desafíos, especialmente cuando los beneficios de vivir socialmente superan los de vivir solo. Aunque los comportamientos sociales generalmente implican interacciones dentro de una misma especie, estos también se pueden dirigir hacia otras especies, creando relaciones entre especies distintas que son mutuamente beneficiosas o simbióticas.

Este capítulo considera –en el contexto de la evolución– los mecanismos endocrinos y autónomos en los que se basan las consecuencias biológicas de las interacciones sociales positivas. Los sistemas neurobiológicos implicados en el comportamiento social pueden ayudar a explicar los beneficios para la salud señalados en la interacción ser humano-animal (IHA; por ejemplo, Headey y Grabka, 2007; Headey et al., 2008). Las terapias asistidas con animales (TAA), basadas en las IHA, son cada vez más habituales. Tanto las IHA como las TAA se basan en los mismos sistemas neuronales que se utilizan para explicar los beneficios generales del apoyo social. Identificar estos sistemas puede ofrecer información sobre los procesos que ocurren naturalmente, a través de los cuales el apoyo social percibido protege o restaura la salud humana.

Los animales de compañía pueden suscitar emociones positivas y permitir a los seres humanos experimentar una sensación de seguridad, que a su vez mejora la capacidad de regular tanto los estados emocionales como fisiológicos. Esta mejor regulación se manifiesta en una mejor salud mental y física, y se suele observar como una mayor resiliencia ante los factores estresantes (Handlin et al., 2011). Los comportamientos intrínsecos a la emoción humana incluyen sensaciones dinámicas, sensaciones psicológicas y respuestas autónomas. El apoyo social es más efectivo si es bidireccional y suele definirse mediante comportamientos sociales selectivos y vínculos sociales (Carter, 1998), tanto ofrecidos como recibidos.

Aquí nos centramos básicamente en la neurobiología de las IHA bajo condiciones en las que esas relaciones son recíprocas y positivas, y por consiguiente mutuamente capaces de regular el comportamiento. Sin embargo, las IHA presentan tanto desafíos comportamentales como beneficios. Los animales grandes pueden amenazar o hacer daño a los seres humanos. La coexistencia de sistemas neuronales solapados para el apoyo afiliativo y la agresividad defensiva crea una complejidad comportamental para la IHA. Así, el conocimiento de las bases autónomas y neuroendocrinas de los comportamientos defensivos puede informarnos de situaciones en las que puede surgir el peligro o la agresividad.

PROTOTIPOS BIOLÓGICOS PARA LA FISIOLOGÍA DE LA SOCIALIDAD

Los elementos fisiológicos que sostienen el comportamiento materno en los mamíferos son compartidos con los que subyacen en los comportamientos sociales en general (Carter, 1998, 2014; Carter et al., 2008). Estudios con ratas revelaron que las interacciones sociales entre la madre y el bebé son facilitadas por la oxitocina (Pedersen y Prange, 1979), una hormona liberada durante el parto y la lactancia (Brunton y Russell, 2008). El comportamiento maternal de acurrucarse con un bebé requiere conexión social, seguida por la inmovilidad. Además, en ratones de campo macho, la presencia de un bebé libera rápidamente oxitocina, lo cual puede facilitar o reforzar una mayor conexión social (Kenkel et al., 2012). En especies con comportamientos sociales selectivos, como las ovejas (Keverne, 2006) y en ratones de campo socialmente monógamos (Williams et al., 1994), la oxitocina es un componente de los mecanismos que forjan vínculos sociales.

Sin embargo, la oxitocina no es la única hormona que puede facilitar la socialidad, ni es su liberación en el parto un requisito para la expresión del comportamiento parental. Los ratones mutantes para el gen de la oxitocina son capaces de parir y mostrar algunos componentes del comportamiento maternal; los sistemas bioquímicos necesarios para el parto y el comportamiento maternal probablemente son redundantes (Russell et al., 2003). Los padres adoptivos y los alopadres pueden mostrar altos niveles de comportamiento parental. La oxitocina liberada en esas circunstancias puede ser una especie de seguro hormonal que dirige la atención materna o paterna hacia los recién nacidos. Muchas otras moléculas son candidatas para la regulación de las causas y las consecuencias del comportamiento social. Por ejemplo, los efectos de la oxitocina y la vasopresina dependen de las acciones de la dopamina, lo cual puede ayudar a explicar los efectos gratificantes del comportamiento maternal (Barrett y Fleming, 2011) y el desarrollo de vínculos sociales (Aragona y Wang, 2009).

NEUROENDOCRINOLOGÍA Y COMPORTAMIENTO SOCIAL

Los sistemas neuronales responsables de la cognición y la emoción social en los mamíferos pueden verse influidos por las acciones de la oxitocina y la vasopresina. Ambas están compuestas por nueve aminoácidos y, por lo tanto, se llaman péptidos. Las hormonas péptidas encontradas en los mamíferos evolucionaron desde precursores antiguos que crearon el patrón para la oxitocina y la vasopresina modernas; puede que se originaran como factores celulares para la regulación del equilibrio hídrico, los procesos inmunitarios u otros mecanismos defensivos, que en los organismos multicelulares se sintetizan en concentraciones particularmente elevadas en el sistema nervioso (en ocasiones llamadas neuropéptidos) y han desarrollado la capacidad adicional de funcionar como hormonas.

Las acciones de la oxitocina y de otros neuropéptidos relacionados dependen de su capacidad de unirse a moléculas de proteína mayores (receptores), generalmente ubicadas en las membranas celulares. En los mamíferos, los péptidos y sus receptores funcionan juntos para crear un sistema coordinado, con actividades por todo el cuerpo (por ejemplo, la oxitocina actúa en los receptores del cerebro, el sistema nervioso periférico, el útero, el pecho, las gónadas, el corazón, el riñón y el timo). La oxitocina actúa tanto como hormona como neuromodulador (Landgraf y Neumann, 2004). Como hormona, se sintetiza en el hipotálamo y se libera al torrente sanguíneo en la hipófisis, actuando sobre varios órganos diana. Como neuromodulador, puede llegar a los receptores de todo el cerebro mediante su difusión a través del sistema nervioso. La oxitocina puede servir como molécula señalizadora que influye tanto en el comportamiento como en la fisiología. A través de unas vías neuronales del tronco cerebral, regula el sistema nervioso autónomo (SNA) con profundos efectos tanto en los órganos periféricos como en los estados emocionales y los sentimientos.

La vasopresina está genética y estructuralmente relacionada con la oxitocina. Estudios en ratones de campo socialmente monógamos han involucrado la oxitocina y la vasopresina en la socialidad, incluyendo el contacto social y los vínculos entre pares, y ambas pueden facilitar la conexión social con parejas de confianza. Sin embargo, los comportamientos sociales selectivos, como los necesarios para los vínculos entre pares (Cho et al., 1999) y las respuestas a los bebés (Bales et al., 2004, 2007), parecen necesitar tanto la oxitocina como la vasopresina. Debido a sus similitudes estructurales, estos péptidos pueden afectar mutuamente a sus receptores. Desentrañar las funciones de la oxitocina y de la vasopresina ha sido difícil, pero existen pruebas convincentes de que sus acciones comportamentales no son idénticas (Carter, 2007).

La vasopresina centralmente activa puede ser especialmente crítica para el aumento drástico de la agresividad defensiva que sostiene los vínculos con pares masculinos (Winslow et al., 1993) o la defensa paterna de la descendencia (Bosch y Neumann, 2012; Kenkel et al., 2012). La vasopresina (conocida por aumentar la presión sanguínea) también sostiene la movilización física y probablemente emocional (Carter, 1998), así como otros comportamientos activos, adaptativos y defensivos (Ferris, 2008). Se asocia con la hiperactividad, la vigilancia y los comportamientos agresivos. Como se describe en el siguiente apartado, el conocimiento de sus funciones puede ser útil para explicar, dentro y entre especies, las diferencias en la domesticación, la agresividad defensiva que puede surgir en las IHA, y los síntomas negativos como la depresión y la ansiedad que emergen cuando los vínculos sociales se rompen.

EVOLUCIÓN DE LOS COMPORTAMIENTOS SOCIALES EN LOS MAMÍFEROS Y LAS IHA

Es probable que los efectos beneficiosos de las IHA, así como otras formas de apoyo social, se basen en parte en sistemas neuronales más antiguos que emergieron antes del neocórtex moderno. Esto se puede entender más fácilmente a través del conocimiento de la evolución del sistema nervioso mamífero. El sistema nervioso está organizado jerárquicamente. Las vías neuronales más antiguas que sostienen la supervivencia son poderosas, y pueden invalidar los sistemas cognitivos de evolución más reciente. Como sucede con otros animales, para los seres humanos puede ser difícil regular o comprender corticalmente sus reacciones viscerales y sus estados emocionales. El diseño ascendente del sistema nervioso mamífero ayuda a explicar el impacto de experiencias y sentimientos comparativamente fundamentales que, considerados conjuntamente, pueden caracterizar las IHA.

La naturaleza evolutiva de los sistemas nerviosos central y autónomo también nos ayuda a comprender los orígenes de la comunicación social en los mamíferos. Por ejemplo, los seres humanos son muy sensibles al aspecto y a las vocalizaciones producidas por los animales de compañía. Los estados emocionales tanto de los humanos como de los animales de compañía, a su vez, pueden regularse mediante esas señales sociales. El ronroneo de un gatito o el ladrido de un perro son ejemplos comunes de señales que son difíciles de ignorar, y las características visuales evocadoras de los animales de compañía pueden suscitar sensaciones emocionales en la mayoría de los seres humanos sanos.

En el proceso de la evolución, los mamíferos modernos adquirieron una capacidad anatómica y neuronal cada vez más sofisticadas para producir y recibir complejas señales sociales, incluidas las señales acústicas. Entre estas señales figura la prosodia (tono, ritmo y tempo), que es fundamental para el lenguaje humano pero que también es central para la comunicación en otros mamíferos (Porges, 2011). La prosodia se puede reconocer en los animales domésticos. La comunicación social en los mamíferos se basa en parte en estos sistemas (por ejemplo, algunos perros producen sonidos que imitan elementos del lenguaje humano). Los seres humanos y las especies de compañía pueden ser recíprocamente sensibles a los tipos de sonidos realizados por unos y otros, y a menudo pueden utilizar esas señales para valorar la intención emocional y regular las emociones.

SISTEMA NERVIOSO AUTÓNOMO, COMPORTAMIENTO SOCIAL Y REGULACIÓN DE LAS EMOCIONES

De especial importancia para los estados sociales y emocionales es el núcleo autónomo del sistema nervioso mamífero, que gestiona las funciones involuntarias (por ejemplo, corazón, pulmones, sistema digestivo e inmunitario) y que emergieron mucho después que el neocórtex moderno.

El SNA mamífero también apareció como función de un proceso evolutivo. Entre las funciones evolucionadas del SNA están los procesos jerárquicos que promueven los altos niveles de socialidad y de comunicación social observados en mamíferos.

El SNA está funcionalmente dividido en componentes simpáticos y parasimpáticos. Las ramas simpáticas incluyen nervios vertebrales capaces de sostener estados de movilización y algunos aspectos de la conexión social, pero también comportamientos de lucha o huida. Como describe la teoría polivagal (Porges, 2011), el sistema nervioso parasimpático contiene dos vías vagales. Una rama más antigua, no mielinizada, del vago inerva básicamente los órganos subdiafragmáticos (es decir, por debajo del diafragma), con efectos asociados con la conservación de la energía y reducciones en el metabolismo. Además, la rama no mielinizada del vago desacelera el corazón.

El sistema vagal mielinizado, de evolución más reciente, es básicamente supradiafragmático; promueve la oxigenación del neocórtex, así como la salud, el crecimiento y la restauración, y es necesario para la conexión social. A nivel del corazón de los mamíferos, el vago mielinizado se asocia con los ritmos cardiacos neuronales protectores (arritmia sinusal respiratoria), que se han vinculado reiteradamente con la salud, la restauración y los comportamientos sociales positivos (Porges, 2011).

EL SNA COMO SUSTRATO NEURONAL PARA LOS EFECTOS COMPORTAMENTALES DE LA OXITOCINA Y LA VASOPRESINA

Las hormonas péptidas, incluyendo la oxitocina y la vasopresina, modulan las funciones del SNA. La oxitocina tiene complejos efectos sobre el sistema nervioso autónomo que no se han estudiado por completo, aunque los efectos simpáticos agudos de la oxitocina pueden incluir acciones conducentes a la conexión social activa, incluyendo el juego. Las acciones crónicas de la oxitocina es más probable que incluyan reducciones en la activación simpática, que con el tiempo permiten más interacciones sociales mantenidas, como la crianza, en comparación con las reacciones de lucha o huida (Kenkel et al., 2013).

La oxitocina también actúa sobre el vago central mielinizado en los humanos (Norman et al., 2011) y en otros mamíferos sociales (Grippo et al., 2009). El vago ventral mielinizado protege el corazón, garantizando una adecuada oxigenación del neocórtex, que a su vez es necesaria para las interacciones sociales y la cognición (Porges, 1998). La oxitocina también puede cooptar directamente el vago dorsal no mielinizado, permitiendo a los animales experimentar el contacto social, desacelerando de forma segura el corazón y permitiendo la inmovilidad sin miedo que caracteriza los comportamientos maternos y sexuales, o sentarse tranquilamente con una mascota.

En cambio, la inmovilidad con miedo, incluyendo la paralización o la muerte simulada, no se asocia con interacciones sociales positivas. Las reacciones de desconexión pueden dejar a los mamíferos vulnerables al fallo cardiaco o incluso a la muerte. Las vías de oxitocina son protectoras contra varios de esos eventos adversos, incluidas las arritmias cardiacas.

EFECTOS BENEFICIOSOS DE LA OXITOCINA

Como se ha descrito anteriormente, los neuropéptidos sirven como moléculas señalizadoras capaces de influir en diversas funciones neurofisiológicas y, al mismo tiempo, crear procesos coordinados asociados con el crecimiento, la salud y la restauración. Por ejemplo, en mamíferos altamente sociales, como los humanos y los perros, la oxitocina puede sesgar las reacciones autónomas y la interpretación de experiencias viscerales, facilitando estados emocionales, incluidos los descritos como sensación de seguridad. Alternativamente, frente a una amenaza o un peligro percibidos, un cambio rápido de estado puede facilitar la propia protección o la de un compañero.

El comportamiento social está críticamente entrelazado con el manejo del estrés. La capacidad de la compañía y de la terapia asistida con animales (TAA) de proteger frente a un desafío físico y emocional parece basarse en los sustratos biológicos y moleculares que permiten la formación de vínculos sociales. La oxitocina puede ayudar a garantizar que los mamíferos no reproductivos tengan acceso a los demás frente al peligro. Los vínculos sociales se pueden formar en respuesta a factores estresantes extremos, especialmente cuando la supervivencia depende de la presencia de otro individuo; bajo estrés intenso, se libera oxitocina, llevando a la formación de vínculos sociales (Carter, 1998).

La conexión y el apoyo social, con la correspondiente sensación de seguridad, pueden ser especialmente importantes para la salud mental en especies sumamente sociales (por ejemplo, humanos, perros, ratones de campo). En roedores y otros mamíferos sociales, el aislamiento social crónico se asocia con aumentos en las mediciones de depresión, ansiedad y activación fisiológica, incluyendo cambios en la frecuencia cardiaca basal y reducciones en la actividad parasimpática (Grippo et al., 2009). El aislamiento u otras formas de estrés crónico también pueden reducir la expresión génica para el receptor de oxitocina (Pournajafi-Nazarloo et al., 2013), creando posiblemente una insensibilidad a los efectos beneficiosos de la oxitocina.

De forma paralela, en los ratones de campo hembra, el aislamiento va acompañado de un aumento en los niveles de oxitocina en sangre (Grippo et al., 2009). Los componentes autónomos de las respuestas de los ratones al aislamiento crónico se evitan o se invierten mediante un tratamiento crónico con oxitocina exógena, lo cual involucra más la oxitocina en el apoyo social. Así, en el modelo del ratón de campo, los aumentos asociados al aislamiento de oxitocina endógena no son suficientes para proteger contra las consecuencias autónomas y conductuales de vivir solo.

Aunque queda por determinar si se producen cambios comparables en los humanos, la presencia de un compañero, mediante aumentos funcionales de oxitocina o de su receptor, podría invertir potencialmente algunos efectos del estrés crónico.

Como se ha descrito, la oxitocina puede regular la reactividad comportamental y emocional ante el estrés y puede ayudar a regular la angustia comportamental y autónoma que generalmente resulta de la separación (Carter, 1998). Por ejemplo, la oxitocina puede proteger a los mamíferos del patrón de paralización tipo reptiliano (Porges, 2011). Las regiones del tronco encefálico que influyen en el SNA tienen receptores para la oxitocina y la vasopresina. Estos mismos péptidos son activados por factores estresantes, y cada vez hay más pruebas de que algunas consecuencias comportamentales de la oxitocina y la vasopresina se deben a sus efectos en el SNA. Así, las condiciones que favorecen la activación de los procesos regulados por la oxitocina pueden reforzar la resiliencia ante experiencias estresantes.

CONSECUENCIAS BENEFICIOSAS DE LA COMPAÑÍA

El bienestar es más que la ausencia de enfermedad o de estrés. La conexión social reduce el estrés de la vida. Las personas que tienen una sensación percibida de apoyo social son más resilientes ante los factores estresores y la enfermedad, y viven más tiempo que las que se sienten aisladas o solas (Cacioppo y Patrick, 2008). Las lesiones en varios tejidos corporales, incluyendo el cerebro, sanan más rápidamente en animales que viven socialmente que en los que viven aislados (Karelina y DeVries, 2011).

Sorprendentemente, las mismas hormonas y regiones cerebrales que satisfacen las demandas de supervivencia del cuerpo también permiten la adaptación a un entorno social y físico siempre cambiante. Los efectos protectores de la socialidad positiva parecen depender de una mezcla de moléculas naturales con diversas acciones por todo el cuerpo.

Por ejemplo, la oxitocina puede literalmente sanar un corazón dañado, promoviendo el crecimiento y la restauración. Los receptores de oxitocina se expresan en el corazón, y los precursores para el péptido de oxitocina son críticos para el desarrollo del corazón fetal (Danalache et al., 2010). La oxitocina tiene efectos protectores, en parte a través de la capacidad de convertir células madre indiferenciadas en cardiomiocitos, pudiendo facilitar la neurogénesis en adultos, especialmente después de una experiencia estresante. También tiene propiedades antiinflamatorias y antioxidantes directas que pueden detectarse en modelos *in vitro* de arterioesclerosis (Szeto et al., 2008).

La oxitocina, junto con la vasopresina, juega un papel dinámico en la regulación del SNA (Grippo et al., 2009; Porges, 2011). Los receptores de oxitocina y de vasopresina también se encuentran en las regiones del tronco encefálico que regulan la frecuencia cardiaca. Ambos péptidos modulan el sistema simpático, pero es probablemente la oxitocina la que normalmente limita la reactividad excesiva del sistema cardiovascular ante un estrés extremo o crónico, ya que tiene acciones directas en el componente parasimpático del SNA, permitiendo y promoviendo algunos de los beneficios de la conexión social.

¿ES LA OXITOCINA UNA HORMONA ANTIESTRÉS?

Los estudios iniciales sobre las consecuencias sociales de la oxitocina destacaban su capacidad de regular a la baja el eje hipotalámico-hipofisario-suprarrenal (HHS) (Carter, 1998). A medida que se han ido acumulando datos, estas perspectivas demasiado simplistas han sido reemplazadas por visiones más sofisticadas de los mecanismos a través de los cuales la oxitocina o el apoyo social pueden jugar un papel adaptativo en la respuesta a un desafío. Además, somos cada vez más conscientes de la importancia del SNA en la regulación de las respuestas ante los desafíos (Porges, 2011). Como describimos anteriormente, las consecuencias comportamentales y autónomas de la exposición a la oxitocina, la vasopresina u otras hormonas del eje HHS dependen del tiempo y del contexto. Las experiencias positivas en algunos casos pueden liberar oxitocina, pero no son los únicos mecanismos para estimular la liberación de oxitocina. Entre los métodos más fiables para liberar oxitocina figuran factores estresantes intensos, como el parto. Bajo condiciones de alta activación, los efectos más inmediatos de la exposición a la oxitocina pueden ser una activación transitoria del eje HHS y del sistema nervioso simpático. Por ello, las interpretaciones de los niveles hormonales en sangre no son simples. Se pueden detectar altos niveles de oxitocina tras experiencias tanto positivas como negativas. Las consecuencias biológicas de los niveles de oxitocina pueden comprenderse mejor en el contexto del estado de los receptores de oxitocina (y vasopresina), pero actualmente las mediciones funcionales de los receptores no se evalúan fácilmente, y estamos limitados a estimaciones de la actividad de los receptores basadas en los marcadores genéticos y epigenéticos.

El momento en que se realizan las mediciones hormonales y el conocimiento de las diferencias individuales y del contexto son críticos. La oxitocina tiene efectos complejos y dinámicos en el eje HHS y en el SNA, con consecuencias potencialmente compensatorias para manejar los desafíos. En ciertas condiciones, la oxitocina puede inhibir la liberación de glucocorticoides (una clase de hormonas esteroideas; el cortisol es el glucocorticoide humano más importante). Como con la oxitocina, los efectos de los glucocorticoides también dependen del tiempo. Las personas que toman fármacos tipo cortisol al principio están eufóricas, aunque la exposición crónica a los glucocorticoides se asocia con la fatiga y la depresión (Judd et al., 2014).

VARIACIONES EN EL COMPORTAMIENTO SOCIAL DENTRO Y ENTRE ESPECIES

A lo largo de los milenios, emergieron unos sustratos biológicos que permitieron la expresión de la conexión social moderna en mamíferos y permitieron las experiencias que los seres humanos llaman emociones (Donaldson y Young, 2008). De especial relevancia para las IHA son los mecanismos para la socialidad positiva y los vínculos sociales. Estos sistemas neuronales y anatómicos son las bases de los comportamientos sociales contemporáneos, incluidos los observados en los humanos y en la mayoría de sus animales de compañía preferidos. Los rasgos evolutivos que permiten a una especie convertirse en una especie doméstica incluyen la capacidad de interactuar con los seres humanos durante un largo periodo de tiempo y, en algunos casos, formar vínculos sociales selectivos.

Los animales domésticos se han criado para servir a los humanos como compañeros, mascotas y guardianes. Los ancestros de las especies que han podido domesticarse también eran sociales hasta cierto punto. Por ejemplo, se cree que los perros modernos surgieron de los lobos; ambos comparten con los humanos la capacidad de desarrollar vínculos sociales. Es probable que estos rasgos fisiológicos y hábitats compartidos permitieran el desarrollo de lazos especialmente fuertes entre los humanos y los perros. Estos también pueden servir para alertar o proteger frente a intrusos, culminando con su consolidada consideración como el mejor amigo del ser humano (Olmert, 2009).

LA CONEXIÓN SOCIAL PUEDE PERMITIR UNA SENSACIÓN DE SEGURIDAD Y MEJORAR LA REGULACIÓN DE LOS ESTADOS

La capacidad de conectar socialmente, dando y recibiendo altos niveles de comportamiento social, y especialmente de mantener relaciones sociales selectivas, es especialmente importante para las IHA. Los seres humanos, que pueden experimentar una mayor sensación de seguridad en presencia de otras personas, pueden experimentar una sensación similar de seguridad emocional con animales de compañía o mascotas. De hecho, el afecto de una mascota puede parecer más incondicional y menos complejo de experimentar y devolver que el de las relaciones humanas.

Cada vez hay más pruebas de los beneficios del apoyo social para la salud, especialmente ante los retos o el trauma extremos (Olff, 2012). Las consecuencias neurofisiológicas del comportamiento social pueden ser profundas, y probablemente se traducen en una sensación de seguridad biológica y emocional. Los beneficios del apoyo social se hacen más evidentes cuando este falta: la separación involuntaria de una persona querida, el aislamiento o la sensación de soledad se asocian con consecuencias negativas, como aumentos de la depresión y de la vulnerabilidad ante diversas enfermedades (Cacioppo y Patrick, 2008). El fallecimiento de una mascota puede crear una sensación similar de pérdida. Como con otras influencias positivas sobre la fisiología y el comportamiento, los beneficios de las IHA pueden no detectarse fácilmente en contextos de necesidad o estrés externo. Los animales de compañía también pueden ser especialmente valiosos durante periodos estresantes, incluidos el duelo o la pérdida emocional.

TERAPIAS ASISTIDAS CON ANIMALES

Los esfuerzos sistemáticos por estudiar el valor de las TAA, a menudo con perros, gatos o aves, se han documentado en decenas de estudios a lo largo de toda la vida (revisado en Beetz et al., 2012). Entre los cambios fisiológicos más habitualmente medidos y descritos como resultado de las IHA se incluyen reducciones en la frecuencia cardiaca, la presión arterial, el cortisol y las catecolaminas. Estos efectos pueden observarse en personas sanas, aunque tienden a ser más evidentes en quienes afrontan factores estresantes agudos o crónicos, o enfermedades. Los beneficios de las IHA se han señalado en casos de enfermedades cardiovasculares, cáncer, demencias y diversas patologías mentales, como depresión, esquizofrenia o autismo. La diversidad de enfermedades que mejoran con las TAA sugiere que su acción se basa en procesos fisiológicos fundamentales con efectos amplios.

DIFICULTADES EN EL ESTUDIO DE LA OXITOCINA Y LA VASOPRESINA EN LAS IHA

Los procesos neurobiológicos a través de los cuales las IHA son beneficiosas tanto para los seres humanos como para sus compañeros animales merecen mayor estudio. Hay pistas que emergen de otros modelos comportamentales (por ejemplo, el comportamiento materno) y de estudios de roedores socialmente monógamos, que, como los humanos y los perros, tienen la capacidad de mostrar altos niveles de socialidad y de formar vínculos duraderos entre pares (Carter et al., 1995). Estos estudios han involucrado repetidamente la oxitocina y la vasopresina en el comportamiento social, tanto en los primeros años de vida como en la edad adulta (Carter et al., 2009; Feldman, 2012; Meyer-Lindenberg et al., 2011).

Estudios centrados en los mecanismos neuronales específicos asociados con las IHA han empezado a focalizarse en los péptidos implicados en el comportamiento social (por ejemplo, entre los cambios endocrinos resultantes de las interacciones con perros figuran aumentos en la oxitocina; Handlin et al., 2011; Nagasawa et al., 2009; Odendaal y Meintjes, 2003). Entre los retos al estudiar los posibles cambios asociados con la exposición a la compañía de animales está el hecho de que los cambios pueden ser pequeños o transitorios; se requieren tanto mediciones sensibles como muestreos frecuentes. El estado del receptor de oxitocina puede alterar las consecuencias de la exposición a hormonas tanto endógenas como exógenas, aunque actualmente esto solo se puede calcular con mediciones de marcadores genéticos y epigenéticos.

Cabe esperar diferencias entre personas, especies y razas, pero actualmente no se conocen bien. Los paradigmas que se pueden utilizar para los estudios de las IHA dependen de la fuerza de la relación entre el compañero y el humano (Rehn et al., 2014). Dependiendo de la circunstancia o de los individuos implicados, puede haber cambios en uno o en ambos miembros de la díada. En un estudio, se midieron los niveles de oxitocina en la orina en función de las interacciones ser humano-mascota (Nagasawa et al., 2009). Comparando a las personas cuyos perros las miraban más tiempo con quienes recibían miradas más breves, solo quienes recibían miradas prolongadas mostraban aumentos en la oxitocina tras interactuar con sus mascotas (véase la figura 8.1).

En otro estudio, se tomaron muestras de sangre a perros y humanos inmediatamente tras sus interacciones; los cambios eran aparentes al cabo de 1 a 3 minutos y, aunque los aumentos de oxitocina eran estadísticamente significativos en los humanos, los perros eran quienes mostraban un aumento más marcado (Handlin et al., 2011). Además, la naturaleza de la interacción entre un perro y su compañera o compañero puede influir en la respuesta de oxitocina. El contacto físico (frente a no físico) con una persona conocida se ha asociado con un aumento más duradero de la oxitocina en los perros (Rehn et al., 2014).

Finalmente, existen pruebas de que la oxitocina exógena, administrada a perros mediante espray intranasal, puede influir en el comportamiento social. Los animales tratados con oxitocina mostraban más probabilidades de mantener interacciones sociales positivas tanto con sus dueños como con otros perros (Romero et al., 2014).

Encontramos más pruebas del poder de los animales de compañía para influir en los seres humanos en estudios que demuestran que la oxitocina exógena administrada a un perro no solo incrementa su atención hacia la persona, sino que también se asocia con la liberación de oxitocina por parte de esta (véase la figura 8.1; Nagasawa et al., 2015). Es interesante notar que estos efectos no se observaron en las interacciones entre lobos domesticados y sus cuidadores. Los resultados de estos estudios también se han utilizado para sostener el argumento de que los vínculos entre humanos y perros representan un ejemplo de «coevolución» (Nagasawa et al., 2015) o de convergencia evolutiva, en la que los mecanismos generalmente utilizados para el apego dentro de una misma especie son «secuestrados», permitiendo la emergencia de vínculos entre especies (Maclean y Hare, 2015).

Figura 8.1. La oxitocina (en orina) en personas dueñas de mascotas aumenta entre antes (pre) y después (pos) de las interacciones normales con sus perros, cuando estos las miran durante mucho rato. Fuente: Nagasawa, M., Kikusui, T., Onaka, T. y Ohta, M. (2009). Dog's gaze at its owner increases owner's urinary oxytocin during social interaction. *Hormones and Behavior, 55*, 438. Copyright © 2008 por Elsevier, Inc. Adaptado con autorización.

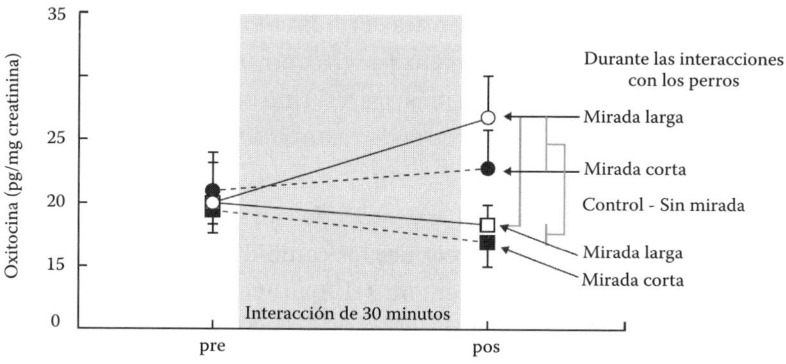

Conjuntamente, estos estudios sugieren que, en ciertas condiciones, las IHA pueden liberar oxitocina. La liberación de oxitocina mediante comportamientos sociales puede ser transitoria o duradera y puede verse afectada por la relación entre los perros y sus compañeros sociales. Además, la capacidad de la oxitocina de suscitar el comportamiento social se ha documentado mediante oxitocina exógena. Aunque los cambios se han medido en diversas sustancias químicas durante las IHA, el grado en el que estos son específicos en las interacciones sociales, en lugar de reflejar cambios más generales asociados con las condiciones de la prueba, no se ha determinado por completo (por ejemplo, las circunstancias experimentadas como activación pueden ser negativas o positivas). Por ello, actualmente, la prueba disponible más robusta procede de los perros y sostiene la hipótesis de que la oxitocina puede desempeñar un papel central en los beneficios de la interacción ser humano-perro.

COMPORTAMIENTOS SOCIALES, DIFERENCIAS ENTRE RAZAS Y PÉPTIDOS

Las razas de perros se han esculpido minuciosamente mediante la cría selectiva. En algunos casos, el objetivo de la cría era crear un animal que protegiera a las personas o asistiera en la caza, mientras que en otros, los animales se criaron como compañeros para ayudar a los humanos a regular sus emociones. Es plausible que las diferencias entre razas estén relacionadas con diferencias en la oxitocina y la vasopresina. Por ejemplo, las razas muy sociales, especialmente las que mantienen un comportamiento y características físicas de los cachorros hasta la edad adulta (neotenia), pueden expresar rasgos dependientes de la oxitocina.

Una cuestión importante en las IHA es comprender las condiciones bajo las cuales los animales o sus cuidadores humanos pueden expresar agresividad mutuamente. Las hormonas que sostienen la protección de un compañero en particular forman parte de un sistema delicadamente equilibrado. La agresividad se expresa muy a menudo ante los desafíos y hacia intrusos percibidos, pero puede fallar y aparecer en contextos no deseados o con consecuencias indeseadas. Otros animales, o incluso amistades y familiares, pueden convertirse en el objeto de la agresividad. El sistema vasopresina puede promover la movilización, la agresividad defensiva y la ansiedad (Ferris, 2008; Zhang et al., 2012). Las razas de perros que presentan comportamientos guardianes es posible que, involuntariamente, hayan sido criadas con altos niveles de vasopresina central. Un vínculo social fuerte y selectivo se puede asociar con una tendencia a mostrar agresividad defensiva, habitualmente hacia las personas desconocidas, en algunos perros de compañía.

Según nuestros conocimientos, las relaciones entre la oxitocina o las características del SNA y las diferencias entre especies y razas en su socialidad no se han explorado sistemáticamente. Sin embargo, el conocimiento del papel del SNA y de los neuropéptidos, como la oxitocina y la vasopresina y sus receptores, en el comportamiento social de las mascotas u otras especies domésticas podría ser útil para la creación de razas de animales de compañía o domésticos con un perfil comportamental deseado, conducente a la creación de vínculos sociales. Este conocimiento también podría ser útil para seleccionar animales rescatados con mayores posibilidades de que sean adoptados con éxito.

RESUMEN

La evolución es ahorradora a la hora de volver a esculpir y adaptar las moléculas y los sistemas neuronales. El sistema nervioso moderno evolucionó usando sustancias químicas con varios lugares de acción, muchos de los cuales se conservaron cuando emergieron funciones adicionales. Son componentes de redes neuronales integradas, que coordinan la socialidad con otros procesos corporales. Como con el nacimiento, la conexión social es tan crítica que los sistemas que la regulan pueden ser redundantes. Es probable que los sistemas neuronales y las moléculas que se han identificado como puntales de los comportamientos sociales en roedores y humanos sean también críticas para las IHA. Los animales domésticos derivaron de ancestros sociales y se basan en vías neuronales similares a las de los humanos. Sería posible, aprovechando las diferencias existentes entre especies o razas, examinar si la selección artificial y la domesticación actúan indirectamente mediante manipulaciones de péptidos. La oxitocina puede asociarse con una tendencia general hacia la socialidad y, posiblemente, la neotenia. Tanto la oxitocina como la vasopresina, posiblemente actuando mediante el vago ventral mielinizado, pueden ser necesarias para producir animales que muestren vínculos sociales fuertes y selectivos, incluso hacia sus cuidadores humanos. Sin embargo, la vasopresina, que dentro del sistema nervioso central depende de los andrógenos (Carter, 2007), es más probable que se asocie con rasgos defensivos o protectores, y se espera que aumente en la adolescencia y que dependa del contexto y del género. Finalmente, la creciente literatura sobre las IHA ofrece una nueva oportunidad para comprender más profundamente la base evolutiva y neurobiológica de la socialidad en los mamíferos.

REFERENCIAS

Aragona, B. J., y Wang, Z. (2009). Dopamine regulation of social choice in a monogamous rodent species. *Frontiers in Behavioral Neuroscience, 3, 15.* http://dx.doi.org/10.3389/neuro.08.015.2009

Bales, K. L., Kim, A. J., Lewis-Reese, A. D., y Carter, C. S. (2004). Both oxytocin and vasopressin may influence alloparental behavior in male prairie voles. *Hormones and Behavior, 45*, 354-361. http://dx.doi.org/10.1016/j.yhbeh.2004.01.004

Bales, K. L., Van Westerhuyzen, J. A., Lewis-Reese, A. D., Grotte, N. D., Lanter, J. A., y Carter, C. S. (2007). Oxytocin has dose-dependent developmental effects on pair-bonding and alloparental care in female prairie voles. *Hormones and Behavior, 52*, 274-279. http://dx.doi.org/10.1016/j.yhbeh.2007.05.004

Barrett, J., y Fleming, A. S. (2011). All mothers are not created equal: Neural and psychobiological perspective on mothering and the importance of individual differences. *Journal of Child Psychology and Psychiatry, 52*, 368-397. http://dx.doi.org/10.1111/j.1469-7610.2010.02306.x

Beetz, A., Uvnäs-Moberg, K., Julius, H., y Kotrschal, K. (2012). Psychosocial and psychophysiological effects of human-animal interactions: The possible role of oxytocin. *Frontiers in Psychology, 3*, 234. http://dx.doi.org/10.3389/fpsyg.2012.00234

Bosch, O. J., y Neumann, I. D. (2012). Both oxytocin and vasopressin are mediators of maternal care and aggression in rodents: From central release to sites of action. *Hormones and Behavior, 61*, 293-303. http://dx.doi.org/10.1016/j.yhbeh.2011.11.002

Brunton, P. J., y Russell, J. A. (2008). The expectant brain: Adapting for motherhood. *Nature Reviews Neuroscience, 9*, 11-25. http://dx.doi.org/10.1038/nrn2280

Cacioppo, J. T., y Patrick, W. (2008). *Loneliness: Human nature and the need for social connection*. Nueva York: Norton.

Carter, C. S. (1998). Neuroendocrine perspectives on social attachment and love. *Psychoneuroendocrinology, 23*, 779-818. http://dx.doi.org/10.1016/s0306-4530(98)00055-9

Carter, C. S. (2007). Sex differences in oxytocin and vasopressin: Implications for autism spectrum disorders? *Behavioural Brain Research, 176*, 170-186. http://dx.doi.org/10.1016/j.bbr.2006.08.025

Carter, C. S. (2014). Oxytocin pathways and the evolution of human behavior. *Annual Review of Psychology, 65*, 17-39. http://dx.doi.org/10.1146/annurev-psych-010213-115110

Carter, C. S., Boone, E. M., Pournajafi-Nazarloo, H., y Bales, K. L. (2009). Consequences of early experiences and exposure to oxytocin and vasopressin are sexually dimorphic. *Developmental Neuroscience, 31*, 332-341. http://dx.doi.org/10.1159/000216544

Carter, C. S., DeVries, A. C., y Getz, L. L. (1995). Physiological substrates of mammalian monogamy: The prairie vole model. *Neuroscience and Biobehavioral Reviews, 19,* 303-314. http://dx.doi.org/10.1016/0149-7634(94)00070-H

Carter, C. S., Grippo, A. J., Pournajafi-Nazarloo, H., Ruscio, M. G., y Porges, S. W. (2008). Oxytocin, vasopressin and sociality. *Progress in Brain Research, 170,* 331-336. http://dx.doi.org/10.1016/s0079-6123(08)00427-5

Cho, M. M., DeVries, A. C., Williams, J. R., y Carter, C. S. (1999). The effects of oxytocin and vasopressin on partner preferences in male and female prairie voles (Microtus ochrogaster). *Behavioral Neuroscience, 113,* 1071–1079. http://dx.doi.org/10.1037/0735-7044.113.5.1071

Danalache, B. A., Gutkowska, J., Slusarz, M. J., Berezowska, I., y Jankowski, M. (2010). Oxytocin-gly-lys-Arg: A novel cardiomyogenic peptide. *PLoS ONE, 5*(10), e13643. http://dx.doi.org/10.1371/journal.pone.0013643

Donaldson, Z. R., y Young, L. J. (2008). Oxytocin, vasopressin, and the neurogenetics of sociality. *Science, 322,* 900-904. http://dx.doi.org/10.1126/science.1158668

Feldman, R. (2012). Oxytocin and social affiliation in humans. *Hormones and Behavior, 61,* 380-391. http://dx.doi.org/10.1016/j.yhbeh.2012.01.008

Ferris, C. F. (2008). Functional magnetic resonance imaging and the neurobiology of vasopressin and oxytocin. *Progress in Brain Research, 170,* 305-320. http://dx.doi.org/10.1016/s0079-6123(08)00425-1

Grippo, A. J., Trahanas, D. M., Zimmerman, R. R., II, Porges, S. W., y Carter, C. S. (2009). Oxytocin protects against negative behavioral and autonomic consequences of long-term social isolation. *Psychoneuroendocrinology, 34,* 1542-1553. http://dx.doi.org/10.1016/j.psyneuen.2009.05.017

Handlin, L., Hydbring-Sandberg, E., Nilsson, A., Ejdebäck, M., Jansson, A., y Uvnäs-Moberg, K. (2011). Short-term interaction between dogs and their owners—effects on oxytocin, cortisol, insulin and heart rate—an exploratory study. *Anthrozoös, 24,* 301-315. http://dx.doi.org/10.2752/175303711X13045914865385

Headey, B., y Grabka, M. M. (2007). Pets and human health in Germany and Australia: National longitudinal results. *Social Indicators Research, 80,* 297-311. http://dx.doi.org/10.1007/s11205-005-5072-z

Headey, B., Na, F., y Zheng, R. (2008). Pet dogs benefit owners' health: A «natural experiment» in China. *Social Indicators Research, 87,* 481-493. http://dx.doi.org/10.1007/s11205-007-9142-2

Judd, L. L., Schettler, P. J., Brown, E. S., Wolkowitz, O. M., Sternberg, E. M., Bender, B. G., Bulloch, K., Cidlowski, J. A., de Kloet, E. R., Fardet, L., Joëls, M., Leung, D. Y. M., McEwen, B. S., Roozendaal, B., Van Rossum, E. F. C., Ahn, J., Brown, D. W., Plitt, A., y Singh, G. (2014). Adverse consequences of glucocorticoid medication: Psychological, cognitive, and behavioral effects. *American Journal of Psychiatry, 171*, 1045-1051. http://dx.doi.org/10.1176/appi.ajp.2014.13091264

Karelina, K., y DeVries, A. C. (2011). Modeling social influences on human health. *Psychosomatic Medicine, 73*, 67-74. http://dx.doi.org/10.1097/psy.0b013e3182002116

Kenkel, W. M., Paredes, J., Lewis, G. F., Yee, J. R., Pournajafi-Nazarloo, H., Grippo, A. J., Porges, S. W., y Carter, C. S. (2013). Autonomic substrates of the response to pups in male prairie voles. *PLoS ONE, 8*(8), e69965. http://dx.doi.org/10.1371/journal.pone.0069965

Kenkel, W. M., Paredes, J., Yee, J. R., Pournajafi-Nazarloo, H., Bales, K. L., y Carter, C. S. (2012). Neuroendocrine and behavioural responses to exposure to an infant in male prairie voles. *Journal of Neuroendocrinology, 24*, 874-886. http://dx.doi.org/10.1111/j.1365-2826.2012.02301.x

Keverne, E. B. (2006). Neurobiological and molecular approaches to attachment and bonding. En C. S. Carter, L. Ahnert, K. E. Grossman, S. B. Hrdy, M. E. Lamb, S. W. Porges, y N. Saschser (Eds.), *Attachment and bonding: A new synthesis* (pp. 101-118). Cambridge, MA: MIT Press.

Landgraf, R., y Neumann, I. D. (2004). Vasopressin and oxytocin release within the brain: A dynamic concept of multiple and variable modes of neuropeptide communication. *Frontiers in Neuroendocrinology, 25*, 150-176. http://dx.doi.org/10.1016/j.yfrne.2004.05.001

Maclean, E. L., y Hare, B. (2015). Dogs hijack the human bonding pathway. *Science, 348*, 280-281. http://dx.doi.org/10.1126/science.aab1200

Meyer-Lindenberg, A., Domes, G., Kirsch, P., y Heinrichs, M. (2011). Oxytocin and vasopressin in the human brain: Social neuropeptides for translational medicine. *Nature Reviews Neuroscience, 12*, 524-538. http://dx.doi.org/10.1038/nrn3044

Nagasawa, M., Kikusui, T., Onaka, T., y Ohta, M. (2009). Dog's gaze at its owner increases owner's urinary oxytocin during social interaction. *Hormones and Behavior, 55*, 434-441. http://dx.doi.org/10.1016/j.yhbeh.2008.12.002

Nagasawa, M., Mitsui, S., En, S., Ohtani, N., Ohta, M., Sakuma, Y., Onaka, T., Mogi, K., y Kikusui, T. (2015). Oxytocin-gaze positive loop and the coevolution of human-dog bonds. *Science, 348*, 333-336. http://dx.doi.org/10.1126/science.1261022

Norman, G. J., Cacioppo, J. T., Morris, J. S., Malarkey, W. B., Berntson, G. G., y DeVries, A. C. (2011). Oxytocin increases autonomic cardiac control: Moderation by loneliness. *Biological Psychology, 86*, 174-180. http://dx.doi.org/10.1016/j.biopsycho.2010.11.006

Odendaal, J. S., y Meintjes, R. A. (2003). Neurophysiological correlates of affiliative behaviour between humans and dogs. *Veterinary Journal, 165*, 296-301. http://dx.doi.org/10.1016/s1090-0233(02)00237-X

Olff, M. (2012). Bonding after trauma: On the role of social support and the oxytocin system in traumatic stress. *European Journal of Psychotraumatology, 3*. http://dx.doi.org/10.3402/ejpt.v3i0.18597

Olmert, M. D. (2009). *Made for each other: The biology of the human-animal bond*. Cambridge, MA: Da Capo.

Pedersen, C. A., y Prange, A. J., Jr. (1979). Induction of maternal behavior in virgin rats after intracerebroventricular administration of oxytocin. *Proceedings of the National Academy of Sciences, USA, 76*, 6661-6665. http://dx.doi.org/10.1073/pnas.76.12.6661

Porges, S. W. (1998). Love: An emergent property of the mammalian autonomic nervous system. *Psychoneuroendocrinology, 23*, 837-861. http://dx.doi.org/10.1016/s0306-4530(98)00057-2

Porges, S. W. (2011). *The Polyvagal Theory: Neurophysiological foundations of emotions, attachment, communication and self-regulation*. Nueva York: Norton.

Pournajafi-Nazarloo, H., Kenkel, W., Mohsenpour, S. R., Sanzenbacher, L., Saadat, H., Partoo, L., Yee, J., Azizi, F., y Carter, C. S. (2013). Exposure to chronic isolation modulates receptors mrNAs for oxytocin and vasopressin in the hypothalamus and heart. *Peptides, 43*, 20-26. http://dx.doi.org/10.1016/j.peptides.2013.02.007

Rehn, T., Handlin, L., Uvnäs-Moberg, K., y Keeling, L. J. (2014). Dogs' endocrine and behavioural responses at reunion are affected by how the human initiates contact. *Physiology and Behavior, 124*, 45-53. http://dx.doi.org/10.1016/j.physbeh.2013.10.009

Romero, T., Nagasawa, M., Mogi, K., Hasegawa, T., y Kikusui, T. (2014). Oxytocin promotes social bonding in dogs. *Proceedings of the National Academy of Sciences, USA, 111*, 9085-9090. http://dx.doi.org/10.1073/pnas.1322868111

Russell, J. A., Leng, G., y Douglas, A. J. (2003). The magnocellular oxytocin system, the fount of maternity: Adaptations in pregnancy. *Frontiers in Neuroendocrinology, 24,* 27-61. http://dx.doi.org/10.1016/s0091-3022(02)00104-8

Szeto, A., Nation, D. A., Mendez, A. J., Dominguez-Bendala, J., Brooks, L. G., Schneiderman, N., y McCabe, P. M. (2008). Oxytocin attenuates NADPH-dependent superoxide activity and IL-6 secretion in macrophages and vascular cells. *American Journal of Physiology, Endocrinology and Metabolism, 295,* e1495-e1501. http://dx.doi.org/10.1152/ajpendo.90718.2008

Williams, J. R., Insel, T. R., Harbaugh, C. R., y Carter, C. S. (1994). Oxytocin administered centrally facilitates formation of a partner preference in female prairie voles (Microtus ochrogaster). *Journal of Neuroendocrinology, 6,* 247-250. http://dx.doi.org/10.1111/j.1365-2826.1994.tb00579.x

Winslow, J. T., Hastings, N., Carter, C. S., Harbaugh, C. R., y Insel, T. R. (1993). A role for central vasopressin in pair bonding in monogamous prairie voles. *Nature, 365,* 545-548. http://dx.doi.org/10.1038/365545a0

Zhang, L., Hernández, V. S., Liu, B., Medina, M. P., Nava-Kopp, A. T., Irles, C., y Morales, M. (2012). Hypothalamic vasopressin system regulation by maternal separation: Its impact on anxiety in rats. *Neuroscience, 215,* 135-148. http://dx.doi.org/10.1016/j.neuroscience.2012.03.046

9

PRESENCIA TERAPEÚTICA

MECANISMOS NEUROFISIOLÓGICOS QUE MEDIAN EN LA SENSACIÓN DE SEGURIDAD EN LAS RELACIONES TERAPÉUTICAS

Shari M. Geller and Stephen W. Porges

El trabajo terapéutico efectivo solo es posible cuando el cliente se siente a salvo y seguro en el contexto terapéutico. La investigación ha demostrado que la relación terapéutica es crucial para el cambio positivo en psicoterapia, y que los resultados terapéuticos diferenciales no pueden atribuirse más que mínimamente a las técnicas concretas (Duncan y Moynihan, 1994; Lambert y Ogles, 2004; Lambert y Simon, 2008; Martin et al., 2000; Norcross, 2002, 2011; Orlinsky et al., 1994). Estas observaciones han llevado a quienes investigan en psicoterapia a considerar factores comunes de la terapia que resultan cruciales para la mejora del cliente (Norcross, 2011). Estudios recientes han sugerido que la presencia terapéutica puede ser una actitud básica que contribuye al desarrollo de una relación terapéutica positiva (Geller et al., 2010; Geller y Greenberg, 2012; Hayes y Vinca, 2011; Pos et al., 2011).

Las sensaciones de seguridad en el cliente suelen aparecer a través de la capacidad del terapeuta de estar completamente presente y comprometido, lo cual es central en el desarrollo de una relación terapéutica saludable (Geller y Greenberg, 2012; Lambert y Simon, 2008; Mearns, 1997; Rogers, 1957, 1980; Siegel, 2007, 2010). Aunque las observaciones clínicas afirman que la presencia suscita sensaciones de seguridad en el cliente mediante el desarrollo de una relación terapéutica positiva, está menos claro cómo o por qué la presencia del terapeuta da lugar a la seguridad en el cliente y, por ende, a un trabajo terapéutico efectivo. Este capítulo explora esta cuestión a través de la lente de la neurociencia y de los mecanismos biocomportamentales, como sugiere la bien estudiada y consolidada teoría polivagal (Porges, 1995, 1998, 2007, 2011).

La neurociencia contemporánea ofrece al campo de la psicoterapia un marco fisiológico válido para comprender cómo, mediante el funcionamiento de mecanismos neurofisiológicos específicos, la presencia del terapeuta activa sensaciones de seguridad en el cliente (Porges, 2011; Schore, 2003, 2012; Siegel, 2007, 2010). La teoría polivagal es una de estas perspectivas que ofrece a los clínicos una explicación neurofisiológica de los mecanismos autónomos centrales que sostienen la seguridad mediante la presencia en la relación (Cozolino, 2006; Porges, 1995, 1998, 2007, 2011; Siegel, 2007; Schore, 1994, 2003, 2012).

La teoría polivagal destaca que existen potentes lazos entre el sistema nervioso autónomo y el comportamiento que explican que, cuando el cliente se siente seguro con el terapeuta, su estado fisiológico puede proporcionar las condiciones óptimas para que ambas personas realicen un trabajo terapéutico efectivo. Según esta teoría (Porges, 2003, 2007, 2011), dicho estado terapéutico óptimo emerge espontáneamente cuando el sistema nervioso detecta características de seguridad. Una vez detectadas, la fisiología del cliente pasa a un estado que regula a la baja sus defensas y promueve comportamientos de conexión social espontáneos. Durante estos momentos de sensaciones compartidas de seguridad, la relación terapéutica se refuerza, y el proceso terapéutico puede avanzar eficientemente. Además de que la seguridad promueve la interacción óptima entre el terapeuta y el cliente, los estudios sugieren que un entorno terapéutico seguro facilita el desarrollo de nuevas vías neuronales, lo cual contribuye a la reparación de las heridas de apego y favorece interacciones sociales positivas, esenciales para la salud y el crecimiento neuronal del cliente (Allison y Rossouw, 2013; Rossouw, 2013).

En este capítulo: (a) articulamos el valor de la presencia de los terapeutas al crear seguridad en el cliente y profundizar su relación terapéutica, y (b) presentamos la teoría polivagal como explicación de cómo la presencia promueve procesos neuronales que facilitan las sensaciones de seguridad, un componente fundamental de la sanación.

Primero, ofrecemos una definición y descripción de la presencia terapéutica, seguida de una presentación de la teoría polivagal. A continuación, explicamos cómo la presencia terapéutica contribuye a la neurocepción de seguridad en el cliente. Después, se describe la teoría del cambio desde la perspectiva de la teoría polivagal, para ilustrar el resultado neurofisiológico de la presencia terapéutica en el proceso de cambio. Finalmente, se presenta un caso clínico y se ofrece una propuesta de formación en presencia terapéutica, basada en la investigación neurocientífica, que aboga por el valor integral de crear una sensación de seguridad con y para el cliente.

¿QUÉ ES LA PRESENCIA TERAPÉUTICA?

La presencia terapéutica implica que el terapeuta esté totalmente en el momento en varias dimensiones simultáneamente, incluyendo la física, la emocional, la cognitiva y la relacional (Dunn et al., 2013; Geller, 2009, 2013a, 2013b; Geller y Greenberg, 2002, 2012; Geller et al., 2010, 2012; McCollum y Gehart, 2010). La presencia terapéutica empieza con el terapeuta cultivando la presencia antes de la sesión y recibiendo al cliente desde este estado.

Los terapeutas expertos han indicado que la experiencia de la presencia terapéutica implica simultáneamente: (a) estar anclado y en contacto con el propio yo, integrado y sano; (b) estar abierto, receptivo e inmerso en lo que es relevante en el momento; y (c) tener una mayor sensación de espacio y una expansión de la conciencia y de la percepción. Esta conciencia anclada, inmersa y expandida también ocurre con (d) la intención de estar con y para el cliente al servicio de su proceso de sanación. Estando anclado, inmerso y espacioso, con la intención de estar con y para el otro, el terapeuta invita al cliente a entrar en un estado más profundo y compartido de presencia terapéutica relacional.

En otras publicaciones se describe con más detalle un modelo empíricamente validado de presencia terapéutica (véase Geller, 2013a, 2013b; Geller y Greenberg, 2002, 2012). En nuestra opinión, la presencia del terapeuta invita al cliente a sentirse visto y comprendido, así como suficientemente seguro para estar presente con su propia historia, y en relación con su terapeuta, facilitando un trabajo terapéutico más profundo.

Creemos que el contacto en el presente del terapeuta con el yo proporciona el mecanismo preliminar mediante el cual se puede producir la respuesta sintonizada del terapeuta ante el cliente (Geller y Greenberg, 2012). Para estar terapéuticamente presente, el terapeuta tiene primero que estar anclado, centrado y estable, así como abierto y receptivo a la experiencia del cliente en su totalidad. En los momentos de interacción centrada en el presente, el terapeuta está simultáneamente en contacto directo consigo mismo, con el cliente y con la relación entre ambos. Las respuestas efectivas del terapeuta y el uso de la intervención o de la técnica emergen de esta conexión sintonizada en el momento y en resonancia con la experiencia del cliente (Geller y Greenberg, 2012; Germer et al., 2005; Goldfried y Davila, 2005; Greenberg et al., 1993; Lambert y Simon, 2008).

Investigación sobre la presencia terapéutica

Un conjunto creciente de estudios está contribuyendo al conocimiento de la presencia terapéutica (Geller, 2001; Geller y Greenberg, 2002; Geller et al., 2010; Hayes y Vinca, 2011; Pos et al., 2011). Un estudio cualitativo en el que se entrevistó a terapeutas sobre sus experiencias de presencia dio como resultado un modelo de presencia terapéutica que consiste en tres categorías generales: (a) preparación, o la intención y las prácticas preliminares del terapeuta para facilitar estar presente; (b) el proceso, o lo que el terapeuta hace mientras está presente; y (c) la experiencia, o cómo siente el terapeuta la experiencia corporal de la presencia (véase Geller, 2001; Geller y Greenberg, 2002, 2012).

Un estudio posterior incluyó el desarrollo de una medición de la presencia terapéutica, el Inventario de Presencia Terapéutica (TPI, por sus siglas en inglés), basado en el modelo mencionado anteriormente (Geller, 2001; Geller et al., 2010). Se crearon y se estudiaron dos versiones del TPI: una desde el punto de vista del terapeuta (TPI-T) y otra desde la percepción de los clientes sobre la presencia de su terapeuta (TPI-C). El TPI-T también se puede usar como herramienta de autoevaluación para que el terapeuta reflexione sobre su grado de presencia con el cliente (Geller, 2013b). La investigación ha demostrado que ambas versiones del TPI son fiables y válidas (Geller et al., 2010).

La investigación emergente usando el TPI sugiere que la valoración de los clientes sobre la presencia terapéutica de sus terapeutas predice la relación terapéutica (Geller et al., 2010) y la alianza terapéutica (Pos et al., 2011). Estos hallazgos refuerzan las propuestas de que la presencia proporciona una base necesaria para desarrollar una relación terapéutica de trabajo positiva y para una respuesta empática (Geller et al., 2010; Hayes y Vinca, 2011; Pos et al., 2011).

También se ha demostrado que el TPI-C favorece una alianza terapéutica positiva en terapias centradas en la persona, de proceso experiencial y cognitivo-conductuales (Geller, 2001; Geller et al., 2010). Además, se ha descubierto que la experiencia de los clientes de la presencia de sus terapeutas está relacionada con un resultado positivo de la sesión (Geller et al., 2010) y una reducción de los síntomas (Hayes y Vinca, 2011). Un estudio adicional indica que la preparación por parte del terapeuta de la presencia antes de la sesión está relacionada con su presencia durante la sesión y un resultado positivo (Dunn et al., 2013).

Un gran conjunto de estudios indica que la alianza terapéutica conlleva un resultado positivo de la terapia (Duncan y Moynihan, 1994; Lambert y Ogles, 2004; Lambert y Simon, 2008; Martin et al., 2000; Norcross, 2002, 2011; Orlinsky et al., 1994). Ahora, estudios emergentes sugieren que la presencia es un prerrequisito para una relación y una alianza terapéutica positivas. Estos estudios contribuyen a reforzar la validez de nuestras hipótesis teóricas: una posibilidad de cómo la presencia contribuye a una terapia efectiva es mediando y promoviendo una alianza terapéutica positiva (Geller y Greenberg, 2012; Geller et al., 2012).

¿QUÉ ES LA TEORÍA POLIVAGAL?

La teoría polivagal es una innovadora reconceptualización de cómo se interrelacionan el estado autónomo y el comportamiento. La teoría hace hincapié en la relación jerárquica entre tres subsistemas del sistema nervioso autónomo que evolucionaron para promover los comportamientos adaptativos en respuesta a características ambientales particulares de seguridad, peligro y amenaza vital (Porges, 2011). La teoría ha suscitado un gran interés entre investigadores y clínicos que trabajan con personas, especialmente con un historial de trauma. Este interés se basa en cómo la teoría polivagal articula dos sistemas de defensa:

(a) el habitualmente conocido como sistema de «lucha o huida», asociado con la activación del sistema nervioso simpático, y

(b) el menos conocido sistema de «inmovilización y disociación», asociado con la activación de una vía vagal filogenéticamente más antigua.

La teoría se llama «polivagal» para subrayar que hay dos circuitos vagales. El primero es un circuito vagal antiguo asociado con la defensa. El segundo es un circuito filogenéticamente más reciente, solo observado en mamíferos, que se asocia con los estados fisiológicos relacionados con la sensación de seguridad y el comportamiento social espontáneo (Porges, 2012).

La teoría ha estimulado la investigación en diferentes disciplinas (por ejemplo, neonatología, obstetricia, bioingeniería, pediatría, psiquiatría, psicología, fisiología del ejercicio, factores humanos, etc.) y se ha usado como perspectiva teórica para generar preguntas de investigación y explicar hallazgos por parte de numerosos equipos de investigación diferentes (por ejemplo, Ardizzi et al., 2013; Beauchaine, 2001; Egizio et al., 2008; Perry et al., 2012; Whitson y El-Sheikh, 2003). Por ejemplo, la teoría se ha usado como principal explicación teórica de la «desconexión biocomportamental» que se produce después del trauma (Bradshaw et al., 2011; Ogden et al., 2006) y también ha informado a investigadores del estrés sobre el importante papel que el sistema nervioso parasimpático y los circuitos vagales juegan en los mecanismos neurofisiológicos relacionados con las estrategias defensivas asociadas con la reactividad, la recuperación y la resiliencia (Brown y Gerbarg, 2005; Evans et al., 2013).

La teoría polivagal describe los mecanismos neuronales mediante los cuales los estados fisiológicos comunican la experiencia de seguridad y contribuyen a la capacidad de la persona de sentirse segura e interactuar espontáneamente con los demás, o bien de sentirse amenazada y emplear estrategias defensivas. Articula cómo se asocia cada una de las tres etapas filogenéticas del desarrollo del sistema nervioso autónomo de los vertebrados con un subsistema autónomo distinto y medible, y cómo cada uno permanece activo y se expresa en los seres humanos bajo ciertas condiciones (Porges, 2009). Estos tres subsistemas autónomos involuntarios están ordenados filogenéticamente y relacionados comportamentalmente con tres ámbitos adaptativos globales del comportamiento: (a) «comunicación social» (por ejemplo, expresión facial, vocalización, escucha); (b) «movilización defensiva» (por ejemplo., comportamientos de lucha o huida); y (c) «inmovilización defensiva» (por ejemplo, fingir la muerte, síncope vasovagal, desconexión comportamental y disociación).

Basados en su aparición filogenética durante la evolución del sistema nervioso autónomo, estos subsistemas forman una jerarquía de respuesta.

La naturaleza jerárquica del sistema nervioso autónomo descrita en la teoría polivagal es coherente con el constructo de «disolución» propuesto por John H. Jackson (1958), según el cual los circuitos neuronales más recientes inhiben el funcionamiento de los más antiguos. Por consiguiente, el circuito autónomo más reciente asociado con la comunicación social tiene la capacidad funcional de inhibir los circuitos involuntarios implicados en estrategias de defensa o desconexión.

Según la teoría polivagal, la comunicación social efectiva solo puede ocurrir en estados en los que experimentamos seguridad, porque solo entonces las estrategias de defensa neurobiológicas están inhibidas. Por tanto, una de las claves para una terapia exitosa es que el terapeuta esté presente y promueva la seguridad del cliente, de modo que sus subsistemas defensivos involuntarios se regulen a la baja y se potencie su sistema de conexión social más reciente. Funcionalmente, los encuentros en el presente representan un «ejercicio neuronal» que refuerza la eficiencia de las vías inhibidoras, facilitando así el acceso a sensaciones de seguridad, apertura y autoexploración.

La teoría también subraya el papel de dos vías motrices vagales distintas en los mamíferos. El vago es un nervio craneal que conecta el cerebro con diversos órganos viscerales, y transmite la influencia parasimpática hacia las vísceras. Aunque el 80 % de sus fibras son sensoriales, las motrices —que regulan el corazón y los intestinos— han recibido atención especial. De estas, solo el 15 % están mielinizadas. La mielina, una capa grasa que recubre la fibra neuronal, se asocia con una regulación más rápida y precisa.

Los mamíferos cuentan con dos circuitos vagales funcionalmente distintos:

- Uno más antiguo, no mielinizado, originado en el núcleo motor dorsal del vago, que regula órganos subdiafragmáticos.
- Otro más reciente, mielinizado y exclusivo de mamíferos, que surge en el núcleo ambiguo y regula órganos supradiafragmáticos como el corazón y los pulmones. Este último reduce la frecuencia cardiaca y promueve estados de calma.

Este circuito reciente también se conecta neuroanatómica y neurofisiológicamente con los nervios craneales que controlan los músculos de la cara y la cabeza. Esta conexión «cara-corazón» proporciona un sistema integrado mediante el cual la prosodia vocal y la expresión facial reflejan el estado fisiológico interno del individuo (Porges, 2011, 2012; Stewart et al., 2013). Cuando este sistema funciona óptimamente, se inhiben las respuestas de lucha o huida, las emociones se regulan adecuadamente, y se favorece la conexión social.

El sistema «cara-corazón» es bidireccional: no solo influye en las interacciones sociales, sino que también se ve influido por ellas, optimizando la salud, reduciendo el estrés y promoviendo la restauración.

Cuando una persona se siente segura, se manifiestan dos características clave:

1. El cuerpo se regula para promover el crecimiento y la restauración (por ejemplo, «homeostasis visceral»), reduciendo la frecuencia cardiaca, la respuesta de estrés (eje HHS) y la inflamación.
2. Las estructuras del tronco encefálico que controlan el vago ventral se integran con las que regulan la musculatura facial, posibilitando

así un sistema de conexión social expresado a través de expresiones faciales, vocalizaciones prosódicas y otros gestos sociales.

Este sistema de conexión social emergió evolutivamente gracias a la integración neuroanatómica y neurofisiológica de las vías que controlan los estados viscerales y las que regulan gestos como la mirada, la expresión facial, los movimientos de la cabeza, la escucha y la prosodia (véase Porges, 2001, 2007, 2009).

NEUROCEPCIÓN

En el contexto de la presencia terapéutica, la teoría polivagal proporciona una perspectiva neurofisiológica que puede explicar cómo las sensaciones corporales y las emociones pueden verse potencialmente influidas por la presencia de otras personas. No solo existe una comunicación bidireccional entre el cerebro (es decir, el sistema nervioso central) y el cuerpo, sino que también existe una comunicación bidireccional entre los sistemas nerviosos de las personas que constituyen nuestro entorno social (Cozolino, 2006; Porges, 2011; Siegel, 2007, 2010). A menudo, esta comunicación opera de forma inconsciente y nos deja con una intuición —una «sensación visceral»— que nos alerta ante cualquier incomodidad en una interacción social. Este proceso de evaluación automática del riesgo en el entorno, que opera de manera inconsciente, se ha denominado *neurocepción* (Porges, 2003, 2007).

Se sugiere que la neurocepción se produce en el cerebro, posiblemente con la implicación de áreas de las cortezas prefrontal y temporales con proyecciones hacia la amígdala y la materia gris periacueductal (Porges, 2003). Como proceso que influye en nuestro sistema nervioso autónomo, la neurocepción se considera un mecanismo adaptativo que puede desactivar las defensas para permitir la interacción social o, por el contrario, activar estrategias defensivas como la lucha, la huida o la desconexión. Además, dado que este proceso modifica el estado autónomo, también puede sesgar la percepción de los demás: en un sentido negativo, durante estados que promueven la defensa; y en un sentido positivo, durante estados que favorecen la conexión social. Si el estado fisiológico se desplaza hacia la desconexión comportamental o la disociación —mediado por las vías vagales dorsales no mielinizadas—, se pierde el contacto con el entorno y con las demás personas. Nuestro sistema nervioso evalúa y supervisa continuamente el riesgo en el entorno. Cuando detecta señales de seguridad, peligro o amenaza vital, se activan regiones del tronco encefálico que regulan las respuestas autónomas. Si se detecta seguridad, estas respuestas promueven una receptividad abierta hacia los demás; en cambio, ante señales de amenaza, inducen un estado cerrado que limita la conciencia de los demás (Porges, 2003, 2007). Por ejemplo, en presencia de alguien con quien se experimenta seguridad, emergen comportamientos de conexión social coherentes con una neurocepción positiva: la fisiología se calma, las defensas se inhiben, y la percepción se sesga hacia lo positivo. En este estado, las interacciones prosociales adecuadas reducen la distancia psicológica y física. Así, al activar la sensación de seguridad estando presente con y para el cliente, es posible regular a la baja sus defensas y promover su crecimiento y cambio positivos.

La teoría polivagal (Porges, 2011) describe de forma explícita los mecanismos de comunicación bidireccional entre el cerebro y los órganos viscerales que ocurren durante las respuestas al estrés. Esta influencia mutua explica cómo las respuestas sociales y emocionales del terapeuta hacia el cliente pueden modificar el estado fisiológico de este, ampliando o restringiendo su rango de respuesta y su disposición emocional. Del mismo modo, las respuestas del cliente pueden influir en el estado fisiológico del terapeuta, sesgando sus interpretaciones y transformando una respuesta de apoyo en una reacción defensiva. Una teoría neurocientífica reciente ha sugerido que esta comunicación entre áreas del hemisferio derecho fomenta el funcionamiento interpersonal adaptativo en la relación terapéutica (Allison y Rossouw, 2013; Schore, 2012; Siegel, 2012). Este predominio del hemisferio derecho en la regulación del estado comportamental es coherente con el impacto regulador del vago mielinizado derecho sobre el estado fisiológico (véase Porges et al., 1994).

La literatura sobre el apego documenta que el trauma y la falta precoz de sintonía —es decir, un cuidador que no responde de forma ajustada a las necesidades del niño— conducen a la desregulación emocional (Schore, 1994, 2003; van der Kolk, 1994, 2011). Cuando una persona no ha tenido un apego seguro con sus cuidadores principales, puede llegar a percibir el entorno como crónicamente amenazante. Así, el sistema nervioso autónomo puede permanecer en un estado de hipervigilancia que impide la inhibición de las estrategias de defensa. Esto conlleva dificultades en el mundo social, ya que la persona responde a la defensiva incluso ante contextos seguros, lo que limita el acceso a experiencias sociales reparadoras. En lugar de recibir el refuerzo recíproco de interacciones positivas, se genera un bucle de retroalimentación: quienes rodean al superviviente de trauma se desconectan de él o ella, intensificando su aislamiento. Estas desconexiones pueden ir desde la ausencia de expresividad facial hasta conductas más explícitas, como hablar con tono dominante o mirar el reloj durante la sesión terapéutica.

Según la teoría polivagal, los reguladores fisiológicos de nuestra expresión emocional están integrados en las relaciones (Cozolino, 2006; Siegel, 2012). Myron Hofer (1994) propuso un concepto similar para explicar cómo las interacciones madre-bebé favorecen la salud y el crecimiento. El núcleo del sistema de conexión social en los mamíferos se refleja en la comunicación neuronal bidireccional entre la cara y el corazón (Porges, 2012). Mediante expresividad facial, gestos y vocalizaciones prosódicas, se produce la sintonización entre los sistemas de conexión social de dos personas. Esta sintonía regula los estados comportamentales —es decir, la regulación emocional— y promueve simultáneamente la salud, el crecimiento y la restauración. Mientras que la falta de sintonía en las relaciones tempranas puede causar desregulación emocional, la conexión y la sintonización en relaciones actuales pueden sanar —o al menos ejercitar— los circuitos neuronales del sistema de conexión social que promueven las sensaciones de seguridad (Allison y Rossouw, 2013; Grawe, 2007; Porges, 2011; Siegel, 2010). Desde esta perspectiva, la activación fisiológica o la desregulación emocional pueden estabilizarse a través de interacciones sociales que incluyan expresiones faciales cálidas, posturas corporales abiertas y un tono de voz prosódico (con entonación y ritmo armónicos).

PRESENCIA TERAPÉUTICA Y NEUROCEPCIÓN DE SEGURIDAD

La teoría polivagal nos ayuda a comprender cómo la presencia terapéutica puede contribuir a la efectividad de la terapia reforzando la relación terapéutica y fortaleciendo la sensación de seguridad del cliente. La teoría sugiere un «código de amor neuronal» funcional, que refleja la búsqueda evolutiva y biológica de seguridad en relación con los demás (Porges, 2012). Desde esta perspectiva, las señales de seguridad o de peligro potentes, que se detectan en las áreas corticales y que cambian los estados fisiológicos, se comunican interpersonalmente mediante movimientos de la parte superior de la cara, el contacto visual, la prosodia de la voz y la postura corporal.

Estos cambios profundos en el estado fisiológico están mediados por características de la interacción social que, en general, son inconscientes. Así, una interacción con otra persona —es decir, con el cliente o el terapeuta— puede activar un amplio espectro de cambios corporales que interpretamos, aunque no siempre de forma consciente. Por ejemplo, al ver o hablar con alguien, podemos sentir una presión en la boca del estómago, una necesidad urgente de salir corriendo o el deseo de acercarnos. Aunque esto recuerda a la teoría de la emoción de James-Lange (Cannon, 1927; James, 1884), la teoría polivagal, con sus constructos de la neurocepción y del sistema de conexión social, destaca que existen señales descendentes (del cerebro hacia el cuerpo) y ascendentes (del cuerpo hacia el cerebro) que regulan el estado fisiológico.

Dado que tanto las vías ascendentes como las descendentes pueden desencadenar estados fisiológicos y experiencias psicológicas similares, la teoría proporciona mecanismos plausibles para comprender los estados corporales que conforman el sustrato de una variedad de emociones y estados afectivos. Relevante en el contexto clínico, esta perspectiva permite entender cómo influir en dichos estados a través de las vías centrales implicadas en la neurocepción de seguridad o mediante comportamientos que la indiquen. La neurocepción de seguridad es detectable mediante marcadores fisiológicos como una postura abierta, rasgos faciales relajados y una respiración tranquila. Sugerimos que estos marcadores emergentes en una interacción social recíproca segura pueden reflejar el ofrecimiento exitoso, por parte del terapeuta, y la recepción efectiva, por parte del cliente, de su presencia.

El conocimiento sobre la regulación jerárquica de los estados fisiológicos automáticos también orienta a las personas que ejercen la terapia sobre el potencial de la presencia terapéutica: activar en el cliente los circuitos vagales mielinizados mediante una conexión social no defensiva. Los mecanismos neuronales del sistema vagal más reciente permiten que la presencia del terapeuta «entrene» los circuitos neuronales del cliente, promoviendo su capacidad de sostener interacciones sin defensa. Con el tiempo, la reactividad del cliente puede transformarse. En presencia de alguien percibido como seguro, el cliente experimenta seguridad, inhibe sus defensas y expresa marcadores no verbales de sentirse a salvo. Esta experiencia favorece la relajación y la apertura corporal, facilitando así el autoconocimiento. Por ello, resulta clínicamente valioso que el terapeuta utilice estos marcadores no verbales —apertura, relajación— para comunicar su estado y contribuir a bajar las defensas del cliente, expresando su propia neurocepción de seguridad. A través de la calidez y la prosodia de su voz, el contacto visual suave, una postura abierta y una actitud receptiva, el terapeuta transmite tranquilidad y permite al cliente abrirse a la experiencia compartida. Así, el entorno terapéutico y el proceso de crecimiento se ven profundamente facilitados.

Ofrecer al cliente una presencia constante, bien anclada, espaciosa y con la intención de estar con y para él o ella es esencial para construir una relación terapéutica positiva. Esta presencia regula, desde la relación, las respuestas de estrés del sistema nervioso del cliente. A su vez, esto permite una autoexploración más profunda, sanadora y conectada con el otro. La presencia terapéutica también permite al terapeuta sintonizar con el estado emocional del cliente —por ejemplo, a través de sus expresiones faciales— y regular su propia reactividad para sostener una conexión auténtica.

La cara y la voz

Según la teoría polivagal, la cara y la voz son conductos esenciales para comunicar seguridad. Esta idea se alinea con la noción clínica de que el rostro es el lugar donde la presencia se manifiesta al cliente (Geller y Greenberg, 2012). Levinas (1985) afirmaba que los rostros son centros de significado que ofrecen un encuentro directo y profundo con el otro. Mirar la cara del otro y escuchar su voz son actos fundamentales para las relaciones, el diálogo y la presencia humana (Geller y Greenberg, 2012).

La importancia de la conexión facial y la prosodia se confirma en la teoría polivagal. Desde esta perspectiva, la conexión neuronal entre la cara, la voz y el corazón abre un canal a través del cual puede ejercitarse la regulación neuronal de los estados fisiológicos mediante la conexión social. Al ofrecer una presencia terapéutica, el rostro cálido del terapeuta, su postura receptiva, su corazón abierto y su escucha auténtica ayudan al cliente a sentirse seguro y a regular su fisiología. A lo largo del tiempo, los encuentros presentes y repetidos con el terapeuta refuerzan la regulación emocional del cliente. Esto sucede cuando su fisiología se sincroniza con la presencia del terapeuta. La presencia constante del terapeuta permite que el cliente experimente con mayor frecuencia seguridad en las interacciones sociales. Por ello, una terapia efectiva requiere de esta interacción repetida, en la que el terapeuta se autorregula, permanece disponible y se mantiene abierto ante las defensas y el dolor del cliente.

TEORÍA DE LA PRESENCIA TERAPÉUTICA EN LA RELACIÓN

Desde el punto de vista de la teoría polivagal y de la teoría de la presencia terapéutica en la relación, un terapeuta centrado en el presente activa una experiencia de seguridad en el cliente mediante una expresión facial cálida y una voz prosódica (Porges, 2007, 2009, 2011). La evaluación neuronal de la seguridad por parte del cliente provoca entonces un cambio en su regulación fisiológica que permite la inhibición de la defensa y promueve respuestas que reflejan calma, apertura y confianza. Por consiguiente, sugerimos que sentirse acogido y escuchado por un terapeuta presente, capaz de sintonizarse y responder a la experiencia y fisiología del cliente, le permite bajar sus defensas y sentirse a su vez abierto y presente. Sostenemos que este estado biocomportamental compartido no solo es sanador en sí mismo, sino que también permite un trabajo terapéutico más profundo, realizado en la seguridad de la relación.

La teoría de la presencia terapéutica en la relación plantea que la presencia es un componente esencial subyacente en toda relación terapéutica efectiva. Independientemente de la orientación teórica o del enfoque terapéutico, la presencia promueve un buen proceso y resultado de la sesión, además de mejorar la alianza terapéutica (Geller, 2013a, 2013b; Geller y Greenberg, 2012; Geller et al., 2012). Esta teoría sugiere que la presencia del terapeuta aporta a la relación terapéutica el tipo de profundidad y conexión necesarias para que el cliente se sienta suficientemente seguro para acceder a sus sentimientos, significados, preocupaciones y necesidades más profundas, y compartirlos con el terapeuta. La presencia proporciona el entorno en el que esas vivencias pueden ser atendidas, exploradas, compartidas y transformadas de forma eficaz. Desde esta perspectiva, la interacción centrada en el presente con el cliente también se origina en el terapeuta, a través de una preparación interna y la intención de estar presente. Esta preparación incluye cultivar la capacidad de estar presente tanto en la vida como antes de cada encuentro con el cliente (Geller y Greenberg, 2002, 2012). La sintonización interna del terapeuta consigo mismo facilita una sensación de calma y seguridad que le permite recibir al cliente desde un estado disponible (Siegel, 2010). Se ha demostrado que sintonizarse con el propio yo y con la «percepción sentida» del otro (Gendlin, 1978) constituye la base para una comprensión profunda y auténtica (Siegel, 2007, 2010). Sostenemos que esta experiencia de ser percibido por el terapeuta influye en la fisiología del cliente, generando una sensación calmante de seguridad.

La teoría también sugiere que, aunque la experiencia de la presencia por parte del terapeuta y su comunicación hacia el cliente son importantes, lo que resulta verdaderamente sanador es que el cliente experimente que el terapeuta está auténticamente presente en el aquí y ahora (Geller y Greenberg, 2012). Esta afirmación se apoya en estudios que indican que es la vivencia de presencia terapéutica por parte del cliente —más que la percepción subjetiva del terapeuta— la que promueve un proceso de cambio y una alianza terapéutica sólidas (Geller et al., 2010; Pos et al., 2011).

Asimismo, existen relaciones recíprocas entre la presencia comunicada del terapeuta, la recepción de dicha presencia por parte del cliente y el desarrollo, en ambos, de una mayor presencia interna y relacional. Esta presencia compartida contribuye al desarrollo de una presencia relacional que propicia un encuentro genuino de tipo «yo-tú». A la larga, este tipo de presencia promueve profundidad en la relación, sensación de seguridad y cambio terapéutico (Buber, 1958; Cooper, 2005; Geller, 2013a; Geller y Greenberg, 2012).

Teorías emergentes en distintas disciplinas, incluida la neurociencia, nos invitan a reconocer nuestra naturaleza relacional fundamental (Cozolino, 2006; Porges, 2011; Siegel, 2007, 2010). A través de la sintonización relacional, puede producirse lo que se ha llamado *emparejamiento cerebro a cerebro* (Hasson et al., 2012), que da lugar a una resonancia neuronal mutua. Creemos que, cuando el terapeuta está sintonizado consigo mismo y se acerca al cliente con una presencia tranquila e implicada, se genera un proceso de arrastre fisiológico que invita al cerebro del cliente a regularse en un estado seguro y presente.

Proponemos que cultivar la seguridad mediante una presencia relacional emergente promueve la efectividad terapéutica y el crecimiento positivo del cliente a través de tres mecanismos principales: (a) facilita la disponibilidad del cliente para implicarse en el proceso terapéutico; (b) refuerza la relación terapéutica; y (c) mejora la capacidad del terapeuta para percibir y responder de forma sintonizada a dicha disponibilidad (véase el cuadro 9.1).

Además, desde el punto de vista de la teoría polivagal, los encuentros repetidos con un terapeuta seguro y presente fortalecen la capacidad de neurocepción del cliente.

En resumen, la teoría de la relación basada en la presencia terapéutica sostiene que esta presencia da lugar a una relación sinérgica en la que el cliente desarrolla una mayor capacidad de estar presente, mientras se profundiza simultáneamente la presencia relacional entre terapeuta y cliente. A través de la lente de la teoría polivagal, entendemos que, cuando el cliente reacciona de forma inconsciente al terapeuta centrado en el presente como figura segura, su fisiología se regula y se calma, permitiendo una mayor apertura y presencia. En este sentido, la presencia es una postura relacional fundamental que evoca una sensación de seguridad en el terapeuta, en el cliente y en el entorno terapéutico. Esta seguridad, a su vez, favorece el desarrollo de una alianza terapéutica positiva y la efectividad del trabajo clínico, sea cual sea el enfoque terapéutico.

EJEMPLOS CLÍNICOS

La conciencia del momento presente y la autorregulación resultan útiles para las personas que ejercen la terapia, no solo para mantener su presencia durante la sesión, sino también para percibir cuándo ellas mismas —o sus clientes— se están cerrando. A través de esta conciencia situada en el presente, el terapeuta tiene la posibilidad de modificar su implicación o la del cliente.

Cuadro 9.1. ¿Cómo promueve la presencia terapéutica la seguridad y la efectividad de la terapia?

Sintonización del terapeuta con el yo —>

Sintonización del terapeuta con el cliente —>

El cliente se siente percibido, calmado, presente interiormente (seguridad) —>

(a) y (b) y (c)*

(a) El cliente se siente seguro para abrirse y participar en el trabajo terapéutico.

(b) Refuerzo de la relación terapéutica.

(c) Respuestas e intervenciones del terapeuta sintonizadas con el momento óptimo para que el cliente las reciba.

*La implicación y la presencia repetidas del terapeuta también ejercitan la regulación neuronal de los músculos implicados en la experiencia de seguridad del cliente, en sí mismo y en la relación.

A continuación, se presentan dos ejemplos que describen dos tipos de interacción terapéutica: (a) la no presencia y (b) un retorno a la presencia terapéutica.

El primer ejemplo, sobre la no presencia, muestra cómo, cuando el terapeuta se desconecta en un momento crucial del proceso, el cliente empieza a sentirse inseguro y, como resultado, se aleja. El segundo ejemplo, centrado en el retorno a la presencia, ilustra cómo el terapeuta, al tomar conciencia de sus propias barreras internas en el momento, consigue reconectar con el presente y con el cliente, restableciendo así la sensación de seguridad en el vínculo terapéutico.

Se sugieren entre paréntesis posibles signos neurofisiológicos de conexión y desconexión, para ilustrar lo que podría estar ocurriendo de manera simultánea en el cerebro y en el cuerpo cuando el terapeuta no está presente o, por el contrario, está plenamente sintonizado con el cliente.

No presencia: ejemplo que refleja las barreras a la presencia

Michael lloraba mientras hablaba de la culpa que sentía desde el fallecimiento de su esposa, Sally. Describía una pelea que tuvo con ella pocas semanas antes de su muerte, tras la cual se marchó de casa muy enfadado. Al regresar esa noche, la salud de Sally había empeorado: su habla estaba permanentemente afectada por un ictus. Michael lloraba con remordimientos, preguntándose si el estrés de su discusión y su marcha habían contribuido al deterioro de su salud.

Mientras le escuchaba, empecé a sentirme angustiada y abrumada, al dudar de mi capacidad para ayudarle con ese duelo tan complejo (inicio de la desconexión y retraimiento de la terapeuta). Mi ansiedad aumentó al empezar a oír una voz interna que me decía: «No puedes ayudarle. Tú también te peleaste con tu madre antes de que muriera y todavía te sientes culpable. ¿Quién te crees que eres?» (activación del sistema nervioso simpático en la terapeuta y desconexión relacional en marcha).

Mis respuestas a él eran concretas y planas, y mis rasgos faciales estaban tensos mientras lidiaba con mi propio diálogo interno crítico. (La pérdida de tono vagal ventral mielinizado se reflejaba en una pérdida del tono neuromuscular en la parte superior del rostro, resultando en una expresión inexpresiva; también con pérdida de prosodia vocal y posiblemente un aumento del tono muscular en la parte inferior de la cara, generando una postura más rígida o defensiva. Esta disminución del tono en la parte superior de la cara va acompañada de una reducción del tono en los músculos del oído medio, dificultando la sintonía con el contenido sintáctico y afectivo de las vocalizaciones del cliente). Michael se quedó en silencio y dejó de llorar (neurocepción de pérdida de seguridad al captar automáticamente el retraimiento de la terapeuta). Luego cambió de tema, hablando de las exigencias de su trabajo y de todo lo que tenía pendiente. Sentí la desconexión entre ambos y no supe cómo proceder (percepción acertada de la terapeuta de la pérdida de conexión y de seguridad).

La desconexión y la pérdida de seguridad en este ejemplo surgen de las propias barreras internas de la terapeuta: dudas sobre sí misma y asuntos no resueltos tras la muerte de su madre.

Presencia terapéutica: ejemplo que refleja el retorno al momento

La presencia terapéutica no implica únicamente estar por completo en el momento con el cliente, sino también ser consciente —momento a momento— de las barreras que dificultan esa presencia y poder redirigir la atención de forma intencionada hacia el otro. Este ejemplo refleja cómo la terapeuta reconoce sus dudas internas y la desconexión, y utiliza esa conciencia para volver al presente con su cliente. Ella relata:

Al ser consciente de la desconexión y de mi ansiedad, hice unas respiraciones profundas para regular mis emociones y volver a centrar mi atención en la consulta. (Espirar lentamente activó el freno vagal ventral mielinizado del corazón, produciendo un estado de mayor calma).

Al empezar a hablar con Michael, sentí que mi expresión facial se relajaba (como resultado del estado fisiológico más calmado, la parte superior de mi rostro enviaba señales cálidas al cliente), mi voz recuperó la prosodia, y sentí de nuevo nuestra conexión cuando él, calmado, se inclinó hacia delante con una expresión abierta y una mirada que transmitía comprensión mutua.

Mi práctica previa con la presencia me ayudó a imaginar en silencio que dejaba a un lado, por un momento, mis dudas y mis asuntos no resueltos con mi madre. Percibí que la distancia y la desconexión de Michael reflejaban mi propio distanciamiento interno. Volví a centrar mis emociones en el aquí y ahora y pude regresar con plena conciencia al encuentro con él.

Le miré a los ojos y le dije con voz suave y cálida: «El dolor es tan profundo... El dolor y el pesar por desear que hubiera sido distinto».

Las lágrimas de Michael volvieron a brotar mientras me miraba y decía: «Sí, siento una tristeza profunda. La echo mucho de menos».

Compartí con Michael la sensación de impotencia ante su dolor. Al expresar esto con honestidad y compasión, no solo le ayudé a abrirse y a contactar con su tristeza y desesperación, sino que también profundizamos nuestro vínculo terapéutico. (*Mientras el sistema de conexión social de la terapeuta estuvo activado, esta pudo sostener la presencia adecuada y enviar señales que facilitaron una neurocepción de seguridad en el cliente, permitiéndole procesar su duelo profundo*).

La conciencia momento a momento de la terapeuta le permitió detectar la desconexión. Su práctica previa de presencia le facilitó autorregularse —mediante la respiración y la conciencia—, dejar a un lado sus inseguridades y volver a ofrecer una presencia abierta. En este ejemplo, la atención hacia su mundo interno y el contacto con su experiencia —elementos clave de la práctica de la presencia terapéutica— permitieron a la terapeuta reconocer sus propias barreras y la distancia que se había generado con su cliente.

Gracias a ello, pudo reenfocar su atención y abrirse a los sentimientos intensos que Michael estaba experimentando. Ambas acciones ayudaron a reparar la desconexión relacional. Esta reconexión invitó a Michael a volver a un lugar de seguridad con su terapeuta, desde donde pudo llorar plenamente la pérdida de su esposa.

ÚLTIMAS REFLEXIONES

Con el respaldo neurofisiológico empírico que ofrece la teoría polivagal, queda claro que sentirse seguro es un prerrequisito necesario para establecer vínculos sociales fuertes (es decir, una relación terapéutica) que sean potencialmente útiles o sanadores para las personas que acuden a terapia. Proponemos que, a través de una relación centrada en el presente —que incluya contacto visual, relajación, calidez en la voz, prosodia vocal, sintonización emocional e implicación en el momento—, el o la cliente perciba seguridad.

Esta experiencia de neurocepción de seguridad, a la larga, suprime las defensas de la persona, lo cual es sanador en sí mismo y también facilita que terapeuta y cliente puedan realizar el trabajo terapéutico. Además, la capacidad del cerebro para desarrollar nuevas conexiones neuronales asociadas a estados emocionales más calmados y saludables se ve favorecida cuando se crea un entorno terapéutico seguro mediante la expresión de la presencia del terapeuta (Allison y Rossouw, 2013; Cozolino, 2006; Geller y Greenberg, 2012; Porges, 2011).

En este sentido, consideramos la presencia terapéutica y la creación de seguridad que promueve como un proceso terapéutico transteóricamente importante (Geller et al., 2012). Poderosa en sí misma, la presencia terapéutica también puede aumentar su eficacia cuando se combina con técnicas específicas de cada enfoque (Geller, 2013b; Geller y Greenberg, 2012). Por el contrario, si se ofrece a la persona una intervención guionizada y no reflexiva, sin presencia consciente del terapeuta en la experiencia del momento, este o esta puede sentirse evitada, y la eficacia de la intervención será limitada.

En cambio, una intervención impregnada de presencia terapéutica y sintonizada con la disposición del cliente favorece su seguridad y optimiza la ventana a través de la cual puede desarrollarse un trabajo terapéutico efectivo.

Proponemos que cultivar la presencia y conocer sus fundamentos neurofisiológicos como base para generar seguridad debería ser un componente fundamental en todos los programas de formación para profesionales de la terapia, independientemente de la modalidad. La formación psicoterapéutica suele centrarse en las intervenciones y técnicas, sin prestar atención a cómo el o la terapeuta puede cultivar el estado de presencia para promover la neurocepción de seguridad en sus pacientes.

Aquí hemos argumentado que la presencia terapéutica es esencial para generar esa seguridad, un prerrequisito básico para que el proceso terapéutico sea efectivo, sea cual sea el enfoque adoptado. Por tanto, también sostenemos que comprender y cultivar la presencia terapéutica debería considerarse una base esencial en cualquier formación psicoterapéutica.

Es importante que el terapeuta pueda mantener una presencia calmada incluso en contextos de dolor o dificultad. Por ello, la formación podría incluir estrategias para sostener este estado, como prestar atención a la regulación corporal y emocional, así como a las barreras que interfieren en una relación positiva.

Los hallazgos de la neurociencia que identifican correlatos neuronales entre la presencia del terapeuta y la experiencia de seguridad del cliente pueden ayudar a promover una mayor sintonización terapéutica.

Cultivar la presencia del terapeuta también puede formar parte de un cuidado personal constante, necesario tanto para profesionales como para sus pacientes. Asimismo, puede ser beneficioso que el cliente practique dentro y fuera de la sesión ejercicios neuronales que fomenten una experiencia interna de seguridad.

Algunos ejemplos de estos ejercicios, que promueven la neurocepción de seguridad tanto en terapeutas como en pacientes, incluyen: espiraciones lentas tras inspiraciones abdominales profundas (es decir, la influencia del vago ventral mielinizado sobre el corazón se optimiza durante la espiración); juego social (por ejemplo, deportes de equipo, tocar percusión en grupo); música improvisada; estar en la naturaleza; yoga; meditación; o programas como el *Therapeutic Rhythm and Mindfulness* (véase http://www.rhythmandmindfulness.com/; Geller y Greenberg, 2012), diseñado específicamente para fomentar la presencia terapéutica.

Fomentar la capacidad de estar presente en sesión también puede beneficiar a ambas partes de la relación. Por ejemplo, comenzar una sesión con respiraciones profundas o un ejercicio de *mindfulness* puede ayudar a terapeuta y paciente a situarse más plenamente en el momento, relajar sus defensas y favorecer una implicación más profunda.

En resumen, cultivar una presencia terapéutica y relacional que propicie un encuentro seguro tanto dentro como fuera de la sesión es imprescindible para generar una conexión social que lleve a un cambio real y duradero.

La teoría polivagal nos proporciona un conocimiento profundo sobre los circuitos de retroalimentación neuronal bidireccionales entre el cerebro y el cuerpo, que sostienen el vínculo entre los seres humanos. Esta comprensión puede ayudarnos a valorar la importancia de acercarnos a los encuentros terapéuticos con una actitud que cultive y comunique la presencia con y para la persona atendida, promoviendo así su salud y bienestar.

Esperamos que este capítulo impulse futuras investigaciones sobre la presencia terapéutica y los mecanismos y estructuras neurofisiológicos implicados en las experiencias de presencia, sintonización y generación de seguridad.

Son muchas las vías posibles de estudio. Por ejemplo, observar la parte superior del rostro, la calidad vocal, la postura o los patrones respiratorios de terapeutas y clientes en momentos de presencia o ausencia de ella podría arrojar luz sobre cómo se comunica de forma óptima la presencia en psicoterapia.

Asimismo, hacer un seguimiento de las expresiones de seguridad en las personas atendidas, en relación con la presencia del terapeuta, podría ser un enfoque relevante. También sería valioso observar cambios en los componentes viscerales del sistema de conexión social durante las sesiones —por ejemplo, la regulación vagal del corazón medida mediante la arritmia sinusal respiratoria como componente de la variabilidad de la frecuencia cardiaca— cuando el cliente recibe la presencia de su terapeuta. Esto podría arrojar luz sobre los procesos de regulación neurofisiológica y de sanación que puede generar una relación terapéutica centrada en el presente.

REFERENCIAS

Allison, K. L., y Rossouw, P. J. (2013). The therapeutic alliance: Exploring the concept of «safety» from a neuropsychotherapeutic perspective. International *Journal of Neuropsychotherapy, 1,* 21-29.

Ardizzi, M., Martini, F., Umilta, M. A., Sestito, M., Ravera, R., y Gallese, V. (2013). When early experiences build a wall to others' emotions: An electrophysiological and autonomic study. *PLoS One, 8,* e61004. https://doi.org/10.1371/journal.pone.0061004

Beauchaine, T. P. (2001). Vagal tone, development, and Gray's motivational theory: Toward an integrated model of autonomic nervous system functioning in psychopathology. *Development and Psychopathology, 13,* 183-214. https://doi.org/10.1017/S0954579401002012

Beauchaine, T. P., Gatzke-Kopp, L., y Mead, H. K. (2007). Polyvagal Theory and developmental psychopathology: Emotion dysregulation and conduct problems from preschool to adolescence. *Biological Psychology, 74,* 174-184. https://doi.org/10.1016/j.biopsycho.2005.08.008

Bradshaw, R. A., Cook, A., y McDonald, M. J. (2011). Observed and experiential integration (OEI): Discovery and development of a new set of trauma therapy techniques. *Journal of Psychotherapy Integration, 21,* 104-171. https://doi.org/10.1037/a0023966

Brown, R. P., y Gerbarg, P. L. (2005). Sudarshan kriya yogic breathing in the treatment of stress, anxiety, and depression: Part I—neurophysiologic model. *Journal of Alternative and Complementary Medicine, 11,* 189-201. https://doi.org/10.1089/acm.2005.11.189

Buber, M. (1958). *I and thou* (2.ª ed.). Nueva York: Charles Scribner's Sons.

Cannon, W. C. (1927). The James-Lange theory of emotions: A critical examination and an alternative theory. *American Journal of Psychiatry, 39,* 106-124.

Cooper, M. (2005). Therapists' experiences of relational depth: A qualitative interview study. *Counselling and Psychotherapy Research, 5,* 87-95.

Cozolino, L. J. (2006). *The neuroscience of relationships: Attachment and the developing social brain.* Nueva York: Norton.

Duncan, B. L., y Moynihan, D. W. (1994). Applying outcome research: Intentional utilization of the client's frame of reference. *Psychotherapy: Theory, Research, Practice, Training, 31,* 294-301. https://doi.org/10.1037/h0090215

Dunn, R., Callahan, J. L., Swift, J. K., y Ivanovic, M. (2013). Effects of pre-session centering for therapists on session presence and effectiveness. *Psychotherapy Research, 23,* 78-85. https://doi.org/10.1080/10503307.2012.731713

Egizio, V. B., Jennings, J. R., Christie, I. C., Sheu, L. K., Matthews, K. A., y Gianaros, P. J. (2008). Cardiac vagal activity during psychological stress varies with social functioning in older women. *Psychophysiology, 45,* 1046-1054. https://doi.org/10.1111/j.1469-8986.2008.00698.x

Evans, B. E., Greaves-Lord, K., Euser, A. S., Tulen, J. H. M., Franken, I. H. A., y Huizink, A. C. (2013). Determinants of physiological and perceived physiological stress reactivity in children and adolescents. *PLoS One, 8,* e61724. https://doi.org/10.1371/journal.pone.0061724

Geller, S. M. (2001). *Therapeutic presence: The development of a model and a measure* [tesis doctoral no publicada]. York University, Toronto, Canadá.

Geller, S. M. (2009). Cultivation of therapeutic presence: Therapeutic drumming and mindfulness practices. *Dutch Tijdschrift Clientgerichte Psychotherapie [Journal for Client-Centered Psychotherapy], 47,* 273-287.

Geller, S. M. (2013a). Therapeutic presence as a foundation for relational depth. En R. Knox, D. Murphy, S. Wiggins, y M. Cooper (Eds.), *Relational depth: Contemporary perspectives* (pp. 175-184). Basingstoke, RU: Palgrave.

Geller, S. M. (2013b). Therapeutic presence: An essential way of being. En M. Cooper, P. F. Schmid, M. O'Hara, y A. C. Bohart (Eds.), *The handbook of person-centred psychotherapy and counselling* (2.ª ed., pp. 209-222). Basingstoke, RU: Palgrave.

Geller, S. M., y Greenberg, L. S. (2002). Therapeutic presence: Therapists' experience of presence in the psychotherapeutic encounter. *Person-Centered and Experiential Psychotherapies, 1,* 71-86. https://doi.org/10.1080/14779757.2002.9688279

Geller, S. M., y Greenberg, L. S. (2012). *Therapeutic presence: A mindful approach to effective therapy.* Washington D. C.: American Psychological Association.

Geller, S. M., Greenberg, L. S., y Watson, J. C. (2010). Therapist and client perceptions of therapeutic presence: The development of a measure. *Psychotherapy Research, 20,* 599-610. https://doi.org/10.1080/10503307.2010.495957

Geller, S. M., Pos, A. W., y Colosimo, K. (2012). Therapeutic presence: A common factor in the provision of effective psychotherapy. *Society for Psychotherapy Integration, 47*, 6-13.

Gendlin, E. (1978). *Focusing*. Nueva York: Everest House.

Germer, C. K., Siegel, R. D., y Fulton, P. R. (2005). *Mindfulness and psychotherapy*. Nueva York: Guilford.

Goldfried, M. R., y Davila, J. (2005). The role of relationship and technique in therapeutic change. *Psychotherapy: Theory, Research, Practice, Training, 42*, 421-430. https://doi.org/10.1037/0033-3204.42.4.421

Grawe, K. (2007). *Neuropsychotherapy: How neurosciences inform effective psychotherapy*. Nueva York: Taylor and Francis.

Greenberg, L. S., Rice, L., y Elliott, R. (1993). *Facilitating emotional change: The moment-by-moment process*. Nueva York: Guilford.

Hasson, U., Ghazanfar, A. A., Galantucci, B., Garrod, S., y Keysers, C. (2012). Brain to brain coupling: A mechanism for creating and sharing a social world. *Trends in Cognitive Sciences, 16*, 114-121. https://doi.org/10.1016/j.tics.2011.12.007

Hastings, P. D., Nuselovici, J. N., Utendale, W. T., Coutya, J., McShane, K. E., y Sullivan, C. (2008). Applying the Polyvagal Theory to children's emotion regulation: Social context, socialization, and adjustment. *Biological Psychology, 79*, 299-306. https://doi.org/10.1016/j.biopsycho.2008.07.005

Hayes, J., y Vinca, J. (2011). Therapist presence and its relationship to empathy, session, depth, and symptom reduction. Artículo presentado a la Sociedad de Investigación en Psicoterapia, Berna, Suiza.

Hofer, M. A. (1994). Hidden regulators in attachment, separation, and loss. *Monographs of the Society for Research in Child Development, 59*, 192-207. https://doi.org/10.1111/j.1540-5834.1994.tb01285.x

Jackson, J. H. (1958). Evolution and dissolution of the nervous system. En J. Taylor (Ed.), *Selected writings of John Hughlings Jackson* (pp. 45-118). Londres: Staples.

James, W. (1884). What is an emotion? *Mind, 9*, 188-205. https://doi.org/10.1093/mind/os-IX.34.188

Kim, H. S., y Yosipovitch, G. (2013). An aberrant parasympathetic response: A new perspective linking chronic stress and itch. *Experimental Dermatology, 22*, 239-244. https://doi.org/10.1111/exd.12070

Kogan, A. V., Allen, J. J. B., y Weihs, K. L. (2012). Cardiac vagal control as a prospective predictor of anxiety in women diagnosed with breast cancer. *Biological Psychology, 90,* 105-111. https://doi.org/10.1016/j.biopsycho.2012.02.019

Lambert, M. J., y Ogles, B. M. (2004). The efficacy and effectiveness of psychotherapy. En M. J. Lambert (Ed.), *Bergin and Garfield's handbook of psychotherapy and behavior change* (5.ª ed., pp. 139-193). Nueva York: Wiley.

Lambert, M. J., y Simon, W. (2008). The therapeutic relationship: Central and essential in psychotherapy outcome. En S. F. Hick y T. Bien (Eds.), *Mindfulness and the therapeutic relationship* (pp. 19-33). Nueva York: Guilford.

Levinas, E. (1985). *Ethics and infinity, conversations with Philippe Nemo* (R. A. Cohen, Trans., pp. 86-87). Pittsburgh, PA: Duquesne University Press.

Levine, P. A. (2010). *In an unspoken voice: How the body releases trauma and restores goodness.* Berkeley, CA: North Atlantic.

Martin, D. J., Garske, J. P., y Davis, M. K. (2000). Relation of the therapeutic alliance with outcome and other variables: A meta-analytic review. *Journal of Consulting and Clinical Psychology, 68,* 438-450. https://doi.org/10.1037/0022-006X.68.3.438

McCollum, E. E., y Gehart, D. R. (2010). Using mindfulness meditation to teach beginning therapists therapeutic presence: A qualitative study. *Journal of Marital and Family Therapy, 36,* 347-360.

McEwen, B. (2002). *The end of stress as we know it.* Washington D. C.: John Henry Press.

Mearns, D. (1997). *Person-centred counselling training.* Londres: Sage.

Norcross, J. C. (2002). *Psychotherapy relationships that work: Therapists' contributions and responsiveness to patients.* Nueva York: Oxford University Press.

Norcross, J. C. (2011). *Psychotherapy relationships that work: Evidence-based responsiveness* (2.ª ed.). Nueva York: Oxford University Press. https://doi.org/10.1093/acprof:oso/9780199737208.001.0001

Ogden, P., Minton, K., y Pain, C. (2006). *Trauma and the body: A sensorimotor approach to psychotherapy.* Nueva York: Norton.

Orlinsky, D. E., Grawe, K., y Parks, B. K. (1994). Process and outcome in psychotherapy—noch einmal. En A. E. Bergen y S. Garfield (Eds.), *Handbook of psychotherapy and behavior change* (pp. 270-376). Nueva York: Wiley.

Perry, N. B., Calkins, S. D., Nelson, J. A., Leerkes, E. M., y Marcovitch, S. (2012). Mothers' responses to children's negative emotions and child emotion regulation: The moderating role of vagal suppression. *Developmental Psychobiology, 54,* 503-513. https://doi.org/10.1002/dev.20608

Porges, S. W. (1995). Orienting in a defensive world: Mammalian modifications of our evolutionary heritage: A Polyvagal Theory. *Psychophysiology, 32,* 301-318. https://doi.org/10.1111/j.1469-8986.1995.tb01213.x

Porges, S. W. (1998). Love: An emergent property of the mammalian autonomic nervous system. *Psychoneuroendocrinology, 23,* 837-861. https://doi.org/10.1016/S0306-4530(98)00057-2

Porges, S. W. (2001). The Polyvagal Theory: Phylogenetic substrates of a social nervous system. *International Journal of Psychophysiology, 42,* 123-146. https://doi.org/10.1016/S0167-8760(01)00162-3

Porges, S. W. (2003). Social engagement and attachment: A phylogenetic perspective. Roots of Mental Illness in Children. *Annals of the New York Academy of Sciences, 1008,* 31-47. https://doi.org/10.1196/annals.1301.004

Porges, S. W. (2007). The polyvagal perspective. Biological Psychology, 74, 116-143. https://doi.org/10.1016/j.biopsycho.2006.06.009

Porges, S. W. (2009). The Polyvagal Theory: New insights into adaptive reactions of the autonomic nervous system. *Cleveland Clinic Journal of Medicine, 76,* S86-S90. https://doi.org/10.3949/ccjm.76.s2.17

Porges, S. W. (2011). *The Polyvagal Theory: Neurophysiological foundations of emotions, attachment, communication, self-regulation*. Nueva York: Norton.

Porges, S. W. (2012). What therapists need to know about the Polyvagal Theory. Presentación en Leading Edge Seminars, Toronto, Ontario.

Porges, S. W., Doussard-Roosevelt, J. A., y Maiti, A. K. (1994). Vagal tone and the physiological regulation of emotion. *Monographs of the Society for Research in Child Development, 59,* 167-186.

Porges, S. W., y Lewis, G. F. (2009). The polyvagal hypothesis: Common mechanisms mediating autonomic regulation, vocalizations, and listening. En S. M. Brudzynski (Ed.), *Handbook of mammalian vocalizations: An integrative neuroscience approach* (pp. 255-264). Amsterdam: Academic Press.

Pos, A., Geller, S., y Oghene, J. (2011). Therapist presence, empathy, and the working alliance in experiential treatment for depression. Artículo presentado a la Sociedad de Investigación en Psicoterapia, Berna, Suiza.

Quintana, D. S., Guastella, A. J., Outhred, T., Hickie, I. B., y Kemp, A. H. (2012). Heart rate variability is associated with emotion recognition:

Direct evidence for a relationship between the autonomic nervous system and social cognition. *International Journal of Psychophysiology, 86, 168-172.* https://doi.org/10.1016/j.ijpsycho.2012.08.012

Rogers, C. R. (1957). The necessary and sufficient conditions of therapeutic personality change. *Journal of Consulting Psychology, 21,* 95-103. https://doi.org/10.1037/h0045357

Rogers, C. R. (1980). *A way of being.* Boston: Houghton Mifflin.

Rossouw, P. J. (2013, enero). The end of the medical model: Recent findings in neuroscience regarding antidepressant medication and the implications for neuropsychotherapy [artículo de departamento]. *Neuropsychotherapist.* http://www.neuropsychotherapist.com/the-end-of-the-medicalmodel/

Schore, A. N. (1994). *Affect regulation and the origin of the self: The neurobiology of emotional development.* Hillsdale, NJ: Erlbaum.

Schore, A. N. (2003). *Affect dysregulation and disorders of the self.* Nueva York: Norton.

Schore, A. N. (2012). *The science and art of psychotherapy.* Nueva York: Norton.

Schwerdtfeger, A., y Friedrich-Mai, P. (2009). Social interaction moderates the relationship between depressive mood and heart rate variability: Evidence from an ambulatory monitoring study. *Health Psychology, 28,* 501-509. https://doi.org/10.1037/a0014664

Siegel, D. J. (2007). *The mindful brain: Reflection and attunement in the cultivation of well-being.* Nueva York: Norton.

Siegel, D. J. (2010). *Mindsight: The new science of personal transformation.* Nueva York: Bantam.

Siegel, D. J. (2012). *The developing mind: How relationships and the brain interact to shape who we are* (2.ª ed.). Nueva York: Guilford.

Stewart, A. M., Lewis, G. F., Heilman, K. J., Davila, M. I., Coleman, D. D., Aylward, S. A., y Porges, S. W. (2013). The covariation of acoustic features of infant cries and autonomic state. *Physiology and Behavior, 120,* 203-210. https://doi.org/10.1016/j.physbeh.2013.07.003

Travis, F., y Wallace, R. K. (1997). Autonomic patterns during respiratory suspensions: Possible markers of transcendental consciousness. *Psychophysiology, 34,* 39-46. https://doi.org/10.1111/j.1469-8986.1997.tb02414.x

Van der Kolk, B. A. (1994). The body keeps the score: Memory and the evolving psychobiology of posttraumatic stress. *Harvard Review of Psychia-*

try, 1, 253-265. https://doi.org/10.3109/10673229409017088

Van der Kolk, B. (2011). Prólogo. En S. W. Porges, *The Polyvagal Theory: Neurophysiological foundations of emotions, attachment, communication, self-regulation*. Nueva York: Norton.

Weinberg, A., Klonsky, E. D., y Hajcak, G. (2009). Autonomic impairment in borderline personality disorder: A laboratory investigation. *Brain and Cognition, 71*, 279-286. https://doi.org/10.1016/j.bandc.2009.07.014

Whitson, S., y El-Sheikh, M. (2003). Marital conflict and health: Processes and protective factors. *Aggression and Violent Behavior, 8*, 283-312. https://doi.org/10.1016/S1359-1789(01)00067-2

Wolff, B. C., Wadsworth, M. E., Wilhelm, F. H., y Mauss, I. B. (2012). Children's vagal regulatory capacity predicts attenuated sympathetic stress reactivity in a socially supportive context: Evidence for a protective effect of the vagal system. *Development and Psychopathology, 24*, 677-689. https://doi.org/10.1017/S0954579412000247

10

JUEGO Y DINÁMICAS DE TRATAMIENTO DEL TRAUMA MÉDICO PEDIÁTRICO

PERSPECTIVAS DESDE LA TEORÍA POLIVAGAL

Stephen W. Porges y Stuart Daniel

KAL Y SU OSO POLAR

Kal permanecía acurrucado en una esquina de su cama de hospital. Estaba escuálido. Tenía seis años y sufría todas las consecuencias de un cáncer especialmente grave. Unos días antes, le pusieron una inyección como parte de un protocolo de tratamiento particular. Llorando y debatiéndose, a Kal le sujetaban físicamente su madre y dos enfermeras. Desde esa intervención, Kal se negaba a hablar, a establecer contacto visual con nadie y a comer. Su hemograma estaba peligrosamente bajo.

Clare, la psicóloga oncológica, se sentó al lado de Kal, que estaba tumbado en la cama. Se presentó con voz amable y se sentó en silencio junto a Kal durante un rato. Clare intentó algunas iniciaciones lúdicas y, cuando Kal mostró una falta de interés, usó su melódica voz de narradora para reconocerlo y recriminárselo a sí misma con ligereza. Kal esbozó una minúscula sonrisa. Entonces Clare contó en voz alta una pequeña historia sobre lo que Kal podía estar sintiendo. Hacía grandes gestos emocionales, suspiros y una voz rítmica para acompañar las palabras de su historia. Ahora Kal le escuchaba activamente.

—Mira, Kal, hoy he traído algo conmigo. Mira todo esto…

Clare sacó una caja con figuras de juguete y la colocó en la bandeja de la cama de hospital.

—Me pregunto si podrías elegir una.

Kal no dijo nada. Pero miró a Clare por primera vez, con los ojos un poco interesados, con un poco de esperanza.

—Qué te parece si empiezo yo… —dijo Clare—, quizás esta, quizás aquí en medio…

Clare colocó un minúsculo caballero en el centro de la bandeja. Miró a Kal. Ahora Kal decía enérgicamente que no con la cabeza. Estaba medio incorporado desde su posición en decúbito. Clare se regañó a sí misma con burla:

—Vaya, lo he hecho mal... [gran suspiro]... Sabes, creo que hoy he olvidado mi cerebro en casa... Kal, ¿puedes golpearme la cabeza para ver si mi cerebro está allí?

Kal lo hizo.

Ambos se rieron y Clare prosiguió:

—Sí, no está, voy a necesitar que me ayudes.

Kal cambió el minúsculo caballero por un enorme oso polar. A partir de ese momento, Kal empezó a hablar. Hablaba de lo que hacía y desarrolló una compleja configuración de juego con muchos personajes. A partir de esos momentos de estado emocional compartido, Kal inició un proceso terapéutico potente. Siguió hablando y comiendo a partir de ese día.

SISTEMAS DE SEGURIDAD: PRESENTACIÓN DE LA TEORÍA POLIVAGAL

Este capítulo presenta la teoría polivagal (Porges, 1995, 2001, 2007, 2009, 2011), un modelo innovador que explora cómo la evolución humana ha unido el comportamiento social y la salud con los mecanismos que median nuestras sensaciones de seguridad o peligro. Se describirá la teoría polivagal y posteriormente se usará en una exploración de la conexión humana, la seguridad, el trauma y el potencial poder sanador del juego. La teoría polivagal nos ayuda a comprender cómo las señales de riesgo y de seguridad, que son continuamente controladas por nuestro sistema nervioso, influyen en nuestros estados fisiológicos y comportamentales. La teoría destaca que los humanos buscan calmar sus sistemas de defensa neuronales detectando características de seguridad. Esta búsqueda se inicia desde el nacimiento, cuando la necesidad del bebé de ser calmado depende del cuidador. Esta búsqueda forma la motivación de desarrollar relaciones sociales que permitan a las personas corregularse mutuamente de manera efectiva. Esta búsqueda prosigue a lo largo de toda la vida, con necesidades emergentes de amistades de confianza y relaciones amorosas. La teoría polivagal describe una jerarquía en tres niveles de estrategias adaptativas orientadas a la supervivencia: el sistema de conexión social, el sistema de movilización y el sistema de inmovilización.

Analizamos primero el sistema de conexión social. De manera inconsciente, nuestro sistema nervioso rastrea continuamente el entorno buscando características de peligro o de seguridad. Llamamos a este proceso reflexivo neurocepción. El término *neurocepción* se utiliza en contraposición a las nociones clásicas de percepción que, al requerir una conciencia cognitiva, dan como resultado una valoración más lenta del riesgo. Cuando hay una neurocepción de seguridad, se expresan dos importantes características. En primer lugar, el estado corporal se regula de manera eficiente para promover la salud, el crecimiento y la restauración (*homeostasis visceral*). Esto ocurre cuando aumenta la influencia de las vías motrices vagales ventrales mielinizadas de los mamíferos sobre el marcapasos cardiaco. La mayor influencia de estas vías vagales reduce el ritmo cardiaco, inhibe los mecanismos de lucha-huida del sistema nervioso simpático, reduce el sistema de respuesta ante el estrés del eje hipotalámico-hipofisario-suprarrenal (HHS) (por ejemplo, el cortisol) y reduce la reacción inflamatoria (por ejemplo, las citoquinas). En segundo lugar, mediante procesos evolutivos, los núcleos del tronco encefálico que regulan el vago mielinizado están integrados con los núcleos que regulan los músculos estriados de la cara y de la cabeza. Esta conexión permite una relación bidireccional entre los comportamientos de conexión social espontáneos y los estados corporales. Así, durante la evolución de los mamíferos, emergió un sistema de conexión social integrado que no solo expresaba el estado fisiológico en la expresión facial y las vocalizaciones, sino que también permitía que el comportamiento social regulara el estado fisiológico. Estos conceptos se desarrollan a continuación (véase el apartado siguiente).

El sistema nervioso humano, similar al de otros mamíferos, evolucionó no solo para vivir en un entorno seguro, sino también para sobrevivir en contextos peligrosos y de amenaza vital. Ante una neurocepción de riesgo, o cuando el sistema de conexión social se ve afectado, se pueden emplear los dos circuitos neuronales más primitivos que regulan el estado fisiológico para sostener estrategias defensivas. El primero es el sistema de movilización, que orquesta los comportamientos de lucha-huida, y el segundo es el sistema de inmovilización evolutivamente antiguo (que incluye los comportamientos de fingir la muerte).

Fundamental en la teoría polivagal es la conceptualización de que estas tres estrategias orientadas a la supervivencia dependen de una jerarquía paralela en función de los tres circuitos neuronales del sistema nervioso autónomo. Esta perspectiva jerárquica es una característica definitoria de la teoría polivagal y contrasta con el punto de vista tradicional que considera el sistema nervioso autónomo como un sistema de par antagonista: un modelo en que dos subsistemas, los sistemas nerviosos simpático y parasimpático, tienen funciones antagonistas (es decir, activadoras o calmantes) sobre el mismo órgano. En la jerarquía polivagal de respuestas adaptativas, el circuito más nuevo (que sostiene el sistema de conexión social) se emplea primero; si este circuito no es capaz de proporcionar seguridad, se emplean secuencialmente los circuitos más antiguos para orquestar respuestas de defensa (movilización, luego inmovilización). Es importante destacar que, cuando se emplean esos sistemas de defensa, el sistema nervioso autónomo sustenta esos comportamientos de supervivencia a costa de la salud, el crecimiento y la restauración; el comportamiento social, la comunicación social y la homeostasis visceral son incompatibles con los estados fisiológicos y los comportamientos promovidos por los dos sistemas de defensa.

LA CONEXIÓN CARA-CORAZÓN

En los vertebrados, que son los ancestros filogenéticos de los mamíferos, el vago se origina en una zona del tronco encefálico conocida como núcleo dorsal del vago. Durante la transición evolutiva desde los reptiles antiguos primitivos hasta los mamíferos, apareció una segunda vía motriz vagal originada en el núcleo ambiguo, un área del tronco encefálico ventral con respecto al núcleo dorsal del vago. Aunque las vías vagales originadas en el núcleo ambiguo son las vías motrices primarias que regulan el corazón, el núcleo ambiguo también forma parte de una columna del tronco encefálico que regula los músculos estriados de la cara y de la cabeza. Este proceso de avance evolutivo permitió la integración entre el vago central mielinizado y los núcleos que regulan el control muscular de la cara y de la cabeza: concretamente, los músculos que controlan la expresión facial, la escucha y las vocalizaciones prosódicas.

Estos cambios emergentes en la neuroanatomía dieron lugar a una conexión cara-corazón filogenéticamente nueva. La conexión cara-corazón proporcionó a los mamíferos la capacidad de transmitir el estado fisiológico mediante la expresión facial y la prosodia (entonación de la voz). Esto confirió a los mamíferos, y posteriormente a los humanos, la posibilidad de usar las interacciones sociales para calmar el estado fisiológico en los demás, mediante expresiones faciales y vocalizaciones que forman la esencia de las interacciones sociales. La conexión cara-corazón permite a los humanos detectar si alguien está en un estado fisiológico en calma y es seguro acercarse a él o si está en un estado fisiológico sumamente movilizado y reactivo, durante el cual la interacción sería peligrosa. La conexión permite simultáneamente a la persona expresar seguridad mediante patrones de expresión facial y entonación vocal y, potencialmente, calmar al otro agitado para formar una relación social. La conexión cara-corazón es el elemento crucial de nuestro sistema de conexión social. El sistema detecta y comunica los estados corporales y las intenciones de los comportamientos. Los comportamientos de conexión social de un adulto son potencialmente capaces de calmar, suscitar comportamientos sociales espontáneos y regular a la baja las respuestas de estrés (inmediatas o crónicas) inherentes en los dos sistemas de defensa en un niño.

El sistema de conexión social se expresa en primer lugar al nacer, cuando se usa para indicar estados de confort y de aflicción y para detectar señales de seguridad. Por ejemplo, la voz de la madre puede calmar a su bebé. Cuando el bebé escucha las vocalizaciones melódicas de la mamá, los detectores de señales del cerebro del bebé interpretan la voz como un reflejo del estado calmado de la madre y su presencia como segura y acogedora. Esta secuencia no se aprende, sino que es un proceso adaptativo evolutivo que permite que las señales sociales regulen el estado biocomportamental. Los sonidos de la vocalización de la madre transmiten seguridad, que es detectada por las estructuras cerebrales superiores. Estas estructuras superiores del cerebro reducen los sistemas de defensa y facilitan el efecto calmante sobre el cerebro de las influencias vagales ventrales. Paralelamente a este efecto calmante, la regulación de los músculos de la cara y de la cabeza se potencia para permitir las interacciones recíprocas entre la madre y el bebé. Las interacciones recíprocas funcionan como un ejercicio neuronal entre sus sistemas de conexión social. El resultado es una díada bebé-mamá que usa eficientemente la comunicación social para corregularse, donde ambos participantes se sienten en calma y unidos. Este ejercicio neuronal desarrolla la capacidad del bebé de desarrollar relaciones con los demás y de manejar las dificultades y alteraciones en la regulación de los estados a lo largo de su vida. En todas las culturas, ofrecer una estimulación acústica prosódica, ya sea vocal o instrumental, es una estrategia efectiva para transmitir seguridad y calmar a los bebés. En nuestro ejemplo anterior, el uso por parte de Clare de la entonación melódica fue crucial para que Kal se sintiera seguro en la relación. Su voz sirvió para contener el estado emocional de Kal.

El tipo de corregulación mutuamente modulada de la emoción descrito en el ejemplo de la voz de la madre se produce en todos los ejemplos del juego saludable; es un rasgo definitorio de una relación saludable y lúdica (Porges, 2015, capítulo 3; Stern, 2004; Trevarthen, 2001). El juego temprano, dentro de la díada bebé-adulto, es un diálogo funcional de corregulación experimentado con el tiempo. Es una historia de ritmo compartido (el pulso del juego) y de la experiencia de viajar juntos a través de contornos energéticos y emocionales (Malloch y Trevarthen, 2009; Stern, 2010). Los ritmos de la reciprocidad del juego se definen básicamente a través de cambios sincronizados en la expresión facial, la calidad del contacto visual, el tacto (patrones cambiantes de posición, intención e intensidad del cuerpo) y vocalización (patrones cambiantes de ritmo, timbre, tono y volumen de la voz) (Malloch y Trevarthen, 2009). El juego es una serie fluida de conexiones cara-corazón definidas por parámetros esencialmente musicales.

TRAUMA MÉDICO Y PATRONES DE INMOVILIZACIÓN

Las dinámicas del trauma médico infantil se pueden describir mediante dos cualidades: miedo abrumador e imposibilidad de escapar (tanto física como percibida). El trastorno de estrés postraumático (TEPT) es una respuesta infantil cada vez más reconocida ante la experiencia del cáncer y del tratamiento oncológico (Phipps et al., 2005; Taïeb et al., 2003). Los estudios de Graf, Bergstraesser y Landolt (2013) sobre la prevalencia del TEPT infantil (inicio en preescolar) en supervivientes de cáncer demostraron que el 18,8 % de los sujetos cumplía los criterios de TEPT total (adaptados según la edad) propuestos por Scheeringa y Zeanah (2005) y que el 41,7 % cumplía los criterios de TEPT parcial.

¿Cuáles son las experiencias, desgraciadamente comunes dentro de la historia del cáncer y del tratamiento oncológico, que alteran la capacidad del niño de regular su estado fisiológico? Básicamente, incluyen cualquier intervención atemorizante que implique una sujeción física o un shock tóxico/físico intenso e inmovilizante, pero también potencialmente resonancias magnéticas con anestesia parcial (no general). Tristemente, a pesar de muchos protocolos infantiles hospitalarios inteligentes y adaptados, la sujeción física se sigue utilizando a diario en la mayoría de las unidades oncológicas pediátricas. Estudios de Diseth (2005) ilustran que los niños forzados a sufrir intervenciones médicas, especialmente cuando sus familiares deben sujetarlos, presentan significativamente más disociación que los niños tratados de forma menos invasiva.

En nuestro ejemplo anterior, Kal fue repetidamente sujetado físicamente para recibir tratamientos aterradores. Una experiencia así es lo que le llevó a lo que fácilmente habría podido convertirse en un patrón de trauma crónico. La siguiente cita es de una madre con la que trabajé (SD), Angie, describiendo las primeras experiencias de su hijo en la unidad de oncología:

> Al principio, Kieran parecía no darse cuenta de las visitas al hospital, aparte del efecto que mi propio estrés seguramente tenía en él. Empezó a reconocerlas hacia los 5 o 6 meses de edad, le daban mucho miedo los extraños y reaccionaba abiertamente al uniforme azul de las enfermeras, mostrándose muy afectado e inquieto. Kieran tenía 8 meses cuando vi por primera vez su desconexión total. En esa época, era un niño feliz, expresivo, dinámico, siempre moviéndose entre los muebles, sin quedarse quieto mucho tiempo. Llegamos a la clínica a las 10 h, y en cuanto cruzamos las puertas, Kieran dejó de moverse, con la cabeza caída, sin mantener contacto visual ni hacer ningún sonido. Permaneció así durante unas 5 horas hasta que le hicieron la exploración bajo anestesia, literalmente sin moverse ni reaccionar ante mí ni su abuela en modo alguno. Fue completamente desgarrador ver a mi hijo tan abatido.

La desconexión comportamental que Angie describe, la disociación psicológica y social descrita por Diseth (2005), y la falta casi total de interacción de Kal en nuestro primer ejemplo se pueden explicar por la activación del sistema de inmovilización. El sistema de defensa basado en la inmovilización es la respuesta filogenética más antigua de nuestro cuerpo ante la detección de una amenaza inevitable y significativa a nuestra integridad física o a la muerte inminente. La activa la ocurrencia de dos factores: el miedo y la imposibilidad de escapar, ambos detectados preconscientemente a través de la neurocepción.

El sistema de defensa basado en la inmovilización emplea las vías motrices vagales no mielinizadas que van al corazón para reducir de forma inmediata y masiva la frecuencia cardiaca (es decir, bradicardia) y, a menudo, detener la respiración (es decir, apnea), y suele asociarse con un síncope vasovagal (es decir, desmayo). Este cambio masivo en los recursos metabólicos hace que el organismo parezca inanimado. Este patrón de defensa es una estrategia de defensa primaria para muchos reptiles. No moverse y parecer inanimado es una respuesta adaptativa de los reptiles para evitar ser detectados por un depredador. Esta reacción es metabólicamente conservadora y rápidamente retira recursos al sistema nervioso central, altamente dependiente del oxígeno. Una vez activado, el sistema de defensa basado en la inmovilización puede incluir fingir la muerte, la desconexión comportamental y la disociación. Como mencionamos anteriormente, una vez que se activa el sistema de defensa basado en la inmovilización, produce un estado fisiológico que es incompatible con el funcionamiento del sistema de conexión social. Una vez que el sistema de inmovilización se emplea reflexivamente, el sistema de conexión social queda temporalmente desactivado, lo cual desconecta inmediatamente toda regulación coordinada del comportamiento prosocial. Un niño que está siendo bombardeado con señales de desconexión no percibirá el entorno como seguro y no tendrá la capacidad de producir o de detectar correctamente las características de la comunicación social. En algunos niños, la experiencia de inmovilización inicial se convierte en un patrón crónico. El proceso por el que esto ocurre no se conoce por completo. Muchos de estos niños, desgraciadamente, desarrollan TEPT parcial o total. Drell et al. (1993) describen clínicamente el desarrollo progresivo de los síntomas tempranos de TEPT (resumidos en la tabla 10.1).

Tabla 10.1. Síntomas de TEPT en niños de 0 a 36 meses, basados en Drell, Siegel, y Gaensbauer (1993)

	0-6 meses	**6-12 meses**	**12-18 meses**	**18-24 meses**	**24-36 meses**
Retraimiento o hipervigilancia, respuesta de sobresalto exagerada, irritabilidad, desregulación fisiológica	*	*	*	*	*
Mayor ansiedad en situaciones extrañas, reacciones de ira, trastornos del sueño, evitación activa de situaciones específicas		*	*	*	*
Aferramiento al cuidador, uso excesivo/deficiente de palabras relacionadas con el trauma			*	*	*
Pesadillas, preocupación verbal con símbolos de trauma				*	*
Síntomas de TEPT vistos en niños mayores, según la definición del DSM-IV					*

JUEGO Y CORREGULACÓN: PERSPECTIVAS DE LA TEORÍA POLIVAGAL

Desde el punto de vista de la teoría polivagal, el juego puede considerarse funcionalmente como un ejercicio neuronal en el que alternativamente se expresan y se exploran señales sociales de seguridad y de peligro (Porges, 2015, capítulo 3). La capacidad de atravesar de forma segura estados peligrosos de desconexión —rupturas en la contención emocional fluida— es crucial para el desarrollo y la internalización de una sensación de identidad robusta en el niño (Hughes, 2004; Porges, 2015, capítulo 3; Schore, 1994).

Durante el juego, se asumen riesgos, se superan peligros y las conexiones se reparan mediante la corregulación. Por ejemplo, podemos pensar en el simple juego del cucú al que las madres juegan con sus bebés. Escondiendo su cara y eliminando las señales de seguridad habitualmente generadas por el sistema de conexión social (voz prosódica, expresiones faciales), la madre crea un estado de incertidumbre en el bebé. Este estado de incertidumbre va seguido por la sorpresa de la madre al mostrar su cara al bebé diciendo «¡cucú!». La secuencia del juego termina cuando la madre usa una voz prosódica con expresiones faciales afectuosas para calmar al bebé sobresaltado.

Si deconstruimos la secuencia comportamental que se produce en el juego del cucú, vemos el ejercicio neuronal integrado en este comportamiento lúdico. Primero, al taparse la cara la madre por primera vez, provoca un estado de incertidumbre y de vigilancia. Este estado se asocia con una depresión del sistema de conexión social del bebé, incluyendo el retraimiento de las vías vagales ventrales mielinizadas hacia el corazón. Esto coloca al bebé en un estado vulnerable en el que un estímulo de sobresalto podría fácilmente recurrir a la actividad simpática para promover la movilización (es decir, comportamientos de lucha-huida).

La madre aporta este estímulo de sobresalto mostrando su cara y diciendo «cucú» con una voz relativamente fuerte y monótona. Las características acústicas de las vocalizaciones de la madre refuerzan la presentación imprevisible de la cara de la madre, ya que las vocalizaciones de «cucú» tienen unas características acústicas asociadas con el peligro y con la falta de prosodia que resultaría tranquilizadora. Las señales de esta secuencia desencadenan una detección de peligro, que refuerza una mayor activación simpática. El siguiente paso en la secuencia de este juego brinda la oportunidad para un ejercicio neuronal que promoverá la resiliencia y reforzará la capacidad del bebé de calmarse.

Una vez que el bebé está motórica y autónomamente activado por el «cucú», la madre debe calmar al bebé con su sistema de conexión social usando una voz prosódica y con expresiones faciales cálidas. Su voz prosódica y las expresiones faciales cálidas desencadenan una detección de seguridad. El bebé se calma cuando su sistema de conexión social se vuelve a conectar, y las vías vagales ventrales mielinizadas regulan a la baja la actividad simpática.

Cuando se ejecuta de forma efectiva, el juego del cucú ofrece oportunidades al bebé de navegar neuronalmente por una secuencia de estados (es decir, de tranquilo a vigilante a sobresaltado y de nuevo calmado). Repetir este juego ofrece oportunidades para que el sistema de conexión social regule eficientemente a la baja, mediante interacciones sociales, la activación simpática. El niño necesitará esta habilidad neuronal para adaptarse en cada aspecto de la vida.

CREAR CONEXIONES CON NIÑOS TRAUMATIZADOS: LA TEORÍA POLIVAGAL INFORMA EL JUEGO TERAPÉUTICO

Tyler, que entonces tenía 9 años, fue derivado a terapia de juego con el siguiente perfil: retraimiento social con episodios de extrema ira y violencia, hipervigilancia, dificultades para dormir, para hacer amigos y problemas en la escuela y en casa. Cuando Tyler tenía 4 años, tuvo que hacer un tratamiento de 18 meses por una leucemia. Como Kal, a Tyler tuvieron que sujetarle habitualmente físicamente para ciertas intervenciones médicas.

En su primera sesión, Tyler llegó a la sala de juegos. Se sentó en una sillita de madera cerca de la ventana, jugando con su monopatín de mano (un mini monopatín que llevó consigo) en el alféizar. Estuvo así durante una hora. La teoría polivagal nos ofrece una lente para comprender el comportamiento retraído de Tyler. En ese momento, probablemente Tyler estaba experimentando uno de los dos estados defensivos —la inmovilización o la movilización— o iba fluctuando de uno a otro. Tyler podía sentir una ansiedad generalizada sintiéndose al mismo tiempo desconectado de su entorno emocional, experimentando disociación. En este estado inmovilizado, sus sentidos estarían embotados, tendría pensamientos ambiguos, con una capacidad de detectar y mantener una interacción social inexistente. O Tyler podría estar sintiéndose muy movilizado, con la energía necesaria para huir o luchar. Conductualmente, podría fácilmente activarse con ira y posiblemente violencia. Aunque aparentemente estuviera encerrado en su interior, Tyler podría estar escaneando cada aspecto y momento de su entorno buscando señales de riesgo y de peligro.

Internamente, seguramente tendría la frecuencia cardiaca elevada, con una respiración superficial y rápida, con las vísceras, los vasos sanguíneos y el tono muscular contraídos, preparados para la acción. En este estado hipervigilante y movilizado, Tyler probablemente percibiría casi todo como una amenaza. La teoría polivagal explora por qué podría ser ese el caso. En el proceso de detectar el riesgo, las señales externas no son la única fuente de información. La retroalimentación aferente desde las vísceras es un principal mediador de la accesibilidad de los circuitos prosociales asociados con los comportamientos de conexión social. La teoría polivagal predice que los estados de movilización reducen la capacidad de detectar señales sociales positivas. Funcionalmente, los estados viscerales distorsionan o matizan nuestra percepción de los demás. Por ello, las características de una persona interactuando con otra pueden dar como resultado varios resultados, dependiendo del estado fisiológico de la persona en cuestión. Si la persona con la que se interactúa está en un estado en el que el sistema de conexión social está fácilmente accesible, es probable que se produzca una interacción prosocial recíproca con los beneficios calmantes de la corregulación. Sin embargo, si la persona está en un estado de movilización, se puede responder a la misma interacción con características asociales de retraimiento o agresividad.

Sean, el terapeuta de juego de Tyler, trabajaba con los principios básicos de la terapia de juego no directiva como base: aceptación, no juzgar, empatía y honestidad emocional (Landreth, 2012). En esa primera sesión, Sean en ocasiones utilizaba gestos con todo el cuerpo y suspiros empáticos para acompañar reflexiones como: «No estoy seguro de lo que pasa aquí» y «Me siento un poco raro, ¿qué hago aquí...?». Al cabo de un rato, Tyler pareció relajarse un poco. Su tono muscular se redujo ligeramente, y su juego con el monopatín de mano se volvió un poco menos intenso.

Sean comprendió intuitivamente que la musicalidad —el pulso rítmico, los contornos del volumen y, en particular, la calidad de la entonación— de su voz era un factor crucial para ayudar a Tyler a sentirse seguro y para estimular su sistema de conexión social. Si estaba en un estado de inmovilización parcial, Tyler probablemente respondería a muy poco, pero necesitaría que el tono de fondo fuera alegre, relajante y musical (no monótono) para tener las mejores opciones de interactuar. Si Tyler estaba en un estado movilizado, hipervigilante ante los factores de riesgo y con tendencia a interpretar cualquier estímulo como una amenaza, Sean debería mantener una voz melódica y evitar proyectar bajas frecuencias. Según la teoría polivagal, las voces profundas señalan a los depredadores y pueden desencadenar una defensa. Si lo lograba, el sistema nervioso simpático de Tyler se regularía a la baja. En este estado de seguridad, la capacidad prosocial innata de Tyler tendría una posibilidad de expresarse en interacciones recíprocas y sincronizadas, promoviendo sentimientos mutuos de conexión entre Tyler y Sean.

La capacidad de detectar cambios de perfil en el sonido, especialmente en la vocalización prosódica, suele ser crucial en la conexión humana a través de la interacción saludable de nuestro sistema de conexión social. Pero hay niños que no tienen accesible la audición (niños profundamente sordos) y niños con dificultades inherentes con la cualidad emocional particular de las voces humanas (por ejemplo, niños con autismo y trastornos relacionados). Asimismo, el intercambio visual de información que incluya contacto visual, expresión facial y gestos con las manos suele ser fundamental en el juego. Estas características proporcionan funcionalmente las vías para corregular el estado fisiológico, lo cual optimiza el comportamiento prosocial y el desarrollo infantil.

Comprender la conexión cara-corazón nos permite valorar lo importante que es la cara humana para la corregulación de la emoción y de los estados biocomportamentales en apoyo a la salud psicológica. Pero hay muchos niños que no tienen accesible esta información visual-facial; por ejemplo, niños ciegos y niños con tendencia a evitar la mirada, como los que tienen autismo y otros trastornos relacionados. En cierto modo, debemos encontrar maneras para permitir que estos niños tengan experiencias de seguridad, de conexión humana fluida, de corregulación saludable con juego exploratorio. Debemos hacerlo sin recurrir a las vías sensoriales habituales de la vista y el sonido que la evolución seleccionó con eficiencia para activar nuestro sistema de conexión social.

CONCLUSIÓN

Deconstruyendo el juego de los mamíferos, tanto si observamos gatitos, perros o niños en el parque, vemos una dinámica común en el comportamiento social: características de lucha-huida que continuamente se estimulan y activamente se inhiben mediante comportamientos de conexión social (por ejemplo, expresiones faciales, gestos, vocalizaciones prosódicas). El juego es una herramienta terapéutica natural y poderosa. Desde el punto de vista polivagal, el juego se puede conceptualizar como un ejercicio neuronal eficiente que usa la interacción social para inhibir activamente comportamientos de lucha-huida.

Un adulto sensible puede sintonizarse con una forma de comunicar que emplee el sistema de conexión social de un niño y regule a la baja la defensa. Los terapeutas que trabajan activamente con modos de juego potencian conscientemente este proceso. Como ilustran las descripciones clínicas anteriores, es crucial que el terapeuta genere una sensación de seguridad en el niño a través de la sintonización sensible. La experiencia de seguridad aumenta, en el niño, la frecuencia de interacciones recíprocas espontáneas. A través de estas interacciones es como se reconfigura el umbral neuroceptivo, de un nivel basal defensivo a una sensación de seguridad robusta.

Con frecuencia, los niños derivados a terapia están en estados neurofisiológicos que promueven la movilización, el retraimiento y la desconexión. En estos estados, los procesos cognitivos se ven muy comprometidos y se produce una falta de conciencia sobre los estados emocionales de los demás. La teoría polivagal informa a la práctica clínica de que existe un circuito neuronal que puede rápidamente regular a la baja los comportamientos de movilización para promover los estados de calma que optimizan el comportamiento social.

Aunque el juego suele caracterizarse por el movimiento y a menudo emplea muchos de los circuitos neuronales implicados en los comportamientos de lucha-huida, se puede distinguir operativamente de la defensa, ya que durante el juego la movilización es fácilmente regulada a la baja mediante el sistema de conexión social. Sin embargo, la efectividad y la eficiencia del sistema de conexión social a la hora de regular a la baja los comportamientos de lucha-huida requiere práctica. Aunque esta práctica suele comenzar temprano en el desarrollo del niño a través del juego, el trauma puede alterar la capacidad del niño de sentirse seguro y de mostrar comportamientos de conexión social espontáneos.

En esta situación, como en los ejemplos clínicos descritos anteriormente, los clínicos deben proporcionar al niño señales biológicas nada ambiguas de seguridad mediante la entonación de la voz, las expresiones faciales y los gestos. Además, una vez que estas señales activan espontáneamente una conexión en el niño, el terapeuta intuitivo debe estar preparado para responder con reciprocidad. El intercambio recíproco de señales de seguridad entre el terapeuta y el niño funciona como un ejercicio neuronal lúdico del sistema de conexión social: el mecanismo que cambia la movilización de la defensa al juego y a la confianza. Desde el punto de vista polivagal, este es el objetivo principal de la terapia.

REFERENCIAS

Craig, A. D. (2002). How do you feel? Interoception: The sense of the physiological condition of the body. *Nature Reviews Neuroscience, 3*(8), 655-666.

Diseth, T. H. (2005). Dissociation in children and adolescents as reaction to trauma: An overview of conceptual issues and neurobiological factors. *Nordic Journal of Psychiatry, 59*, 79-91.

Drell, M. J., Siegel, C. y Gaensbauer, T. J. (1993). Posttraumatic stress disorder. En C. H. Zeanah (ed.), *Handbook of infant mental health*. Nueva York: Guilford.

Graf, A., Bergstraesser, E. y Landolt, M. A. (2013). Posttraumatic stress in infants and preschoolers with cancer. *Psycho-Oncology, 22*(7), 1543-1548.

Hughes, D. (2004). An attachment-based treatment of maltreated children and young people. *Attachment and Human Development, 3*(6), 263-278.

Landreth, G. L. (2012). *Play therapy: The art of the relationship*. Nueva York: Routledge.

Malloch, S. y Trevarthen, C. (2009). Musicality: Communicating the vitality and interests of life. En S. Malloch y C. Trevarthen (eds.), *Communicative musicality: Exploring the basis of human companionship*. Oxford: Oxford University Press.

Phipps, S., Long, A., Hudson, M. y Rai, S. N. (2005). Symptoms of post-traumatic stress in children with cancer and their parents: Effects of informant and time from diagnosis. *Pediatric Blood and Cancer, 45*, 952-959.

Porges, S. W. (1993). The infant's sixth sense: Awareness and regulation of bodily processes. *Zero to Three, 14*, 12-16.

Porges, S. W. (1995). Orienting in a defensive world: Mammalian modifications of our evolutionary heritage. *A Polyvagal Theory. Psychophysiology, 32*, 301-318.

Porges, S. W. (2001). The Polyvagal Theory: Phylogenetic substrates of a social nervous system. *International Journal of Psychophysiology, 42,* 123-146.

Porges, S. W. (2007). The polyvagal perspective. *Biological Psychology, 74,* 116-143.

Porges, S. W. (2009). The Polyvagal Theory: New insights into adaptive reactions of the autonomic nervous system. *Cleveland Clinic Journal of Medicine, 76,* 86-90.

Porges, S. W. (2011). *The Polyvagal Theory: Neurophysiological foundations of emotions, attachment, communication, and self-regulation.* Nueva York: Norton.

Porges, S. W. (2015). Play as neural exercise: Insights from the Polyvagal Theory. En D. Pearce-McCall (ed.), *The power of play for mind-brain health* (pp. 3-7) [ebook]. MindGAINS. http://mindgains.org

Scheeringa, M. S. y Zeanah, C. H. (2005). *PTSD semi-structured interview and observational record for infants and young children.* Nueva Orleans: Departamento de Psiquiatría y Neurología, Tulane University Health Sciences Center.

Schore, A. N. (1994). *Affect regulation and the origin of the self.* Hillsdale, NJ: Lawrence Erlbaum.

Stern, D. N. (2004). *The first relationship: Infant and mother.* Cambridge, MA: Harvard University Press.

Stern, D. N. (2010). *Forms of vitality: Exploring dynamic experience in psychology, the arts, psychotherapy, and development.* Oxford: Oxford University Press.

Taïeb, O., Moro, M. R., Baubet, T., Revah-Lévy, A. y Flament, M. F. (2003). Post-traumatic stress symptoms after childhood cancer. *European Child and Adolescent Psychiatry, 12,* 255-264.

Trevarthen, C. (2001). Intrinsic motives for companionship in understanding: Their origin, development and significance for infant mental health. *Journal of Infant Mental Health, 22,* 95-131.

11

LA CONEXIÓN CEREBRO-CUERPO PUEDE MITIGAR LOS PROBLEMAS SOCIALES DE LAS PERSONAS AUTISTAS

Stephen W. Porges

Durante más de cinco décadas, he estudiado cómo influye nuestra fisiología en los procesos mentales y el comportamiento. Durante este tiempo, he estudiado a personas —incluyendo a niños con autismo— con dificultades a la hora de regular su comportamiento y sus emociones. A partir de mi investigación, he desarrollado la teoría polivagal, una teoría que destaca que la regulación neuronal de nuestros órganos corporales influye en nuestras respuestas emocionales y en nuestro comportamiento con los demás y con nuestro entorno.

Muchas personas con autismo tienen dificultades en regular su comportamiento y sus emociones. Su reacción inicial ante la amenaza suele ser de ira, irritabilidad o agresividad, que se pueden expresar como rabietas incontrolables. Estas respuestas son una reacción de lucha o huida que puede ser difícil de gestionar. Mi investigación ha documentado paralelismos entre el sistema nervioso autónomo —el sistema que controla el sistema de lucha o huida y el funcionamiento de nuestros órganos— y las dificultades con el aprendizaje y la socialización (Porges, 2005). Básicamente, si no podemos regular nuestro estado fisiológico, no podemos socializar ni conectar con los demás. Sobre esta base, mi equipo y yo hemos desarrollado una terapia auditiva que puede ayudar a las personas autistas a sentirse suficientemente seguras para interactuar con el mundo. A lo largo de los años, he escuchado a padres y a maestros de niños autistas y he oído un mensaje constante: un deseo intenso de ayudar a los niños a mejorar su regulación comportamental y evitar las dificultades asociadas con sufrir ansiedad, comportamientos de oposición, ira o frustración descontroladas, rabietas o crisis, hipersensibilidad, disociación y problemas de atención.

Sin embargo, la comunidad científica ha proporcionado poca ayuda. Los principales tratamientos para el autismo incluyen fármacos desarrollados para la ansiedad o el trastorno por déficit de atención e hiperactividad que pueden atenuar los comportamientos difíciles. Desgraciadamente, estos fármacos también pueden suprimir las interacciones sociales espontáneas. Las terapias conductuales para el autismo pueden ayudar a los niños a desarrollar habilidades, pero tienen una capacidad limitada de enseñar a los niños a regular sus emociones o su estado comportamental.

Los científicos a menudo hemos tratado a las personas autistas como si simplemente no quisieran escuchar o controlar su comportamiento, y no como si fueran incapaces de hacerlo. Este sesgo da por supuesto que los tratamientos que aplican premios y castigos ayudarán a las personas autistas, pero estos modelos de refuerzo son relativamente ineficaces para promover interacciones sociales espontáneas y controlar las emociones.

Mi esperanza es proporcionar nuevas herramientas para ajustar el estado autónomo de las personas autistas, mejorando así su capacidad de regular sus emociones, tener un comportamiento social espontáneo y aprender y mejorar su funcionamiento cognitivo.

TEORÍA POLIVAGAL

El sistema nervioso autónomo controla las funciones corporales inconscientes como la frecuencia cardiaca, la respiración y la micción —y la respuesta de lucha o huida—. Basándome en mi investigación, propongo que el sistema nervioso autónomo funciona como una plataforma neurofisiológica que puede facilitar o suprimir varios tipos de comportamiento, desde interacciones sociales espontáneas hasta comportamientos agresivos o de oposición y la desconexión total. Mi hipótesis se basa en la teoría polivagal, que desarrollé y llamé así porque se centra en dos vías vagales —es decir, un conjunto de fibras neuronales— que regulan el sistema nervioso autónomo. Estas fibras están integradas en un gran nervio craneal llamado *nervio vago*, el cual influye en el funcionamiento de los principales órganos y modula la relación bidireccional entre estos órganos y el cerebro. La teoría explica algunas de las principales características del autismo, desde las dificultades sociales hasta la disfunción intestinal y la sensibilidad sensorial. También propone estrategias que pueden mitigar la gravedad de estas características. Se basa en la idea de que la evolución ha influido mucho en la respuesta de nuestro cerebro ante la amenaza.

El sistema nervioso autónomo común en los vertebrados evolutivamente más primitivos como los reptiles tiene circuitos que permiten dos tipos de comportamientos defensivos: la movilización para promover las respuestas de lucha o huida o la inmovilización —paralización o fingir involuntariamente la muerte, con una pérdida de la conciencia y del tono muscular— para minimizar la detección. Con la evolución de los mamíferos, las áreas del cerebro que regulan una rama del vago se integraron con vías neuronales que controlan los músculos de la cara y de la cabeza. Esta nueva rama del vago tiene un atributo destacable que permite el control y la regulación de los otros dos sistemas más primitivos, el sistema nervioso simpático y la otra rama del vago que básicamente regula los órganos que están por debajo del diafragma. Funcionalmente, este nuevo circuito, informando los circuitos más primitivos, evolucionó como facilitador del comportamiento prosocial. También puede regular estos mecanismos más antiguos para facilitar el movimiento en un contexto social seguro, como el juego, o puede alejar la respuesta de inmovilización de la defensa basada en el miedo hacia un momento tranquilo de intimidad: sentirse en calma y seguro en los brazos de otra persona. Este circuito más reciente es el más relevante para una comprensión polivagal del autismo.

Las vías vagales implicadas en el nuevo sistema emergen de una parte del tronco encefálico que ayuda a controlar los músculos de la cara y de la cabeza, incluyendo músculos implicados en la expresión facial, la ingestión, el habla y la escucha. Este sistema evolucionó en los mamíferos para señalar a los miembros de la misma especie, mediante vocalizaciones y expresiones faciales, que es seguro acercarse y tener un comportamiento social.

Funcionalmente, el sistema puede desconectar las respuestas defensivas y promover sensaciones de seguridad y confianza; puede reducir la frecuencia cardiaca, reducir la respuesta de lucha o huida e indicar al sistema nervioso entérico que facilite la digestión (Kolacz y Porges, 2018). Apagar este sistema da como resultado la mayoría de los rasgos asociados con el autismo, incluida la falta de afecto facial, la falta de entonación y de ritmo vocal, hipersensibilidad al sonido, alimentación selectiva y una propensión a permanecer en un estado defensivo.

Como somos animales sociales, a menudo acudimos a nuestra pareja o a nuestros cuidadores de confianza en busca de señales de seguridad, pero las personas autistas puede que sean incapaces de reconocer o responder a estas señales. Puede que tengan el sistema de conexión social deprimido. Su cuerpo detecta las señales de peligro y no las señales de seguridad en la interacción social. Este estado de defensa crónico también puede alterar el funcionamiento de los órganos viscerales, lo cual podría explicar por qué los problemas intestinales y cardiovasculares son frecuentes en las personas con autismo.

MÚSICA PARA LOS OÍDOS

Durante los últimos 20 años, hemos desarrollado y probado una intervención acústica, comercialmente disponible como *Safe and Sound Protocol,* diseñada para potenciar el sistema de conexión social. Mediante un tratamiento informático, hemos modificado música vocal para ampliar los cambios de entonación que las personas solemos detectar como señales de seguridad. El resultado suena parecido a la nana de una madre. El protocolo *Safe and Sound Protocol* está disponible solo para profesionales a través de *Integrated Listening Systems* (https://integratedlistening.com/porges/).

En un estudio de 2013, mostramos que escuchar este audio durante una hora en secuencias de 5 días normaliza el procesamiento auditivo y aumenta la regulación vagal del corazón (Porges et al., 2013). Posteriormente, en un ensayo aleatorizado de 2014 (véase el capítulo 12), mostramos que el método reduce la hipersensibilidad auditiva y mejora el habla espontánea, la organización del comportamiento y el control emocional (Porges et al., 2014). Recientemente se me ha concedido la patente de la tecnología integrada en la intervención. Esta patente incluye una reivindicación para un estimulador acústico del nervio vago.

Mi equipo sigue probando la efectividad de este enfoque en personas con autismo, pero también en personas con trastornos como el síndrome de Prader-Willi. Los datos preliminares de estos estudios en curso concuerdan con nuestros hallazgos previos.

Con un mejor conocimiento de cómo responde el sistema nervioso autónomo a las señales de seguridad y de amenaza, planeamos diseñar tratamientos rentables y eficientes que resintonicen el funcionamiento autónomo y optimicen la conexión social para las personas del espectro autista.

REFERENCIAS

Kolacz, J., y Porges, S. W. (2018). Chronic diffuse pain and functional gastrointestinal disorders after traumatic stress: Pathophysiology through a polyvagal perspective. *Frontiers in Medicine, 5,* 145.

Porges, S. W. (2005). The vagus: A mediator of behavioral and visceral features associated with autism. En M. L. Bauman y T. L. Kemper (eds.), *The neurobiology of autism* (pp. 65-78). Baltimore: Johns Hopkins University Press.

Porges, S. W., Bazhenova, O. V., Bal, E., Carlson, N., Sorokin, Y., Heilman, K. J., Cook, E. H., Lewis, G. F. (2014). Reducing auditory hypersensitivities in autistic spectrum disorder: Preliminary findings evaluating the listening project protocol. *Frontiers in Pediatrics, 2*, 80.

Porges, S. W., Macellaio, M., Stanfill, S. D., McCue, K., Lewis, G. F., Harden, E. R., Handelman, M., Denver, J., Bazhenova, O. V., y Heilman, K. J. (2013). Respiratory sinus arrhythmia and auditory processing in autism: Modifiable deficits of an integrated social engagement system? *International Journal of Psychophysiology, 88*, 261-270.

12

REDUCIR LAS HIPERSENSIBILIDADES AUDITIVAS EN EL TRASTORNO DEL ESPECTRO AUTISTA

RESULTADOS PRELIMINARES DE LA EVALUACIÓN DEL *LISTENING PROJECT PROTOCOL*

Stephen W. Porges, Olga V. Bazhenova, Elgiz Bal, Nancy Carlson, Yevgeniya Sorokin, Keri J. Heilman, Edwin H. Cook, y Gregory F. Lewis

INTRODUCCIÓN

Asociados con frecuencia al diagnóstico de trastorno del espectro autista (TEA), encontramos retrasos del habla y del lenguaje, dificultades en extraer las voces humanas de los sonidos de fondo, hipersensibilidades auditivas y una afectación general de las habilidades de comunicación social (Coleman y Gillberg, 1985; Dissanayake y Sigman, 2001; Frith y Baron-Cohen, 1987; Hayes y Gordon, 1977; Klin, 1992; Lockyer y Rutter, 1969; Mundy, 1995; Rosenhall et al., 1999). A diferencia de los informes prevalentes sobre los déficits de procesamiento auditivo, la mayoría de las personas con TEA, incluso aquellas con notables trastornos perceptuales auditivos, tienen una audición normal cuando se les realiza un audiograma estándar (Ceponiene et al., 2003).

Se han propuesto varios mecanismos para explicar los frecuentemente señalados déficits de procesamiento auditivo, incluyendo el daño o la disfunción de las estructuras periféricas (es decir, oído medio y oído interno), las vías neuronales (por ejemplo, nervio auditivo) y las estructuras centrales (por ejemplo, núcleos del tronco encefálico y áreas corticales) (por ejemplo, Dawson, 1988; Gage et al., 2003; Gervais et al., 2004; Khalfa et al., 2004; Maziade et al., 2000; Smith et al., 1988; Tecchio et al., 2003; Thivierge et al., 1990).

Una revisión sugiere que, aunque el procesamiento auditivo atípico y tanto la hipo como la hiperreactividad a las señales auditivas se observan con frecuencia en el autismo, estas reacciones atípicas no pueden atribuirse de manera fiable a unas vías neuronales específicas (Marco et al., 2011).

Por lo tanto, los métodos subjetivos siguen siendo los únicos indicadores de las hipersensibilidades auditivas (Khalfa et al., 2002).

FISIOLOGÍA DEL OÍDO MEDIO

Borg y Counter (1989) describieron el papel de los músculos del oído medio en facilitar la extracción de habla humana atenuando la transmisión de ruido a baja frecuencia del entorno exterior hacia el oído interno. El modelo de Borg y Counter sugiere que la regulación neuronal atípica de los músculos del oído medio puede contribuir a las hipersensibilidades auditivas y los déficits de procesamiento auditivo frecuentemente observados en el TEA. Deconstruir el camino por el que se procesa el sonido ilustra el papel que juegan las estructuras del oído medio en el procesamiento auditivo y cómo la regulación neuronal atípica de los músculos del oído medio puede contribuir a las hipersensibilidades auditivas y al procesamiento auditivo atípico.

El sonido entra por el oído externo y viaja por el canal auditivo externo hasta el tímpano, donde es transducido por las estructuras del oído medio (es decir, unos huesecillos que componen la cadena osicular), que conecta el tímpano con la cóclea. La rigidez de la cadena osicular determina la rigidez del tímpano. Los músculos del oído medio, a través de los nervios craneales, regulan la posición de los huesecillos y tensan o aflojan el tímpano. Cuando el tímpano se tensa, se absorben frecuencias superiores y se transmiten al oído interno, y la energía de las frecuencias más bajas se atenúa (es decir, se refleja) antes de ser codificada por el oído interno (cóclea) y transmitida a través del nervio auditivo (nervio craneal VIII) hacia la corteza. Complementando las vías ascendentes, se encuentran las vías descendentes que regulan los músculos del oído medio, que funcionalmente determinan la energía (es decir, atenúan, pasan o amplifican) de las frecuencias específicas que llegan al oído interno. Las características que describen la transformación de un sonido del oído externo al interno definen la función de transferencia del oído medio. Si la información acústica en la banda de frecuencia asociada con el habla está distorsionada por un funcionamiento atípico de la transferencia del oído medio, la información codificada por el oído interno y posteriormente transmitida a la corteza no será suficiente para permitir una detección precisa de los sonidos del habla. Además, hay unas vías descendentes que regulan las células ciliadas de la cóclea para afinar la percepción auditiva, que es especialmente importante en el desarrollo de las habilidades lingüísticas. Si la información acústica relacionada con el habla humana que llega a la corteza a través de las vías ascendentes está distorsionada, entonces las vías descendentes hacia la cóclea también pueden ser atípicas y distorsionar todavía más la capacidad de la persona de procesar el habla y de producir el lenguaje.

Como proponen Borg y Counter (1989), la regulación central atípica de las estructuras del oído medio periférico puede hacer pasar sonidos a baja frecuencia que dominan el espectro acústico de nuestra sociedad mecanizada (por ejemplo, sistemas de ventilación, tráfico, aviones, aspiradoras y otros aparatos eléctricos), dando como resultado tanto una hipersensibilidad a los sonidos como una distorsión o enmascaramiento de los componentes de la frecuencia asociados con el habla humana que llega al cerebro. Este énfasis en el papel de los músculos del oído medio en atenuar el ruido de fondo y la extracción de la voz se basa en una literatura que documenta dos aspectos: (1) la regulación neuronal de los músculos del oído medio modula la función de transferencia del oído medio (Liberman y Guinan, 1988; Zwislocki, 2002), y (2) la función de transferencia del oído medio determina la energía acústica de las bajas frecuencias que llegan al oído interno (Porges y Lewis, 2009). Así, un funcionamiento atípico de la transferencia del oído medio sería una explicación potencialmente limitada tanto de las hipersensibilidades auditivas como de las dificultades en el procesamiento auditivo frecuentemente asociadas con el autismo.

DISEÑO DEL *LISTENING PROJECT PROTOCOL*

El *Listening Project Protocol* (LPP) es una desviación teórica de las disciplinas frecuentemente implicadas en el tratamiento de los trastornos de procesamiento auditivo, que destacan el papel de las estructuras centrales en el procesamiento del habla (véase Marco et al., 2011, para su revisión). El LPP se diseñó teóricamente para reducir las hipersensibilidades auditivas empleando las funciones de antienmascaramiento de los músculos del oído medio para optimizar la función de transferencia del oído medio para procesar el habla humana. Se basa en un modelo de ejercicios que usa la estimulación acústica modificada por ordenador para modular la banda de frecuencia que se pasa al participante. Las características de frecuencia de la estimulación acústica se seleccionaron teóricamente a partir de la banda de frecuencia documentada y de los pesos asociados con el índice de articulación (Kryter, 1962) y con el índice de inteligibilidad del habla (*American National Standards Institute*, 1997). Estos índices destacan la importancia relativa de frecuencias específicas en transmitir la información contenida en el habla humana.

Durante la escucha normal del habla humana, mediante mecanismos centrales descendentes, los músculos del oído medio contraen y tensan la cadena osicular. Este proceso elimina funcionalmente del entorno acústico la mayoría de los sonidos de fondo a baja frecuencia enmascaradores y permite que las voces humanas sean procesadas más efectivamente por las estructuras cerebrales superiores. Se sugiere la hipótesis de que la modulación de la energía acústica dentro de las frecuencias de la voz humana, similar a la prosodia vocal exagerada, emplea y modula la regulación neuronal de los músculos del oído medio, reduciendo funcionalmente las hipersensibilidades auditivas (véase Porges y Lewis, 2010).

Las características de la intervención, incluyendo el contexto, la duración de la estimulación y la banda de frecuencia seleccionada, se determinaron teóricamente y se basaron en los siguientes principios neurofisiológicos:

a) La función de transferencia del oído medio sirve como un mecanismo antienmascaramiento para atenuar los sonidos a baja frecuencia y facilitar la extracción de la voz humana de los sonidos de fondo (Borg y Counter, 1989).

b) La energía acústica se transmite inmediatamente por las estructuras del oído medio, independientemente del tono neuronal, a los músculos del oído medio, a una frecuencia de resonancia en niños de entre 800 y 1200 Hz (Hanks y Rose, 1993).

c) Las estructuras del oído medio están compuestas básicamente por músculos de contracción rápida y son vulnerables a la fatiga rápida (Schiaffino y Reggiani, 2011).

d) La convergencia filogenética en los mamíferos de un área del tronco encefálico implicada en la regulación neuronal de los músculos estriados de la cara y de la cabeza, incluyendo los músculos del oído medio (véase Porges, 2005, 2007; Porges y Lewis, 2010).

Los principios (a) y (b) se usaron para diseñar los estímulos acústicos, el principio (c) informó las decisiones relativas a la duración de cada sesión, y el principio (d) proporcionó la base del apoyo social ofrecido durante la intervención (es decir, se calma el estado autónomo y la regulación neuronal de los músculos del oído medio se optimiza en un contexto seguro).

El LPP aplica música vocal modificada por ordenador (es decir, música filtrada) diseñada para exagerar las características de la prosodia humana e hipotéticamente ejercitar la regulación neuronal de los músculos del oído medio. Modulando la banda de frecuencia asociada con las vocalizaciones humanas, se sugirió que las vías ascendentes proporcionarían información dinámicamente cambiante que retroalimentaría las vías descendentes que regulan los músculos del oído medio. Metafóricamente, el procedimiento se podría conceptualizar como un ejercicio sobre la cinta de correr para los músculos del oído medio, durante el cual las demandas de escuchar y procesar las características acústicas de los estímulos de la intervención cambian dinámicamente.

Para comprobar la hipótesis principal de que la condición de música filtrada reduciría las sensibilidades acústicas en niños con TEA, se realizaron dos ensayos. El Ensayo I comparó un grupo con música filtrada con un grupo con auriculares solamente, y el Ensayo II comparó un grupo de música filtrada con un grupo de música sin filtrar.

La intervención consistió en cinco sesiones diarias de aproximadamente 45 minutos durante las cuales los participantes escuchaban pasivamente la estimulación acústica con auriculares en una habitación en silencio, mientras que los investigadores proporcionaban apoyo social para asegurarse de que los participantes permanecían tranquilos. Las bandas de frecuencia se modularon temporalmente en cada sesión e, independientemente de la amplitud, la banda de frecuencias que se modulaban aumentaba progresivamente a lo largo de las cinco sesiones. Teóricamente, las bandas de frecuencia cambiantes se presentaban para aumentar la regulación neuronal de las estructuras del oído medio para atenuar la percepción de sonidos de fondo de baja frecuencia y potenciar la extracción de la voz humana. Aunque no se pudo evaluar la regulación de los músculos del oído medio, el modelo de Borg y Counter (1989) proporcionó la base científica para lanzar la hipótesis de que los ejercicios incluidos en el LPP podrían reducir las hipersensibilidades auditivas. El *Safe and Sound Protocol*[1] es una versión actualizada del LPP que actualmente está disponible para terapeutas. Encontrarás más información en *Integrated Listening Systems* (https://integratedlistening.com/porges/).

MÉTODOS: ENSAYO I Y ENSAYO II

Participantes

1 El *Safe and Sound Protocol* está disponible solo para profesionales a través de Integrated Listening Systems (https://integratedlistening.com/porges/).

Los potenciales participantes contactaron con el laboratorio para un cribado de inclusión inicial. Se les informó del proyecto de investigación por parte de los clínicos, de familias que habían participado previamente en nuestro programa y a través de presentaciones o boletines profesionales. Las personas con un diagnóstico sospechado de TEA, sin historial de convulsiones, fueron programadas para una evaluación diagnóstica consistente en la *Entrevista para el Diagnóstico del Autismo-Revisada* (ADI-R; Lord et al., 1994). La entrevista ADI-R proporciona un algoritmo diagnóstico conforme con el *Manual diagnóstico y estadístico de los trastornos mentales*, 4.ª edición (DSM-IV; *American Psychiatric Association*, 1994) y la *Clasificación internacional de enfermedades*, 10.ª edición (ICD-10; Organización Mundial de la Salud, 1992).

Se solicitó a las familias firmar un consentimiento informado. Los comités de revisión institucional de la Universidad de Maryland, la Universidad de Illinois en Chicago y la Universidad de Carolina del Norte aprobaron el proyecto. Los protocolos estaban exentos del requisito de registro (por ejemplo, en ClinicalTrials.gov), ya que el reclutamiento comenzó antes del 1 de enero de 2001 y los datos se recopilaron antes del 26 de diciembre de 2007.

Los padres de 178 niños contactaron con el laboratorio. Según los criterios de la ADI-R, 146 cumplían todos los requisitos diagnósticos de autismo. De quienes no los cumplieron completamente, 29 superaron el corte de la ADI-R en al menos las escalas de deterioros cualitativos en la interacción social recíproca o en la comunicación. Tres niños que no alcanzaron el umbral en ninguna de esas escalas fueron excluidos del estudio.

Por orden de llegada, los primeros 73 participantes fueron asignados al Ensayo I. En este ensayo se perdieron los datos de nueve casos (dos del grupo de música filtrada y siete del grupo de solo auriculares) debido a problemas técnicos. Finalmente, se evaluaron los cuestionarios de 36 personas en el grupo de música filtrada y de 28 en el grupo de solo auriculares.

Concluido el Ensayo I, se inscribieron 102 participantes nuevos en el Ensayo II. Debido a dificultades de programación, seis familias se retiraron antes de comenzar la intervención y una más lo hizo después del segundo día. Se excluyeron también los datos de una persona diagnosticada con síndrome X frágil. Además, se perdieron los datos de 12 personas del grupo de música filtrada porque los cuestionarios no fueron devueltos, se devolvieron fuera de plazo o hubo problemas de salud. No se dispone de información precisa sobre los motivos concretos.

Se contó con datos de cuestionarios correspondientes a 50 personas en el grupo de música filtrada y 32 en el grupo de música sin filtrar. En la tabla 12.1 se presentan las características demográficas por grupo y sexo.

Tabla 12.1. Información demográfica de los sujetos, con datos completos por grupo asignado y género

	Ensayo I		**Ensayo II**	
	Música filtrada Edad media (SD)[b]	**Solo auriculares Edad media (SD)[b]**	**Música filtrada Edad media (SD)[b]**	**Música sin filtrar Edad media (SD)[b]**
Cumplen al menos criterios parciales de ADI-R[a]				
Hombre	58.24 (10.14), *n* = 25	49.46 (10.96), *n* = 23	54.89 (14.83), *n* = 44	56.20 (9.36), *n* =27
Mujer	48.67 (11.99), *n* =11	61.00 (7.91), *n* =5	44 (20.66), *n* = 6	60.33 (9.29), *n* = 5
Total	55.37 (11.42), *n* = 36	52.67 (11.30), *n* =28	53.33 (15.95), *n* =50	56.74 (9.25), *n* = 32

[a] Supera el corte de la ADI-R en al menos las escalas de déficits cualitativos en interacción social recíproca o de comunicación.

[b] Edad media y desviación estándar en meses.

[c] Las mujeres del Ensayo I eran significativamente mayores en el grupo de solo auriculares.

El Ensayo I y el Ensayo II incluyeron en total a 86 participantes en el grupo de música filtrada, 32 en el grupo de música sin filtrar y 28 en el grupo de solo auriculares. Aunque no se evaluó formalmente la edad mental, todas las personas participantes hablaban (al menos cinco palabras distintas de mamá y papá, usadas espontáneamente y con intención comunicativa) o seguían instrucciones verbales. Aproximadamente el 80 % eran de origen caucásico, y el 20 % restante incluía participantes de familias afroamericanas, latinas y asiáticas.

DISEÑO EXPERIMENTAL

La intervención objeto de estudio se realizó en formato de dos ensayos controlados aleatorizados con grupos de control paralelos. Todos los participantes fueron asignados aleatoriamente y de forma secuencial, según su llegada al laboratorio, al grupo de música filtrada o al grupo de control. No se empleó ningún criterio clínico ni conductual para determinar la asignación.

En el Ensayo I, los participantes fueron asignados aleatoriamente al grupo de música filtrada o al grupo de solo auriculares (es decir, llevaban auriculares sin música). Este primer ensayo se diseñó para determinar si la intervención generaba efectos más allá de las variables contextuales, como el juego de apoyo y las interacciones sociales de baja intensidad que caracterizaban el entorno experimental en ambos grupos. Dado que los análisis de los cuestionarios parentales reflejaban un efecto positivo del tratamiento en las hipersensibilidades auditivas, se planteó el Ensayo II para evaluar si el filtrado de la música era el único responsable de los efectos observados. En este segundo ensayo, las personas participantes fueron asignadas aleatoriamente al grupo de música filtrada o al grupo de música sin filtrar. Para asegurar un tamaño muestral suficiente que permitiera contrastar las hipótesis sobre las hipersensibilidades auditivas, se duplicó el número de participantes en el grupo de música filtrada.

Las familias no conocían el grupo asignado hasta finalizar las sesiones de seguimiento. Tampoco se les informó de las características específicas de la intervención (es decir, música filtrada) ni del grupo de control correspondiente (auriculares sin música en el Ensayo I o música sin filtrar en el Ensayo II). Se utilizaron auriculares circumaurales por su calidad sonora, comodidad y aislamiento del ruido externo. Estas características, junto con el bajo volumen de los estímulos auditivos, impedían que los padres detectaran si sus hijos recibían música filtrada o pertenecían al grupo de control. Según nuestras interacciones con las familias, los padres no sabían a qué grupo se había asignado a sus hijos. Una vez concluidas las sesiones de seguimiento, se ofreció la intervención con música filtrada a quienes habían formado parte del grupo de música sin filtrar o de solo auriculares. Sin embargo, los datos de estos casos no se incluyeron en los análisis, ya que el conocimiento del grupo asignado podría haber sesgado las percepciones parentales sobre el comportamiento infantil. Una semana después de la intervención, se recogieron los cuestionarios parentales de todas las personas participantes. Ningún niño o niña del Ensayo I participó en el Ensayo II. Además de los cuestionarios, se grabaron sesiones semiestructuradas de evaluación conductual basada en el juego antes y después de la intervención.

CONDICIONES Y PROCEDIMIENTO

Cada condición experimental (música filtrada, música no filtrada y solo auriculares) consistió en sesiones de aproximadamente 45 minutos durante cinco días consecutivos. Durante la intervención, independientemente del grupo asignado, cada niño o niña utilizó auriculares en un entorno de laboratorio idéntico. Las mismas piezas de música vocal se emplearon tanto en la condición de música filtrada como en la de música sin filtrar.

En el caso de la música filtrada, el audio vocal había sido procesado informáticamente mediante un algoritmo propietario diseñado para eliminar las frecuencias altas y bajas, y para modular la amplitud de la banda de frecuencia correspondiente a la voz humana. Los estímulos acústicos se almacenaron en discos compactos y se reprodujeron mediante un lector de alta fidelidad (Marantz CC-4000) conectado a auriculares externos de alta calidad (Beyerdynamic DT831). Antes de comenzar la intervención, el volumen máximo se calibró para no superar un pico de 75 decibelios.

Durante la condición de solo auriculares no se transmitió ningún estímulo auditivo, aunque el contexto experimental fue idéntico al de las otras dos condiciones. El bajo volumen de los estímulos y el uso de auriculares externos aseguraban que los padres no pudieran distinguir entre la música filtrada y los sonidos ambientales. Las sesiones se realizaron en una sala equipada con juguetes (por ejemplo, libros, una casa de muñecas con accesorios, un aparcamiento con coches, una cocina de juguete, peluches, libros para colorear y colores). Durante la intervención, el alumnado podía jugar libremente. Una persona investigadora permanecía en la sala para asistir en caso de que surgiera alguna dificultad con los auriculares. Los padres también podían permanecer en la sala. Se les solicitó, al igual que al personal investigador, que mantuvieran silencio e interactuaran con el alumnado solo si era necesario para promover un estado de calma. Dada la naturaleza del estudio (por ejemplo, comprobar la colocación de los auriculares), la persona responsable de la intervención no siempre desconocía la condición asignada. En el Ensayo I, al no haber sonido en el grupo de solo auriculares, esta información era evidente para el personal investigador. Sin embargo, como solo esta persona manipulaba los auriculares, los padres no tenían acceso a esa información. En el Ensayo II, al haber estimulación acústica en ambos grupos, ni la persona investigadora ni las familias conocían el grupo asignado. Para evitar sesgos en la evaluación, quien realizaba las intervenciones no participaba en las sesiones de codificación del comportamiento, basadas en el juego.

EVALUACIÓN COMPORTAMENTAL

Cuestionario para padres

Tras la intervención y las valoraciones basadas en el juego, se distribuyó a los padres un cuestionario estructurado desarrollado en nuestro laboratorio, destinado a categorías específicas de problemas del desarrollo y conductuales de sus hijos e hijas, incluyendo las hipersensibilidades auditivas. Se solicitó a los progenitores de todos los participantes que completaran y devolvieran el cuestionario al laboratorio al cabo de una semana. El cuestionario se centraba en si el niño o la niña había tenido dificultades en un área conductual concreta y si había habido cambios tras su participación en el estudio. Para cada categoría, se pedía a los padres que documentaran posibles cambios, aportando ejemplos concretos de nuevos comportamientos observados.

El cuestionario estructurado abarcaba los ámbitos conductuales enumerados en la tabla 12.2.

Puntuación del cuestionario

Cada uno de los diez ítems que representaban los ámbitos descritos en la tabla 12.2 se puntuaba con 1, 0 o −1. Se asignaba una puntuación de 1 cuando los progenitores indicaban que su hijo o hija tenía algún problema en el área y proporcionaban un ejemplo de un nuevo comportamiento que pudiera considerarse una mejora. Se otorgaba una puntuación de 0 cuando sí se reconocía el problema, pero no se incluía ningún ejemplo de cambio, o cuando las respuestas eran vagas (por ejemplo, «algo mejor» o «mucho mejor») sin ejemplos concretos. Se asignaba un −1 cuando el comportamiento había empeorado y se ofrecía un ejemplo del nuevo comportamiento. Si no se detectaba ningún problema en la categoría, el ítem no se puntuaba.

Tabla 12.2. Ámbitos comportamentales y explicaciones del cuestionario para padres estructurado

	Definiciones
Sensibilidad auditiva	Respuestas negativas exageradas (por ejemplo, llorar o cubrirse los oídos) ante ruidos habituales (aspiradora, camión de basura, bebé llorando, aire acondicionado).
Habla espontánea	Uso espontáneo de palabras y frases para comunicar pensamientos e ideas.
Habla receptiva	Capacidad de comprender instrucciones y frases.
Espontaneidad	Comportamientos espontáneos iniciados por el niño o la niña.

	Definiciones
Organización comportamental	Capacidad de mantenerse ocupado (estando solo) de forma productiva y no estereotipada.
Control emocional	Capacidad de calmarse rápidamente al enfadarse, responder sin ira a cambios inesperados y tolerar objeciones o contradicciones.
Afecto	Expresión de comportamientos que reflejan calidez emocional hacia personas conocidas (abrazos, besos, decir «te quiero»).
Escucha	Capacidad de atender al habla sin apoyos visuales o contextuales, comprender palabras y seguir instrucciones orales.
Contacto visual	Establecer y mantener contacto ocular durante las interacciones sociales.
Relación	Comportamientos sociales espontáneos que reflejan comprensión de la conexión interpersonal y de objetivos compartidos (mirar al compañero, enseñar juguetes, compartir ideas o emociones).

Cada cuestionario fue puntuado por dos personas investigadoras, de las cuales al menos una desconocía el grupo asignado. Solo se otorgaba una puntuación de 1 si ambos evaluadores coincidían en que el ejemplo representaba un comportamiento nuevo y relevante. Las puntuaciones de −1 fueron escasas: no aparecieron en el Ensayo I y solo se registraron tres veces en el Ensayo II. Por ello, no se realizaron análisis específicos para estas puntuaciones.

Escala de codificación de las interacciones sociales

Antes y después de la intervención, todos los participantes participaron en una valoración observacional semiestructurada, basada en el juego, de sus habilidades de interacción social. Esta se llevó a cabo mediante la Escala de codificación de las interacciones sociales (SICS; Bazhenova et al., s. f.), que proporciona información sobre la actividad social del niño o la niña. Al igual que la Escala observacional para el diagnóstico del autismo (ADOS; Lord et al., 2000) y las Escalas de codificación de la comunicación social temprana (ESCS; Seibert et al., 1982), la SICS se basa en la presentación semiestructurada de tareas estándar, que suponen oportunidades para que el alumnado participe en actividades conjuntas. En este estudio, se cuantificó el número de comportamientos espontáneos de intercambio.

Codificar la Escala de codificación de las interacciones sociales

La frecuencia de los comportamientos de intercambio se codificó a partir de grabaciones en vídeo por parte de personas codificadoras formadas. Se estableció la fiabilidad intercodificadora con vídeos formativos antes del inicio del estudio, exigiendo al menos un 80 % de coincidencia por ítem (equivalente a un valor kappa > 0,60 en tres codificaciones consecutivas). Cada vídeo fue codificado por dos personas de forma independiente y luego comparado.

Al menos una de ellas desconocía el grupo asignado. El código final se decidía por consenso. Si había discrepancias en un ítem, se tomaba el código del codificador no sesgado. Si no había acuerdo, se consultaba a una tercera persona codificadora formada, y se registraba el código consensuado por al menos dos de las tres personas. Si no había acuerdo entre los tres, el comportamiento no se codificaba.

ANÁLISIS DE DATOS

Se aplicaron análisis de varianza y pruebas no paramétricas χ^2 para evaluar las diferencias entre grupos dentro de cada ensayo en los distintos ámbitos conductuales. Como ambos métodos produjeron los mismos resultados respecto a las diferencias entre grupos, solo se presentan los resultados del análisis de varianza. Para controlar el error por comparaciones múltiples, se aplicó la corrección de Bonferroni.

RESULTADOS: DATOS DE LOS CUESTIONARIOS

Evaluación global de problemas

Confirmando la efectividad de los procedimientos de aleatorización, no hubo diferencias grupales en la representación de los problemas conductuales señalados a través del cuestionario parental dentro de cada ensayo o entre ensayos (véase la tabla 12.3). Por ejemplo, la representación de las hipersensibilidades auditivas en los cuatro grupos en ambos ensayos estuvo entre el 43 % y el 50 %.

Tabla 12.3. Distribución de los problemas comportamentales iniciales (%) en cada ensayo[a]

	Ensayo I		Ensayo II	
	Música filtrada (%)	**Grupo de solo auriculares (%)**	**Música filtrada (%)**	**Música sin filtrar (%)**
Sensibilidad auditiva	50	43	46	50
Afecto	44	61	64	59
Contacto visual	75	61	60	63
Organización comportamental	53	57	56	53
Control emocional	50	43	66	59
Habla espontánea	75	82	82	78
Habla receptiva	72	82	90	81
Escucha	81	86	74	66
Espontaneidad	69	71	44	44
Relación	83	82	64	66
Al menos 1 problema	92	96	98	97
Al menos 2 problemas	92	93	98	94
Al menos 3 problemas	89	89	96	91
Al menos 4 problemas	83	79	94	88
Al menos 5 problemas	81	75	92	78

[a] No se hallaron diferencias significativas entre los grupos en ninguna dimensión comportamental.

Al sumar el número de dimensiones con problemas en el caso de cada participante, más del 95 % de los padres señaló que sus hijos tenían al menos un problema conductual. El porcentaje de padres que informaron de múltiples problemas se redujo a medida que aumentaba el número de ámbitos, y aproximadamente el 80 % informó de problemas en al menos cinco categorías conductuales.

Ensayo I: Evaluación global y específica de la mejora

Para evaluar la efectividad del tratamiento con música filtrada, se analizaron las diferencias entre los grupos mediante análisis de varianza para cada una de las diez dimensiones conductuales del cuestionario.

Como se ilustra en la figura 12.1, se observaron mejoras significativas, relativas al grupo de solo auriculares, en el grupo de música filtrada en sensibilidad auditiva, $F(1, 29) = 6{,}46$, $p = 0{,}017$; habla espontánea, $F(1, 49) = 5{,}61$, $p = 0{,}022$; escucha, $F(1, 52) = 8{,}25$, $p = 0{,}006$; y organización conductual, $F(1, 34) = 5{,}39$, $p = 0{,}027$. El porcentaje de participantes que mejoraron y que tenían un problema dentro de cada ámbito se presenta en la tabla 12.4. Una semana después de la intervención, el análisis de varianza confirmó que el grupo de música filtrada mostró significativamente más mejoras, en conjunto, en los diferentes ámbitos que el grupo de solo auriculares (2,36 frente a 0,81), $F(1, 62) = 7{,}76, p = 0{,}007$.

Figura 12.1. Mejoras conductuales una semana después del tratamiento en el Ensayo I. Los datos muestran el porcentaje de participantes con un problema específico que mejoraron.

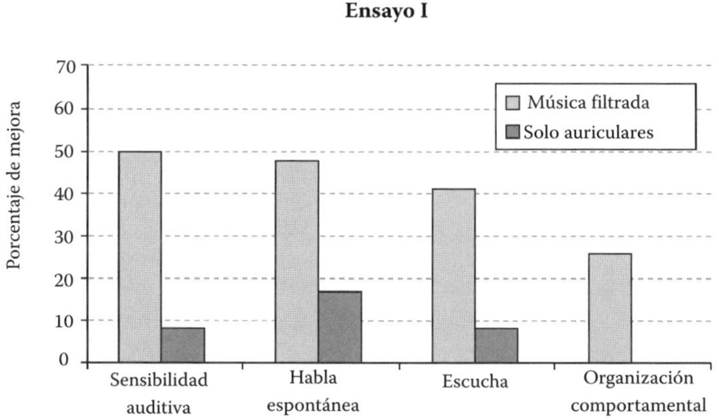

Ensayo II: Evaluación global y específica de la mejora

Dado que los beneficios relativos observados durante el Ensayo I podrían atribuirse al hecho de escuchar música, independientemente de la modulación por ordenador de las características acústicas, se realizó el Ensayo II comparando la condición de música filtrada con la misma música sin filtrar. La condición de música sin filtrar era similar a la condición de escucha estructurada descrita por Bettison (1996). Como se ilustra en la figura 12.2, se observaron mejoras significativas en la condición de música filtrada con respecto a la condición de música sin filtrar tanto en la sensibilidad auditiva, $F(1, 28) = 4{,}53, p = 0{,}040$, como en el control emocional, $F(1, 49) = 5{,}84, p = 0{,}019$. El porcentaje de participantes que mejoraron y que tenían un problema en cada ámbito se presenta en la tabla 12.4.

Tabla 12.4. Porcentaje[a] de mejoras entre los que tenían un problema en cada ámbito comportamental en el seguimiento a una semana

	Ensayo I		**Ensayo II**	
	Música filtrada (%)	**Grupo de solo auriculares (%)**	**Música filtrada (%)**	**Música sin filtrar (%)**
Sensibilidad auditiva	**50**[b], $n = 18$	8, $n = 12$	**43**[c], $n = 23$	13, $n = 15$
Afecto	19, $n = 16$	18, $n = 17$	25, $n = 32$	21, $n = 19$

	Ensayo I		Ensayo II	
Contacto visual	41, n = 27	24, n = 17	33, n = 30	40, n = 20
Organización comportamental	**26**[b], n = 19	0, n = 16	29, n = 28	18, n = 17
Control emocional	17, n = 18	0, n = 12	**24**[c], n = 33	0, n = 19
Habla espontánea	**48**[b], n = 27	17, n = 23	51, n = 41	44, n = 25
Habla receptiva	31, n = 25	9, n = 23	9, n = 45	15, n = 25
Escucha	**41**[b], n = 29	8, n = 24	30, n = 37	29, n = 21
Espontaneidad	43, n = 25	20, n = 20	36, n = 22	36, n = 14
Relación	30, n = 30	13, n = 23	34, n = 32	29, n = 21

[a] Definido por el número de individuos que mejoraron dividido por el número de individuos con problemas (o) dentro del ámbito comportamental.

[b] Mejora significativa correspondiente a solo auriculares en Ensayo I.

[c] Mejora significativa correspondiente a solo auriculares en Ensayo II.

Como se ilustra en la figura 12.3, cuando la música no filtrada se utiliza como control, varios de los beneficios observados en la condición de música filtrada durante el Ensayo I —es decir, habla espontánea, escucha y organización conductual— parecen deberse a la experiencia de escuchar música (música no filtrada), y no al algoritmo utilizado para filtrar el sonido.

Según esta interpretación, no se encontraron diferencias significativas en la suma de mejoras entre el grupo de música filtrada (1,98) y el grupo de música no filtrada (1,53). Estos datos sugieren que el único beneficio atribuible exclusivamente a la música filtrada es una reducción significativa en la sensibilidad auditiva.

Diferencias entre Ensayo I y Ensayo II

Los análisis de varianza confirmaron la similitud entre la condición de música filtrada en ambos ensayos. El porcentaje de participantes que mostraron mejoras en cada ámbito fue similar para los grupos de música filtrada del Ensayo I y del Ensayo II (véase la tabla 12.4). Del mismo modo, el número de ámbitos con problemas fue comparable entre todos los grupos al inicio del protocolo (véase la tabla 12.3).

Comportamientos de intercambio

Se codificaron los datos de una submuestra aleatoria de niñas y niños en la condición de música filtrada (n = 61). Esta submuestra se dividió en tres grupos: quienes no presentaban sensibilidad auditiva al inicio del estudio (n = 34), quienes mostraron mejoras en la sensibilidad auditiva tras la intervención ($n = 14$) y quienes no mostraron mejoras en dicha sensibilidad después de la intervención ($n = 13$). Un análisis de la varianza para medidas repetidas identificó un efecto significativo del grupo × tiempo, $F(2, 58) = 4{,}88$, $p < 0{,}011$.

Figura 12.2. Mejoras comportamentales en la valoración del tratamiento una semana después, en el Ensayo II. Los datos se presentan como el porcentaje de participantes con un problema comportamental específico que mejoraron.

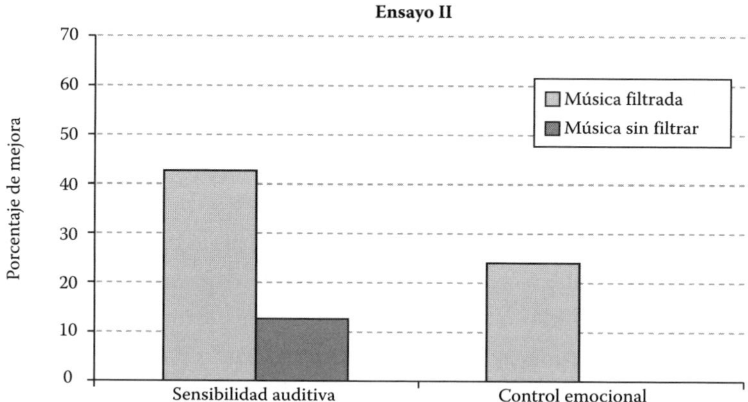

Figura 12.3. Datos combinados del Ensayo I y del Ensayo II que ilustran mejoras comportamentales significativas en la valoración realizada una semana después del tratamiento. Los datos se presentan como el porcentaje de participantes con problemas comportamentales específicos que mostraron mejoras.

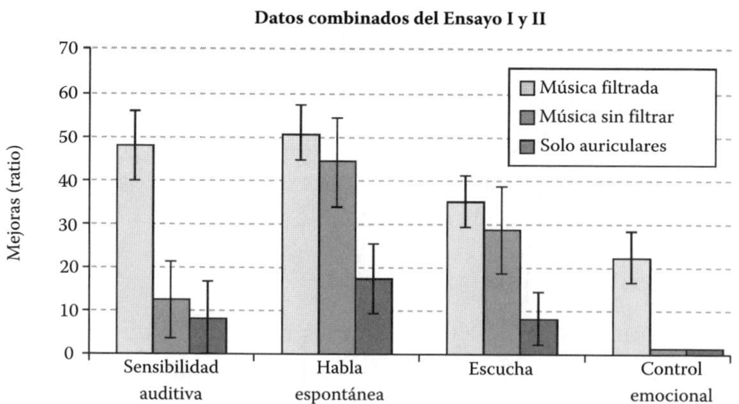

Tabla 12.5. Sensibilidad auditiva (SA) y Número total de intercambios (N, media y SD)

	N	**Preintervención**		**Posintervención**	
		Media	*SD*	Media	*SD*
Niños que mejoraron en SA	14	5.71	7.31	9.86	10.53
Niños que no mejoraron en SA	13	7.46	7.33	7.62	6.74
Niños que no tenían SA	34	5.82	8.50	6.32	7.97

Según los informes de los padres, solo el subgrupo de niños con mejoras en la sensibilidad auditiva aumentó la cantidad de comportamientos de intercambio durante el protocolo basado en el juego semiestructurado de 10 minutos. En la tabla 12.5 se muestran las estadísticas descriptivas. El ajuste de Bonferroni *post hoc* confirmó que solo los niños de los que se dijo que mejoraron la sensibilidad auditiva aumentaron el comportamiento de intercambio durante la evaluación observacional basada en el juego semiestructurado de 10 minutos de las habilidades de interacción social con la Escala de codificación de las interacciones sociales (SICS; Bazhenova et al., n/d).

Efectos del tratamiento en los participantes sin sensibilidades auditivas

Para estudiar los efectos de la música filtrada en los participantes sin sensibilidades auditivas, se calcularon análisis de varianza en cada ámbito comportamental para identificar posibles ámbitos comportamentales que mejorarían en niños sin hipersensibilidades auditivas como resultado de la música filtrada. Estos análisis no identificaron ningún ámbito comportamental que mejore fiablemente en niños sin hipersensibilidades auditivas.

DEBATE

Resumen de conclusiones y otros estudios que han evaluado el LPP

Se realizaron dos ensayos controlados aleatorizados para evaluar la eficacia del LPP sobre las hipersensibilidades auditivas y el comportamiento social en niños con TEA. Los datos de ambos ensayos confirmaron que el LPP (es decir, la música filtrada) reducía selectivamente las hipersensibilidades auditivas. El Ensayo I comparó la música filtrada con la condición de solo auriculares. Los resultados del Ensayo I llevaron a un Ensayo II más riguroso en el que la música filtrada se comparó con una condición de música sin filtrar. En ambos ensayos, el LPP redujo selectivamente las hipersensibilidades auditivas. Además, dentro de los grupos de música filtrada, los niños con hipersensibilidades auditivas que mejoraron después del protocolo LPP mejoraron significativamente sus comportamientos espontáneos de intercambio. Estos hallazgos, coherentes con la teoría polivagal, refuerzan la base hipotética para el diseño del LPP como ejercicio neuronal de las vías implicadas en la regulación del estado neuronal, en la escucha, la vista y otros comportamientos de interacción social como el hecho de compartir espontáneamente.

Los hallazgos actuales concuerdan con un estudio previo (Porges et al., 2013) que evaluó el LPP con una muestra más diversa de niños con TEA. En el estudio anterior, la efectividad del LPP fue evaluada objetivamente evaluando el procesamiento auditivo (que se supone depende de la función de transferencia de las estructuras del oído medio) y el estado autónomo (que se supone media la regulación del estado comportamental). El estudio demostró que el protocolo LPP aumentaba significativamente la regulación vagal del corazón (es decir, aumentaba la amplitud de la arritmia sinusal respiratoria) y normalizaba el procesamiento auditivo en las subpruebas con palabras filtradas y palabras rivales a partir del test SCAN para el trastorno de procesamiento auditivo (Keith, 1986, 2000). En conjunto, los datos de los ensayos actuales de Porges et al. (2013) proporcionan un apoyo preliminar convergente a la hipótesis de que el protocolo LPP refuerza el funcionamiento del sistema de conexión social polivagal manifestado en un mejor procesamiento auditivo, menos hipersensibilidades auditivas, una mayor regulación vagal del corazón y más comportamientos sociales espontáneos (por ejemplo, compartir).

Diferencias con las terapias de intervención auditiva tradicionales

Como el protocolo LPP proporciona estímulos acústicos modificados por ordenador a través de auriculares, comparte algunas de las características de las terapias de intervención auditiva (es decir, TIA). Sin embargo, aunque el LPP es una terapia basada en el sonido, en el momento en el que se realizó el estudio no estaba clínicamente disponible y difiere de otras formas disponibles de TIA (por ejemplo, Berard, 1993; Tomatis, 1991) tanto en cuanto al método como a la teoría. En primer lugar, el LPP se basa en la teoría polivagal y refleja un intento estratégico de activar la regulación neuronal de estructuras específicas implicadas en el sistema de conexión social (Porges, 2005). En segundo lugar, el LPP se centra en las hipersensibilidades auditivas que pueden ser expresadas por individuos con o sin diagnóstico clínico. En tercer lugar, la eficacia del protocolo LPP se puede medir mediante características comportamentales y fisiológicas bien definidas del sistema de conexión social. En cuarto lugar, el LPP se ha diseñado con varias características únicas para emplear y ejercitar la regulación neuronal de los músculos del oído medio, incluyendo el conocimiento de la función de transferencia de las estructuras del oído medio y la vulnerabilidad de los músculos del oído medio de contracción rápida ante el cansancio. En quinto lugar, la duración del LPP es más corta (es decir, aproximadamente 5 horas) que la mayoría de las formas de TIA. Por consiguiente, los efectos del LPP descritos en este estudio no deberían generalizarse a otras formas de intervenciones auditivas.

Existen varios problemas relacionados con la evaluación de las TIA tradicionales. En primer lugar, como las intervenciones han evolucionado a partir de observaciones y datos clínicos, la teoría neurofisiológica subyacente a las intervenciones no suele estar bien desarrollada o probada. En segundo lugar, la investigación se ha estructurado con frecuencia para formular preguntas de eficacia en lugar de para desarrollar protocolos para probar teóricamente componentes relevantes del tratamiento, comprender los mecanismos y perfeccionar la metodología. En tercer lugar, como las intervenciones auditivas se aplican en un entorno clínico, varios parámetros de diseño experimental son difíciles de controlar, incluyendo: (1) un protocolo constante, (2) tratamientos simultáneos limitantes como la medicación, (3) aleatorización de los participantes en diferentes condiciones, y (4) la selección de variables en los resultados que son teóricamente relevantes para el modelo de la intervención. Quizás el mayor factor limitante sea el amplio rango de ámbitos en los que se proponen mejoras sin una descripción de un vínculo causal a través del cual la intervención daría como resultado cambios funcionales en el comportamiento. En parte debido a las limitaciones anteriores, la literatura que documenta la eficacia de las formas clínicamente disponibles de TIA ha sido difícil de interpretar.

Algunos estudios que evalúan la efectividad de las TIA indican mejoras (Edelson et al., 1999; Rimland y Edelson, 1995), pero otros no (Bettison, 1996; Gillbert et al., 1997; Kershner et al., 1990; Mudford et al., 2000; Zollweg et al., 1997). Sin embargo, algunos de los estudios anteriores que no confirman los efectos únicos de las TIA documentan efectos positivos. Por ejemplo, Bettison (1996) habla de efectos positivos tanto en el grupo experimental (que recibió formación auditiva) como en el grupo de control (que escuchó la misma música sin modificar bajo las mismas condiciones). Bettison sugiere, de acuerdo con nuestros hallazgos, que las características de la TIA compartidas con el hecho de escuchar música no modificada seleccionada podrían tener efectos beneficiosos en los niños con autismo. Además, como nuestros datos sugieren, si los participantes no tienen hipersensibilidades auditivas, entonces los efectos del LPP pueden ser mediados a través de diferentes vías biocomportamentales con resultados positivos imprevisibles (es decir, no específicos), que no concuerdan con el modelo de la función de transferencia del oído medio. Quizás, de manera similar a los resultados con los niños sin hipersensibilidades auditivas en los ensayos de LPP, los efectos positivos observados en las TIA pueden emplear vías fuera del modelo del oído medio a través de los potenciales efectos calmantes terapéuticos de la música y el apoyo social por parte de los clínicos.

Gilmor (1999) realizó un metaanálisis basado en varios estudios realizados en los años ochenta con el método Tomatis con 231 niños. Gilmor clasificó las medidas de los resultados en cinco ámbitos comportamentales e identificó pequeños efectos para el ajuste lingüístico, psicomotor, personal y social, y ámbitos cognitivos. Es interesante destacar que no encontró ningún efecto fiable en el ámbito auditivo. Estos hallazgos deben interpretarse con prudencia, porque los estudios estaban limitados por tamaños de muestra pequeños, problemas relacionados con la definición de las condiciones de control y un uso reducido de la asignación aleatoria. Independientemente de estas limitaciones, padres y clínicos de niños con TEA indicaron que varias formas de terapia de intervención auditiva les habían sido útiles.

LIMITACIONES DEL ESTUDIO ACTUAL

Los datos del estudio actual deben interpretarse con prudencia por las razones indicadas a continuación.

1. Los hallazgos principales dependían de las indicaciones subjetivas de los padres.
2. Algunas de las hipótesis comprobadas dependían del tamaño pequeño de subgrupos críticos (por ejemplo, individuos con o sin hipersensibilidades auditivas que mostraron o no mostraron mejoras, divididos por las diferentes condiciones de tratamiento).

3. Los participantes recibían otros tratamientos durante la intervención y el periodo de valoración. Varios participantes recibieron intervenciones diarias usando enfoques comportamentales y otras terapias, que podrían mejorar o atenuar los efectos del LPP.
4. El contacto frecuente de los padres con los terapeutas podría sesgar los informes de los padres y poner en riesgo la validez de estos como informadores objetivos. Estos factores podrían ofuscar los verdaderos efectos de la intervención e identificar incorrectamente los cambios. Por otro lado, las características que podrían haber mejorado podrían haberse pasado por alto. Posiblemente, el ámbito de la sensibilidad auditiva en el cuestionario para padres es menos vulnerable al sesgo clínico-progenitor. Según nuestra experiencia, los terapeutas y los padres parecen menos interesados en esta dimensión, aunque fuera el punto focal de nuestro estudio.
5. Se observaron mejoras en los grupos que no recibieron la música filtrada. Aproximadamente el 40 % de los padres de los niños que no recibieron la música filtrada indicaron mejoras en al menos una característica comportamental. Estas reacciones positivas podrían deberse a características inespecíficas del protocolo, como un entorno de intervención relajado que promueve la conexión social y el juego espontáneo, así como un sesgo de expectativa positiva y los efectos de la familiaridad con el personal y el contexto a medida que el niño realizaba las cinco sesiones de laboratorio. Sin embargo, los grupos que recibieron música filtrada se diferenciaban de los grupos de control cuando los padres indicaban mejoras en la sensibilidad auditiva.
6. Las valoraciones estandarizadas de la función cognitiva y de los hitos de desarrollo no se evaluaron. La ausencia de esta información no permitió confirmar la correspondencia entre estas variables, aunque, teniendo en cuenta el tamaño de la muestra, la asignación aleatoria habría dado como resultado una expectativa razonable de muestras emparejadas. La aleatorización de los participantes, con respecto a los parámetros evaluados, fue efectiva, y no hubo diferencias en su representación en los grupos. Las valoraciones estandarizadas de la función cognitiva y del desarrollo deberían proporcionar datos para estudiar dos cuestiones: (1) ¿Están relacionadas las hipersensibilidades auditivas con la función cognitiva y los hitos de desarrollo? (2) ¿La efectividad del protocolo LPP está relacionada con diferencias individuales en la función cognitiva?

7. Nuestros participantes eran jóvenes y estaban en el extremo severo del espectro autista, y los hallazgos puede que no se puedan generalizar a individuos con TEA mayores o menos severos.
8. Los estudios no permitieron confirmar las vías neuronales responsables de las mejoras comportamentales observadas. Los métodos empleados no pudieron confirmar si la hipersensibilidad auditiva era debida a una regulación neuronal funcional deficiente en los músculos del oído medio (como propone la teoría polivagal) y si se remediaba con ejercicios.
9. Los estudios no dieron la información necesaria para distinguir entre las vías alternativas que daban como resultado las hipersensibilidades auditivas o las remediaban, como la potencial influencia de la intervención sobre vías neuronales dañadas (por ejemplo, nervio auditivo o facial), sobre estructuras periféricas dañadas (por ejemplo, oído medio y oído interno), o sobre las estructuras centrales implicadas en el procesamiento de la señal acústica o en la representación cortical.
10. El vínculo sugerido entre la función de transferencia del oído medio y las hipersensibilidades auditivas podría ser limitado. Las hipersensibilidades, especialmente a los sonidos de alta frecuencia, pueden ser debidas no a la regulación neuronal de los músculos del oído medio, sino a los reflejos olivococleares. Se deben evaluar pruebas de la función del oído interno y el grado de hipersensibilidad auditiva ante sonidos de alta frecuencia para descartar esta posibilidad.
11. Las mejoras generales de comportamiento observadas tras una reducción de la sensibilidad auditiva pueden no estar relacionadas con el sistema de conexión social integrativo propuesto. En lugar de eso, la mejora del comportamiento puede ocurrir naturalmente cuando los sonidos son acogedores y aumentan funcionalmente el tono vagal ventral, calmando al mismo tiempo el sistema nervioso autónomo.

FUTURAS DIRECCIONES

En los experimentos formales que evalúan la efectividad del LPP falta la medición del mecanismo de intervención sugerido: la función de transferencia del oído medio. En el momento en que los participantes fueron evaluados, no había ningún dispositivo clínico o de investigación comercial disponible para supervisar dicha función. Sin una medición sensible de la función de transferencia del oído medio, el único método para demostrar la eficacia era cuantificar la fisiología, el procesamiento auditivo y las mediciones del comportamiento, e inferir que el LPP normalizaba una función de transferencia del oído medio atípica. Hemos desarrollado el sistema de absorción de sonidos en el oído medio (*Middle Ear Sound Absorption System*, MESAS) para medir dicha función (Lewis y Porges, 2012). MESAS ofrece una medición objetiva del potencial papel mediador que juegan los músculos del oído medio al experimentar hipersensibilidades auditivas (véase Porges y Lewis, 2013).

Proporcionando una medición objetiva de la función de transferencia del oído medio, la investigación futura con MESAS permitirá realizar una prueba selectiva de la eficacia del protocolo LPP a la hora de normalizar esta función. Si se confirma, el LPP podría aplicarse a individuos con un funcionamiento atípico del oído medio, incluyendo la rehabilitación después de una otitis media. Además, MESAS permitirá que la futura investigación evalúe las consecuencias comportamentales y psicológicas de una función de transferencia del oído medio atípica, aporte datos para validar una medición cuantitativa de las hipersensibilidades auditivas independientemente de los informes subjetivos, y contribuya a la mejora de las intervenciones (por ejemplo, LPP) que pueden servir como ejercicios neuronales eficientes para normalizar dicha función.

REFERENCIAS

American National Standards Institute. (1997). *ANSI S3.5-1997: Methods for calculation of the Speech Intelligibility Index*. Nueva York: Acoustical Society of America.

American Psychiatric Association. (1994). *Diagnostic and statistical manual of mental disorders* (4.ª ed.). Washington D. C.: American Psychiatric Association.

Bazhenova, O. V., Sorokin, Y., Bal, E., Carlson, N., Heilman, K. J., Denver, J. W., et al. (n. d.). The Social Interaction Coding Scale (SICS) [Manuscrito inédito].

Berard, G. (1993). *Hearing equals behavior*. New Canaan, CT: Keats.

Bettison, S. (1996). The long-term effects of auditory training on children with autism. Journal of Autism and Developmental Disorders, 26, 361-374. https://doi.org/10.1007/BF02172480

Borg, E., y Counter, S. A. (1989). The middle-ear muscles. *Scientific American, 261,* 74-80. https://doi.org/10.1038/scientificamerican0889-74

Ceponiene, R., Lepistö, T., Shestakova, A., Vanhala, A., Alku, P., Näätänen, R., y Yaguchi, K. (2003). Speech-sound selective auditory impairment in children with autism: They can perceive but do not attend. *Proceedings of the National Academy of Sciences USA, 100,* 5567-5572. https://doi.org/10.1073/pnas.0835631100

Coleman, M., y Gillberg, C. (1985). *The biology of the autistic syndromes.* Nueva York: Praeger.

Dawson, G. (1988). Cerebral lateralization in autism: Clues to its role in language and affective development. En D. L. Molfese y S. J. Segalowitz (eds.), *Brain lateralization in children: Developmental implications* (pp. 437-461). Nueva York: Guilford.

Dissanayake, C., y Sigman, M. (2001). Attachment and emotional responsiveness in children with autism (pp. 239-266). En G. L. Masters (ed.), *International review of research in mental retardation: Autism.* San Diego, CA: Academic Press.

Edelson, S. M., Arin, D., Bauman, M., Lukas, S. E., Rudy, J. H., Sholar, M., y Rimland, B. (1999). Auditory integration training: A double blind study of behavioral and electrophysiological effects in people with autism. *Focus on Autism and Other Developmental Disabilities, 14,* 73-81. https://doi.org/10.1177/108835769901400202

Frith, U., y Baron-Cohen, S. (1987). Perception in autistic children. En D. J. Cohen, A. M. Donnellan y R. Paul (eds.), *Handbook of autism and pervasive developmental disorders* (pp. 85-102). Nueva York: Wiley.

Gage, N. M., Siegel, B., y Roberts, T. P. L. (2003). Cortical auditory system maturational abnormalities in children with autism disorder: An MEG investigation. *Developmental Brain Research, 144,* 201-209. https://doi.org/10.1016/S0165-3806(03)00172-X

Gervais, H., Belin, P., Boddaert, N., Leboyer, M., Coez, A., Sfaello, I., Barthélémy, C., Brunelle, F., Samson, Y., y Zilbovicius, M. (2004). Abnormal cortical voice processing in autism. *Nature Neuroscience, 7,* 801-802. https://doi.org/10.1038/nn1291

Gillberg, C., Johansson, M., Steffenberg, S., y Berlin, O. (1997). Auditory integration training in children with autism: Brief report of an open pilot study. *Autism, 1,* 97-100. https://doi.org/10.1177/1362361397011009

Gilmor, T. (1999). The efficacy of the Tomatis method for children with learning and communication disorders: A meta-analysis. *International Journal of Listening, 13,* 12-23. https://doi.org/10.1080/10904018.1999.10499024

Hanks, W. D., y Rose, K. J. (1993). Middle ear resonance and acoustic immittance measures in children. *Journal of Speech and Hearing Research, 36,* 218-222.

Hayes, R., y Gordon, A. (1977). Auditory abnormalities in autistic children. *Lancet, 2,* 767. https://doi.org/10.1016/S0140-6736(77)90278-1

Keith, R. W. (1986). *SCAN: A screening test for auditory processing disorders.* San Antonio, TX: Harcourt Brace Jovanovich.

Keith, R. W. (2000). *SCAN: A screening test for auditory processing disorders in children—revised.* San Antonio, TX: Harcourt Brace Jovanovich.

Kershner, J. R., Cummings, R. L., Clarke, K. A., Hadfield, A. J., y Kershner, B. A. (1990). Two-year evaluation of the Tomatis listening training program with learning disabled children. *Learning Disability Quarterly, 13,* 43-53. https://doi.org/10.2307/1510391

Khalfa, S., Bruneau, N., Roge, B., Georgieff, N., Veuillet, E., Adrien, J. L., Barthélémy, C., y Collet, L. (2004). Increased perception of loudness in autism. *Hearing Research, 198,* 87-92. https://doi.org/10.1016/j.heares.2004.07.006

Khalfa, S., Dubal, S., Veuillet, E., Perez-Diaz, F., Jouvent, R., y Collet, L. (2002). Psychometric normalization of a hyperacusis questionnaire. *ORL: Journal of Otorhinolaryngology and Related Specialties, 64,* 436-442. https://doi.org/10.1159/000067570

Klin, A. (1992). Listening preferences in regard to speech in 4 children with developmental disabilities. *Journal of Child Psychology and Psychiatry, 33,* 763-769. https://doi.org/10.1111/j.14697610.1992.tb00911.x

Kryter, K. D. (1962). Methods for the calculation and use of the articulation index. *Journal of the Acoustic Society of America, 34,* 1689-1697. https://doi.org/10.1121/1.1909096

Lewis, G. F., y Porges, S. W. (2012). *U.S. Patent Application No. WO2012082721 A2.* Washington D. C.: U.S. Patent and Trademark Office.

Liberman, C. M., y Guinan, J. J. (1988). Feedback control of the auditory periphery: Antimasking effects of middle ear muscles vs. olivocochlear efferents. *Journal of Community Disorders, 31,* 471-483. https://doi.org/10.1016/S0021-9924(98)00019-7

Lockyer, L., y Rutter, M. (1969). A five-to-fifteen-year follow-up study of infantile psychosis: III. *Psychological aspects. British Journal of Psychiatry, 115,* 865-882. https://doi.org/10.1192/bjp.115.525.865

Lord, C., Risi, S., Lambrecht, L., Cook, E. H., Leventhal, B. L., DiLavore, P. C., Pickles, A., y Rutter, M. (2000). The autism diagnostic observation schedule–generic: A standard measure of social and communication deficits associated with the spectrum of autism. *Journal of Autism and Developmental Disorders, 30*(3), 205-223. https://doi.org/10.1023/A:1005592401947

Lord, C., Rutter, M., y Le Couteur, A. (1994). Autism diagnostic interview–revised: A revised version of a diagnostic interview for caregivers of individuals with possible pervasive developmental disorders. *Journal of Autism and Developmental Disorders, 24,* 659-685. https://doi.org/10.1007/BF02172145

Marco, J. E., Hinkley, L. B. N., Hill, S. S., y Nagarajan, S. S. (2011). Sensory processing in autism: A review of neurophysiologic findings. *Pediatric Research, 69,* 48-54. https://doi.org/10.1203/PDR.0b013e3182130c54

Maziade, M., Merette, C., Cayer, M., Roy, M. A., Szatmari, P., Cote, R., y Thivierge, J. (2000). Prolongation of brainstem auditory-evoked responses in autistic probands and their unaffected relatives. *Archives of General Psychiatry, 57,* 1077-1083. https://doi.org/10.1001/archpsyc.57.11.1077

Mudford, O. C., Cross, B. A., Breen, S., Cullen, C., Reeves, D., Gould, J., y Douglas, J. (2000). Auditory integration training for children with autism: No behavioral benefits detected. *American Journal of Mental Retardation, 105,* 118-129. https://doi.org/10.1352/0895-8017(2000)105<0118:AITFCW>2.0.CO;2

Mundy, P. (1995). Joint attention and social-emotional approach behavior in children with autism. *Developmental Psychopathology, 7,* 63-82. https://doi.org/10.1017/S0954579400006349

Porges, S. W. (2005). The vagus: A mediator of behavioral and visceral features associated with autism. En M. L. Bauman y T. L. Kemper (eds.), *The neurobiology of autism* (pp. 65–78). Baltimore: Johns Hopkins University Press.

Porges, S. W. (2007). The polyvagal perspective. *Biological Psychology, 74,* 116-143. https://doi.org/10.1016/j.biopsycho.2006.06.009

Porges, S. W., y Lewis, G. F. (2010). The polyvagal hypothesis: Common mechanisms mediating autonomic regulation, vocalizations and listening. En S. M. Brudzynski (ed.), *Handbook of mammalian vocalization: An integrative neuroscience approach* (pp. 255-264). Ámsterdam: Academic Press.

Porges, S. W., y Lewis, G. F. (2013). *U.S. Patent Application No. 13/992,450.* Washington, DC: U.S. Patent and Trademark Office.

Porges, S. W., Macellaio, M., Stanfill, S. D., McCue, K., Lewis, G. F., Harden, E. R., Handelman, M., Denver, J., Bazhenova, O. V., y Heilman, K. J. (2013). Respiratory sinus arrhythmia and auditory processing in autism: Modifiable deficits of an integrated social engagement system? *International Journal of Psychophysiology, 88,* 261-270. https://doi.org/10.1016/j.ijpsycho.2012.11.009

Rimland, B., y Edelson, S. M. (1995). Brief report: A pilot study of auditory integration training in autism. *Journal of Autism and Developmental Disorders, 25,* 61-70. https://doi.org/10.1007/BF02178168

Rosenhall, U., Nordin, V., Sandström, M., Ahlsén, G., y Gillberg, C. (1999). Autism and hearing loss. *Journal of Autism and Developmental Disorders, 29,* 349-357. https://doi.org/10.1023/A:1023022709710

Schiaffino, S., y Reggiani, C. (2011). Fiber types in mammalian skeletal muscles. *Physiology Review, 91,* 1447-1531. https://doi.org/10.1152/physrev.00031.2010

Seibert, J. M., Hogan, A. E., y Mundy, P. C. (1982). Assessing interactional competencies: The early social-communication scales. *Infant Mental Health Journal, 3,* 244-258. https://doi.org/10.1002/1097-0355(198224)3:4 <244::AID-IMHJ2280030406>3.0.CO;2-R

Smith, D. E., Miller, S. D., Stewart, M., Walter, T. L., y McConnell, J. V. (1988). Conductive hearing loss in autistic, learning disabled, and normal children. *Journal of Autism and Developmental Disorders, 18,* 53-65. https://doi.org/10.1007/BF02211818

Tecchio, F., Benassi, F., Zappasodi, F., Gialloreti, L. E., Palermo, M., Seri, S., y Rossini, P. M. (2003). Auditory sensory processing in autism: A magnetoencephalographic study. *Biological Psychiatry, 54,* 647-654. https://doi.org/10.1016/S0006-3223(03)00295-6

Thivierge, J., Bedard, C., Cote, R., y Maziade, M. (1990). Brainstem auditory evoked response and subcortical abnormalities in autism. *American Journal of Psychiatry, 147,* 1609-1613.

Tomatis, A. A. (1991). *The conscious ear: My life of transformation through listening.* Barrytown, NY: Station Hill.

World Health Organization. (1992). *International classification of diseases* (10.ª ed.). Ginebra: Organización Mundial de la Salud.

Zollweg, W., Palm, D., y Vance, V. (1997). The efficacy of auditory integration training: A double blind study. *American Journal of Audiology, 6,* 39.

Zwislocki, J. J. (2002). Auditory system: Peripheral nonlinearity and central additivity, as revealed in the human stapedius-muscle reflex. *Proceedings of the National Academy of Sciences USA, 99,* 14601-14606. https://doi.org/10.1073/pnas.222543199

13

LA IMPORTANCIA DE LA QUIETUD

Un diálogo con Stephen W. Porges y Denise Winn

Winn: Profesor Porges, formuló por primera vez la teoría polivagal en 1994 y, como dice en el inicio de *The Pocket Guide to Polyvagal Theory*, su principal impacto ha sido proporcionar explicaciones neurofisiológicas plausibles para varias de las experiencias descritas por personas que han sufrido traumas. En la guía muestra cómo, desde el punto de vista polivagal, no sentirse seguro es la principal característica comportamental que causa la enfermedad mental y física. El enfoque psicoterapéutico Human Givens sostiene que cuando las necesidades emocionales esenciales no se satisfacen suficientemente bien, o cuando los recursos innatos que tenemos para satisfacerlas están dañados o se usan mal, es cuando se produce la mala salud mental, y la seguridad es sin duda una de nuestras necesidades emocionales esenciales. Así pues, me interesaría realmente saber más sobre sus hallazgos a este respecto, y sobre el papel relacionado de lo que usted llama «conexión social». Pero empecemos por el principio, que es que, en la facultad, le atraía un ámbito interdisciplinario llamado *psicofisiología*. ¿Por qué razón?

Porges: La psicofisiología era una nueva disciplina que se centraba en cómo los procesos fisiológicos guardan relación con las experiencias psicológicas. Básicamente, proporcionaba una ciencia para inferir los procesos mentales mediante el seguimiento de las variables fisiológicas. Pensé que era una disciplina sumamente interesante con aplicaciones emocionantes. Encajaba con mis intereses personales. En esa época, tenía veintipocos años, y tenía curiosidad por lo que podíamos aprender de una persona siguiendo su fisiología sin pedirle respuestas orales o escritas. Me di cuenta de que lo que la gente dice o escribe representa una narrativa confabulada generada para responder a necesidades específicas. Había una desconexión entre las intenciones y lo que se decía realmente.

Winn: Cuando dice «responder a necesidades específicas», ¿a qué se refiere?

Porges: Su sensación de identidad y de quiénes son. Voy a ponerle un ejemplo. Pongamos que una persona ha crecido con creencias religiosas muy fuertes, y no cree que sea adecuado decir cosas negativas sobre otra persona, independientemente de lo que sienta. Esta persona tendrá expresiones faciales y entonaciones orales que no encajarán con las intenciones de las palabras que pronuncia. Para mí, la idea de poder supervisar la frecuencia cardiaca, el pulso y la conductancia de la piel era una forma realmente apasionante y emocionante de ver lo que sucede por debajo de la piel.

Winn: Y ¿qué le llevó a desarrollar la teoría polivagal?

Porges: Bueno, no fue inmediatamente. A finales de los años sesenta y principios de los setenta conceptualicé por primera vez cómo cuantificar la variabilidad de la frecuencia cardiaca y sus cambios durante los desafíos psicológicos y físicos. De hecho, fui el primer científico en cuantificar la variabilidad de la frecuencia cardiaca (véase Porges, 1969), que es la variación del tiempo entre los latidos. El corazón no late a un ritmo constante; integrados en el patrón de frecuencia cardiaca latido a latido se encuentran ritmos modulados debidos a influencias neuronales. En mis primeros estudios, documenté que los individuos con mayores variaciones del tiempo entre latidos parecían tener una mayor capacidad de prestar atención, tenían tiempos de reacción más rápidos y eran más resilientes. Estas observaciones me llevaron a estudiar la neurofisiología de la variabilidad de la frecuencia cardiaca y me condujeron hacia el viaje intelectual que dio como resultado la teoría polivagal (Porges, 1995).

Winn: Antes de entrar en estos detalles, ¿podemos hablar un poco más del vago, que usted describe como el mayor nervio del sistema nervioso simpático, que funcionalmente conecta nuestro cerebro con nuestro cuerpo?

Porges: El vago, en primer lugar, es un nervio craneal y, como dice, es el principal componente del sistema nervioso parasimpático. Tenemos un sistema nervioso simpático que, en general, promueve la movilización y las actividades enérgicas, incluyendo el bombeo sanguíneo. La mayoría de las personas conceptualizan el sistema nervioso simpático como un sistema de lucha y huida. Sin embargo, aunque promueva las respuestas de lucha y huida, tiene otras funciones más prosociales y fomenta las actividades enérgicas. Sin un sistema nervioso simpático que funcione bien, estaríamos letárgicos. Nuestra euforia y nuestros movimientos y sentimientos optimistas dependen del sistema nervioso simpático como fuente de energía, mientras que en general el sistema nervioso parasimpático tiene que ver con el reposo y el fomento de la salud, el crecimiento y la restauración.

Winn: Y antes de la teoría polivagal no se reconocía que el sistema nervioso parasimpático tenía dos ramas vagales.

Porges: Correcto; o, más concretamente, que el vago, el principal componente del sistema nervioso parasimpático, tenía dos vías funcionales que se originaban en dos zonas diferentes del tronco encefálico donde se originan las fibras motrices vagales y luego discurren por el vago hasta los órganos viscerales. La visión tradicional del sistema nervioso autónomo hace hincapié en la influencia antagonista de las vías motrices del sistema nervioso simpático y parasimpático que regulan los órganos internos. La bidireccionalidad del sistema se minimizaba, especialmente la bidireccionalidad de las vías vagales entre los órganos viscerales del cuerpo y las zonas del tronco encefálico en las que se originan las vías motrices y terminan las vías sensoriales. De hecho, en torno al 80 % de las fibras vagales son fibras sensoriales, que informan a las estructuras cerebrales sobre el estado de los órganos viscerales. Esto proporciona una explicación plausible sobre cómo influyen los problemas intestinales en cómo nos sentimos y cómo la frecuencia a la que late nuestro corazón puede influir en el modo en que vemos el mundo.

A principios del siglo XX, los fisiólogos ya habían identificado las fibras específicas del vago que eran cardioinhibitorias y que podían reducir el ritmo cardiaco al ser estimuladas. Mi objetivo era desarrollar una mejor medición para cuantificar esta influencia vagal sobre el corazón. Tras casi dos décadas, en 1985, recibí una patente por los procedimientos para monitorear dinámicamente las influencias vagales sobre el corazón. La metodología se integró en un dispositivo que llamé monitor del tono vagal. Con una metodología estandarizada, empecé a aplicar la tecnología en contextos clínicos para medir a pacientes con diferentes diagnósticos y problemas de salud física y mental.

Winn: Conocemos desde hace tiempo la explicación de lucha o huida para la activación emocional, que se basa en activar el sistema nervioso simpático y prepararnos para la acción cuando estamos bajo amenaza. Pero su trabajo sobre el vago identificó otro sistema de defensa más antiguo, conectado con el sistema nervioso parasimpático, más habitualmente, como usted dice, asociado con una respuesta. Este segundo sistema de defensa tiene que ver con la inmovilización, la desconexión y la disociación de un acontecimiento amenazante. Creo que llegó a estas conclusiones a través de su investigación sobre los bebés prematuros.

Porges: Efectivamente. A principios de los años noventa, estaba estudiando a bebés prematuros. En esa época, la literatura describía de manera informal las vías vagales y todo el sistema nervioso parasimpático como un sistema de salud, crecimiento y restauración. No se decía que una parte del sistema nervioso parasimpático, un circuito vagal, se podía emplear como sistema de defensa en respuesta a señales de amenaza vital. Era como si este hecho sobre el vago se eliminara del conocimiento común sobre el sistema nervioso parasimpático. No era que la gente no supiera que la frecuencia cardiaca se podía ralentizar hasta extremos que podían provocar daños cerebrales y la muerte, simplemente no podían conceptualizar los mecanismos neuronales que lo mediaban. Sin la apreciación de un mecanismo vagal que puede ser letal, el vago se podía describir como un recurso maravilloso proveedor de salud, y el sistema nervioso simpático se convirtió en sinónimo de estrés y en enemigo mortal.

Winn: Así, el vago se consideraba como siempre bueno, a pesar de las claras pruebas que indican lo contrario. Fue un neonatólogo quien le alertó de esta contradicción, ¿cierto?

Porges: Sí. Ocurrió durante un periodo de mi investigación en el que estaba trabajando con bebés prematuros de alto riesgo. Ya había desarrollado una medición del tono vagal cardiaco. Quería aplicarla para identificar el riesgo clínico y usarla en evaluaciones para proporcionar información útil a los médicos. Mi trabajo se basaba en la hipótesis de que, si un bebé prematuro tuviera más regulación vagal del corazón, el bebé sería más resiliente, tendría más probabilidades de sobrevivir y de tener un resultado positivo; a la inversa, si el niño era muy prematuro, el sistema vagal no funcionaría de manera suficiente, y el niño correría un mayor riesgo. En 1992, escribí un artículo que se publicó en las principales revistas de pediatría (Porges, 1992), en el que describí el importante valor protector del tono vagal cardiaco, que se podría monitorear en el bebé prematuro cuantificando el componente respiratorio de la variabilidad de la frecuencia cardiaca. Tras su publicación, recibí una carta de un neonatólogo diciéndome que en la facultad de medicina había aprendido que la bradicardia (ritmo cardiaco lento) podía ser letal y que la bradicardia era causada por el vago. Lo que me sorprendió fue que escribió: «¿Quizás tener demasiado de algo bueno sea malo?».

Racionalmente, eso no tenía ningún sentido para mí. Pensé en lo que había aprendido con mis años de investigación en las unidades de cuidados intensivos neonatales y lo que había observado en mi laboratorio. A partir de mis observaciones, inferí que el ritmo respiratorio en la variabilidad de la frecuencia cardiaca latido a latido tiene una función protectora y, cuando este ritmo respiratorio no era observable, el bebé era vulnerable a la bradicardia y podía morir. Posteriormente documenté este fenómeno (véase Reed et al., 1999). Pero ¿cómo podía reconciliar que el vago era responsable tanto de la bradicardia letal como de la protectora variabilidad de la frecuencia cardiaca? Llamé a esta paradoja «la paradoja vagal».

Winn: ¿Es esto lo que le llevó a los descubrimientos sobre las vías vagales mielinizadas y no mielinizadas?

Porges: Sí. A menudo digo que todo lo que acabó siendo la teoría polivagal lo tenía justo delante de mis ojos en la unidad de cuidados intensivos neonatales, donde cualquier científico observador podría en realidad ver desarrollarse el sistema vagal.

Mi investigación me mostró que tanto los humanos como otros mamíferos tienen vías vagales mielinizadas y no mielinizadas. La mielina es una capa aislante alrededor del nervio que facilita una transmisión neuronal más rápida y más eficiente. Estas dos vías vagales se originan en dos áreas diferentes del tronco encefálico. Un niño extremadamente prematuro que nace con menos de 30 semanas de edad gestacional no tiene un vago mielinizado operativo. El proceso de mielinización de las fibras motrices vagales, las fibras vagales que tienen un ritmo respiratorio, no se empieza a desarrollar hasta las 30 a 32 semanas de gestación. A través de publicaciones científicas que describían las fibras vagales en niños prematuros que fallecieron, pude encontrar estudios que me dieron suficiente información para generar una curva de desarrollo hipotética de la mielinización de las fibras motrices vagales que van hasta el corazón, y mapear lo que había observado en mi investigación en esa curva (véase Porges y Furman, 2011).

Para mí, fue un momento de revelación, porque podía monitorear el cambio en la regulación neuronal del motor que ahora reflejaba las vulnerabilidades experimentadas por los bebés de alto riesgo. Las mayores vulnerabilidades de un bebé prematuro son la apnea (dejar de respirar) y la bradicardia, durante la cual el corazón se ralentiza a un nivel en el que el cerebro no recibe suficiente sangre oxigenada. Si transponemos estas observaciones del desarrollo en un contexto evolutivo, podemos interpretar las reacciones de apnea y de bradicardia de los prematuros desde un punto de vista reptiliano. Por ejemplo, los reptiles, que solo tienen fibras motrices vagales no mielinizadas, contienen la respiración (pueden sobrevivir varias horas sin respirar) y reducen su frecuencia cardiaca para parecer inanimados. Para ellos, es una estrategia de defensa primaria, y les sirve de mucho, porque tienen un cerebro pequeño y no dependen tanto del oxígeno como los mamíferos. Los mamíferos, con su gran cerebro, necesitan una fuente de oxígeno continua.

Winn: Efectivamente, reconoció que los bebés nacidos antes de las 32 semanas tienen un sistema nervioso autónomo con características más similares a las de los reptiles que a las de los mamíferos.

Porges: Sí. Los reptiles primitivos ya extinguidos son los ancestros desde los que evolucionaron los reptiles y los mamíferos modernos. A través de estos ancestros comunes, evolucionamos con un núcleo funcional común en nuestro tronco encefálico, que cambia durante el desarrollo embrionario, como las estructuras del tronco encefálico y los nervios craneales emergentes cambian y modifican su función. En los mamíferos, el papel principal de las fibras vagales no mielinizadas es regular los órganos por debajo del diafragma. Solo los mamíferos tienen un vago mielinizado que está conectado en el tronco encefálico con los circuitos que regulan los músculos estriados de la cara y de la cabeza. En los mamíferos, esta vía vagal es la principal reguladora de los órganos por encima del diafragma. Así, la bradicardia y la apnea se deben a un antiguo sistema de defensa que sigue disponible en los bebés prematuros y que, posteriormente, al crecer, se vuelve menos accesible, aunque algunas fibras no mielinizadas siguen conectadas con el marcapasos del corazón.

Winn: ¿El sistema nervioso mamífero, o el vago mielinizado, se acaba desarrollando en los bebés gravemente prematuros?

Porges: El entorno en el que los bebés prematuros sobreviven no es tan propicio como el medio intrauterino, a nivel del tipo de desarrollo. Cuando el bebé prematuro sale del útero, es bombardeado con retos desde todos sus sentidos, y su sistema nervioso reacciona y se defiende. En ocasiones, estas reacciones pueden producirse solo con el contacto. Cuando el sistema está protegido dentro del útero, no tiene esos desafíos, pero cuando el niño sale del útero, el cuerpo tiene que reaccionar con las herramientas de las que dispone, que son las reacciones de defensa similares a las de los reptiles.

Winn: A ver si lo entiendo. Todo este desarrollo se produce en el útero y, en el momento del nacimiento, si es a término, el sistema mamífero funciona bien. Pero no es así en el caso de los bebés prematuros.

Porges: Efectivamente. El vago mielinizado mamífero se activa durante las cinco a ocho últimas semanas de gestación. El origen de estas fibras mielinizadas es la migración neuronal de una zona del tronco encefálico a otra, desarrollándose funcionalmente como dos vías vagales distintas.

Winn: Entonces, ¿significa esto que estos bebés prematuros, si sobreviven, tienen mayor riesgo de utilizar el sistema de defensa antiguo al encontrarse bajo cualquier tipo de estrés grave?

Porges: La respuesta es un sí matizado, pero hay otras características asociadas con esta alteración en la maduración del vago mielinizado. Un punto de referencia importante para la salud en bebés prematuros es la correcta coordinación al succionar, tragar y respirar, que implica el uso de los nervios craneales que controlan los músculos estriados de la cara y de la cabeza. En el tronco encefálico, las estructuras que regulan los nervios craneales que controlan estos músculos se comunican con la estructura del tronco encefálico que regula la actividad del vago mielinizado. Esto proporciona los mecanismos para comportamientos sociales como las expresiones faciales y las vocalizaciones, así como la ingestión de comida, para regular el estado fisiológico.

En nuestra búsqueda biológica de seguridad, tenemos un imperativo biológico implícito de conectar y corregular nuestro estado fisiológico con el otro. Incluso el modo en que nos miramos es crítico en esta capacidad de conectar. Para el bebé prematuro, estos sistemas se ponen a prueba y están poco coordinados. En el tiempo que estuve dando charlas a grupos de terapia con supervivientes de trauma, aprendí mucho con los padres sobre la evolución de los niños nacidos muy prematuros. Al preguntarles sobre su habilidad cognitiva, a menudo su hijo estaba bien. Pero al preguntarles sobre sus interacciones sociales y sus relaciones, me decían «ni idea». Ahora solo pregunto sobre las relaciones.

Winn: ¡Muy interesante! Porque cuando hablamos sobre los potenciales riesgos de desarrollo en los niños nacidos prematuros, no solemos pensar en este aspecto.

Porges: Así es. Los avances en los tratamientos médicos han reducido los riesgos de retraso mental y de desarrollo motor. Parece que el principal problema se produce con la corregulación, que ocurre naturalmente en la mayoría de los niños nacidos a término. Cuando una mamá calma a su bebé con arrullos y sonrisas y gestos cariñosos, el bebé se relaja, y esto a su vez calma a la mamá: corregulación. Neurofisiológicamente, la corregulación consiste básicamente en expresiones faciales recíprocas, gestos y vocalizaciones entre la mamá y el bebé a través de los músculos estriados de la cara y la cabeza. El bebé prematuro no tiene los recursos neuronales para comportamientos que permitirían la corregulación. Tiene estos sistemas debilitados. Pero soy optimista. Creo que estos sistemas todavía se pueden emplear y volver a mapear o resintonizar.

Winn: Según comprendo a partir de la teoría polivagal, no decidimos conscientemente qué sistema de defensa utilizar cuando estamos bajo amenaza. Usted da el interesante ejemplo de personas con mucho miedo a hablar en público que tienen terror a perder el conocimiento. Las personas que tienen ataques de pánico a menudo temen lo mismo. Desde el punto de vista de la respuesta de lucha o huida, desmayarse no tendría sentido, porque la presión sanguínea aumenta en lugar de disminuir. Pero la gente que responde de este modo, ¿entra en realidad en este modo de defensa anterior en lugar de eso?

Porges: Creo que lo que está preguntando es cómo se activan los circuitos. Veamos la secuencia de cómo evolucionó el sistema nervioso autónomo en los vertebrados. Los vertebrados antiguos empezaron con un sistema nervioso autónomo muy simple, y su primer componente neuronal era el vago no mielinizado. Cuando funcionaba, promovía la homeostasis fisiológica, pero también podía reaccionar en defensa. Y cuando reaccionaba en defensa, el animal defecaba, dejaba de respirar y reducía su gasto metabólico. Mediante procesos evolutivos, algunos vertebrados desarrollaron un sistema nervioso simpático espinal que promovía el movimiento rápido. Con el progreso de la evolución, los mamíferos evolucionaron con un circuito vagal que estaba unido en las estructuras del tronco encefálico con la regulación neuronal de los músculos de la cara y de la cabeza, formando un sistema de conexión social integrado. Aunque conocía esta secuencia de cambios evolutivos en el sistema nervioso autónomo, me faltaba el concepto que explicara cómo los diferentes circuitos podían ser activados o regulados.

Para responder a esta pregunta, primero tuve que conceptualizar lo que sabía sobre el sistema nervioso autónomo en un orden evolutivo o jerárquico. La jerarquía daba una regla que determina el orden en el que se pueden emplear los circuitos, donde los circuitos nuevos inhiben los circuitos más antiguos. Esta doctrina está basada en el trabajo de John Hughlings Jackson, un importante neurólogo inglés de finales del siglo XIX. Jackson describió cómo el daño a partes del cerebro humano a causa de una enfermedad o por lesiones desinhibe los circuitos más antiguos. Él usaba la palabra «disolución», que significa «evolución a la inversa», para describir este proceso. Cuando leí acerca de la disolución, me di cuenta de que la disolución era el constructo perfecto para describir la secuencia de las reacciones autónomas ante los retos. Cuando nos enfrentamos a dificultades serias, adaptativamente respondemos activando los circuitos evolutivamente más antiguos en nuestro intento de sobrevivir.

Winn: ¿Quiere decir que cuando nos enfrentamos a dificultades serias percibimos que no podemos escapar? En otras palabras, ¿que activar el sistema de lucha o huida no funcionaría?

Porges: Estas respuestas son reflexivas y no están planificadas. De hecho, desarrollé el concepto de *neurocepción* para explicar cómo reaccionamos inconscientemente a las señales de seguridad, peligro o amenaza vital, tanto si son correctas como si no. La neurocepción es diferente de la percepción, porque ocurre reflexivamente mucho antes de que en realidad percibamos e interpretemos el riesgo en el entorno. ¿Es usted terapeuta?

Winn: Sí.

Porges: En realidad, no hace falta ser terapeuta, solo ser humano, para notar lo que voy a describir. Imagine que está hablando con alguien y accidentalmente dice algo que es un disparador para esa persona, y de repente su estado fisiológico se altera: su expresión facial se vuelve evaluadora o agresiva, su tono muscular se tensa y sus puños se cierran. Cuando se producen estos cambios en el estado fisiológico, su forma de verle cambia por completo, y puede atacarle con palabras o comportamientos agresivos. ¿Le ha pasado alguna vez?

Winn: Sí.

Porges: Porque desde su punto de vista sus intenciones eran admirables, no entiende qué está pasando, y se siente una víctima. Pero la persona que le ha atacado está en un estado fisiológico que cambia su perspectiva, y estructurará una narrativa para justificar su comportamiento. Así pues, se produce un cambio desde un estado socialmente conectado a un estado cuya única prioridad es la supervivencia. Lo bello de ser un ser humano o cualquier otro mamífero social es que, si nos ponemos reflexivamente a la defensiva, también tenemos la oportunidad de ser calmados y confortados y de reactivar nuestro sistema de conexión social con otra persona. Si nos exponemos a señales de seguridad, confianza y amor, a través de comportamientos de conexión social que pueden incluir una voz suave y los gestos adecuados, nos calmamos. Este estado de calma ocurre espontáneamente en respuesta a comportamientos reconfortantes de conexión social y no como respuesta a ser sermoneados.

El vínculo entre el estado fisiológico y los circuitos que producen expresiones faciales y vocalizaciones prosódicas es único en los mamíferos. Estas características comportamentales integradas dependen de un circuito neuronal que también incluye las vías vagales mielinizadas que calman el corazón y regulan a la baja el sistema nervioso simpático. Los mamíferos, al evolucionar, mantuvieron las estructuras neuronales para estar a la defensiva, desarrollando al mismo tiempo vías neuronales para regular a la baja la defensa al ser confortado por otro. Así, la capacidad de movernos rápidamente entre los estados social y defensivo está profundamente arraigada en nuestro sistema nervioso. Los mamíferos, al evolucionar, tuvieron que conocer perfectamente y reaccionar ante las señales de peligro, pero también tenían que buscar la seguridad y el confort en presencia de otros.

Esta secuencia de disolución, pasar de la conexión social a la defensa y luego inhibir la defensa mediante la reconexión, funciona de maravilla en la mayoría de los mamíferos. Pero ¿qué ocurre cuando experimentamos un trauma severo o tenemos ciertos estados patológicos? Perdemos el acceso a los músculos faciales y a la entonación de la voz. Ahora, cuando el cuerpo está atascado en un estado de defensa, las señales de seguridad pueden estar distorsionadas y ser menos efectivas a la hora de calmarnos y confortarnos. ¿Recuerda al cantante Johnny Mathis?

Winn: Sí. Tenía una voz maravillosamente suave.

Porges: Cuando se reproducían los discos de Johnny Mathis, los adolescentes se podían sentir seguros, básicamente para que su cuerpo se sintiera seguro estando muy cerca del otro. Este tipo de música vocal puede comunicar señales de seguridad, a través de la neurocepción, que indican que no hay ningún peligro alrededor y que nuestro cuerpo no necesita protegerse. En otras palabras, la voz de Johnny Mathis permitía a las parejas sentirse cerca físicamente. Cuando doy charlas, a menudo uso la metáfora de que nuestro sistema nervioso está esperando a Johnny Mathis, porque hay ciertas inflexiones y entonaciones de la voz ante las que nuestro sistema nervioso está preparado para responder y que no se pueden bloquear. Estamos programados para responder a las vocalizaciones prosódicas. Las madres lo saben intuitivamente. Los padres suelen saber utilizar las vocalizaciones prosódicas con sus perros, pero no tanto con sus hijos.

Esto es porque los padres suelen hablar con una voz grave y monótona, que funciona para crear límites o restricciones en el niño, mientras que el sistema nervioso del niño solo quiere sentirse seguro y está esperando una voz que esté compuesta de frecuencias similares a la nana de una madre.

Como nuestro sistema nervioso está buscando a Johnny Mathis, la entonación de la voz proporciona un portal a través del cual podemos llegar a las personas que han tenido experiencias traumáticas.

Winn: Y calmarlas.

Porges: Pero sentirse en calma es un arma de doble filo. Cuando una persona con un historial de trauma severo empieza a calmarse, su cuerpo puede activarse y ponerse a la defensiva si las señales de calma y de inmovilización se asocian con una vulneración de la confianza y con un abuso. Funcionalmente, cuando el cuerpo abandona la defensa, se vuelve vulnerable y puede desencadenar un recuerdo implícito asociado con un acontecimiento durante el cual se vulneró la confianza.

Winn: Esto es lo que los terapeutas de Human Givens llamarían correspondencia de patrones.

Porges: Así, ahora el cuerpo es incapaz de confiar y de salir del estado de defensa. Para algunas personas con un historial de trauma, abandonar la defensa activa el pánico. No saben por qué actúan así, pero, al empezar a calmarse, puede que intenten comunicar sus sentimientos diciendo: «no me siento bien», «tengo una sensación desagradable en la barriga», «me siento enojado/a». Intentan entenderlo, pero lo que ha pasado en realidad es que su cuerpo ha entrado en un estado de vulnerabilidad.

Hipotéticamente, estar en calma y confiar en los demás no debería crear vulnerabilidad. Pero para muchas personas con historial de trauma, esto activa sensaciones de vulnerabilidad. He trabajado en una metodología para que los individuos dejen de sentirse vulnerables en este estado fisiológico. Pensé que podría hacerlo con vocalizaciones modificadas por ordenador. Desarrollé unos estímulos acústicos que procesaban las palabras para exagerar la prosodia. Esto funcionó sumamente bien con los niños, y muchos niños autistas espontáneamente interactuaban tras escuchar algunas sesiones; incluso sus músculos faciales cambiaban.

Winn: ¿Se trata del *Listening Project Protocol*?

Porges: Sí, así empezó. Pero ahora está disponible comercialmente, y se vende como *Safe and Sound Protocol* (véase https://integratedlistening.com/porges/). Muchos terapeutas del trauma han empezado a usarlo, y lo que he comprobado desde que se lanzó es que algunos de sus clientes entraban en estados de vulnerabilidad y se ponían ansiosos y se movilizaban. En un taller en Londres, reproduje una versión modificada por ordenador cantada por Judy Collins. Reproduje solo seis minutos de la música modificada, pero muchos de los participantes tuvieron reacciones que fueron desde sensaciones de ligera ansiedad a fuertes sensaciones de desregulación. Varias necesitaron la interacción y el apoyo de otros para volver a sentirse cómodos. Esto me demostró a mí y a los participantes que estímulos tan simples como escuchar música modificada por ordenador puede desencadenar ansiedad y dolor de barriga en algunas personas, mientras que otras percibían los mismos estímulos como de gozo, o incluso criticaban lo que hice con la música. Sorprendentemente, el rango de reacciones fue enorme.

Winn: Esto es muy revelador.

Porges: Estas sorprendentes observaciones me llevaron a pensar en los mecanismos que desencadenan estas reacciones diversas. Las señales de seguridad dejaron de funcionar como señales de seguridad, ya que se transformaron en señales que anticipaban estar inmovilizado o retenido y volverse vulnerable. Así, empecé a estudiar cómo se percibía la quietud. Por ejemplo, ¿percibía la persona un estado de quietud como un momento maravilloso en el que el tiempo se expande, en el que puede estar en paz consigo misma, o experimentaba la quietud con miedo a perder los límites y a caer en el vacío? Si empiezas a hablar de la quietud a personas con traumas, inmediatamente descubres que resulta aterradora para muchas de ellas.

Imaginemos a una mujer o a un niño viviendo en un clima de maltrato doméstico. ¿Qué hace su cuerpo? Según nuestro antiguo conocimiento de nuestro sistema nervioso autónomo, activarían el sistema nervioso simpático para promover los comportamientos de lucha y huida. Pero, con frecuencia, los clientes dan un relato totalmente diferente que se centra en la inmovilización, la restricción y la disociación, que funcionalmente permite a la persona estar mentalmente en un lugar de seguridad. Pero el relato también puede incluir desmayarse, defecar u orinarse encima. Cuando se activa este circuito de defensa de inmovilización, no parece fácil volver a regularse en un estado de calma o volver a interactuar con los demás y corregularse. Tras experimentar este tipo de defensa de desconexión, ¿cómo se protegen las personas para no volver a entrar en este estado de inmovilización en el futuro?

Winn: Es decir, ¿porque la reacción de defensa extrema se ha convertido en su posición por defecto?

Porges: Exactamente. Lo que suelen hacer para evitar entrar en un estado inmovilizado de defensa es seguir movilizadas, seguir en movimiento. Esto seguiría la jerarquía evolutiva del sistema nervioso autónomo, donde los circuitos más nuevos inhiben los circuitos más antiguos. Esta estrategia adaptativa consistiría en mantener la tensión muscular y parecer estar muy ansioso y tener un umbral muy bajo para reaccionar con un comportamiento agresivo. Estas personas pueden tener tendencia a experimentar pánico. El pánico tiene una función adaptativa; es movilización y evita la paralización.

Para comprender el origen de los trastornos de pánico y la vulnerabilidad ante el pánico, debemos conocer el historial clínico de la persona, y no es necesario que este historial clínico incluya traumas emocionales basados en el abuso documentados. Puede desencadenarse con los recuerdos de una intervención médica que fue aterradora. Puede tener que ver con una situación de haber sido inmovilizado de niño. Aunque las intenciones de la persona que lo inmovilizó fueran buenas, el cuerpo de un niño pequeño no discrimina entre las intenciones de hacer el bien o de hacer daño. Como sociedad, deberíamos valorar la reacción del cuerpo ante un acontecimiento o un comportamiento, independientemente de la intención o de la motivación que causa el comportamiento.

Winn: Me gustaría volver a lo que ha comentado antes de que el trauma parece afectar el modo en que las personas se expresan, mediante la expresión de su cara y su tono de voz. Describe en sus libros el modo en que esto se suele manifestar en ciertos trastornos, como la esquizofrenia. ¿Qué sucede en este caso fisiológicamente, qué causa la falta de expresión emocional que solemos ver en la esquizofrenia, la falta de variación tonal, etc.?

Porges: Dejemos por un momento los diagnósticos a un lado. Existen ciertas características principales en varias categorías diagnósticas, y estas características principales se pueden clasificar en funciones alteradas por la pérdida de regulación neuronal de los músculos estriados de la cara y de la cabeza. Cuando estas funciones se pierden, cambia el estado autónomo y la regulación vagal del corazón se deprime. Estos individuos tendrán un afecto plano, carecerán de vocalizaciones prosódicas y tendrán dificultades en extraer la voz humana de las voces y los sonidos de fondo. Tendrán un sistema nervioso autónomo que no estará en calma ni será resiliente, sino que reaccionará instantáneamente ante el menor acontecimiento y literalmente estará preparado para reaccionar y defenderse. Así, el sistema de conexión social estará retraído para facilitar la oportunidad de defenderse.

Hablaremos de todos estos trastornos clínicos, pero en realidad estamos hablando de un estado fisiológico que se activa fácilmente para ponerse a la defensiva; el circuito neuronal para la corregulación, la conexión y la resiliencia está apagado.

Winn: Entonces, ¿esto es lo que los terapeutas del trauma que trabajan según sus ideas intentar revertir?

Porges: Sí. En primer lugar, creo que estas ideas han sido útiles para los terapeutas del trauma al reformular su perspectiva a la hora de interpretar las reacciones de sus clientes: el repertorio limitado de los clientes de comportamientos expresivos se puede categorizar no como bueno o malo, sino como reacciones adaptativas del sistema nervioso que se activan para proteger al individuo. Cuando los clientes empiezan a comprender la naturaleza adaptativa de sus comportamientos, su relato personal cambia, y la mayor parte de la vergüenza y de la culpa se reduce; incluso se pueden sentir heroicos. Este nuevo conocimiento prosocial les permite empezar a dejar de estar a la defensiva con el terapeuta y a expandir su mundo.

Winn: Ha explicado que los circuitos neuronales que promueven el comportamiento social y la regulación emocional efectiva están disponibles solo cuando nuestro sistema nervioso considera que el entorno es seguro. El sistema de conexión social parece concordar con la visión de Human Givens sobre la necesidad vital de conexión social y de utilizar los recursos innatos para ayudarnos a lograrla. ¿Podría dar más detalles sobre cómo funciona la conexión social desde el punto de vista polivagal?

Porges: Por supuesto. En parte, muchos comportamientos humanos implicados en nuestras interacciones son intentos de emplear el sistema de conexión social para regular a la baja las reacciones defensivas. Solemos utilizar expresiones faciales, voces, la escucha y los gestos con las manos para regular nuestro estado comportamental. Como terapeuta, verá que la gente hace varios movimientos —tragar, succionar, morderse las uñas— que son intentos desesperados de utilizar el sistema de conexión social para obtener los efectos calmantes del vago y de nuestra función autónoma.

Winn: ¿Puede explicarlo un poco más?

Porges: Podemos verlo más fácilmente en los bebés. Cuando los bebés están agitados, irritables o lloran, ¿cómo se calman? Generalmente, comiendo. Pero cuando rápidamente maduran y alcanzan los seis meses de edad, la interacción social se vuelve más potente que la comida a la hora de regular su estado comportamental. Esto es lo que ilustra el famoso experimento de la «cara inmóvil» de Ed Tronick (Tronick y et al., 1978). En este paradigma experimental, la madre o el investigador mira al bebé, que tiene unos nueve meses de edad, con una expresión facial plana. Las respuestas del bebé siguen una secuencia previsible. Primero, el bebé intentará interactuar con la mamá o el investigador con expresiones faciales que pueden ser complementadas con gestos con los brazos. Si la mamá o el investigador siguen manteniendo una cara inmóvil, el frustrado bebé se desconectará y mirará hacia otro lado o bien irrumpirá en un berrinche.

Olvidamos que los adultos también hacen lo mismo. Si tenemos compañeros o jefes o parejas con quienes se produce una ruptura de la interacción recíproca, perdemos el autocontrol y reaccionamos.

Asimismo, como terapeuta, tendrá clientes con varias disfunciones o dificultades, que también suelen tener dolencias físicas, como intestino irritable, fibromialgia, hipertensión e hipotensión. Las aparentes comorbilidades se deben a la función comprometida del sistema nervioso autónomo que ocurre cuando el sistema de conexión social está deprimido. Funcionalmente, el sistema de conexión social debe conectarse para promover las funciones homeostáticas. Una vez que el sistema de conexión social está regulado a la baja, el sistema nervioso autónomo es vulnerable ante la defensa.

Winn: Así, cuando el sistema de conexión social no funciona, ¿todo el cuerpo se desajusta?

Porges: Exacto. Sin un sistema de conexión social que funcione adecuadamente, el sistema nervioso autónomo es incapaz de promover procesos asociados con la salud, el crecimiento y la restauración.

Winn: Esto es realmente significativo. Afirma que el juego es importante para ayudarnos a aprender a reducir las respuestas de estrés y sentirnos seguros con los demás.

Porges: Sí, jugar con otros implica interacción social. El juego nos permite movilizarnos, usando el sistema nervioso simpático junto con el sistema de conexión social. El sistema de conexión social reduce la activación simpática para asegurarse de que no pasemos a la lucha o a la huida. Extraemos nuestras señales a partir de las expresiones o acciones de juego de aquellos con quienes interactuamos.

Winn: De manera que sabemos que estamos seguros y que no se trata de una agresión.

Porges: Eso es. También tenemos la intimidad. Cuando no estamos cara a cara con personas en quienes confiamos, podemos usar los gestos y la voz como portales hacia el sistema de conexión social. Esta asociación entre el sistema de conexión social y el componente evolutivamente más antiguo de nuestro sistema nervioso autónomo, el circuito vagal no mielinizado que permite a los reptiles fingir su muerte, nos permite experimentar la quietud como un estado positivo y permanecer en calma en los brazos del otro sin activar la inmovilización defensiva. En estas mezclas de estados fisiológicos, vemos la función del sistema de conexión social como coordinador o coreógrafo de todo el sistema nervioso autónomo. Con un sistema de conexión social que funcione correctamente, podemos emplear todos los atributos del sistema nervioso autónomo, lo cual optimiza la salud así como el comportamiento social.

Winn: En el caso de las personas que han sufrido un trauma importante, y en especial las que nunca se han sentido seguras en su vida, usted dice que sentirse seguro es el tratamiento. Esto ha sido aceptado por muchos especialistas en el trauma que trabajan con personas que a menudo han sido diagnosticadas con un TEPT complejo y que suelen sufrir disociación y desregulación emocional. ¿Sentirse seguro es realmente el tratamiento, o es el primer paso inicial del tratamiento?

Porges: Esto lleva a algunos conceptos nuevos. Lo que he estado comentando es lo que llamo vías activas y pasivas. Sentirse seguro es la vía pasiva, facilita que el estado fisiológico cambie para promover comportamientos más abiertos y de confianza. La vía activa consiste en lo que llamo ejercicios neuronales; que pueden ser, por ejemplo, un juego recíproco o interacciones terapéuticas. Cantar, especialmente en grupo, es un buen ejercicio neuronal. Neurofisiológicamente, como cantar requiere espiraciones más largas en comparación con las inspiraciones, se potencia el impacto calmante del vago mielinizado. Cantar también activa otros aspectos del sistema de conexión social ejercitando la regulación neuronal de los músculos de la cara, las estructuras del oído medio y la laringe y la faringe. Sí, la seguridad es el tratamiento, pero también aporta la base para otros tratamientos.

Winn: Sin embargo, parece que no es solo la seguridad lo que le interesa en la órbita personal del individuo. Cito de su libro: La teoría polivagal cuestiona los parámetros que nuestras instituciones educativas, legales, políticas, religiosas y médicas usan para definir la seguridad. Traspasando las características definitorias de «seguridad» de un modelo estructural del entorno, con vallas, detectores de metal y seguimiento de control a un modelo de sensibilidad visceral evaluando los cambios en la regulación neuronal del estado autónomo, la teoría cuestiona los valores de nuestra sociedad en torno a cómo se trata a las personas. La teoría nos obliga a cuestionar si nuestra sociedad proporciona suficientes y adecuadas oportunidades para disfrutar de entornos seguros y relaciones de confianza. Una vez que reconocemos que las experiencias en nuestras instituciones sociales, como escuelas, hospitales e iglesias, se caracterizan por evaluaciones crónicas que desencadenan sensaciones de peligro y de amenaza, podemos ver que estas instituciones pueden alterar tanto la salud como la inestabilidad política, la crisis fiscal o la guerra.

En este sentido, usted incluso dice haber observado que las salas de tratamiento en los centros médicos tienen muchos sonidos a baja frecuencia de los sistemas de ventilación, y que esto puede bastar para perturbar nuestra sensación de seguridad. ¿Cree que podemos realmente hacer algo al respecto?

Porges: Los investigadores, los educadores y los científicos de diferentes campos se están interesando por la teoría polivagal porque les permite comprender cómo responde el sistema nervioso a los retos contextuales e incluso históricos. Como especie, nacemos sin manual. La teoría polivagal identifica algunos indicadores y procesos críticos que debemos incorporar en nuestro manual. Pero es importante saber que no tenemos que estar seguros todo el tiempo. No tenemos que contar con una corregulación recíproca todo el tiempo. Pero sí que debemos tener acceso a entornos y relaciones seguros.

Aquí hay dos aspectos importantes. Primero, la eliminación de la amenaza no equivale a seguridad. Esto es algo que nuestra sociedad parece pasar por alto. Después, debemos reconocer que los humanos son una especie traumatizada. No deberíamos esperar nunca tener una vida maravillosa porque nuestro cuerpo también necesita novedad y retos. Somos organismos maravillosamente complejos residiendo en una sociedad compleja. Lo irónico es que aquellos que disponen de las señales de seguridad y pueden utilizarlas suelen ser los que se vuelven más audaces y creativos. Es una paradoja. Si tenemos la sensación de estar seguros con los demás, podemos hacer cosas que son extremadamente difíciles. Pero si olvidamos el papel fundamental del precedente estado de seguridad y damos por supuesto que no necesitamos una base segura desde la cual lidiar con los retos, el resultado suele ser trágico y limitante, donde las personas viven con vidas gravemente afectadas.

Winn: Creo que esto encaja muy bien con las visiones de la psicología del desarrollo acerca de cómo los bebés con necesidades emocionales y físicas satisfechas son los que se sienten suficientemente seguros para querer explorar, aprender y asumir riesgos. Lo que acaba de decir, de algún modo, responde a lo que iba a preguntarle a continuación sobre la resiliencia humana. Aunque nuestros entornos estén lejos de ser ideales, ¿no es cierto que en general las personas son capaces de arreglárselas y de ir tirando suficientemente bien? Lidiamos con el trauma gran parte del tiempo. ¿Está de acuerdo?

Porges: Totalmente. Y creo que debemos celebrar nuestra resiliencia y nuestra capacidad de lidiar con las dificultades, porque así es como crece nuestro sistema nervioso. Los ejercicios neuronales son realmente retos transitorios para este sistema y para su rápida recuperación.

Winn: Finalmente, aunque creo que también ha contestado parcialmente a esto, usted hace hincapié en que el organismo humano necesita percibirse como seguro para sobrevivir y prosperar, lo cual quiere decir interactuar de forma segura con los demás. ¿Significa esto que lo considera como la meta del organismo? Una de las metas emocionales más importantes identificadas en el enfoque de Human Givens es la necesidad de significado. Sin él, se produce la desesperanza y el tipo de depresión que puede llevar al suicidio. ¿Hay lugar para la sensación de significado y propósito en su visión sobre lo que hace que un ser humano florezca?

Porges: Permítame decirlo así. Buscamos la seguridad, pero no es nuestro único objetivo. La seguridad es una facilitadora de nuestros objetivos personales internalizados. La teoría polivagal en realidad está avanzando hacia nuevas ideas. Estoy trabajando en la noción de propósito; el propósito de vivir o el propósito en la vida. Hemos aprendido de quienes han sufrido y sobrevivido a traumas graves que el mayor impacto del trauma es la pérdida de propósito en la vida. El concepto de *propósito* está profundamente arraigado en nuestra naturaleza, y es potencialmente biológico. Este proceso es ahora mi enfoque al expandir la teoría polivagal para comprender mejor las consecuencias de las reacciones ante las amenazas vitales y nuestra capacidad de prosperar a pesar de las alteraciones causadas por el trauma.

Winn: Gracias, profesor Porges.

REFERENCIAS

Porges, S. W. (1992). Vagal tone: a physiologic marker of stress vulnerability. *Pediatrics, 90*(3 Pt 2), 498-504.

Porges, S. W. (1995). Orienting in a defensive world: Mammalian modifications of our evolutionary heritage. A polyvagal theory. *Psychophysiology, 32*(4), 301-318.

Porges, S. W. (2017). *The pocket guide to the polyvagal theory: The transformative power of feeling safe.* Nueva York: Norton.

Porges, S. W., y Furman, S. A. (2011). The early development of the autonomic nervous system provides a neural platform for social behaviour: A polyvagal perspective. *Infant and Child Development, 20*(1), 106-118.

Porges, S. W., y Raskin, D. C. (1969). Respiratory and heart rate components of attention. *Journal of Experimental Psychology, 81*(3), 497-503.

Reed, S. F., Ohel, G., David, R., y Porges, S. W. (1999). A neural explanation of fetal heart rate patterns: A test of the polyvagal theory. Developmental Psychobiology: *The Journal of the International Society for Developmental Psychobiology, 35*(2), 108-118.

Tronick, E., Als, H., Adamson, L., Wise, S., y Brazelton, T. B. (1978). The infant's response to entrapment between contradictory messages in face-to-face interaction. *Journal of the American Academy of Child Psychiatry, 17*(1), 1-13.

14

LA PANDEMIA DE LA COVID-19 ES UN DESAFÍO PARADÓJICO PARA NUESTRO SISTEMA NERVIOSO

UNA PERSPECTIVA POLIVAGAL

Stephen W. Porges

LA PANDEMIA IMPACTA EN NUESTRO IMPERATIVO BIOLÓGICO DE CONECTAR

Con la crisis de la COVID-19 cuestionando el tejido de nuestra sociedad, acudimos a nuestra ciencia para comprender cómo influye esta crisis en nuestra salud mental y física, cómo percibimos el mundo y el modo en que interactuamos con los demás. La teoría polivagal proporciona un modelo neurobiológico para explicar cómo la crisis suscita respuestas relacionadas con la amenaza, altera nuestra capacidad de regular nuestros estados comportamentales y emocionales, interfiere en nuestro optimismo y compromete nuestra capacidad de confiar y sentirnos seguros con los demás.

De manera similar a otros mamíferos, los humanos son una especie social. Ser una especie social significa explícitamente que la supervivencia humana depende de la corregulación de nuestro estado neurofisiológico a través de la interacción social. La dependencia de un bebé con respecto a su madre es un ejemplo típico de esta dependencia e ilustra incluso la bidireccionalidad de la interacción social; la madre no solo regula al bebé, sino que el bebé está regulando recíprocamente a la madre. Las características de corregulación, reciprocidad, conexión y confianza repercuten en el sistema nervioso mamífero y optimizan la función homeostática, proporcionando un vínculo neurobiológico entre nuestra salud mental y física.

Theodosius Dobzhansky, un prominente biólogo evolutivo, destacó que la conexión más que la fuerza física es lo que permitió el éxito evolutivo de los mamíferos y redefinió la supervivencia del más fuerte diciendo que el más apto también puede ser el más amable, porque la supervivencia a menudo requiere la ayuda mutua y la cooperación (1962). Según Dobzhansky, esta capacidad de cooperar es lo que permitió a las primeras especies de mamíferos sobrevivir en un mundo hostil dominado por reptiles físicamente más grandes y potencialmente agresivos. Aunque desconocía las principales contribuciones de Dobzhansky cuando formulé la teoría polivagal, el título de la publicación que presentaba la teoría polivagal era *Orientarse en un mundo defensivo: modificaciones mamíferas de nuestro legado evolutivo. Una teoría polivagal* (Porges, 1995). Retrospectivamente, el título era un tributo a la perspicaz afirmación de Dobzhansky de que nada en biología tiene sentido excepto a la luz de la evolución (1973).

EL MODELO DE UN SOLO SISTEMA NERVIOSO AUMENTA EL RECONOCIMIENTO DE UNA COMUNICACIÓN CEREBRO-CUERPO BIDIRECCIONAL

En nuestra lucha contra la pandemia, debemos reinterpretar y reformular nuestras reacciones en una apreciación informada de nuestro sistema nervioso, reconociendo que nuestras reacciones ante la pandemia solo tendrán sentido si se basan en nuestro conocimiento sobre la evolución. Esto nos lleva a plantear preguntas sobre nuestra reactividad ante la amenaza y la incertidumbre y nuestras necesidades de corregular suficientemente nuestro estado corporal para pasar de sensaciones de miedo y peligro a sensaciones de seguridad y confianza en los demás. Además, debemos actualizar nuestro conocimiento acerca de la comunicación cerebro-cuerpo. Para comprender cómo la amenaza cambia tanto nuestros procesos psicológicos como fisiológicos, debemos aceptar un modelo de un solo sistema nervioso (véase a continuación) en lugar de un modelo anticuado en el que el sistema nervioso central está separado del sistema nervioso autónomo. Funcionalmente, el cerebro y los órganos viscerales están conectados por vías neuronales que mandan señales del cerebro hacia nuestros órganos viscerales y de los órganos viscerales al cerebro. Por lo tanto, las reacciones de amenaza a través de vías definibles y medibles pueden tener efectos previsibles en nuestra salud mental y física.

La conceptualización contemporánea de la comunicación bidireccional entre los órganos viscerales y el cerebro se basa en el trabajo de Walter Hess. En 1949, Hess recibió el Premio Nobel de Fisiología o Medicina por su estudio sobre el control central de los órganos viscerales, que representó un cambio de paradigma. Su discurso al recibir el Premio Nobel acerca del control cerebral de los órganos viscerales se titulaba *El control central de la actividad de los órganos internos* (Hess, 1949). La primera frase de su discurso de recepción del premio resulta tanto profética como histórica: «Un hecho reconocido que se remonta a tiempos pasados es que todo organismo vivo no es la suma de una multitud de procesos unitarios, sino que, en virtud de las interrelaciones y de los niveles de control superiores e inferiores, es una unidad inquebrantable». Esta breve afirmación proporciona el contexto sobre el que han emergido el desarrollo, la aplicación y la aceptación de las disciplinas neuroanatómicas, como la neurocardiología.

Esta perspectiva integrativa de un sistema nervioso facilita una mejor comprensión de la dinámica de la regulación neuronal de un sistema nervioso integrado, que al mismo tiempo está limitado por los paradigmas reducidos que suelen usarse en la formación contemporánea de los médicos.

UNA PERSPECTIVA POLIVAGAL

Según Hess y Dobzhansky, nuestro mandato biológico de conexión requiere un sistema de conexión social funcional (Porges, 2009) que, a través de estructuras del tronco encefálico comunes, coordine los músculos estriados de la cara y del corazón con la regulación vagal de las vísceras que se origina en la región del tronco encefálico conocida como núcleo ambiguo. Así, el individuo óptimamente resiliente tiene oportunidades de corregular su estado fisiológico con otro individuo seguro y de confianza. Idealmente, esta otra persona proyectará señales positivas sobre su estado autónomo mediante una voz prosódica, expresiones faciales cálidas y acogedoras y gestos de accesibilidad.

Desde un punto de vista evolutivo, la integración de la regulación neuronal de las vísceras con las regulaciones de los músculos estriados de la cara y de la cabeza permite que el estado visceral se proyecte en las vocalizaciones y las expresiones faciales. Esto también permite que las vocalizaciones y las expresiones faciales, moduladas por los estados autónomos, sirvan como señales de seguridad o de amenaza para los demás. Juntas, estas vías conectan el comportamiento con el sistema nervioso y forman la base para la comunicación social, la cooperación y la conexión.

La teoría polivagal, articulando una jerarquía evolutiva en la respuesta del sistema nervioso autónomo ante los retos, proporciona un mapa del estado del sistema nervioso autónomo ante cualquier reto. Al permitirnos conocer el estado autónomo de una persona, este mapa nos informa de la reactividad comportamental, emocional y fisiológica emergente que puede tener un individuo en respuesta a una amenaza o, alternativamente, a una experiencia positiva.

Desde el punto de vista polivagal, sería útil investigar cómo la crisis de la COVID-19 nos pone en estados fisiológicos de amenaza que alteran nuestra conexión y ponen en riesgo nuestra salud mental y física. Pero, más importante tanto para los clientes como para la supervivencia personal, los terapeutas deben identificar y reforzar los recursos innatos que tienen disponibles para mitigar las reacciones potencialmente devastadoras ante la amenaza, que a su vez pueden desestabilizar el sistema nervioso autónomo, dando como resultado la disfunción de los órganos funcionales y una salud mental afectada.

El conocimiento de los sistemas neuronales sobre los que se basa la teoría polivagal informa tanto a los terapeutas como a los clientes de las amenazas a la supervivencia que pueden modificar el estado autónomo, haciéndolo pasar por plataformas neuronales secuenciales o estados que imitan la evolución a la inversa, o disolución (Jackson, 1884). Funcionalmente, al avanzar por esta trayectoria de disolución, primero perdemos la competencia de nuestro sistema de conexión social (una vía vagal mielinizada únicamente mamífera que incluye las estructuras del tronco encefálico que regulan la entonación vocal y las expresiones faciales) para conectar con los demás y calmar nuestra fisiología. Sin estos recursos, somos vulnerables para pasar a estados defensivos adaptativos.

Nuestro repertorio defensivo se expresa primero como una movilización crónica que requiere la activación del sistema nervioso simpático y que posteriormente se expresa como inmovilización, controlada por una vía vagal no mielinizada evolutivamente más antigua. En ausencia de un sistema de conexión social activo, el estado movilizado proporciona una plataforma neuronal eficiente para comportamientos de lucha y huida. Para muchas personas, este estado reflejará ansiedad crónica o irritabilidad. Cuando la movilización no traslada con éxito a la persona a un contexto seguro, entonces existe la posibilidad de que el sistema nervioso pase a un estado inmovilizado con las características asociadas de muerte fingida, síncope, disociación, retraimiento, pérdida de propósito, aislamiento social, desesperación y depresión.

Aunque ambas estrategias defensivas tengan valores adaptativos de protección del individuo, dependen de varias plataformas neuronales (es decir, tono simpático elevado o tono vagal dorsal elevado), que interfieren con las interacciones interpersonales, la corregulación, la accesibilidad, la confianza y sentirse seguro con otra persona. Así pues, los estados defensivos emergen de plataformas neuronales que evolucionaron para defender, poniendo simultáneamente en riesgo las capacidades de regular a la baja nuestras defensas mediante la corregulación con un individuo seguro y de confianza.

Básicamente, la teoría hace hincapié en que, en presencia de señales de interacciones sociales previsibles de apoyo, nuestro sistema nervioso de seguridad, el sistema de conexión social de los mamíferos, puede reducir nuestras reacciones innatas ante la amenaza, tanto si esta amenaza es tangible y observable como si es invisible o imaginable.

ESTRATEGIAS DE SALUD PÚBLICA QUE ACRECENTAN LAS SENSACIONES DE AMENAZA

La perspectiva polivagal nos permite comprender mejor cómo nuestra vulnerabilidad percibida ante el virus SARS-CoV-2 y las estrategias obligatorias de distanciación social y de cuarentena afectan a nuestro sistema nervioso. Primero, la amenaza hace que nuestro sistema nervioso autónomo entre en un estado de defensa, que interfiere con el estado neurofisiológico necesario tanto para corregularnos con los demás como para optimizar los procesos homeostáticos conducentes a la salud, el crecimiento y la restauración.

Por ello, nuestro sistema nervioso está siendo retado simultáneamente con demandas incompatibles, exigiendo la evitación de contacto con el virus SARS-CoV-2 y el cumplimiento de nuestro imperativo biológico de conectar con otros para sentirnos en calma y seguros. Estas demandas paradójicas requieren diferentes estados neurofisiológicos. Evitar ser infectados activa una estrategia de movilización crónica que reduce nuestra capacidad de calmarnos a través de la comunicación y de la conexión social.

Aunque reduzca nuestra capacidad de interactuar socialmente, nuestro sistema nervioso, intuitivamente, está motivado para buscar oportunidades de interacción social en las que nuestro cuerpo se sienta seguro cerca de otra persona de confianza. Sin embargo, las oportunidades de interactuar con otros, que a lo largo de nuestra historia evolutiva han sido un antídoto para la amenaza que nos ha permitido salir de estados fisiológicos de defensa y no sentir ansiedad, hoy transmiten la amenaza de la infección. Así, los recursos de contacto humano que los seres humanos usan intuitivamente para calmarse ahora pueden señalar una amenaza. Esta perspectiva nos sitúa en un dilema, porque ahora tenemos que evitar el virus, pero al mismo tiempo conectar socialmente.

MITIGAR LAS RESPUESTAS ANTE LA AMENAZA A TRAVÉS DE VIDEOCONFERENCIAS

No hay fácil solución para esta paradoja. Sin embargo, las tecnologías modernas nos proporcionan herramientas que podemos aprender a usar de un modo más consciente. La parte positiva de la crisis actual es que, aunque la pandemia esté devastando nuestro sistema nervioso, está ocurriendo en un momento único de la historia en el que tenemos herramientas que nos permiten conectar aun cuando estamos obligados a aislarnos. Para reducir la carga de los sistemas nerviosos de aquellos con quienes interactuamos, debemos reciclarnos en el uso de los portales para la comunicación social que tenemos disponibles. Esto significará que estemos más presentes y con menos distracciones, mientras proporcionamos señales de seguridad y de conexión mediante expresiones faciales y entonaciones vocales correguladoras recíprocas y espontáneas.

Para los numerosos profesionales clínicos que hacen terapia a distancia por videoconferencia, existe una curva de aprendizaje. Puede resultar agotador, porque tanto el terapeuta como el cliente están más presentes durante las sesiones de terapia en línea. Reconocer estas dificultades puede ser útil para llevarlas mejor. Por ejemplo, debemos aprender a compartir sentimientos y no solo palabras a través de las plataformas de videoconferencia. Nuestro uso histórico de las tecnologías de vídeo ha sido para el ocio, los negocios y la educación. Nos hemos acostumbrado a unas imágenes de vídeo personalmente distales, asimétricas, no sincrónicas y no relacionadas con nuestras experiencias personales. Por ello, nuestra sensibilidad neuronal ante las imágenes por vídeo está relativamente aletargada debido a nuestra adaptación histórica a las pantallas en dos dimensiones.

Teniendo en cuenta las exigencias actuales durante la crisis sanitaria y potencialmente en un futuro próximo, mientras usemos las videoconferencias, deberemos resintonizar nuestro sistema nervioso para reconocer más las expresiones faciales, la entonación vocal, los gestos con la cabeza, aunque en presencia física con otras personas, mientras mantenemos interacciones cara a cara espontáneas, nuestro sistema nervioso detecta estas señales intuitiva y rápidamente sin que seamos conscientes de ello. La teoría polivagal llama a este proceso espontáneo *neurocepción* (Porges, 2003, 2004).

Estamos acostumbrados a hacer varias cosas mientras miramos la televisión o películas. Esta descorporeización en una interacción social no proporciona al sistema nervioso la reciprocidad necesaria para facilitar y optimizar la corregulación y la conexión. Esta distinción entre los mundos real y virtual funcionaba bien siempre y cuando nuestro sistema nervioso tuviera suficientes oportunidades de corregularse en un mundo físico cara a cara con amigos, familiares o parejas seguras y de confianza. Sin embargo, con la crisis de la COVID-19, el mundo es diferente. Debemos asimilar el mundo virtual de la comunicación con nuestro conocimiento de las señales que nuestro sistema nervioso anhela. Para lograrlo, debemos conseguir compartir sentimientos y no solo palabras en nuestras videoconferencias.

CONCEPTUALIZAR EL ESTADO AUTÓNOMO COMO VARIABLE INTERVINIENTE MEJORA LA COMPRENSIÓN DEL RIESGO Y OPTIMIZA EL TRATAMIENTO

La teoría polivagal nos informa de que el estado autónomo funciona como una variable interviniente que hace pasar al individuo de estados de vulnerabilidad en respuesta a la amenaza a estados de accesibilidad cuando existen señales de seguridad y el adecuado apoyo social. Por ello, el estado fisiológico de una persona nos permite comprender cómo va a responder a la pandemia. Por ejemplo, si estamos en un estado autónomo de defensa, la amenaza de la enfermedad se agravará con la falta de oportunidades de corregulación. Así, las estrategias de salud pública para aplanar la curva y reducir la transmisión de la enfermedad a través del distanciamiento social y la cuarentena agravarán el impacto negativo que tendrá la pandemia en nosotros.

Mientras lidiamos con la situación actual, puede ser útil recopilar datos sobre lo que están experimentando los terapeutas y sus clientes. En este contexto, estamos realizando actualmente un estudio mediante encuestas (Kolacz et al., 2020) en el que evaluamos el estado autónomo usando el Cuestionario de Percepción Corporal (Cabrera et al., 2018; Porges, 1993). Este cuestionario es una encuesta que proporciona respuestas subjetivas sobre la reactividad autónoma congruentes con los circuitos autónomos descritos en la teoría polivagal para promover las reacciones de defensa movilizadas (es decir, lucha/huida) e inmovilizadas (es decir, muerte fingida, disociación, desconexión) ante la amenaza.

Nuestros análisis preliminares de unos 1500 participantes han documentado dos importantes hallazgos congruentes con la teoría polivagal. En primer lugar, los encuestados que experimentan una mayor reactividad autónoma (es decir, su sistema nervioso autónomo reacciona más frecuentemente a la defensiva) durante la crisis de la COVID-19 también expresaron una mayor preocupación sobre la salud y los peligros económicos, y una mayor sensación de aislamiento social. Además, si los participantes tenían un historial de trauma, incluyendo maltrato infantil, agresión sexual y agresión física, indicaban mayores niveles de reactividad autónoma relacionada con la amenaza y síntomas de TEPT pasivos en respuesta a la pandemia.

Así, usando una perspectiva basada en la teoría polivagal, podemos tener más respeto por cómo el sistema nervioso de una persona está intentando navegar por estas amenazas y retos de la pandemia. También comprendemos mejor los mecanismos subyacentes que determinan los umbrales de reactividad. Finalmente, estos hallazgos pueden ayudarnos a desarrollar estrategias para usar señales de seguridad y de confianza para el sistema nervioso autónomo, para que terapeutas y clientes entren en estados que promuevan la accesibilidad y la corregulación.

REFERENCIAS

Cabrera, A., Kolacz, J., Pailhez, G., Bulbena-Cabre, A., Bulbena, A., y Porges, S. W. (2018). Assessing body awareness and autonomic reactivity: Factor structure and psychometric properties of the Body Perception Questionnaire–Short Form (BPQ-SF). *International Journal of Methods in Psychiatric Research, 27*(2), e1596.

Dobzhansky, T. (1962). *Mankind evolving.* New Haven, CT: Yale University Press.

Dobzhansky, T. (1973). Nothing in biology makes sense except in the light of evolution. *American Biology Teacher, 35*(3), 125-129.

Hess, W. R. (1949). The central control of the activity of internal organs. *Nobel Lectures, Physiology or Medicine (1942–1962).* https://www.nobelprize.org/nobel_prizes/medicine/laureates/1949/hess-lecture.html

Jackson, J. H. (1884). The Croonian lectures on evolution and dissolution of the nervous system. *British Medical Journal, 1*(1215), 703.

Kolacz, J., Dale, L., Nix, E., Roath, O., Lewis, G., y Porges, S. (2020). Adversity history predicts self-reported autonomic reactivity and mental health in US residents during the COVID-19 pandemic. *Frontiers in Psychiatry, 11*, 577728. https://doi.org/10.3389/fpsyt.2020.577728

Porges, S. (1993). *Body Perception Questionnaire.* Laboratory of Developmental Assessment, University of Maryland.

Porges, S. W. (1995). Orienting in a defensive world: Mammalian modifications of our evolutionary heritage. A polyvagal theory. *Psychophysiology, 32*(4), 301-318.

Porges, S. W. (2003). Social engagement and attachment: A phylogenetic perspective. *Annals of the New York Academy of Sciences, 1008*(1), 31-47.

Porges, S. W. (2004). Neuroception: A subconscious system for detecting threats and safety. *Zero to Three, 24*(5), 19-24.

Porges, S. W. (2007). The polyvagal perspective. *Biological Psychology, 74*(2), 116-143.

Porges, S. W. (2009). The polyvagal theory: New insights into adaptive reactions of the autonomic nervous system. *Cleveland Clinic Journal of Medicine, 76*(Sup. 2), S86.

TEORÍA POLIVAGAL: UN MANUAL BÁSICO

APÉNDICE

Stephen W. Porges

VISIÓN GENERAL

Este apéndice proporciona una visión general de la teoría. Aunque es denso y científico, espero que resulte una fuente de información sobre la teoría a la que el lector pueda acceder fácilmente para obtener aclaraciones sobre los constructos relacionados con la teoría polivagal mencionados en los capítulos anteriores. Para facilitar la generalización de la teoría polivagal para su aplicación clínica, el apéndice está organizado con títulos que identifican los constructos importantes de esta.

La teoría polivagal describe un sistema nervioso autónomo que está influenciado por el sistema nervioso central y que responde a señales tanto del entorno como de los órganos corporales. La teoría hace hincapié en que el sistema nervioso autónomo humano tiene un patrón previsible de reactividad, que depende de unos cambios neuroanatómicos y neurofisiológicos que ocurrieron durante la evolución. Concretamente, la teoría se centra en los cambios filogenéticos en la regulación neuronal de los órganos corporales durante la transición evolutiva desde los antiguos reptiles extinguidos hasta los primeros mamíferos.

EVOLUCIÓN DEL SISTEMA NERVIOSO AUTÓNOMO DE LOS VERTEBRADOS

Al evolucionar los mamíferos, sus comportamientos se diferenciaron de los de sus ancestros reptilianos primitivos. A diferencia de los comportamientos solitarios y de la falta de cuidados de sus ancestros vertebrados, los mamíferos expresaban una amplia gama de comportamientos sociales, incluyendo el cuidado de su descendencia y la cooperación. Estos comportamientos promovieron la supervivencia de los mamíferos. Sin embargo, para que estos comportamientos pudieran ocurrir, el sistema nervioso de los mamíferos tuvo que regular a la baja selectivamente las reacciones defensivas. Esta convergencia dependía de la coevolución de modificaciones en la regulación neuronal del sistema nervioso autónomo y de la socialidad que define el comportamiento mamífero.

Para comprender la teoría polivagal, primero es necesario comprender tres puntos subordinados: primero, la relación entre el estado autónomo y los comportamientos defensivos; segundo, los cambios que ocurrieron durante la evolución de los vertebrados en la regulación neuronal del sistema nervioso autónomo; y tercero, el estado fisiológico que facilita las respuestas corporales y las sensaciones de seguridad para optimizar el comportamiento social, optimizando al mismo tiempo la salud, el crecimiento y la restauración.

En la mayoría de los vertebrados, los dos sistemas de defensa principales son la lucha o huida y la inmovilización. Los comportamientos de lucha o huida permiten al organismo huir o defenderse al verse amenazado. Estos comportamientos requieren el rápido acceso a recursos para movilizarnos mediante la activación del metabólicamente costoso sistema nervioso simpático. La inmovilización es un sistema de defensa más antiguo compartido con prácticamente todos los vertebrados. A diferencia de la metabólicamente costosa estrategia de movilización, la inmovilización es un intento adaptativo de reducir las exigencias metabólicas (por ejemplo, menos opciones de comida y oxígeno) y de parecer inanimado (por ejemplo, fingir la muerte). Junto con la rápida activación del sistema nervioso simpático necesaria para promover los comportamientos de lucha o huida, los comportamientos defensivos de inmovilización requerían una desconexión masiva de la función autónoma a través de una vía vagal dentro del sistema nervioso parasimpático.

Con el tiempo, evolucionó una segunda vía vagal con capacidad de regular a la baja ambas formas de defensa. Esta segunda vía vagal se observa en los mamíferos y no en los reptiles. Además, las estructuras anatómicas que regulan este componente del vago interactuaron en el tronco encefálico con estructuras que regulan los músculos estriados de la cara y de la cabeza para dar lugar a un sistema de conexión social. Este sistema de conexión social emergente proporcionó un mecanismo para la corregulación del estado fisiológico, porque los mamíferos podían mandar señales de seguridad y de peligro –mediante vocalizaciones, gestos con la cabeza y expresiones faciales– a sus conespecíficos. El sistema de conexión social permitió a los mamíferos adoptar algunas de las características de los sistemas de defensa de los vertebrados para promover interacciones sociales como el juego y la intimidad. Estos cambios en el sistema nervioso autónomo proporcionaron a los mamíferos los mecanismos neuronales para promover los estados biocomportamentales necesarios para cuidar de su descendencia, reproducirse y cooperar. En cambio, los efectos comportamentales y psicológicos adversos del trauma parecen provocar una alteración del sistema de conexión social, la gestión de sus reacciones defensivas y su contribución a la corregulación y a los comportamientos cooperativos, incluyendo la intimidad y el juego.

ORIGEN DE LA TEORÍA POLIVAGAL: LA PARADOJA POLIVAGAL

La teoría polivagal surgió de una investigación que estudiaba los patrones de frecuencia cardiaca en fetos humanos y recién nacidos. En obstetricia y neonatología, la reducción masiva de la frecuencia cardiaca, conocida como bradicardia, es un índice de riesgo clínico y se supone que está mediada por el vago. Durante la bradicardia, la frecuencia cardiaca es tan lenta que deja de proporcionar suficiente sangre oxigenada al cerebro. Este tipo de influencia vagal en el corazón fetal y neonatal podría ser letal. Sin embargo, con las mismas poblaciones clínicas, se suponía que otro índice de función vagal era una medición de resiliencia. Esta medida era la variabilidad de la frecuencia cardiaca latido a latido, y fue el enfoque de mi investigación durante varias décadas.

La investigación en animales demostró que ambas señales podían verse alteradas cortando las vías vagales hacia el corazón o mediante bloqueo farmacológico (es decir, atropina), interfiriendo con la acción inhibitoria del vago sobre el nódulo sinoauricular (para revisión, véase Porges, 1995). Estas observaciones planteaban la paradoja de cómo podía el tono vagal cardiaco ser tanto un indicador positivo de salud cuando se monitoreaba con la variabilidad de la frecuencia cardiaca como un indicador negativo de salud al manifestarse como bradicardia.

La resolución de la paradoja vino con el conocimiento del cambio de la regulación neuronal del sistema nervioso autónomo durante la evolución, especialmente durante la transición de los reptiles primitivos extinguidos a los mamíferos. Durante esta transición, los mamíferos desarrollaron una segunda vía motriz vagal cardioinhibitoria. Esta vía únicamente mamífera está mielinizada y transmite un ritmo respiratorio al marcapasos del corazón, dando como resultado una oscilación rítmica de la frecuencia cardiaca a la frecuencia de la respiración espontánea, conocida como arritmia sinusal.

La mielina es una sustancia grasa que rodea la fibra. La mielina proporciona un aislamiento térmico a la fibra, que permite que la señal se transmita con mayor especificidad y velocidad. Esta rama del vago se origina en una zona del tronco encefálico conocida como núcleo ambiguo, discurre básicamente hasta los órganos situados por encima del diafragma e interactúa dentro del tronco encefálico con estructuras que regulan los músculos estriados de la cara y de la cabeza. La otra vía motriz vagal no tiene un ritmo respiratorio, se observa en prácticamente todos los vertebrados, no está mielinizada, discurre principalmente hasta los órganos por debajo del diafragma y se origina en una zona del tronco encefálico conocida como núcleo dorsal del vago.

CAMBIOS FILOGENÉTICOS EN LOS SISTEMAS NERVIOSOS AUTÓNOMOS DE LOS VERTEBRADOS

Rastreando los cambios evolutivos en el sistema nervioso autónomo de los vertebrados, identifiqué un patrón filogenético consistente en tres etapas evolutivas. Durante la primera etapa, los vertebrados contaban con un vago no mielinizado con vías motrices originadas en un área del tronco cerebral parecida al complejo vagal dorsal. Durante la segunda etapa, se desarrolló un sistema nervioso simpático espinal excitatorio, que complementaba las funciones de regulación a la baja de la antigua vía vagal.

Durante la tercera etapa, definida por la aparición de los mamíferos, evolucionó una vía vagal adicional, durante la cual células originales del vago migraron del núcleo dorsal del vago al núcleo ambiguo. Muchas de las fibras motrices vagales originadas en el núcleo ambiguo se mielinizaron y se integraron en la función de regulación del tronco encefálico de una familia de vías motrices (es decir, vías eferentes viscerales especiales) que controlan los músculos estriados de la cara y de la cabeza (véase la figura A.1).

En los mamíferos, las vías vagales no mielinizadas originadas en el núcleo dorsal del vago regulan básicamente los órganos por debajo del diafragma, aunque algunas de estas fibras vagales no mielinizadas terminan en el marcapasos del corazón (nódulo sinoauricular). La teoría polivagal sugiere que estas fibras vagales no mielinizadas permanecen básicamente dormidas hasta que se produce una amenaza vital, y probablemente se potencien durante la hipoxia y en estados en los que la influencia del *input* vagal mielinizado en el corazón quede deprimida. Esta secuencia es observable en la frecuencia cardiaca fetal humana, en la que es más probable que se produzca bradicardia cuando la influencia tónica de las vías vagales mielinizadas, manifestada en la arritmia sinusal respiratoria, es baja (Reed et al., 1999). Este también puede ser el mecanismo mediador de la disociación, la defecación y el síncope (es decir, perder el conocimiento) provocados por el trauma.

Figura A.1. El sistema de conexión social contiene un componente somatomotor (bloques lisos) y un componente visceromotor (bloques rayados). El componente somatomotor incluye unas vías eferentes viscerales especiales que regulan los músculos estriados de la cara y de la cabeza, mientras que el componente visceromotor incluye el vago mielinizado que regula el corazón y los bronquios.

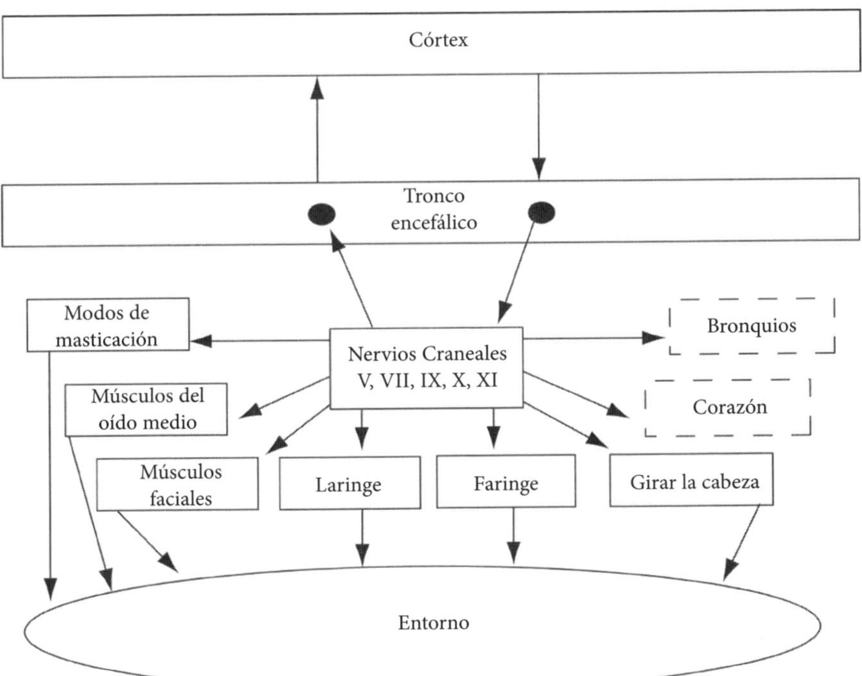

En los antiguos vertebrados, la vía vagal no mielinizada emergente del tronco encefálico era un componente crítico de la regulación neuronal de todas las vísceras. El sistema bidireccional reducía el gasto metabólico cuando había pocos recursos, como durante los momentos de oxígeno limitado.

El sistema nervioso de los vertebrados primitivos no necesitaba mucho oxígeno para sobrevivir y podía reducir la frecuencia cardiaca y las demandas metabólicas cuando los niveles de oxígeno caían. Así, este circuito proporcionaba un sistema de conservación que, en los mamíferos, se adaptó como sistema defensivo primitivo manifestado como muerte fingida y respuestas de síncope y disociación motivadas por el trauma. Como este sistema de defensa podía ser letal en los mamíferos con grandes demandas de oxígeno, afortunadamente funciona como la última opción para la supervivencia. Las vías motrices vagales no mielinizadas filogenéticamente más antiguas son compartidas por la mayoría de los vertebrados y, en los mamíferos, cuando no se emplean como sistema de defensa, sirven para promover la salud, el crecimiento y la restauración a través de la regulación neuronal de los órganos subdiafragmáticos (es decir, los órganos internos por debajo del diafragma).

Las vías motrices vagales ventrales mielinizadas más recientes regulan los órganos supradiafragmáticos (por ejemplo, el corazón y los pulmones) y están integradas en el tronco encefálico con estructuras que regulan los músculos estriados de la cara y de la cabeza a través de vías eferentes viscerales especiales, dando como resultado un sistema de conexión social funcional. Este circuito vagal más nuevo reduce la frecuencia cardiaca y promueve los estados de calma necesarios para las interacciones sociales. El circuito vagal ventral, junto con otros circuitos autónomos, promueve el juego social (es decir, el vagal ventral unido a la activación simpática) y la intimidad segura (es decir, el vagal ventral unido al circuito vagal dorsal). Por ello, el vago de los mamíferos tiene propiedades que promueven los estados que contienen el rango de respuestas de todos los componentes del sistema nervioso autónomo y que, funcionalmente, limita que el sistema entre en estados de defensa.

APARICIÓN DEL SISTEMA DE CONEXIÓN SOCIAL

La integración de las vías vagales cardiacas mielinizadas con la regulación neuronal de la cara y la cabeza dio lugar al sistema de conexión social de los mamíferos. Como se ilustra en la figura A.1, los productos del sistema de conexión social consisten en vías motrices que regulan los músculos estriados de la cara y de la cabeza (es decir, somatomotrices), y músculos lisos y cardiacos del corazón y de los bronquios (es decir, visceromotrices). El componente somatomotor incluye unas vías eferentes viscerales especiales que regulan los músculos estriados de la cara y de la cabeza. El componente visceromotor incluye la vía vagal supradiafragmática mielinizada que regula el corazón y los bronquios. Funcionalmente, el sistema de conexión social aparece desde la conexión cara-corazón, que coordina el corazón con los músculos de la cara y la cabeza. La función inicial del sistema es coordinar la succión, la deglución, la respiración y la vocalización. La coordinación atípica de este sistema al principio de la vida es un indicador de posteriores dificultades en el comportamiento social y en la regulación emocional.

Cuando este sistema está totalmente desarrollado, se expresan dos características biocomportamentales importantes. En primer lugar, el estado corporal se regula de manera eficiente para promover el crecimiento y la restauración (por ejemplo, la homeostasis visceral). Funcionalmente, esto se logra con un aumento de la influencia de las vías motrices vagales mielinizadas sobre el marcapasos cardiaco, lo que permite reducir la frecuencia cardiaca, inhibir los mecanismos de lucha o huida del sistema nervioso simpático, mitigar el sistema de respuesta al estrés del eje hipotalámico-hipofisario-suprarrenal (HHS, responsable de la liberación de cortisol) y reducir la inflamación modulando las reacciones inmunitarias (por ejemplo, citoquinas; para revisión, véase Porges, 2007). En segundo lugar, la conexión cara-corazón, filogenéticamente mamífera, sirve para transmitir el estado fisiológico a través de la expresión facial y de la prosodia (entonación de la voz), así como para regular los músculos del oído medio y optimizar la escucha de los conespecíficos dentro de la banda de frecuencia usada para la comunicación social (Kolacz et al., 2018; Porges, 2007, 2009, 2011; Porges y Lewis, 2010).

Los núcleos de origen del sistema de conexión social en el tronco encefálico están influidos por estructuras cerebrales superiores (es decir, influencias descendentes) y por vías sensoriales desde los órganos viscerales (es decir, influencias ascendentes). Las vías directas desde la corteza hasta el tronco encefálico (es decir, corticobulbares) reflejan la influencia de las áreas frontales de la corteza (es decir, las neuronas motrices superiores) sobre los núcleos de origen medular de este sistema. Las influencias ascendentes se producen con la retroalimentación a través de las vías sensoriales del vago (por ejemplo, tracto solitario), transmitiendo información desde los órganos viscerales hasta las áreas medulares (por ejemplo, núcleo del tracto solitario), influyendo tanto en los núcleos de origen de este sistema como en las áreas del cerebro anterior, a través de la ínsula, que se supone que están implicadas en varios trastornos psiquiátricos, incluyendo la depresión y la ansiedad

(Craig, 2005; Thayer y Lane, 2000, 2007). Además, las estructuras anatómicas implicadas en el sistema de conexión social mantienen interacciones neurofisiológicas con el eje HHS, los neuropéptidos sociales (por ejemplo, oxitocina y vasopresina) y el sistema inmunitario (Carter, 1998; Porges, 2001).

Las vías sensoriales desde los órganos diana del sistema de conexión social, incluyendo los músculos de la cara y de la cabeza, también pueden proporcionar un *input* potente a los núcleos de origen que regulan los componentes tanto viscerales como simpáticos del sistema de conexión social. El núcleo de origen del nervio facial forma el límite del núcleo ambiguo, y las vías sensoriales de los nervios facial y trigémino proporcionan un *input* sensorial primario al núcleo ambiguo (véase Porges, 1995, 2007). Por lo tanto, el complejo vagal ventral, formado por el núcleo ambiguo y el núcleo del trigémino y de los nervios faciales, está funcionalmente relacionado con la expresión y la experiencia de los estados afectivos y de las emociones. La activación del componente somatomotor (por ejemplo, la escucha, la ingestión, las vocalizaciones, las expresiones faciales) podría desencadenar cambios viscerales que promoverían la interacción social, mientras que la modulación del estado visceral —en función de si hay un aumento o una disminución de la influencia de las fibras motrices vagales mielinizadas en el nódulo sinoauricular (es decir, aumento o disminución de la influencia del freno vagal)— promovería o impediría los comportamientos de conexión social (Porges, 1995, 2007). Por ejemplo, la estimulación de estados viscerales que promueven la movilización (es decir, comportamientos de lucha o huida) impediría la capacidad de expresar comportamientos de conexión social.

La conexión cara-corazón permitió a los mamíferos detectar si un conespecífico estaba en un estado fisiológico de calma y seguridad, para poder acercarse a él, o en un estado fisiológico muy movilizado y reactivo, durante el cual la interacción sería peligrosa. La conexión cara-corazón permite al mismo tiempo al individuo indicar seguridad mediante patrones de expresión facial y entonación vocal, y potencialmente calmar a un conespecífico agitado para formar una relación social. Cuando el vago mamífero más reciente funciona óptimamente en interacciones sociales, las emociones están bien reguladas, la prosodia vocal es rica y el estado autónomo promueve la calma y los comportamientos de conexión social espontáneos. El sistema cara-corazón es bidireccional: el circuito vagal mielinizado más reciente influye en las interacciones sociales, y las interacciones sociales positivas influyen en la función vagal para optimizar la salud, reducir los estados fisiológicos relacionados con el estrés y promover el crecimiento y la restauración. La comunicación social y la capacidad de corregular las interacciones, a través de sistemas de conexión social recíprocos, da como resultado una sensación de conexión, siendo así importantes características definitorias de la experiencia humana.

FRENO VAGAL

El freno vagal refleja la influencia inhibitoria tónica de las vías vagales mielinizadas sobre el corazón, que ralentiza el ritmo intrínseco del marcapasos del corazón. La frecuencia cardiaca intrínseca de los adultos jóvenes y sanos es de unos 90 latidos por minuto. Sin embargo, la frecuencia cardiaca basal es notablemente más lenta debido a la influencia del vago, que funciona como un freno vagal. Cuando el vago reduce su influencia sobre el corazón (es decir, el freno vagal se suelta), la frecuencia cardiaca aumenta espontáneamente. Esto no se debe a un aumento de la activación simpática, sino que, más bien, soltar el freno vagal permite que se exprese el ritmo intrínseco en el marcapasos. El freno vagal representa las acciones de activar y desactivar las influencias vagales sobre el marcapasos del corazón. Además, soltar el freno vagal en el corazón también facilita que la activación simpática subyacente tónica ejerza una mayor influencia en el sistema nervioso autónomo. La teoría polivagal asume específicamente que el freno vagal se media exclusivamente a través del vago ventral mielinizado y que puede ser cuantificado por la amplitud de la arritmia sinusal respiratoria (véase el capítulo 2). La teoría reconoce otras influencias neurales (por ejemplo, las vías vagales dorsales) y neuroquímicas que pueden ralentizar la frecuencia cardiaca (por ejemplo, bradicardia clínica), las cuales no se incluyen en el constructo del freno vagal.

DISOLUCIÓN

El sistema nervioso humano, de modo similar al de otros mamíferos, evolucionó no solo para sobrevivir en entornos seguros, sino también para promover la supervivencia en contextos peligrosos y de amenaza vital. Para lograr esta flexibilidad adaptativa, el sistema nervioso autónomo mamífero, además de la vía vagal mielinizada integrada en el sistema de conexión social, retuvo dos circuitos neuronales más primitivos para regular las estrategias defensivas (es decir, lucha o huida y fingir la muerte). Es importante notar que el comportamiento social, la conexión social y la homeostasis visceral son incompatibles con los estados neurofisiológicos que promueven la defensa. Las estrategias de respuesta polivagales a los retos están ordenadas filogenéticamente, donde los componentes más recientes del sistema nervioso autónomo responden primero. Este modelo de reactividad autónoma concuerda con el constructo de disolución de John Hughlings Jackson, en el que propuso que las disposiciones nerviosas superiores inhiben (o controlan) las inferiores y, por lo tanto, cuando las superiores de repente dejan de funcionar, las inferiores aumentan su actividad (1882, p. 412). En esta jerarquía de respuestas adaptativas, el circuito de conexión social más reciente se usa primero; si este circuito es incapaz de proporcionar seguridad, se emplean secuencialmente los circuitos más antiguos.

NEUROCEPCIÓN

La teoría polivagal propone que la evaluación neuronal del riesgo no requiere nuestra conciencia, y que funciona a través de circuitos neuronales compartidos con nuestros ancestros vertebrados filogenéticos. Por consiguiente, el término *neurocepción* se introdujo para hacer hincapié en un proceso neuronal, distinto de la percepción, capaz de distinguir las características ambientales y viscerales que son seguras, peligrosas o potencialmente letales (Porges, 2003, 2004). Aunque todos los vertebrados tienen una neurocepción que responde a la amenaza, solo los mamíferos tienen una neurocepción que responde a las señales de seguridad. En entornos seguros, el estado autónomo del mamífero se regula adaptativamente para reducir la activación simpática y proteger el sistema nervioso central dependiente de oxígeno, especialmente la corteza, de las reacciones metabólicamente conservadoras del complejo vagal dorsal (por ejemplo, desmayarse).

La neurocepción se propone como un mecanismo reflexivo capaz de cambiar instantáneamente el estado fisiológico. Los detectores de características, localizados en áreas de la corteza temporal o cerca de esta, que son sensibles a la intencionalidad de los movimientos biológicos —incluyendo voces, caras, gestos y movimientos con las manos—, podrían estar implicados en el proceso de neurocepción. Integrada en el constructo de neurocepción se encuentra la capacidad del sistema nervioso de reaccionar ante la intención de estos movimientos. La neurocepción funcionalmente descodifica e interpreta el supuesto objetivo de los movimientos y sonidos de los objetos animados e inanimados. Así, la neurocepción de personas conocidas y de personas con voces adecuadamente prosódicas y caras cálidas y expresivas suele traducirse en una interacción social positiva, promoviendo una sensación de seguridad. Aunque no solemos ser conscientes de los estímulos que desencadenan diferentes respuestas neuroceptivas, generalmente somos conscientes de nuestras reacciones corporales.

EL ESTADO AUTÓNOMO COMO VARIABLE INTERVINIENTE

La teoría polivagal propone que el estado fisiológico es una parte fundamental, y no un correlato, de la emoción o el estado de ánimo. Según la teoría, el estado autónomo funciona como una variable interviniente que sesga nuestra detección y evaluación de las señales del entorno. Dependiendo del estado fisiológico, las mismas señales se evaluarán reflexivamente como neutras, positivas o amenazantes. Funcionalmente, un cambio en el estado cambiará el acceso a diferentes estructuras del cerebro y promoverá o bien la comunicación social o bien los comportamientos defensivos de lucha o huida o desconexión. La investigación contemporánea sobre el impacto de la estimulación del nervio vagal en la función cognitiva y la regulación de las emociones apoya este modelo (Groves y Brown, 2005). La teoría hace hincapié en el vínculo bidireccional entre el cerebro y las vísceras, que explicaría cómo los pensamientos cambian la fisiología y el estado fisiológico influye en los pensamientos. Cuando las personas cambian su expresión facial, la entonación de su voz, su patrón de respiración y su postura, también están cambiando su fisiología a través de los circuitos que contienen las vías vagales mielinizadas hacia el corazón.

EL PAPEL DE LAS SENSACIONES EN LOS ÓRGANOS CORPORALES EN LA REGULACIÓN DEL ESTADO AUTÓNOMO

El enfoque prevalente de los estudios que investigan la regulación neuronal del corazón se ha centrado en las vías motrices que emergen de los núcleos del tronco encefálico (es decir, las vías vagales) y del sistema nervioso simpático. Se ha investigado poco la influencia de la retroalimentación sensorial desde los órganos corporales (es decir, los aferentes viscerales) en la regulación neuronal del sistema nervioso autónomo, y cómo estas influencias se manifiestan en el corazón y en otros órganos viscerales. En parte, esto es debido a un sesgo descendente en la formación médica que limita la conceptualización de la regulación neuronal del corazón y de otros órganos corporales haciendo hincapié en el papel de las fibras motrices y minimizando el papel de las fibras sensoriales. Sin embargo, este sesgo está cambiando rápidamente debido a la investigación sobre las aplicaciones de la estimulación del nervio vagal, un modelo ascendente que se centra en el vago como nervio sensorial (aproximadamente el 80 % de las fibras vagales son sensoriales). Es interesante notar que los efectos secundarios de la estimulación del nervio vagal suelen deberse a la influencia de la estimulación del nervio vagal en las vías motrices. Estos efectos secundarios se notan básicamente en características del sistema de conexión social, como en los cambios en la voz y las dificultades en tragar (Ben-Menachem, 2001). Sin embargo, en algunos casos, la estimulación se ha manifestado en los órganos subdiafragmáticos, dando como resultado diarrea (Sanossian y Haut, 2002). Al aplicarse cada vez más la estimulación del nervio vagal a los trastornos médicos, cada vez hay más consciencia de la influencia de las vías sensoriales del vago sobre la función neurofisiológica (por ejemplo, la epilepsia), el estado emocional (por ejemplo, la depresión) y la (por ejemplo, el aprendizaje y la atención; Howland, 2014).

Según la teoría polivagal, el sistema de conexión social está regulado por circuitos neuronales complejos que incluyen tanto vías sensoriales desde los órganos viscerales (es decir, ascendentes) como las estructuras cerebrales superiores (es decir, descendientes) que se incluyen en los núcleos de origen del tronco encefálico que controlan tanto el vago mielinizado como los músculos estriados de la cara y de la cabeza. Al incorporar el papel como vigilantes de las vías sensoriales que transmitan información desde los órganos corporales hasta el tronco encefálico en el conocimiento del sistema nervioso autónomo, los clínicos y los investigadores empezarán a reconocer las manifestaciones en el control vagal del corazón en pacientes con diversos trastornos en los órganos periféricos. Con ese conocimiento, en lugar de interpretar la regulación neuronal atípica del corazón como una enfermedad cardiovascular, las comorbilidades se podrán explicar como manifestaciones de una disfunción del sistema, congruente con las premonitorias visiones de Walter Hess (1949).

Varias enfermedades crónicas manifestadas en órganos subdiafragmáticos específicos (por ejemplo, riñón, páncreas, hígado, intestinos, genitales, etc.) tienen características identificables que han dado lugar a tratamientos enfocados a los órganos (por ejemplo, medicación, cirugía). Sin embargo, otros trastornos que tienen un impacto en la calidad de vida, como el síndrome de intestino irritable y la fibromialgia, se definen mediante síntomas no específicos. La literatura relaciona estos trastornos crónicos inespecíficos con una regulación vagal atípica del corazón, reflejada en una menor variabilidad de la frecuencia cardiaca (Mazurak et al., 2012; Staud, 2008). De acuerdo con estos hallazgos, la variabilidad de la frecuencia cardiaca se ha sugerido como un biomarcador de estos trastornos.

La teoría polivagal propone una interpretación alternativa de esta covariación. Según el modelo integrado del sistema nervioso autónomo descrito en la teoría, la variabilidad de la frecuencia cardiaca atípica no se interpreta como un biomarcador de ninguna enfermedad específica. Más bien, una variabilidad de la frecuencia cardiaca deprimida se propone como marcador neurofisiológico de una resintonización difusa del sistema nervioso autónomo, que indica un retraimiento del circuito vagal ventral tras una reacción autónoma compleja adaptativa ante una amenaza. De modo compatible con esta interpretación, existen fuertes vínculos entre la prevalencia de un historial de abusos, especialmente el abuso sexual en mujeres, y las manifestaciones de trastornos clínicos no específicos como el síndrome de intestino irritable y la fibromialgia. Además, el estrés emocional intensifica los síntomas e impide unos resultados positivos del tratamiento, y el trauma puede desencadenar o agravar los síntomas (Clauw, 2014; Whitehead et al., 2007). La respuesta neuronal adaptativa inicial a la amenaza, a través la retroalimentación sensorial desde los órganos viscerales hasta el tronco encefálico, puede dar como resultado una reorganización crónica de la regulación autónoma observada en la regulación vagal del corazón (es decir, variabilidad de la frecuencia cardiaca deprimida) junto con un funcionamiento alterado de los órganos subdiafragmáticos y la expresión de dolor.

UNA NUEVA PERSPECTIVA SOBRE EL SISTEMA NERVIOSO AUTÓNOMO

La teoría polivagal utiliza una definición inclusiva del sistema nervioso autónomo, que incorpora tanto las vías sensoriales como las áreas del tronco encefálico responsables de la regulación autónoma. Relaciona la regulación del vago ventral en el tronco encefálico con la regulación de los músculos estriados de la cara y la cabeza, para formar un sistema integrado de conexión social. A diferencia del modelo tradicional, centrado en las influencias motrices tónicas sobre los órganos viscerales, la teoría polivagal pone énfasis en la reactividad autónoma. Aunque acepta el modelo tradicional que interpreta las influencias autónomas como un antagonismo entre vías vagales y simpáticas, propone una jerarquía evolutiva en la que los subsistemas autónomos responden a los retos de forma inversa a su historia evolutiva, alineándose con el principio de disolución. Cuando el vago central y el sistema de conexión social funcionan óptimamente, el sistema nervioso autónomo promueve la salud, el crecimiento y la restauración. Durante este estado vagal ventral, existe un equilibrio óptimo entre el sistema nervioso simpático y las vías vagales hacia los órganos subdiafragmáticos.

Cuando la función del vago ventral se reduce, el sistema nervioso autónomo se orienta hacia la defensa en lugar de la salud. Estas respuestas defensivas pueden manifestarse como lucha o huida, con aumento de la actividad simpática que moviliza el organismo e inhibe funciones vagales dorsales como la digestión, o como desconexión, caracterizada por una disminución de la activación simpática y un aumento de la influencia vagal dorsal, que puede provocar pérdida de conocimiento, defecación e inhibición motora, respuestas típicas de los mamíferos en estado de «muerte fingida».

LAS SEÑALES DE SEGURIDAD SON EL TRATAMIENTO

La teoría polivagal plantea que las señales de seguridad constituyen un antídoto profundo y eficaz frente al trauma. Sentirse seguro implica más que la mera ausencia de amenaza, y depende de tres condiciones fundamentales: (1) el sistema nervioso autónomo no debe estar en un estado que promueva la defensa; (2) el sistema de conexión social debe activarse para reducir la activación simpática y mantener la homeostasis dentro de un rango óptimo que favorezca la salud, el crecimiento y la restauración; y (3) deben existir señales detectables de seguridad (como vocalizaciones prosódicas, expresiones faciales cálidas y gestos positivos) que sean percibidas a través del proceso de neurocepción. En la vida diaria, las sensaciones de seguridad inician la activación del sistema de conexión social mediante la neurocepción, limitando las respuestas defensivas del sistema nervioso autónomo y manteniéndolo dentro de la llamada *ventana de tolerancia* (Ogden et al., 2006; Siegel, 1999), concepto aplicable en diversos ejercicios terapéuticos.

EL EJERCICIO NEURONAL COMO INTERVENCIÓN

La teoría polivagal se centra en unos ejercicios neuronales específicos que permiten optimizar la regulación del estado fisiológico. Según la teoría, los ejercicios neuronales consistentes en rupturas y reparaciones transitorias del estado fisiológico mediante interacciones sociales empleando señales de seguridad promueven una mayor resiliencia. Juegos como el juego del cucú son un ejemplo de un ejercicio neuronal que los padres emplean con frecuencia con sus hijos. El juego es un ejemplo de un modelo terapéutico en el que el estado autónomo se altera y luego se estabiliza empleando el sistema de conexión social. Este modelo se puede generalizar en el entorno clínico, en el que el cliente sufre cambios disruptivos del estado autónomo, que se estabilizan mediante el apoyo del terapeuta. Funcionalmente, la terapia se convierte en una plataforma para ejercitar la capacidad de cambiar de estado empleando características del sistema de conexión social para mantener al sistema nervioso autónomo fuera de estados prolongados de defensa. Este proceso se inicia mediante la corregulación entre el cliente y el terapeuta. Posteriormente, cuando el cliente experimenta una corregulación fiable, se reduce la potencia de los cambios de estado transitorios como desencadenantes de la defensa y emerge espontáneamente la autorregulación. A través de la metáfora del juego, el sistema de conexión social se une con el sistema nervioso simpático. Esta unión permite que las señales corporales de movilización se contengan dentro de un contexto social y no estallen en forma de agresividad. Sin embargo, estos estallidos o rabietas suelen producirse en niños y adultos con problemas comportamentales y trastornos psiquiátricos. La investigación documenta una coherencia entre un sistema de conexión social regulado a la baja (por ejemplo, falta de prosodia, expresión facial plana, hipersensibilidades auditivas, poco contacto visual) en individuos con trastornos de regulación de los estados (véase Porges, 2011). La teoría polivagal destaca que la vulnerabilidad ante estas alteraciones se debe a un cambio de estado fisiológico caracterizado por la activación simpática sin el recurso de la autorrelajación o de la tranquilización mediante el sistema de conexión social.

La metáfora del juego también es útil para deconstruir la intimidad. La intimidad es un comportamiento que depende del estado y que implica combinar el sistema de conexión social con el circuito vagal dorsal para facilitar la inmovilización sin desconexión. La intimidad requiere un estado en el que el tacto y la proximidad no desencadenen la defensa. En los mamíferos, la inmovilización es un estado vulnerable. Para que haya intimidad, la neurocepción debe interpretar la proximidad y el contacto como seguros, y poner el cuerpo en un estado acogedor. Esta unión de dos cuerpos inicialmente ocurre mediante señales de seguridad, como vocalizaciones prosódicas y contacto suave. La intimidad se suele asociar con una forma de juego, de juego amoroso. Sin embargo, de modo similar a los atributos positivos del juego, que funciona como ejercicio neuronal que optimiza la capacidad del sistema de conexión social de regular el sistema nervioso simpático, el juego amoroso y las experiencias realmente seguras de intimidad proporcionan un ejercicio neuronal que optimiza la capacidad del sistema de conexión social de regular la vía vagal dorsal. Esta forma de ejercicio neuronal puede tener beneficios a largo plazo sobre la regulación de los órganos corporales promoviendo la homeostasis. Además, el juego amoroso seguro y la intimidad también pueden ser un ejercicio neuronal preparatorio para las mujeres que, al permitir la inmovilización sin miedo, podrían optimizar los comportamientos y los procesos reproductivos, incluyendo la facilitación del parto.

ESCUCHAR COMO EJERCICIO NEURONAL

La teoría polivagal destaca que escuchar es un portal hacia el sistema de conexión social. Basado en la teoría polivagal, el *Listening Project Protocol* es una intervención de escucha diseñada para reducir las hipersensibilidades auditivas, mejorar el procesamiento auditivo, calmar el estado fisiológico y promover la interacción social espontánea. La intervención se conoce actualmente como *Safe and Sound Protocol* y está disponible solo para profesionales en *Integrated Listening Systems* (https://integratedlistening.com/porges/).

El *Safe and Sound Protocol* se basa en un modelo de ejercicios que usa la estimulación acústica modificada por ordenador para modular una banda de frecuencia que se hace escuchar al participante. El protocolo se diseñó teóricamente para calmar el sistema nervioso autónomo y reducir las hipersensibilidades auditivas empleando las funciones antienmascaramiento de los músculos del oído medio para optimizar la función de transferencia del oído medio para el procesamiento del lenguaje humano. Se sugiere que la modulación de la energía acústica dentro de las frecuencias de la voz humana, de modo similar a una prosodia vocal exagerada, proporciona señales de seguridad al cliente. Hipotéticamente, estas señales se procesan mediante la neurocepción y reflexivamente emplean y modulan la regulación neuronal de los músculos del oído medio. Según la teoría, este proceso reduciría funcionalmente las hipersensibilidades auditivas, estimularía la interacción social espontánea y calmaría el estado fisiológico aumentando la influencia de las vías vagales ventrales sobre el corazón. Los estímulos de la intervención se escuchan con auriculares. El protocolo consiste en 60 minutos de escucha durante cinco días consecutivos en una sala en silencio sin grandes distracciones, mientras que el clínico, el progenitor o el investigador ofrece apoyo social para garantizar que el participante permanezca en calma. La base neurofisiológica de esta intervención se elabora en otras publicaciones (véase Porges, 2011; Porges y Lewis, 2010).

Desde finales de los años 1990, mi grupo de investigación ha estado evaluando y refinando el protocolo. Hemos probado el protocolo en varios centenares de niños con diversos trastornos, incluyendo a niños con trastornos del espectro autista, retrasos del habla/lenguaje, hipersensibilidades auditivas y trastornos de regulación del comportamiento.

Los resultados han sido positivos, con notables aumentos en los comportamientos de interacción social espontáneos, menores sensibilidades auditivas, mejor procesamiento auditivo, mejor organización de los comportamientos sociales y del estado emocional, mejor comunicación verbal con voces más expresivas y mayor regulación vagal. También hemos realizado y publicado dos publicaciones revisadas por pares describiendo nuestros hallazgos (véase Porges y et al., 2013, 2014). En los últimos años, hemos organizado varios ensayos clínicos, registrados actualmente en ClinicalTrials. gov. Estos nuevos ensayos clínicos evalúan la intervención con diferentes poblaciones, incluyendo a niños con historial de maltrato, individuos con dificultades de atención y de concentración y niños con el síndrome de Prader-Willi.

Desde el lanzamiento del *Safe and Sound Protocol*, hemos recibido comentarios de terapeutas que concuerdan con los cambios comportamentales positivos que observamos en nuestra investigación. Durante los veinte años que hemos probado el *Safe and Sound Protocol* con niños, no hemos observado ningún efecto adverso importante. Ocasionalmente, hemos observado una sensibilidad táctil inicial a los auriculares, que se resuelve rápidamente. Asimismo, quizás debido a experiencias desagradables anteriores con los sonidos y los auriculares, la combinación de sonidos y contexto podría provocar una ansiedad menor en el niño, que se resolvió rápidamente. Este éxito, en parte, es debido al contexto de seguridad en el que se administra la intervención. Para los niños, este contexto de seguridad se estructura eficientemente creando un entorno clínico seguro con un terapeuta que proyecte señales acogedoras de calidez al niño. Esta sensación de un contenedor seguro se refuerza con un progenitor o cuidador seguro y protector que acompaña al niño mientras que este experimenta el *Safe and Sound Protocol*.

El *Safe and Sound Protocol* es una intervención con dos componentes: primero, estructurar un contexto seguro en el que se administra la intervención; y segundo, reproducir las características acústicas del sonido presentado durante la intervención que sirven como ejercicio neuronal. El componente de la seguridad es gestionado por el profesional que administra la intervención. El componente del sonido está integrado en el estímulo acústico. Es importante reconocer que la implementación exitosa de la intervención requiere ambos componentes. Para que el *Safe and Sound Protocol* sea efectivo, es necesario mantener el sistema nervioso del cliente en un estado de seguridad.

Este estado de seguridad también es necesario para los adultos, así como para los niños. Esto puede ser difícil, especialmente para los adultos con historiales de trauma que con frecuencia no se sienten seguros cerca de otras personas. Mientras que a los niños se les suele proporcionar un contexto clínico seguro mediante el apoyo de adultos que los cuidan, los adultos suelen llegar a la clínica sin nadie que los apoye. Sugerir que un amigo de confianza que pueda darle apoyo y regulación acompañe al cliente sería útil para ayudar a mantener al cliente en un estado de seguridad. La vulnerabilidad ante los cambios de estado se puede agravar si el adulto acude solo a la clínica. Las reacciones emocionales y fisiológicas ante la intervención son una potente señal de que los estímulos están activando efectivamente los circuitos neuronales. Sin embargo, para que los estímulos activen y ejerciten los circuitos neuronales que promueven la comunicación social espontánea, la mejora de la regulación de los estados y la reducción de las hipersensibilidades auditivas, el sistema nervioso tiene que estar en un estado de seguridad. Más concretamente, el sistema nervioso debe sentirse protegido y con suficiente confianza para no entrar en estados de autoprotección, hipervigilancia y defensa. Esto puede requerir una dosificación de los estímulos acústicos, pausando temporalmente el cliente los estímulos de la intervención cuando los sonidos le provocan una reacción emocional o visceral fuerte. Al cliente que siente incomodidad se le debe permitir pausar la intervención para que su sistema nervioso se estabilice. Si bien el protocolo fijado funciona sumamente bien con niños, los adultos pueden tener una historia complicada y tener más dificultades en sentirse seguros. Al avanzar en el tratamiento de adultos, seguimos aprendiendo gracias a los detallados comentarios de los terapeutas sobre las variaciones en las respuestas. Esta importante información nos permitirá modificar el protocolo para optimizar el resultado en los clientes.

VÍAS ACTIVAS Y PASIVAS

El sistema nervioso humano proporciona dos vías para activar los mecanismos neuronales capaces de regular a la baja la defensa y permitir estados de calma que promuevan la salud, el comportamiento social espontáneo y la conexión. Una vía es pasiva y no requiere nuestra conciencia (véase *neurocepción*) y la otra es activa y requiere comportamientos voluntarios conscientes para activar unos mecanismos neuronales específicos que cambien el estado fisiológico (véase *ejercicio neuronal*).

Tanto las vías pasivas como las activas regulan el sistema de conexión social. La vía pasiva emplea el sistema de conexión social mediante señales de seguridad como un entorno tranquilo, las interacciones positivas y compasivas entre el terapeuta y el paciente, la calidad prosódica (por ejemplo, una entonación melódica) de las vocalizaciones del terapeuta y música modulada en bandas de frecuencia que se superponen con señales vocales de seguridad usadas por la madre para calmar a su bebé. Los buenos terapeutas, independientemente de su orientación, a menudo manipulan intuitivamente la vía pasiva durante el tratamiento.

En cambio, la vía activa emplea el sistema de conexión social cuando el paciente entabla un diálogo recíproco y realiza otras prácticas, como vocalizaciones, respiración controlada voluntariamente, movimientos o posturas. El acceso a la vía activa del cliente depende de que la vía pasiva active efectivamente un estado de seguridad en el cliente.

La vía pasiva es un método efectivo y eficiente de emplear el sistema de conexión social para que el cliente pase espontáneamente a un estado vagal ventral. La vía pasiva aporta al cliente sensaciones de seguridad. La vía activa proporciona ejercicios neuronales para empoderar al cliente para que entre y salga eficientemente de un estado vagal ventral. A través de intervenciones efectivas, el cliente puede tener experiencias transitorias en estados previamente asociados con la defensa y dominados por el sistema nervioso simpático o por el vago dorsal.

Los ejercicios permiten al cliente contener funcionalmente estados autónomos previamente disruptivos accediendo al sistema de conexión social y al vago ventral. La vía pasiva aporta al cliente sensaciones de seguridad, mientras que la vía activa cuestiona estas sensaciones de seguridad ejercitando los recursos neuronales del sistema de conexión social. Estos procesos secuenciales amplían la resiliencia y aportan recursos para calmarse, corregularse y autorregularse ante las dificultades.

TEORÍA POLIVAGAL: EL TRAUMA SOLO TIENE SENTIDO A LA LUZ DE LA EVOLUCIÓN

En el centro de las características evolutivas que definen a los mamíferos se encuentra el papel que juega la interacción social en su supervivencia. Funcionalmente, la capacidad de establecer sensaciones de seguridad dentro de una interacción social está en la base de la supervivencia y actúa como imperativo biológico predominante.

Este importante atributo y perfeccionamiento del significado de «la supervivencia del más apto» fue destacado por el biólogo evolutivo Dobzhansky (1962) al afirmar que «el más apto puede ser también el más amable, porque la supervivencia a menudo requiere ayuda mutua y cooperación».

En el caso de los supervivientes de traumas, su vida refleja una pérdida de estas cualidades mamíferas. Al deconstruir la teoría polivagal varios de los mecanismos a través de los cuales el trauma resintoniza el sistema nervioso, el conocimiento de la evolución y de la disolución nos da más información sobre las experiencias fisiológicas y psicológicas y ayuda al cliente a generar una narrativa explicativa personal plausible.

Este énfasis en la evolución a la hora de comprender las reacciones basadas en el trauma recuerda la cita más famosa de Dobzhansky: «Nada en biología tiene sentido salvo a la luz de la evolución» (1973, p. 125). De acuerdo con Dobzhansky, la perspectiva polivagal da explícitamente por sentado que la respuesta al trauma solo tiene sentido a la luz de la evolución.

SÍNTESIS

La teoría polivagal hace hincapié en que los humanos, de modo similar a otros mamíferos, constan de un conjunto de sistemas dinámicos, adaptativos, interactivos e interdependientes. Desde este punto de vista, queda claro que el sistema nervioso autónomo no se puede tratar como si fuera funcionalmente distinto del sistema nervioso central.

Según la teoría polivagal, el corazón y los demás órganos no están flotando en un mar visceral, sino que están metafóricamente anclados a estructuras centrales mediante vías motrices y continuamente mandan señales a las estructuras regulatorias centrales a través de abundantes vías sensoriales. Esta comunicación dinámica y bidireccional entre estructuras cerebrales y órganos corporales influye en el estado mental, sesga la percepción del entorno y prepara al individuo para ser acogedor o estar a la defensiva con los demás. Estos procesos simultáneamente promueven o alteran la salud, el crecimiento y la restauración.

La teoría proporciona una explicación plausible de cómo la respuesta a una amenaza vital puede resintonizar el sistema nervioso autónomo para perder la resiliencia y permanecer en estados defensivos. Esta resintonización puede provocar alteraciones en la función homeostática, con manifestaciones en los órganos viscerales (por ejemplo, enfermedad cardiaca, intestino irritable) o síntomas difusos de desregulación (por ejemplo, fibromialgia, disautonomía), limitando simultáneamente el acceso al sistema de conexión social, que pondría en peligro la capacidad de corregularnos mediante interacciones sociales.

Estas consecuencias comunes del trauma son subrayadas por las dificultades para sentirse seguros con los demás. La teoría polivagal explica cómo ambos aspectos de la disrupción (es decir, la falta de seguridad con los demás y los trastornos de los órganos corporales) son manifestaciones de un sistema nervioso autónomo resintonizado y ofrece perspectivas para la rehabilitación. Por consiguiente, la teoría polivagal proporciona una estrategia optimista para la terapia, que se basaría en una resintonización del sistema nervioso autónomo a través de los portales del sistema de conexión social.

REFERENCIAS

Ben-Menachem, E. (2001). Vagus nerve stimulation, side effects, and long-term safety. *Journal of Clinical Neurophysiology, 18*(5), 415-418.

Carter, C. S. (1998). Neuroendocrine perspectives on social attachment and love. *Psychoneuroendocrinology, 23*(8), 779-818.

Clauw, D. J. (2014). Fibromyalgia: A clinical review. *JAMA, 311*(15), 1547-1555.

Craig, A. D. (2005). Forebrain emotional asymmetry: A neuroanatomical basis? *Trends in Cognitive Sciences, 9*(12), 566-571.

Dobzhansky, T. G. (1962). Mankind evolving: The evolution of the human species. *Eugenics Review, 54*(3), 168-169.

Dobzhansky, T. G. (1973). Nothing in biology makes sense except in the light of evolution. *American Biology Teacher, 35*(3), 125-129.

Groves, D. A., y Brown, V. J. (2005). Vagal nerve stimulation: A review of its applications and potential mechanisms that mediate its clinical effects. *Neuroscience and Biobehavioral Reviews, 29*(3), 493-500.

Hess, W. (1949). The central control of the activity of internal organs. Discurso del Premio Nobel. Recuperado de https://www.nobelprize.org/

nobel_prizes/medicine/laureates/1949/hess-lecture.html

Howland, R. H. (2014). Vagus nerve stimulation. *Current Behavioral Neuroscience Reports, 1*(2), 64-73.

Jackson, J. H. (1882). On some implications of dissolution of the nervous system. *Medical Press and Circular, 2*, 411-414.

Kolacz, J. K., Lewis, G. F., y Porges, S. W. (2018). The integration of vocal communication and biobehavioral state regulation in mammals: A polyvagal hypothesis. En S. M. Brudzynski (Ed.), *Handbook of ultrasonic vocalization* (pp. 255-264). Londres: Elsevier.

Mazurak, N., Seredyuk, N., Sauer, H., Teufel, M., y Enck, P. (2012). Heart rate variability in the irritable bowel syndrome: A review of the literature. *Neurogastroenterology and Motility, 24*(3), 206-216.

Ogden, P., Minton, K., y Pain, C. (2006). *Trauma and the body: A sensorimotor approach to psychotherapy*. Nueva York: Norton.

Porges, S. W. (1995). Orienting in a defensive world: Mammalian modifications of our evolutionary heritage. A polyvagal theory. *Psychophysiology, 32*(4), 301-318.

Porges, S. W. (2001). The polyvagal theory: Phylogenetic substrates of a social nervous system. *International Journal of Psychophysiology, 42*(2), 123-146.

Porges, S. W. (2003). Social engagement and attachment. *Annals of the New York Academy of Sciences, 1008*(1), 31-47.

Porges, S. W. (2004). Neuroception: A subconscious system for detecting threats and safety. *Zero to Three, 24*(5), 19-24.

Porges, S. W. (2007). The polyvagal perspective. *Biological Psychology, 74*(2), 116-143.

Porges, S. W. (2009). The polyvagal theory: New insights into adaptive reactions of the autonomic nervous system. *Cleveland Clinic Journal of Medicine, 76*(Suppl.), S86.

Porges, S. W. (2011). *The polyvagal theory: Neurophysiological foundations of emotions, attachment, communication, and self-regulation*. Nueva York: Norton.

Porges, S. W., Bazhenova, O. V., Bal, E., Carlson, N., Sorokin, Y., Heilman, K. J., Cook, E. H., y Lewis, G. F. (2014). Reducing auditory hypersensitivities in autistic spectrum disorder: Preliminary findings evaluating the Listening Project Protocol. *Frontiers in Pediatrics, 2*, 80. https://doi.org/10.3389/fped.2014.00080

Porges, S. W., y Lewis, G. F. (2010). The polyvagal hypothesis: Common mechanisms mediating autonomic regulation, vocalizations and listening. En S. M. Brudzynski (Ed.), *Handbook of Behavioral Neuroscience* (pp. 255-264).

Porges, S. W., Macellaio, M., Stanfill, S. D., McCue, K., Lewis, G. F., Harden, E. R., Handelman, M., Denver, J., Bazhenova, O. V., y Heilman, K. J. (2013). Respiratory sinus arrhythmia and auditory processing in autism: Modifiable deficits of an integrated social engagement system? *International Journal of Psychophysiology, 88*(3), 261-270.

Reed, S. F., Ohel, G., David, R., y Porges, S. W. (1999). A neural explanation of fetal heart rate patterns: A test of the polyvagal theory. *Developmental Psychobiology, 35*(2), 108-118.

Sanossian, N., y Haut, S. (2002). Chronic diarrhea associated with vagal nerve stimulation. *Neurology, 58*(2), 330-330.

Siegel, D. J. (1999). *The developing mind: How relationships and the brain interact to shape who we are.* Nueva York: Guilford.

Staud, R. (2008). Heart rate variability as a biomarker of fibromyalgia syndrome. *Future Rheumatology, 3*(5), 475-483.

Thayer, J. F., y Lane, R. D. (2000). A model of neurovisceral integration in emotion regulation and dysregulation. *Journal of Affective Disorders, 61*(3), 201-216.

Thayer, J. F., y Lane, R. D. (2007). The role of vagal function in the risk for cardiovascular disease and mortality. *Biological Psychology, 74*(2), 224-242.

Whitehead, W. E., Palsson, O. S., Levy, R. R., Feld, A. D., Turner, M., y Von Korff, M. (2007). Comorbidity in irritable bowel syndrome. *American Journal of Gastroenterology, 102*(12), 2767-2776.

CRÉDITOS

Capítulo 1: La neurocardiología a través de la lente de la teoría polivagal

Porges, S. W., y Kolacz, J. (2018). Neurocardiology through the lens of polyvagal theory. En R. J. Gelpi y B. Buchholz (Eds.), *Neurocardiology: Pathophysiological aspects and clinical implications* (pp. 343-352). Elsevier. Artículo publicado en Elsevier 2018.

Capítulo 4: Vías vagales: portales hacia la compasión

Porges, S. W. (2017). Vagal pathways: Portals to compassion. En E. M. Seppala, E. Simon-Thomas, S. L. Brown, M. C. Worline, C. D. Cameron, y J. R. Doty (Eds.), *Oxford handbook of compassion science* (pp. 189-202). Oxford University Press. Reimpreso con autorización de Oxford University Press.

Capítulo 5: Terapia de yoga y teoría polivagal: la convergencia entre la sabiduría tradicional y la neurociencia para la autorregulación y la resiliencia

Sullivan, M. B. Erb, M., Schmalzl, L., Moonaz, S. Noggle Taylor, J., y Porges, S. W. (2018). *Terapia de yoga y teoría polivagal: la convergencia entre la sabiduría tradicional y la neurociencia para la autorregulación y la resiliencia*. Copyright © 2018. Reimpreso con autorización de Frontiers Media.

Capítulo 6: Movimiento basado en el mindfulness: una perspectiva polivagal

Lucas, A. R., Klepin, H. D., Porges, S. W., y Rejeski, W. J. (2018). Mindfulness-based movement: A polyvagal perspective. *Integrative Cancer Therapies, 17*(1), 5-15. https://doi.org/10.1177/1534735416682087. Reimpreso con autorización de SAGE Publications.

Capítulo 7: Psicoterapia en grupo como ejercicio neuronal: unir la teoría polivagal y la teoría del apego

Flores, P. J., y Porges, S. W. (2017). Group psychotherapy as a neural exercise: Bridging polyvagal theory and attachment theory. *International Journal of Group Psychotherapy, 67*(2), 202-222. https://doi.org/10.1080/00207284.2016.1263544. Reimpreso con autorización de la American Group Psychotherapy Association, www.agpa.org.

Capítulo 8: Mecanismos neuronales subyacentes a la interacción ser humano-animal: una perspectiva evolutiva

Carter, C. S., y Porges, S. W. (2016). Neural mechanisms underlying human-animal interactions: An evolutionary perspective. En L. S. Freund, S. McCune, L. Esposito, N. R. Gee, y P. McCardle (Eds.), *Social neuroscience of human-animal interaction* (pp. 89-105). American Psychological Association. Reimpreso con autorización de la American Psychological Association.

Capítulo 9: Presencia terapéutica: mecanismos neurofisiológicos que median en la sensación de seguridad en las relaciones terapéuticas

Geller, S. M., y Porges, S. W. (2014). Therapeutic presence: Neurophysiological mechanisms mediating feeling safe in clinical interactions. *Journal of Psychotherapy Integration, 24*(3), 178-192. https://doi.apa.org/doi/10.1037/a0037511. Reimpreso con autorización de la American Psychological Association.

Capítulo 10: Juego y dinámicas de tratamiento del trauma médico pediátrico: perspectivas desde la teoría polivagal

Daniel, S., y Trevarthen, C. (Eds.). (2017). *Rhythms of relating in children's therapies: Connecting creatively with vulnerable children.* Jessica Kingsley Publishers. Capítulo publicado originalmente en esta obra. Reimpreso con autorización de Jessica Kingsley Publishers Limited through PLSClear.

Capítulo 11: La conexión cerebro-cuerpo puede mitigar los problemas sociales de las personas autistas

La conexión cerebro-cuerpo puede mitigar los problemas sociales de las personas autistas. Recuperado de https://www.spectrumnews.org/opinion/viewpoint/brain-body-connection-may-ease-autistic-peoples-social-problems. Reimpreso con autorización de spectrumnews.org.

Capítulo 12: Reducir las hipersensibilidades auditivas en el trastorno del espectro autista: resultados preliminares de la evaluación del Listening Project Protocol

Porges, S. W., Bazhenova, O. V., Bal, E., Carlson, N., Sorokin, Y., Heilman, K. J., Cook, E. H., y Lewis, G. F. (2014). Reducir las hipersensibilidades auditivas en el trastorno del espectro autista: resultados preliminares de la evaluación del *Listening Project Protocol.* Copyright © 2014. Reimpreso con autorización de Frontiers Media.

Capítulo 13: La importancia de la quietud

Porges, S. W., y Winn, D. (2017). The significance of stillness. Human Givens Journal, 24(2). Reimpreso con autorización de Human Givens Journal.

Capítulo 14: La pandemia de la COVID-19 es un desafío paradójico para nuestro sistema nervioso: una perspectiva polivagal

Porges, S. W. (2020). The COVID-19 pandemic is a paradoxical challenge to our nervous system: A polyvagal perspective. *Clinical Neuropsychiatry, 17*(2), 135-138. https://doi.org/10.36131/CN20200220. Reimpreso con autorización de Clinical Neuropsychiatry.

Apéndice: Teoría polivagal, un manual básico

Porges, S. W., y Dana, D. (Eds.). (2018). Clinical applications of the polyvagal theory: The emergence of polyvagal-informed therapies. W. W. Norton y Company, Inc. Usado con autorización de W. W. Norton y Company, Inc.

ÍNDICE ANALÍTICO

A

B

C

D

E

F

G

H

I

J

L

M

N

O

P

R

Y

OTROS MATERIALES PUBLICADOS SOBRE LA TEORÍA POLIVAGAL

La teoría polivagal. Fundamentos neurofisiológicos de las emociones, el apego, la comunicación y la autorregulación
Stephen W. Porges

Guía de bolsillo de la teoría polivagal. El poder transformador de sentirse seguro
Stephen W. Porges

Aplicaciones clínicas de la teoría polivagal. El nacimiento de las terapias influenciadas por la teoría polivagal
Stephen W. Porges y Deb Dana

La teoría polivagal en terapia. Cómo unirse al ritmo de la regulación
Deb Dana

Ejercicios polivagales para la seguridad y la conexión. 50 prácticas centradas en el cliente
Deb Dana

La teoría polivagal y el desarrollo infantil. Sistemas de cuidado para el fortalecimiento de niños, familias y comunidades
Marilyn R. Sanders y George S. Thompson

Polyvagal Flip Chart: Understanding the Science of Safety
Deb Dana

SOBRE EL AUTOR

El doctor Stephen W. Porges es un distinguido científico académico de la Universidad de Indiana, donde es director fundador del Consorcio de Investigación sobre el Estrés Traumático en el Kinsey Institute. Es profesor de Psiquiatría en la Universidad de Carolina del Norte y profesor emérito en la Universidad de Illinois en Chicago y en la Universidad de Maryland. Ha sido presidente de la Sociedad de Investigación Psicofisiológica y de la Federación de Asociaciones en Ciencias Comportamentales y Cerebrales, y ha sido premiado con el *Research Scientist Development Award del National Institute of Mental Health*. Ha publicado más de 350 artículos científicos revisados por pares en varias disciplinas, incluyendo anestesiología, ingeniería biomédica, medicina de cuidados intensivos, ergonomía, fisiología del ejercicio, gerontología, neurología, neurociencia, obstetricia, pediatría, psiquiatría, psicología, psicometría, medicina del espacio y abuso de sustancias.

Porges es el experto mundial en la relación entre el sistema nervioso autónomo —un sistema neuronal que supervisa mayormente funciones inconscientes como la frecuencia cardíaca y la digestión— y el comportamiento social. Es el creador de la innovadora teoría polivagal, una teoría que explica cómo el comportamiento social está relacionado con nuestra fisiología. Al describir el viaje evolutivo desde los reptiles asociales hasta los mamíferos sociales, la teoría identifica el papel único que juegan las señales de seguridad en nuestra vida. Esta teoría ha transformado la conceptualización del tratamiento del trauma y se ha integrado en estrategias clínicas de profesionales del mundo entero. Ha proporcionado nuevas e interesantes perspectivas para terapeutas y personas en proceso terapéutico sobre cómo nuestro sistema nervioso autónomo media, de forma inconsciente, el acceso al tratamiento, la interacción social, la confianza y la intimidad.

Tiene varias patentes para el monitoreo y la regulación del estado autónomo, con aplicaciones en la salud mental y física. Es el creador de una intervención basada en la música, el *Safe and Sound Protocol*™, utilizada actualmente por más de 2 000 terapeutas para mejorar la interacción social espontánea, reducir las sensibilidades auditivas y mejorar el procesamiento del lenguaje, la regulación de los estados y la conexión social espontánea